供电服务
创新实践

（2023）

中国能源研究会城乡电力（农电）分会　编

中国电力出版社
CHINA ELECTRIC POWER PRESS

图书在版编目（CIP）数据

供电服务创新实践 . 2023 / 中国能源研究会城乡电力（农电）分会编 . —北京：中国电力出版社，2024.4
ISBN 978-7-5198-7186-4

Ⅰ . ①供…　Ⅱ . ①中…　Ⅲ . ①供电 – 工业企业 – 商业服务 – 中国　Ⅳ . ① F426.61

中国国家版本馆 CIP 数据核字（2024）第 044944 号

出版发行：中国电力出版社
地　　址：北京市东城区北京站西街 19 号（邮政编码 100005）
网　　址：http://www.cepp.sgcc.com.cn
责任编辑：丁　钊（010–63412393）
责任校对：黄　蓓　常燕昆
装帧设计：王红柳
责任印制：杨晓东

印　　刷：三河市万龙印装有限公司
版　　次：2024 年 4 月第一版
印　　次：2024 年 4 月北京第一次印刷
开　　本：889 毫米 × 1194 毫米　16 开本
印　　张：16.5
字　　数：506 千字
定　　价：128.00 元

本书编委会

主　　编　　王永建　张莲瑛
副 主 编　　舒旭辉
编　　委　　张彩庆　毛宏涛　潘艳霞　高玉明　盛方正
　　　　　　胡若云　欧阳昱　陈秀丽　马　强　林　崧
　　　　　　李　彬　王　芳　吴建宇　高伟国　孟　超
　　　　　　吴宇明　张　亚　王　焱　贾　萍

前　　言

　　坚强的城乡配电网是重要的公共基础设施，在保障电力供应、支撑经济社会发展、服务改善民生等方面发挥着重要作用。

　　优质的供电服务需要持续的创新追求，是推动城乡能源高质量发展、满足社会用电需求、实现产业转型升级和乡村振兴等战略目标的可靠保证。

　　近年来，以数字化转型为特征的配电网建设，奠定了优质供电服务的坚强物质基础，各地供电企业以服务美丽中国建设、乡村振兴、低碳发展等重大战略为导向，以满足新能源快速发展、人民生活水平不断提高、科学技术迭代升级加快等现实需求，开展了内容丰富、形式多样、专业性强、实用有效的服务创新，在优化营商环境、满足新能源接入、提高服务效能、提升供电能力、促进清洁用能等方面效果明显。

　　不断追求高水平的供电服务，是全国供电企业的普遍愿望，是供电管理者的现实需求。为加强供电服务创新交流，推广创新经验，共享创新成果，实现城乡能源绿色低碳发展，赋能乡村振兴，2023 年初，中国能源研究会开展了供电服务创新实践典型案例征集活动，旨在汇集、挖掘各地供电企业创新成果，梳理创新经验，扩大应用范围，丰富成果价值。征集活动得到国家电网有限公司、中国南方电网有限责任公司的大力支持，组织基层单位积极申报，各基层供电企业踊跃参加。在此基础上，中国能源研究会城乡电力（农电）分会根据供电服务新形势、新任务，以提升整体服务水平为导向，从各地供电企业申报的近 500 篇中，筛选出代表性强、应用性高的成果案例 54 篇，组织专家指导申报企业二次创作加工后汇编成《供电服务创新实践（2023）》一书，面向全国供电企业推广发行。

　　供电服务创新是一项长期性、艰巨性工作，需要以持之以恒的精神，以源于实践、高于实践的原则开展。希望本书的出版能对促进供电服务创新有所裨益，也希望更多的业界同仁对本书内容提出宝贵意见，集众家智慧实现服务创新的不断突破。

目　　录

数字赋能供电服务的创新实践

国网冀北电力有限公司唐山市曹妃甸区供电分公司

引言

（1）落实国家优化营商环境工作的客观要求。近年来，党中央、国务院高度重视深化"放管服"改革优化营商环境工作，曹妃甸区作为河北省全力打造的沿海增长极和唐山市"一港双城"战略的核心承载区，区委区政府持续加大招商引资力度。国网冀北电力有限公司唐山市曹妃甸区供电分公司全面落实国家《优化营商环境条例》，积极对接曹妃甸"国家自贸区＋综保区＋综试区＋国开区＋国家进口贸易促进创新示范区"和新型电力系统建设，不断升级服务模式、拓展服务深度、提升服务质量，为曹妃甸打造唐山高质量发展沿海经济带、河北沿海增长极提供可靠电力保障。

（2）践行国家电网公司战略目标的重要举措。国家电网公司明确指出要深化乡镇供电所突出问题整治，提升供电服务水平，不断提升客户获得感和满意度。这就要求曹妃甸区供电分公司精准对接国家电网"强前端、大后台"现代服务体系建设，贯彻落实国网冀北电力有限公司"一保两服务"工作要求，以提升客户满意度为导向，创新供电服务体系建设，推动公司优质服务水平和客户"获得电力"水平再登新高，有力支撑能源保供基本职责和能源强企建设目标。

一、创新成果介绍

项目立足国家优化营商环境、国家电网公司战略目标落地、供电企业优质服务水平提升等多方因素，践行"人民电业为人民"企业宗旨，以数字赋能为抓手，打造优质供电服务新标杆，着力提升企业经营管理水平和优质供电服务水平，有力支撑区域经济健康发展，全面提高客户用电获得感和满意度。

曹妃甸区供电分公司基于"数字化、大服务"管理理念，着力建设"数据贯通、信息共享、专业协同、业务融合"的供电服务体系，搭建供电服务数据中台，深入推进营配调数据贯通，形成一套"以应用为驱动、以溯源为手段、以校验为保障"的常态化数据治理体系，夯实供电服务数据基础；以解决基层实际问题为出发点，以需求专业化为导向，实施数字驱动赋能，立足电网运行管控，聚焦基层赋能提质，打造数字化基层班组；强化智能配电网改造升级，创新物联网技术应用，构建配电网厂站端集成化安全防护系统，优化继电保护定值级差配置，打造主动运维的智能配电网；以供电服务精益化为主攻点，创新"五电"特色服务，当好"电管家""电保姆""电小二""电老师""电专家"，规范供电服务全流程管控标准。

通过数字赋能打造优质供电服务新标杆，全面提升了企业经营管理水平，间接创造经济效益1566.31万元，有力支撑了区域经济发展，全方位提升了供电服务获得感和满意度，曹妃甸区供电分公司荣获"2022年度河北省优化营商环境、推动高质量发展先进集体"。依托本项目的管理创新成果获评第二十八届河北省省级企业管理现代化创新成果二等奖、国网冀北电力有限公司职工技术创新优秀成果一等奖和唐山市职工技术创新优秀成果。

二、创新实施过程

曹妃甸区供电分公司坚持"乡村振兴，电力先行"原则，按照国家电网公司"强前端、大后台"现代服务体系建设和国网冀北电力有限公司"一保两服务"工作要求，以"数字化、大服务"管理理念为引导，深入推进基于"数据贯通、信息共享、专业协同、业务融合"的供电服务体系建设，健全供电服务数据中台，精心打造数字化基层班组，深耕智能配电网改造升级，构建"五电"特色服务，推动数据治理常态化、数字驱动专业化、安全屏障智能化、供电服务精益化，实现营配调资源调动和业务一体化运转，持续推动公司优质服务水平和客户"获得电力"水平再登新高。

（一）构建常态化治理体系，搭建供电服务数据中台

构建"以溯源为手段、以校验为保障、以应用为驱动"的数据治理体系，高质量搭建供电服务数据中台。

（1）以溯源为手段，对 ERP 系统设备卡片和资产卡片进行核对验证，整体提升各系统数据质量，确保资产账卡物实时一致，确保检修运维数据来源可信。深入开展营配调数据贯通治理，集约整合各平台差异化数据，建立以 PMS、SG186、用电信息采集系统等动静态数据源为核心的一体化管理模式，实现异源系统数据在供电服务指挥系统的自动匹配对接和智能传递搬运。

（2）以校验为保障，持续开展营配调基础数据的固化工作，做到异动数据全体量、全环节、无死角管控，在 PMS 和 ERP 系统中嵌入数据完整性、一致性、准确性等自动校验功能，首次录入即被系统自动审核，实现数据产生即合规，大大降低后期数据清理的工作量，高质量建成供电服务数据中台，配合相关算法，实现对工单的不断归集和典型服务案例的随时录入、标签化定义，为更多高级应用打下数据基础。

（3）以应用为驱动，依托数据中台实时推进配电线路和台区运行状况监测，及时推送用户超容、临电用户到期、失压用户信息、线路和设备重过载、电压越限、功率因数异常和三相不平衡等告警信息，动态修编停电检修计划，依托营销费控短信通知系统，精准推送停电时间、时长和原因，提升停电计划发布准确性，试点推行主动抢修业务，持续提升优质服务水平。

（二）以数字驱动为核心，打造数字化基层班组

以解决基层实际问题为出发点，以满足基层数据资源需求为导向，打通数据赋能业务"最后一公里"，精心打造数字化基层班组，实现停电态势实时感知、设备异动提前预警、报表指标随时看、业务数据灵活查、数据质量线上核、经营动态在掌上，工业区供电所荣获国网冀北电力有限公司首批数据赋能基层示范供电所。

（1）数据赋能日常管理，高效助力基层减负。完成重要用户保电、计量表计出入库管理、台区线损不达标数据统计派发、配电线路末端用户电压监测等 18 个场景 RPA 场景的研发工作，其中两个 RPA 场景已部署在"小喔"RPA 云平台上向国网冀北电力有限公司各地市供电公司推广应用，另有 1 项 RPA 成果入选国网冀北电力有限公司创新创意应用优秀成果。累计应用 RPA 机器人 12541 次，节约人工用时 1584.31h，有效解决工作痛点，全面提升工作效率。

（2）制作专屏监视界面，有力提升监盘质效。利用调控 D5000 系统数据库，制作"供电所管辖线路""35kV 输电线路""主变压器负载""煤改电线路""高危及重要客户"和"高中考保电线路"6 个专屏监视界面，并进行集中展示，达到快速翻阅画面、及时监视事故发生、缩短事故处理时间、迅速恢复送电的效果。

（3）构建检修新模式，用户停电零感知。坚持"能带不停、一停多用、停电一次清"工作理念，推广应用带电作业，合理制订停电检修计划，在城区范围内全面铺开配电网计划停电和故障恢复送电的合环倒切负荷工作，有效减少停电次数和停电范围，全面实现故障处理和计划检修状态下的停电"零感知"。已累计开展配电网不停电作业 1821 次，多送电量 318.14 万 kW·h。

（4）深化智能巡检应用，提高基层运检效率。科学推进视频监测布点建设，依托国网唐山供电公司成功打造"无人机网格化自主巡检示范区"，在工业区建立 30min 巡视圈，结合无人机输配电一体化自主巡视，通过工作站集中监控和手机 App 实时监控，形成技防、人防、物防的管控体系，有效提升巡视效率和风险辨识能力，将巡检周期由 7 天缩短至 1 天，巡检效率提升 7 倍，累计减少巡视 584 人次，节约成本 8.4 万元，累计完成重要保电 12 条次，利用可视化视频抓拍装置发现外力破坏隐患 89 起，钓鱼隐患 13 起，未发生因外破隐患导致的线路停电。

（三）建设智能配电网，筑牢电网安全运行屏障

聚焦新型电力系统建设要求，曹妃甸区供电公司积极开展国网冀北电力有限公司配电自动化试点建设和应用，着力打造智能配电网。

（1）创新物联网技术应用，提高配电网智能性。为全面提高配电自动化终端覆盖度，结合城区配电线路以架空线路为主的特性，通过在主楼楼顶试点建设4G基站，对4G基站覆盖的半径为1.5km区域，共计76台配电自动化终端设备，在遥信、遥测实时监测的基础上，进行遥控应用，搭建配电自动化工作站，全面提升试点区域配电自动化终端的实用性应用。

（2）创建集成型安全系统，确保服务安全性。针对配电网自动推广应用中存在的老旧设备改造难度大、成本高问题，积极开展技术创新，研制了集电子门禁、故障感知、环境监测于一体的配电网厂站端集成化安全防护系统，同时面向用户产权的配电室、环网柜、箱式变电站等进行推广应用，全面提升用户侧的异常情况感知能力，打造主动运维的智能配电网。

（3）优化保护级差配置，确保服务可靠性。针对因电源系统定值时间级差配合限制导致的供电可靠性不高问题深入攻坚，结合变电站运行方式，针对性开展继电保护定值调整，做到"一站一册""一线一案"。合理分配保护级差，将10kV出线保护定值与开关站及柱上断路器等设备进行配合，同时加强用户分界开关的入网管控，实现用户故障不出门、支线故障就地切除、干线故障不进站，有效提升继电保护动作选择性。

（四）供电服务精益化，提供全方位供电服务

曹妃甸区供电公司创新开展"五电"特色服务，全方位打造供电服务品牌。

（1）当好"电管家"，因类施策满足重点客户需求。坚持以客户为中心，推行"5+服务"新模式，落实提升"获得电力"9项举措，瞄准重点客户"敏感点""侧重点""瓶颈点"，结合实际有针对性地制订"一企一策"，为客户排忧解难。上门检查电源接入、配电设施运行等情况，利用红外测温仪器对重点设备进行测温，协助客户全面分析用电负荷使用情况，完善应急预案，量身定制保电方案，帮助客户解决用电问题。

（2）当好"电保姆"，提升客户电力获得感和满意度。结合社会联络站建设与社会联络员聘任，积极推行"社电、物电共建服务"，与辖区内社区、物业公司协作配合，延伸服务内涵，拓展服务外延，为广大居民客户提供办电更省心、服务更贴心、用电更安心的周到服务，用心履行"人民电业为人民"企业宗旨。

（3）当好"电小二"，有效提高业扩报装工作效率。入驻行政审批大厅，推进"三零""三省""三公开"服务，坚持园区经理、台区经理、党员服务队队员"三位一体"，确保16项业务实现一次都不跑，5项业务最多跑一次，主动对接用电需求，为小微企业提供"三零"办电服务。

（4）当好"电老师"，持续加强用电宣传和沟通指导。围绕安全用电咨询、用电设备维护、电力设施保护等内容开展"六进"特色活动。走访207户获得电力客户，对转供电主体进行电价降价政策宣传，营造了良好的供用电环境。

（5）当好"电专家"，强化电网规划和精准服务。紧密对接京津冀协同发展、"一港双城"建设，跟踪重点项目建设进度，做好项目储备和前期工作，定期走访政府部门、产业园区，掌握辖区负荷增长需求，为推动中长期发展提供指导建议。

三、项目效益

（一）全面提高了经营管理水平，客户满意度再创新高

通过数字赋能，打造优质供电服务新标杆，全面提高了企业经营管理水平。

（1）实现业务融合。树立"互联网+"现代化服务理念，促进前端业务融合，完善优化管理机制，推动供电服务流程升级，"曹妃甸区数字化系统建设应用项目"成功入选国家电网公司优秀数字化样板间，同时承担国家电网公司数字化示范任务。

（2）提升客户服务满意度。通过落实提升"获得电力"9项举措，推行"五电特色服务"新模式，16项业务实现一次都不跑，5项业务最多跑一次，客户办电更省力、更省时、更省钱、更可靠；"网上国网"低压客户线上缴费率达到99.54%，绑定率达到67.92%；"降投诉提升满意率"专项行动提升95598业务处理满意率达98.40%，在国网唐山供电公司排名第一，投诉率同比下降86.96%，获唐山市2022年度客户服

务满意度示范区。

（3）提升企业经营业绩。2022年公司完成售电量27.67亿kW·h，同比增长20.72%；售电均价593.58元/千kW·h，同比上升35.34元/千kW·h；综合线损率完成2.24%，同比降低0.64个百分点，低于年度指标0.3个百分点。在国网冀北电力有限公司43家县供电企业综合评价体系指标排名第3，同比提升6名。在国网唐山供电公司企业负责人业绩考核中保持排名第一。

（二）有效降低了企业运营成本，可持续发展能力再提升

通过建立协同高效的供电服务体系，在降低人工成本、提升设备健康水平、减少线路掉闸次数等方面累计节省企业运营成本1566.31万元，企业可持续发展能力再提升。

（1）降低人工成本。基于前端资源的整合以及数字化应用，实现9个实体营业厅的撤销、合并，节约营业厅人工和材料成本320万元。

（2）节约设备成本。优化设备巡检计划，改善设备运行环境，有效提升了设备健康水平，配电网厂站端间隔平均使用寿命由10年提升至15年，大幅降低了设备购置成本。

（3）减少运维成本。以坚强智能电网为保障，配合配电自动化技术的创新，减少变电站10kV出口线路掉闸74次；基于规范抢修流程、配电自动化技术的推广应用以及人员综合素质提升，抢修时间平均缩短27min/单次，累计减少线路运维成本和人员作业成本40%以上。

（三）高效助力了区域经济发展，彰显了责任央企形象

通过高效服务区域经济发展，有力助推了"双碳"目标落地。

（1）助力疫情防控。通过执行支持防疫、复工复产和疫情期居民客户"欠费不停电"服务等一揽子方案，保证9.8万居民疫情期间安心用电。

（2）服务低碳经济发展。曹妃甸区供电公司主动对接国家"双碳"目标，利用供电服务协同平台，积极服务新能源发展，累计新增分布式电源并网项目53个，并网装机容量2161kW，13个村5756户"煤改电"改造工程按期完工，累计完成电能替代量1007.3万kW·h，节约近12400t标准煤，为保障国家能源安全、建设美丽中国作出积极贡献。

（3）助力区域发展建设。圆满完成党的二十大和第24届冬季奥林匹克运动会等重要保电活动63项，保电工作得到了国网唐山供电公司和曹妃甸区委区政府的高度认可。同时在围绕京冀·曹妃甸和津冀协同发展示范区、曹妃甸石化产业基地等重点项目开展挂钩服务过程中，明确制订了客户跟踪服务、节能改造、电源并网、阳光业扩等方案，提高了规划项目的准确率，避免了资金浪费，为科学制订投资策略和优化项目里程提供支撑，引领了曹妃甸区高质量发展示范区建设，荣获2022年度河北省优化营商环境推动高质量发展先进集体。

四、经验启示

本项目聚焦客户用电需求，不断升级服务手段，旨在探索打造优质服务标杆的新途径，为供电企业提升服务质量提供新思路。

（1）"强前端"，以数字赋能、数字驱动为核心，实现从"被动检修"到"主动服务"，从"事后分析"到"事前预警"，从"经验管理"到"科学管控"的三大转变，全面提升基层班组的工作效率和工作质量。

（2）"大后台"，打造供电服务数据中台，建设智能配电网，通过优化数据应用环境、降低数据应用门槛、提供数据应用技术支撑、深化应用场景建设，实现数据来源于基层服务于基层，切实解决基层人员重复操作较多、数据应用存在技术瓶颈、业务异常感知滞后等痛点。经实践证明，上述举措是提升供电服务质量的有效手段，将成为未来提升优质服务水平的新方向。

本项目具有较强的实用性、可操作性和易复制性，为县级供电公司精准对接国家电网"强前端、大后台"现代服务体系建设，有力推进电网数字化转型提供了借鉴，在国网冀北电力有限公司、其他网省公司基层工作中具备推广价值。

五、创新团队

"数据贯通、信息共享、专业协同、业务融合"的供电服务体系由国网冀北电力有限公司唐山市曹妃甸区供电分公司孙潇、赵远、陶福成、刘明远、李超、马春阳、李宛儒等组成的创新团队完成并推进实践应用。

曹妃甸区供电分公司是隶属于国网唐山供电公司的大型县级供电企业，于 2012 年正式挂牌成立，负责唐山市曹妃甸区的供电服务保障。曹妃甸区供电分公司运维 35kV 变电站 16 座、10kV 配电变压器 802 台、35kV 输电线路 24 条、10kV 线路 233 条。2022 年，供电量 28.4 亿 kW·h，售电量 27.67 亿 kW·h，最大负荷 42.99 万 kW，电压合格率 99.957%，供电可靠率 99.9506%，供电服务管理创新成果获评河北省管理创新成果二等奖。

"淀中翡翠"王家寨

国网雄安新区供电公司

引言

为巩固脱贫攻坚成果同乡村振兴有效衔接的工作要求，助力美丽乡村和乡村振兴示范区建设，国网雄安新区供电公司贯彻落实省委省政府"乡村振兴"战略目标，根据《白洋淀生态环境治理和保护规划》要求，适时转变用能方式，建设北方水乡民俗特色村落和全电绿色生态景区，助力美丽乡村和乡村振兴示范区建设。在电网建设创新化、运行模式示范化、供电服务品牌化、富农产业特色化、农村生活品质化五方面助力农业生产、乡村产业、农村生活现代化取得积极成果。下一步，团队将结合实际经验，积极探索一套以助力乡村振兴为目标的乡村电气化建设示范运营体系，支撑"乡村振兴·电力先行"战略落地。

一、创新成果介绍

王家寨村位于安新县城东部，是白洋淀唯一不通陆路的纯水区村，由主岛和 17 个卫星岛组成，总面积约 2km²，现有居民 2069 户，总人口 5513 人。通过对王家寨电力设施改造，转变生产生活和用能方式，建设北方水乡民俗特色村落和全电绿色生态景区，助力美丽乡村和乡村振兴示范区建设。围绕王家寨绿色智能微网示范工程，在供电保障、绿电供应、智慧台区、电能替代、能效服务等方面进行重点突破，减少电费支出、提升用电体验、服务美好生活、加快电能替代，帮助用户实现降本增效，助力农业生产、乡村产业、农村生活现代化取得积极成果。

（一）电网建设创新化

建 35kV 白洋淀微电网，包含整个郭里口站供电区域。在白洋淀微电网内部，嵌套有 10kV 微电网，即王家寨微电网，接带在 35kV 郭里口站 10kV 郭里口 521 线路上。在王家寨绿色智能微电网内部，规划建设 1 个 10kV 储能系统和 2 个 0.4kV 储能系统、3 个低压台区侧微电网、6 套户用光储供电系统、1 套直流示范屋和 1378 户空气源热泵通信改造。

源网荷储多元素有机融合。源方面，新装 300kW 光伏，4kW 风机，为王家寨绿色智能微网运行提供电源保障；网方面，打造村级、邻里级、家庭级 3 个层级微网，构建微电网控制系统和数字孪生全景展示系统，显著提升电网供电可靠性；荷方面，王家寨 1448 户煤改电采用空气源热泵，区域最大负荷 4.4MW，通过基于"国网芯"的自研控制器和群调群控策略实现对空气源热泵柔性负荷的调控，取得显著的削峰填谷效果；储方面，在码头广场、农庄、学校 3 个子微网分别布置 100、700、100kW·h 的储能装置，在辅村布置 1500kW·h 的主储能装置，实现了清洁能源的 100% 消纳，减少台区侧外部电力供应 38.1%，为离网运行提供电能保障。秉承清洁取暖、绿色用能的规划原则，通过云边协同、群调群控策略构建风光储协调互补、冷热电群调群控的微电网群系统，达到了传统电网改造同样的效果，形成绿色共享、柔性高效、数字赋能的乡村级新型电力系统。

（二）运行模式示范化

建设基于智慧精品台区、低压直流的新形态配电网，部署无人机、北斗故障指示器、AI传感终端等感知设备，研发应用数字化台区经理App，实现设备缺陷管理、故障告警、电压监测，为村民提供主动运维服务。

（1）融合终端替代。率先实现融合终端替代集中器、台区总表，并首家开展招标前"运检＋计量"双检测，通过HPLC、RF等通信方式，收集电气量、状态量、环境量、用户侧电能表信息等数据，采用"双卡双密"方式分别送至配电云主站、用电信息采集系统，实现数据同源、营配贯通。

（2）配电透明感知。强化新技术、新装备应用，提升配电网感知能力。通过加装高精度北斗故障指示器、线夹测温、绝缘油压力、柜门状态、微气象、智能微断、AI摄像头等感知设备，实现配电线路、变压器、分支箱和户表箱的透明感知和可视化巡视。

（三）供电服务品牌化

（1）数字台区经理。基于全景感知数据，依托配电云主站和供服指挥系统，开发应用数字化台区经理App，实现实时查看设备运行状态、异常告警信息、主动工单过程管控等功能，打造实时感知—智能研判—状态预警—主动运维—迭代提升的良性循环体系。

（2）优化电力营商环境。全面推行"阳光业扩"服务和小微企业"三零"举措，落实报装容量160kW及以下小微企业接电"零投资"。推广"网上国网"线上渠道，实现足不出户便捷缴费、办电。落实好惠民电费电价政策，严格执行农村地区保鲜仓储设施用电价格等优惠政策。建立"低保户""五保户"台账，落实电费补贴政策，关注补贴发放情况。

（3）开展便民、利民、惠民特色服务。开展党员服务队服务保障行动，建立共产党员服务队、供电服务示范岗和责任区，设立驻村服务点。鼓励创建单位结合当地村民产业发展、生产、生活实际需求开展特色服务，并取得较好评价。

（4）供电服务客户满意。严格履行供电服务"十项承诺"，员工服务"十个不准"，严禁发生"三指定""吃拿卡要""违规乱收费"等违规问题。严格落实台区经理辖区现场工作制，畅通客户服务"最后一公里"，积极通过走访等多种形式收集客户意见诉求，不断提升服务水平，客户满意率达到97%及以上。

（四）富农产业清洁化

宣传推广节能减排技术，推动以电代煤、以电代油，引导客户炊事、沐浴、取暖全电化，提高电能在终端能源消费占比；推进分布式光伏、电能、生物质清洁能源利用，鼓励使用分布式光伏发电技术满足日常用电需求和冬季取暖，保障清洁能源全并网、全消纳，为分布式能源并网接入、计量采集、电费结算、补贴发放等提供一站式全方位服务。积极推广先进电能替代技术，宣传推广全电厨房，助推发展全电景区、全电民宿、农业种植养殖、农产品加工等惠农富民电气化项目建设。

（五）农村生活品质化

（1）建设邻里级微电网，依托7kW光伏和54kW·h储能配合，可真正实现一年365天完全孤网运行，完全不依赖外部电力，是雄安新区首个电力零碳建筑，同时也是低压直流第一次真正的走入农村百姓生活。

（2）建设智慧灯杆、共享充电宝、智能垃圾桶、光伏座椅等，增加村民日常生活的便捷性、休闲的娱乐性，实现电力设施与居民生活的友好融合，为老百姓提供高品质的电力体验。

（3）生活电能替代。创新开展低压居民负荷感知及服务功能，完成1448户空气源热泵煤改电，通过加装无线通信终端，具备柔性功率控制功能；安装HPLC模块，实现居民负荷的实时感知和非侵入式用能分析；安装4个充电桩，为未来电动船提供充电点，提高区域电能占终端能源消费比重。

（4）无感电力服务。实现电力业务办理足不出户，同时建设微信小程序、手机App等，方便用户缴费，通过关注雄电公众号、下载微信小程序等管理各类设备。

二、创新实施过程

秉承清洁取暖、绿色用能的规划原则，通过云边协同、群调群控策略构建风光储协调互补、冷热电群调群控的微电网群系统，达到了传统电网改造同样的效果，形成绿色共享、柔性高效、数字赋能的乡村级新型电力系统。

（一）组建35kV白洋淀微电网

包含整个郭里口变电站供电区域。在白洋淀微电网内部，嵌套有10kV微电网，即王家寨微电网，接带在35kV郭里口站10kV郭里口521线路上。在王家寨绿色智能微电网内部，规划建设1个10kV储能系统和2个0.4kV储能系统、3个低压台区侧微电网、6套户用光储供电系统、1套直流示范屋和1378户空气源热泵通信改造。

（二）组建10kV村级微网

在王家寨选取码头广场、学校、农庄建设3个子微网。储能总容量达3300kW·h、光伏300kW、风电4kW。其中码头广场的直流储能100kW·h、风电2kW；学校微网交流储能1000kW·h，农庄微网的交流储能700kW·h，同时为满足全村停电后电力供应需求，在10kV侧建设1500kW·h集中储能，以及300kW光伏、2kW风电。离网运行时全村最长可连续运行38.37h。

在这里，部署了整个村域的微网控制系统，实时监测并预测储能、光伏、风电及线路负荷、热泵负荷数据，提出能源优化控制策略，后期配合政府煤改电工程安装的空气源热泵，实现群调群控，各微电网通过本地控制系统实现无缝切换。

（三）组建邻里级微网

互助会是王家寨村的一个福利机构，每年传统节日为村里320余位70岁以上老人及困难村民提供医疗、餐饮等服务，同时村里各项集体活动也在这里进行，是王家寨村的公共枢纽。通过7kW光伏和54kW·h储能配合，互助会可真正实现一年365天完全孤网运行，完全不依赖外部电力。在突发情况下，互助会可作为王家寨避难场所，为群众提供必备的水和食物。

（四）组建家庭级微网

结合村里屋顶资源，通过光伏＋储能模式，实现了电量时段调配，最大化利用太阳能等可再生能源，降低碳排放。在村里选择5处进行家庭级微网建设，每户家庭级微网包括2kW屋顶光伏和4kW·h储能设备。时间和用电量上都可自动调控。白天光伏所发电量一方面直接为家用电器供电，一方面为储能充电，多余电量送至电网；晚上储能放电为家用电器供电，电量不足时依靠外部市电供应。通过家庭级微网应用，可降低负荷峰值功率，减小对电网冲击，提高电网稳定性。在冬季可实现"电代煤"清洁取暖，在夏季可实现24小时家庭绿电。

三、效益分析

（一）经济效益

相比传统电网改造方案，该工程至少可减少电网基建投资700万元。年户均停电时间将减少80%，供电可靠率可达99.94%，每年可增加收入10万元。实现设备状态全感知、故障自动监测、快速处理，提升设备运维水平，每年每台区可节省人工运维费用数万元。

（二）社会效益

建设户用光储、直流屋、智慧灯杆、智能垃圾桶、共享充电宝等创新元素，融入居民生活中，通过"无感服务"和"有感即享"的理念，改善居民用能方式，将电能占终端能源消费比重最终提升至100%。

（三）环境效益

通过光伏、风机及配套煤改电工程，每年可实现替代电量520万kW·h，按照火力发电1kW·h需要燃烧标煤 0.4kg，排放二氧化碳 0.997kg 计算，每年可减少燃煤 2080t，减少二氧化碳排放 5184.4t。

四、经验启示

王家寨村被誉为"淀中翡翠"，地理位置极为特殊。由于王家寨村不通陆路，为其配套的电力保障工作开展极为困难。1969 年 2 月，王家寨村才实现通电。改造前仅有 1 条 10kV 线路为王家寨村供电，为 35kV 郭里口变电站 10kV 郭里口 521 线路，线路主体位于白洋淀淀区，功率输送上限为 3.8MW，无法满足电代煤后功率输送需求。传统架空改造方案需水中立塔、穿越生态红线，不符合《白洋淀生态环境治理和保护规划》要求，仅主进线改造就需 2 千余万元；如采用水下电缆敷设方案，后续运维检修会面临巨大困难。

国网雄安新区供电公司因地制宜，遵循乡村电气化发展客观规律，尊重客户意愿，结合供电企业实际，有计划、分阶段推进；突出特色，突出重点，体现地方特点，合理配置资源，打造试点示范；注重效果，通过创新服务模式、电气化产品及技术应用，不断拓展能源消费新领域，降低用能成本，改善乡村生态环境；坚持政府主导、企业助力，在乡村电气化规划、项目实施、政策配套等方面，加强与政府的沟通，争取政策支持。国网雄安供电公司在王家寨美丽乡村建设中所采取的措施，从"清洁取暖 电能替代"，到"绿色全电示范村"，再到"乡村级新型电力系统"的构建，每一项举措都既顺应了时代进步的浪潮，又踏准了电网企业战略转型的节奏，是社会经济发展与企业转型升级的完美契合。

"淀中翡翠"王家寨是国网雄安新区供电公司在助力乡村振兴发展上的创新实践，下一步，将结合实际经验，积极探索乡村电气化建设新路径，高质量建设乡村电气化和乡村能源互联网示范工程，在村、镇、县三级打造可借鉴、可复制、可推广的乡村电气化运营服务模式，探索一套以助力乡村振兴为目标的乡村电气化建设示范运营体系，支撑"乡村振兴·电力先行"战略落地。

五、创新团队

该案例由雄安新区供电公司周开峰、马慧卓、刘潍慷、陶珺函完成。

国网雄安新区供电公司是国家电网公司大型供电企业。公司筹备组于 2017 年 5 月 25 日进驻新区办公；2017 年 9 月 20 日，国网雄安新区供电公司在新区首批首家完成工商注册；2018 年 4 月 22 日，国网雄安新区供电公司正式揭牌成立。2019 年 3 月 1 日，正式进入实体化运营阶段。营业区域包括雄县、容城、安新三县及任丘市鄚州镇、苟各庄镇、七间房和高阳县龙华乡，供电面积 1770km²，营业户数 66.35 万户，服务人口约 125 万人。雄安新区电网共有 500kV 变电站 2 座，变电容量 400 万 kVA；220kV 变电站 7 座（含用户站 2 座），变电容量 231.15 万 kVA，线路 284.73km；110kV 变电站 27 座（含用户站 1 座，移动站 7 座），变电容量 228.4 万 kVA，线路 411.84km；35kV 变电站 44 座，变电容量 82.52 万 kVA，线路 393.07km。

基于"RPA 数字员工"的供电服务创新实践

国网山西省电力公司吕梁市交城县供电公司

引言

"人"的数字化成为了数字化转型的核心问题，从"人"的角度出发，成为企业全面实现数字化转型，并最终实现数字化运营的"最后一公里"。国网交城县供电公司在供电服务创新实践趋势下，主动探索数字化新技术应用在基层供电服务方面的实践应用探索，开发出了"数字员工"，解决了基层员工在人机交互工作中占用过多的时间和精力问题。其是以 RPA 数字化技术为核心，达到提高工作效率、增强复制能力、提高准确程度的目的。

一、创新成果介绍

（一）研究与应用的背景

1. 打开新局面，培育数字化转型的需要

国家电网公司数字化转型的重点是通过数字化技术在赋能电网业务高质量发展的同时实现基层减负，在实施过程中，需要注意的是：系统架构不是以业务人员的视角去规划，而是从 IT 从业人员的角度去设计，久而久之对于业务人员需要具备的 IT 技能的要求越来越高，数字化程度越高的公司系统操作越来越复杂，基层员工日常工作量越大情况，人员技能水平跟不上数字化发展的程度等，这对我们如何真正实现数字化转型提出了新的需求。

2. 探索新征程，打通基层的"最后一公里"的需要

（1）基于一线实际开展数字化。国网交城县供电公司在供电服务创新实践探索结合数字化转型过程中融合云计算、数据采集、数据分析等新技术，形成了数据中台、业务中台和技术中台等基础数字化能力，但中台的能力在使用过程中的门槛依旧较高，基层员工难以适应交互要求高的系统操作。

（2）基于业务深度融合开展数字化。因为基层单位使用的各类系统日益繁杂，每个供电所涉及使用的系统多达 10 个以上，每个班组使用的系统平均达 12 个以上，其中移动作业系统涉及 1/3，不同业务线条构建的业务系统在末端无法联通，在基层业务中形成了一个个的数据"孤岛"；移动作业系统每个供电所和班组中使用都达到了 3 ~ 5 个，存在操作复杂且重复操作问题。

工作中存在规律重复低效耗时的问题一直是基层工作的痛点：①在基层业务流程中，经常遇到很多业务本身就是不停地在做规律性重复性低附加值的工作，就拿报表来说，每周需要手工统计报表 3 ~ 10 份，每月需要统计报表就达到了 15 ~ 38 份；②存在有部分工作有重复交叉区域，导致二次工作，无法一次性将业务办结，尤其是涉及低压用户的统推工作都是以万户为单位来统计的，每个供电所平均需要做 5000 ~ 50000 次，每个班组统一推进更是达到 100000 次以上。

（3）数字化能力无法快速创造新价值。基层业务人员的新业务需求频率高和数字化再造能力有限存在矛盾。基层业务人员在一线工作对基层业务的了解拥有得天独厚的优势，总会即时提出最新的业务需求以及最基层的创新需求，然而拥有创新思维的基层员工却没有能够支撑实现的平台，无法让基层的创新思维在最短周期内实现、落地、创造应有的价值，这就导致了基层员工无法真正融入供电服务创新实践的大潮。

3. 应用新技术，满足公司发展应用的需要

在作为一种新兴的技术，RPA 机器人将不断发展进化。2017 年，麦肯锡发布了一份报告《智能流程自动化（RPA）将成为数字时代的核心运营管理模式》。传统的 RPA 流程机器人通过模仿员工在不同系统之间的操作行为，来自动执行规律性工作，其本质是即插即用的外挂式自动化软件工具，只能执行一些重复性的、有规则的工作，不具备超出规则外的分析决策能力。而按照麦卡锡的定义，RPA 将逐步具备制订决策的能力，远超出现有的基于规则的自动化，从根本上提高效率，减少操作风险，改善响应时间和客户体验。例如，目前营销对账（银行回单核对与核算）机器人仅能按规则剔除非电费收入数据，尚不能自动识别无规则可循的非电费收入数据，待机器学习技术成熟后，则可配合使用，实现更多基层场景的需求，给电网的应用带来更多可能。

（二）创新内容

"数字员工"以 RPA 数字化技术为核心，可代替人完成部分重复性的烦琐工作，但不以实体形式存在，且可以实现 7×24 小时无间隙自动化工作，"数字员工"有四个特点：不改变工作内容，不改变现有系统，不依赖复杂开发，不依赖系统兼容，是聚焦人机交互工作的"虚拟助手"。应用"数字员工"后，可将基层业务人员从低附加值工作中解放出来，更好地专注于客户服务，实现由人工操作向智能办公的转型。

二、创新实施过程

（一）夯实基础功能，打造"虚拟员工"助手

1.分析技术功能特点，指导业务流程标准成型

基于RPA的技术特点，可进一步将其功能划分为五大类，即数据检索与记录、图像识别与处理、平台上传与下载、数据加工与分析、信息监控与产出。在实际应用中，"数字员工"往往承载以上多种功能的组合，从而实现某一业务流程节点的自动化。

（1）数据检索与记录。数据检索与记录是"数字员工"最基础的功能，通过记录传统模式下工作人员的手工操作，设置计算机规则进行模拟，从而使RPA机器人自动执行数据检索、数据迁移、数据录入的动作。

1）数据检索。通过预设规则，机器人模拟营销人员手工检索操作，自动访问内部安全站点根据关键字段自动进行数据检索，提取并存储相关信息。例如在线损管理系统，RPA机器人自动查找任意时间段的线损数据。

2）数据迁移。对于跨系统的结构化数据，RPA机器人可自动进行数据采集、逻辑转化和数据迁移，并对数据完整性和准确性进行测试和校对，例如在采集系统对采集异常的测量点进行自动补召。

3）数据录入。对于需要录入系统的数据信息，RPA机器人可识别接收电子文件信息后模拟工作人员手工操作将预填充的数据自动录入至对应系统，例如客户合同自动生成流程中RPA机器人在不同页面提取客户信息，身份证号码，地址等，将信息填入新合同模板。

（2）图像识别与处理。图像识别与处理功能是指RPA机器人依托OCR技术对图像进行识别，提取图像中的有用字段信息并输出为能进行结构化处理的数据，并输出为对管理、决策有用的信息。例如客户合同自动命名时RPA机器人会通过OCR图像识别技术将上方待扫描的PDF文件自动重命名，然后迁移到新的文件夹中。

（3）平台上传与下载。RPA机器人按预先设计的路径，登录内部各种不同的信息系统平台，进行数据的上传与下载操作，完成数据流的自动接收与输出。

1）平台上传。RPA机器人模拟人类手工进行系统上传的操作，自动登录多个异构系统，上传指定数据、文件至特定系统/系统模块。例如，客户合同自动上传就是RPA机器人自动登录档案管理系统，将以户号命名的合同自动进行上传。

2）平台下载。基于系统间数据同步、文件本地化存储等需求，RPA机器人可自动登录多个异构系统，下载指定数据、文件，并按预设路径规则进行存储，进一步根据规则进行平台上传或其他处理。

（4）数据加工与分析。基于检索、下载的数据信息，RPA机器人可进一步进行检查、筛选、计算等。

1）数据检查。数据检查是原始数据进一步加工处理的起点，RPA机器人对获取数据的准确性、完备性等进行自动化检查，识别异常数据并做出预警。例如，RPA机器人对营销系统中采集异常的测量点进行识别检查，然后根据数据规则进行补召处理。

2）数据筛选。RPA机器人按照预先设置的筛选规则，自动筛选数据，完成或推进数据预处理工作，锁定进一步加工处理的数据范围。例如，RPA机器人在涵盖任意周期的线损数据中自动选择所需时间段的数据，基于筛选的数据进行数据计算、整理等后续处理。

3）数据计算。对于获得的原始结构化数据，RPA机器人可按明确规则自动进行数据计算，从而得到满足个性化管理需求的数据信息。例如，台区可开放容量计算中RPA机器人自动登录采集系统提取到的数据，然后遵循原有的计算方式进行数据的计算。

（5）信息监控与产出。信息监控与产出是指RPA机器人模拟人类判断，推进基层工作流程的系列功能。例如，在采集异常的测量点补召完成之后，RPA机器人可记录补召失败的测量点，自动发送到供电所长邮箱。

2.推动虚拟员工落地，支撑基层业务高效办理

（1）首次在基层实现"数字员工"概念，借助 RPA 技术中台，完成基层应用具体开发，与数字化顶层设计双向发力，迭代创新，大幅提升了基层班组的数字化水平。

（2）完全自主开发了基于 RPA 的业务流程自动化脚本，不依赖系统开发，可单机离线运行，在规避网络安全问题的前提下率先实现了多种可代替人工操作的自动化功能，"数字员工"多岗运行互不影响，显著提升了工作效率及数据准确性，解放了业务人员的双手。

（二）以需求为导向，打造多维基层应用场景

1.以需求为导向，确定应用场景选择

为解决国网交城县供电公司一线基层单位大量简单重复性高、固定化的业务仍旧依靠人工操作、工作量大、工作效率低，基层班组及供电所结构性缺员，业务人员水平参差不齐，耗费大量培训时间，各种信息系统繁杂、跨平台操作易出错等问题，在数字化转型中，以需求为导向打造多维基层应用场景。

2.深入基层工作，打造多维应用场景

交城公司根据 RPA 的特点，探索开展以 RPA 为支撑的场景建设应用，共计完成客户合同自动生成并打印、采集异常自动补抄、配电线路累计线损自动计算、台区开放容量计算等 13 项场景建设，后续在吕梁市供电公司推广深化应用过程中又完成了 20 余项场景建设。在此着重阐述 5 个典型场景。

场景一：低压居民合同自动生成打印、扫描、命名、上传。

在"三供一业"和合表打开改造工程中，为了更好地优化营商环境和加快报装流程，在新装流程结束后，需要及时生成并上传大批量电子化的合同。未开发流程机器人以前，需要人工对合同进行填写核对，寻找客户签字，然后扫描并上传电子版合同，其中的工作量烦琐且巨大。

开发"RPA 数字员工"以后，机器人自动登录营销档案管理系统获取未上传合同的低压居民户号，登录营销业务应用系统根据户号查询该居民信息，将信息填入合同模板（Word 文档）。人工仅需打印寻找客户签字，通过扫描仪将合同扫描成 PDF 版，机器人通过 OCR 图像识别技术以户号自动识别户号并重新命名该合同，最后将生成好的低压居民电子版合同（PDF 格式）自动上传至营销档案管理系统进行归档，RPA 机器人实现 24h 全天候进行操作，实现客户重签，补签，续签等供用电合同自动生成。

场景二：台区可开放容量计算。

台区可开放容量作为营业厅台区信息公示内容，同时作为业扩人员的数据支持，对于数据的可靠性和实时性要求越来越高。按月更新的工作周期，原先需要逐台区导出一个月的瞬时功率数据，人工查找最大功率数据，按可开放容量计算公式进行计算结果，查找最大功率数据的步骤较为重复和烦琐。

使用 RPA 以后，机器人可自动登录并查找，所有台区一个月的瞬时数据（约 4.4 万条）中，自动选出一个最大的数据，然后代入计算公式算出可开放容量，用机器人替代进行查询数据的步骤和时间。

场景三：配电线路累计线损自动计算。

由于之前的一体化线损系统未实现当期累计线损的统计分析功能，为了跟踪分析累计线损情况，需要人工汇总计算，这一过程中需要每天计算 86 条线路的线损率，耗时较长。

使用 RPA 以后，机器人会自动登录并计算当期的累计线损，而且节省了大量时间。

场景四：采集异常自动补召。

在用电信息采集系统中，每天的日冻结数据会有采集失败测量点，采集失败测量点影响核算应用率和线损率的计算。以前的人工补召环节，需要逐台区对失败项进行点召，工作量大枯燥。

使用 RPA 机器人自动登录用电信息采集系统获取当日未采集成功的采集点信息，根据采集点编号召测未采集成功的用户，将信息及时上传系统，对于补召剩余失败项发各供电所长邮箱督促处理。

场景五：营销现场作业工单自动监控分析管理。

营销现场作业可视化系统的应用实现了对营销小型现场作业安全有效管控，但暂未实现与营销业务系统建立关联。应用"数字员工"，可自动对两个系统工单进行比对分析，既实现了对营销业务工单应用可视化系统的应用跟踪，确保安全作业，也有效杜绝了业扩工单体外流转。目前国网交城县供电公司已实现客户业扩报装 100% 线上受理，工单线上线下同步一致办理。

三、项目效益

（一）服务公司高质量发展，推动公司提质增效

交城公司依托 RPA 平台技术，以需求为导向，"数字员工"运用智能化和自动化技术，采用非侵入的方式打通线上线下数据的壁垒，实现业务系统、办公软件、线下业务单据和数据库等资源的连接，将线下业务线上化，促进基层业务场景的数字化转型，实现端到端流程的智能化和自动化，全面盘活基层数字化资源充分发挥数据资源的价值。"数字员工"将传统流程所需时间缩短 90% 以上，其中采集异常自动补召，过去由于补召工作量太大，影响低压采集成功的指标，而现在，这个场景目前能自动进行补召并且记录补召失败的测量点，然后发送到各台区负责人邮箱，不仅显著提升了低压采集率，而且通过人工替代解放双手，真正实现基层减负，极大提高业务效率（见图 1）。

图 1　RPA 实际效果

（二）深化服务前端场景培育，提升客户满意度

国网交城县供电公司高度重视供电服务工作，在对外卓越服务和对内提质增效方面，从 RPA 方面积极探索新思路、新方法、新举措，迎难而上、主动作为，不断取得新成绩。在提升客户服务满意度方面，用 RPA 实现了低压合同自动生成打印、扫描、命名、上传这一场景，由原烦琐的人工操作，到 RPA 机器人的自动操作，时间从 15min 缩短到 3min，工作效率提升 5 倍且在下班后无人的情况下，仍然可自主运行。该场景的应用实现了用户报装资料收集及用户供用电合同出具等业扩工作时长压减，在高效完成合同签订、完善客户资料的同时，有效保证了供用电双方合法权益，实现简单用户"一次都不跑"，复杂用户"只跑一次"，提升了数字化服务标准及服务质量。

（三）持续优化项目应用，营造管理新生态

为有效压实基层管理责任，全面落实"党建＋短板指标提升"专项行动，提升在业扩报装、供电服务水平，更好地站在客户角度思考问题，我们开发了台区可开放容量计算和线路日线损统计分析这两个场景。台区可开放容量是我们在为客户办理业扩报装时最基础的数据支持，交城公司共计有 821 个台区，人工计算交城公司所有台区可开放容量需要 15 天的时间，RPA 机器人只需要 68h，工作效率提升了 5 倍。线路日线损统计分析，人工每天计算 86 条线路的线损率平均时间需要 45min，而利用 RPA 机器人后仅需要 2min，效率提升 22 倍。计算可开放容量场景的实现便于台区经理更好地了解公用变压器负荷情况，避免因用户业扩报装接入难而产生不必要的投诉。线路日线损统计汇总这一场景贯彻"精准分析、因限施策、限时整改、责任到人"的线损治理方针，深化营销大数据分析，精细化管理线损，在优化营商环境的同时，提升供电所精益管理水平。

（四）解放基层生产力，赋能员工实现价值共创

RPA 平台连接各类数字资源与数字能力，赋能员工将人工智能、大数据等先进技术运用于业务中，优

化业务流程、简化业务逻辑、开创新思路、新方法，将原先靠人工难以完成的工作高效、自动化完成。已经开发完成的 20 余个场景在交城公司运行 1 年以来，累计代替人工完成了 3200 人·天以上的工作量，出错率为 0。"数字员工"的应用，有效提升了工作的质效，也检验和倒逼了基础数据治理工作。

四、经验启示

"数字员工"可视化、对话式、智能提醒的操作方式，极大程度降低员工掌握其操作的难度，再复杂的信息系统操作也可借助"数字员工"一键式完成，减轻基层负担。此外，数字联盟赋能员工利用平台丰富的组件模块，无代码、交互式创造自己个性化定制的"数字员工"，全面重塑员工能力。基层员工可在"数字员工"的辅助下，从事更加有创造性、挑战性的工作，实现和数字世界的全面链接；同时围绕营销专业量、价、费、损核心工作，通过有序的开发应用，将一个个的营销业务场景组合在一起，逐渐形成了一套与营销业务流相匹配、体系化的数字化工具集，覆盖了营销主要业务流程，实现了营销数字化班组的初步建成。

RPA 作为新兴的技术应用于公司各个业务层面，对内提升业务质量，对外提升服务能力，挖掘新业务内容，实现业务价值创造，极大提高了公司电力大数据的整合、供给和治理能力，实现了数据管理流程化、数据共享制度化、数据资源显性化、数据目录可视化，数据业务服务客户规模、数据业务服务质量满意率、数据赋能传统业务规模等大大增长，推动企业加速从"业务数据化"向"数据业务化"转变，极大地提高了公司"能源互联网"建设进程，塑造了国网战略目标基层落地实践样板。

五、创新团队

基于"RPA 数字员工"的供电服务创新，由国网山西省电力公司吕梁市交城县供电公司张涵羽、王振、冯毓、马恩、李豪、梁华、徐明、杨柳逸、郭瑞、王素婷、闫耀、刘煜、郭乃乾等创新团队成员完成并实践应用。

国网交城县供电公司成立于 1971 年，担负着交城县城区及 8 个乡镇、100 个行政村的电网运行、维护、检修及供用电管理任务，供电面积 1822.11km²，服务人口 22 万余人，供电客户 10 万余户。2022 年，公司完成售电量 14.32 亿 kW·h，营业收入 8.02 亿元。

全周期供电服务体系的"五类清单"

国网山西省电力公司忻州供电公司

引言

建设太忻一体化经济区是山西省第十二次党代会作出的重大部署，是省委省政府紧抓构建新发展格局的历史机遇，站在服从服务国家战略中谋划山西发展，推动形成"一群两区三圈"城乡区域发展新布局的重大举措。国网忻州供电公司作为太忻一体化经济区建设的桥头堡，自觉投身建设，以超前规划、主动融入、重点突破原则，以打造绿色发展、安全可靠、智慧共享的经济区为目标，科学制订经济区电网规划，不遗余力推进区域电网建设，建立集约扁平、协同高效的工作机制，以"五类清单"推进机制为中心，打造精益管理、高效协同、价值共创的高质量服务体系，践行"宁让电等发展，不让发展等电"的理念，让电力先行赋能"北引擎"，努力在服从服务太忻一体化经济区建设战略大局中交好忻州答卷，以实际行动树好电网形象、展现电网担当。

一、创新成果介绍

国网忻州供电公司作为太忻一体化经济区建设的"桥头堡",自觉投身建设,聚焦全市"七个一批""三个一批"以及太忻一体化经济区等重点项目建设,延续超前规划、主动融入、重点突破的服务原则,持续以精益管理、高效协同、价值共创的高质量服务体系,不遗余力推进区域电网建设。

国网忻州供电公司坚持推行先导式服务提升供电服务品质,将常规以"受理"为起点的业扩流程变成以"对接"为起点,从客户动态需求早收集、业扩配套项目早实施、用电关键节点早控制、装表送电启动早安排四个方面入手,充分发挥公司"内外贯通、上下联动"的专业职能,加强对外沟通、内部协作,将对接到的太忻一体化经济区项目整理成册,按用电时序形成"近期、中期、远期"三大类项目后,进一步细化为"对接中、已受理、已送电、暂无需求"四个环节对各项目进行分类施策,并对其进行全流程跟踪服务。国网忻州供电公司实施"太忻吹哨、专业报道、公司联动"的三级应急机制,实行"以需定单、立提立发、限时办结、闭环评估"的督办机制,确保服务太忻一体化经济区发展各项需求得到快速满足。

国网忻州供电公司聚焦配套加强工程进度管控。为保证项目配套工程与客户受电工程同步甚至超前,忻州供电公司狠抓进度管控,统筹部门职责、任务节点、工作标准,绘制"业扩配套工程流转流程图",由供服中心实时掌握进度和阻滞点,开展"人员、物资、节点、时限"四方面服务调度,压紧压实各部门责任。针对业扩配套管理时间长、环节多的特点,国网忻州供电公司以"提报—批复—实施"为管理线,细化28个环节时限(项目立项、招标结果应用、合同流转、工程实施等环节),统筹客户项目进度、系统流转情况、意向接电时间等8类信息,编制《业扩配套工程进度跟踪表》,按周滚动更新,加强进度管控,确保配套工程早投快投。

国网忻州供电公司电力先行筑牢安全保供基础。经济要发展,电力需先行,国网忻州供电公司成立电网规划专班,半年时间完成《太忻经济区220-35kV电网滚动规划报告》(2022版)和《太忻一体化经济区电力供应专项规划》等报告的编制工作。国网忻州供电公司依据项目报装情况及未来用电需求,统筹指导区域内电网设施布局建设,持续优化间隔资源,多次组织发展部、运检部、项目管理中心及经研所等专业部门积极会商,提前储备间隔及其配套设施,为太忻一体化经济区及其他省级园区内新增重大负荷快速接入提供保障。国网忻州供电公司以营销业扩为切入口,通过大数据手段,创新构建"忻州供电指数看太忻经济"的应用场景,通过全网采集、用电监测、智能分析,实现产业项目"电力大数据"对内精准规划强电网提质效、对外超前对接优服务促发展,进一步为忻州经济发展赋能。

二、创新实施过程

(一)项目背景

2021年3月,国家"十四五"规划纲要正式发布,其中明确提出要培育发展山西中部城市群;2021年4月,《中共中央国务院关于新时代推动中部地区高质量发展的意见》印发实施,进一步明确支持山西中部城市群建设。山西省委、省政府抓紧构建发展格局的历史机遇,着眼山西百年发展大计,科学回答新时代山西发展之问,站在全方位推动高质量发展、构建"一群两区三圈"城乡区域发展新布局的高度,作出了建设太忻一体化经济区的重大决策。2022年1月,山西省正式发布《关于推进山西中部城市群太忻一体化发展的指导意见》,将太忻一体化经济区作为促进山西省向前大步迈进的重要动力源。

(二)项目实施

1. 主动走访常态化助力企业发展

2022年以来,国网忻州供电公司全面贯彻落实全市以太忻一体化经济区建设为牵引的工作安排部署,推行"先导式"办电服务,由"坐等申请"变为"主动服务",提前精准对接,建立全流程跟踪服务机制,及时响应、及时答复、及时办理,最大限度压环节、减时间、降成本,不断提升客户"获得电力"便利度和服务体验,保障重点项目建设稳步推进,优化营商服务环境,助力地方经济发展。由市场及大客户中心牵头，组织发展部、调控中心、管理单位等相关专业部门常态化对重点企业通过主动走访，全方位了解企业规模、生产、供电需求等情况，对企业各阶段发展状况进行摸排了解，倾听企业用电问题、诉求和建议，进行归类整理，并做出一一解答，遵循因地制宜、节能提效的原则，为企业提供优质高效的用电服务。对急需用电的重要项目开辟绿色通道，建立快速响应机制，实施用电需求与过程管控以及服务保障"三个统筹"，高效率保障所有项目从开工到投产的所有用电需求。

2.清晰把控项目跟踪服务流程

"五类清单"推进机制是指按照高压业扩流程的不同阶段、时点或状态，前置业扩报装流程，将所有项目办电流程分为"对接、需求、受理、实施、送电"五个环节（见图1），实现项目从主动对接到投产送电滚动高效推进的闭环机制。

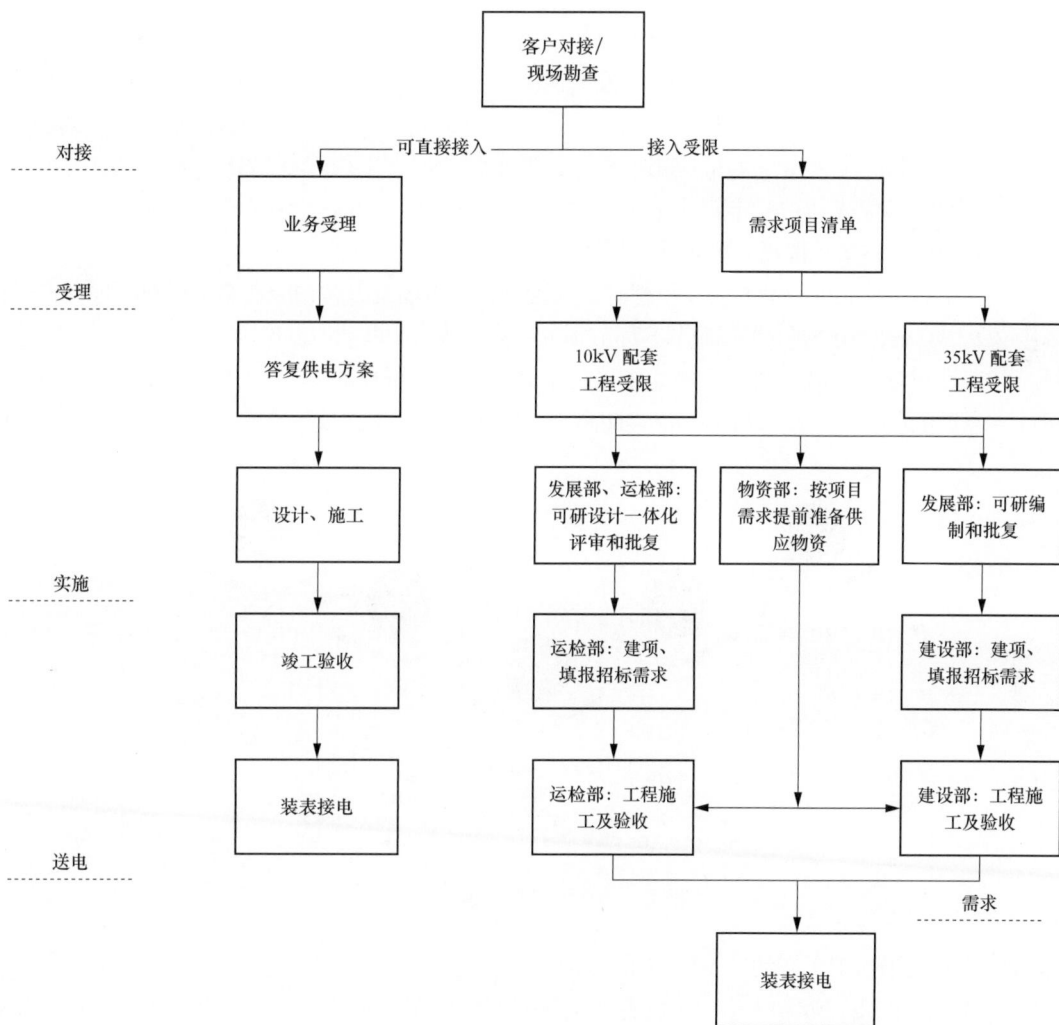

图 1 "五类清单"推进机制

"对接"指对依法取得政府立项（核准、备案）文件的项目，主动了解其用电需求情况、挖掘市场潜力、储备电网接入负荷，帮助客户早日进入用电申请阶段的行为。

"需求"指受周边电网架构影响而无法提供供电方案的项目，以及有配套电网工程而进展缓慢的项目。

"受理"指客户提交用电申请至供电方案答复的行为。

"实施"指项目配套电网工程或客户受电工程从设计、施工到验收中的行为。

"送电"指项目已完成装表接电的行为。

对接、受理、实施是阶段行为，送电是时点行为，需求是特殊状态。建立"五类清单"推进机制旨在对全市产业项目进行分类施策，将项目对接、需求解决作为工作重点，前置业扩服务，拉近与客户的沟通距离，由被动坐商服务向主动增值服务转变，持续提升供电服务支撑保障能力。

（1）多渠道获取落地、开工或在建的项目信息，主动走访对接，了解客户用电需求，并列入项目储备库，宣传业扩流程，告知手续资料，推广线上服务渠道，实现客户办电最多跑一次的目标；针对客户项目自身特点，为客户提供用能监测、能效诊断等增值服务，资源优化配置，多角度满足客户多元化用能需求。

（2）经过数据分析研判，筛选出潜在受限项目列入需求项目清单，将其作为重点服务对象，聚焦需求项目在办电过程中的堵点和难点，找出潜在受限原因，及时启动业扩会商，组织相关专业商讨解决方案，提前进行电网规划或改造；启动电网配套工程，优化配套工程流转时序，制订工程实施里程碑管控计划，理顺相关单位、部门业务流转程序，按"项目提报—方案确定—工程实施—接网供电"四个环节有序推进，实行分时段供电承诺兑现制，市场及大客户中心作为信息归口管理部门，持续跟踪督办每一个项目的推进过程，及时协调沟通，做好项目归集、流转和推进情况统计工作，每周对业扩需求项目里程碑供电计划进展情况进行通报，让需求项目"动起来"，让客户用电有盼头，最大限度压缩配套电网工程的建设周期。

（3）对于受理项目，强化线上渠道应用推广，将传统营业厅办电模式逐渐转变为"智能引导、高效办电"的多功能互动服务模式，不断丰富线上服务类型和服务内容，同时严格按照公司业务规范，在承诺期限内尽早答复客户供电方案，提高办电效率，增强客户获得感。

（4）将正在实施工程的项目纳入公司里程碑计划管控，由市场及大客户中心牵头，对应项目投产目标日期，倒排接网工程实施、客户受电工程服务各环节到位日期，持续性推动项目建设进度，确保工程按期完工。

（5）持续关注已投产送电的项目，电能增量，主动提供能效优化方案，让客户在及时用电的同时享受到全方位、高品质的服务。实现全市项目从落地到投产期间的供电全过程跟踪服务、闭环管理（见图2）。

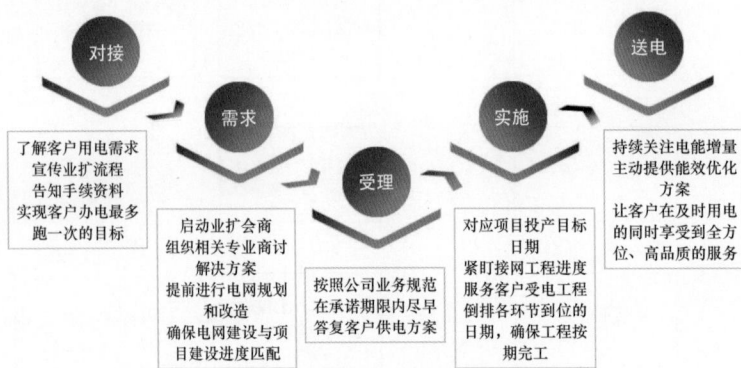

图2　五类清单跟踪服务策略

3.建立"内外贯通、上下联动"工作体系

国网忻州供电公司专门成立太忻一体化经济区项目对接小组，对外加强与山西省太忻经济一体化发展忻州区运营中心等政府相关部门的沟通，将获取的项目清单按月进行项目对接，依据"五类清单"分类整理，形成《国网忻州供电公司太忻一体化经济区项目进展清册》，并按用电时序形成"近期、中期、远期、受限"4类项目接入清册并全周期跟踪服务。对内定期召开服务例会，如遇到重大项目供电问题，整合各专业力量全力助推项目高效落地。国网忻州供电公司实施"太忻吹哨、专业报道、公司联动"的三级应急机制，实行"以需定单、立提立发、限时办结、闭环评估"的督办机制，确保服务太忻一体化经济区发展各项需求得到快速满足。发挥营销专业"一口对外"职能，主动对接政府相关部门，及时了解经济区发展布局和招商引资情况，收集经济区内各入驻项目用电需求、时序等情况，发展灵活可调节负荷资源，多专业协同研究确定供电接入系统方案，确保经济区内用电项目获得清洁、低碳、高效电力供应保障。

4.电力先行筑牢安全保供基础

国网忻州供电公司结合《太忻经济区发展规划纲要》，及时成立专班启动电网规划编制工作，通过坚持开门做规划的工作理念，强化"内外协同、专业协同、上下协同"的工作方式，在统筹经济发展需求及电网实际的基础上完成《太忻经济区220-35kV电网滚动规划报告（2022版）》编制。同时，根据营销部门反馈的项目报装情况及未来用电需求，持续优化间隔资源，与发展部、运检部、项目管理中心及经研所等专业部门积极会商，提前储备间隔及其配套设施，为太忻一体化经济区及其他省级园区内新增重大负荷快速接入提供保障。

国网忻州供电公司科学开展坚强智能电网规划工作，编制形成《太忻一体化经济区电力供应专项规划》，统筹指导区域内电网设施布局建设。进一步梳理形成"十四五"初步规划忻州片区电网项目10kV及以上共475项工程，投资约66.23亿元，提升区域电力供应能力，满足各类项目新增负荷用电需求。预计到2025年，太忻一体化经济区忻州片区将新扩建改造220kV站6座、110kV站16座、35kV站13座，新增容量336.55万kVA，总容量达到969.285万kVA，规划完成后整体容载比合理，可满足太忻一体化经济区发展各类用电需求。

三、项目效益

（一）为太忻一体化经济区建设提供了电力支撑

雄忻高铁在山西境内规划建设五台山和五台县两座220kV牵引变电站，新建雄安新区至忻州高速铁路（忻州段），横跨忻府、定襄、五台三个县区，境内里程约114.72km，有助于京津冀创新资源、专业人才、新兴制造业、现代服务业等经济要素向太忻一体化经济区转移。国网忻州供电公司审时度势，于2022年1月5日完成受理，并组织相关部门业扩会商，8个工作日内确定两座牵引站均由220kV永安变电站和220kV蒋坊变电站新建4条220kV专线提供双电源，其配套供电线路也由公司相应纳入规划库。

太忻大道是太忻一体化经济区启航的标志性、牵引性、先行性基础设施建设工程，位于忻府区南外环，终点位于忻州与太原交界石岭关，与太忻大道（太原）段相接，路线全长16.5km，双向6车道，是忻州直通太原的城市快速走廊。忻州供电公司为保障太忻大道顺利开工，于2022年4月底完成沿线6台变压器共2205kVA顺利送电。该道路后于9月30日全面完工，国网忻州供电公司完成了太忻大道（忻州段）沿线路灯用电，共13台变压器1040kVA，为太忻大道顺利通车提供了电力支撑。

（二）为公司建设新型电力系统夯实了电网基础

按照太忻经济区空间布局和产业组团规划方案，国网忻州供电公司坚持问题导向、目标导向，以服务七大产业集群发展为抓手，结合区域内新能源发展规划、负荷发展水平预测和电力电量平衡，科学开展坚强智能电网规划工作，统筹指导区域内电网设施布局建设。当前，公司已确定雄忻铁路项目两座牵引站接入方案，并将配套供电线路纳入规划库；已开展集大原铁路1座牵引站接入方案可研编制，将着力推行契约制新型服务，确保经济区重要交通枢纽通道项目如期投运；已现场摸排并完成国道改建工程与电力线路交叉35kV及以上线路、10kV及以下线路共100余处，迁改影响改建工程建设范围内公司所属的电力线路，保障经济区基础设施和道路建设项目推进顺利。除此之外，110kV晋昌站、110kV景明站等四个变电站已于2022年底完成全部投运，为定襄、原平、繁峙、代县、五台等项目融合区提供充足的用电保障。

（三）为打造"忻电"特色服务品牌搭建了重要平台

国网忻州供电公司坚持以客户为中心、以问题为导向，依托营销和服务调度系统，畅通线下信息收集渠道，强组织、建机制，重点开展"人员、物资、节点、时限"服务四调度，有效提升公司办电效率和服务水平。对外通过"四早"工作法，从客户动态需求早收集、业扩配套项目早实施、用电关键节点早控制、装表送电启动早安排四个方面入手，超前布置、高效落实，全程紧密跟踪服务，严格落实"主动承办、专业协办"，保证"一办到底、办必办好"。对内通过分层分级召开服务会商会、部门协调会等，将急需送电项目、配套工程实施的卡点、难点等纳入服务调度事项，集中攻坚难点事项，建立任务清单，重要事项派发《调度工作单》协调办理，逐项跟进推动。国网忻州供电公司通过建立全过程服务责任制和监督考核评价机制，主动接受各行业监管和媒体社会监督，常态化开展供电服务现场检查、营销稽查、第三方客户满意度调查，规范服务行为，确保服务满意度稳居忻州市行业榜首。

四、经验启示

在外部环境变化和内部发展需求的背景下，国网忻州供电公司聚焦客户需求，推进资源整合、组织优化、流程再造，深入开展以"五类清单"推进机制为中心的全市产业项目全周期跟踪服务体系建设与实践，坚持以客户为中心的理念，把服务人民美好生活需要作为出发点和落脚点，把为客户创造价值作为着力点，全力打造灵活主动、智慧互动、增值高效、开放共享的服务新模式，大力开拓市场需求，营造良好电力营商环境，努力实现"宁让电等发展，不让发展等电"的美好愿景，助推全市经济转型发展。

五、创新团队

以"五类清单"推进机制为中心的全周期供电服务保障体系建设，由国网忻州供电公司靳龙、郑普、郭建壮、杜文军、刘小燕、武剑、郝慧玲等创新团队成员完成并实践应用。

忻州电网地处国家西电东送主通道和山西北电南送大通道，现已形成以忻州、五寨2座500kV变电站向外辐射供电、17座220kV变电站双主变压器、双回路供电，109座110kV和35kV站供电的网络格局。运行公用35kV以上变电站126座/1163.14万kVA、输电线路353条/6513.58km。接入火、水、抽水蓄能、风、光等各类发电装机容量1696.29万kW，是全省接入电源种类最多的地区电网。国网忻州供电公司秉承"人民电业为人民"的企业宗旨，进一步增强电力先行的责任感和使命感，确立聚焦"一流目标""三步走"的工作路径，坚持"五个全面"基本原则，攻坚"七个强化"中心任务的"1357"工作思路，加快电网建设，创优营商环境，服务能源转型，助力太忻建设，为经济社会发展提供了坚强供电服务保障。公司担负着全市经济社会发展和14个县（市、区）的供电任务，辖14个县级供电公司，拥有员工2595人，直接服务客户143.25万户，年售电量158.03亿kW·h，先后荣获"全国文明单位""山西省模范单位"等荣誉称号。

以客户感知为核心的精益管理新模式

国网山西省电力公司太原供电公司

引言

随着经济社会发展和生活水平整体提升，国家电网公司为经济社会发展提供着更安全、更高效、更清洁、更友好的电力服务。在长期的工作实践中，国网山西省电力公司太原供电公司将"精益管理"引入服务领域，进一步创新客户服务方式、简化办电手续流程、提高供电可靠性、提升优质服务水平，改变传统电力由生产、传输到消费的单方向流动模式，降低客户综合办电成本，为客户提供超值服务体验，构建电力互动服务体系，进一步提升客户满意度，形成了具有自身特色的"客户感知精益管理新模式"。"客户感知精益管理新模式"，是太原供电公司主动顺应客户关注、社会关切的作为，是更好满足人民日益增长的美好生活需要的重要体现。

一、创新成果介绍

太原供电公司积极适应新常态下的电力发展要求，从专业业务导向转变为客户满意导向，树立"人人都是服务员，环环都在服务链"的服务管理理念，打造以客户感知为核心的精益管理新模式。客户感知精益管理新模式，从加强队伍管理、推进信息公开、落实常规业务、推进新兴业务、强化考核评价五个方面入手开展服务创新工作，五项内容一同发力，客户感知贯彻到底，确保整个"客户感知供电服务体系"的创新性、精准性、经济性、可行性，从而全面提升客户对供电服务的感知能力和服务满意度（见图1）。

图1　基于精益管理的客户感知供电服务体系建设管理架构

"客户感知精益管理新模式"的精髓在于：借助信息化平台，变革内部服务分层分工，精准划分责任区；变革客户分级管理，建立精品服务台区，形成降低成本、提高质量、优化流程，全面提升客户满意度的精益服务管理。在操作层面上，以客户为中心，组建三级政企客户经理团队，细化经纬式管理脉络，形成以公司领导亲自参与的客户经理"分级设置、团队服务"的、个性化定制的优质服务方案。作为精益管理工作新路径，"客户感知精益管理新模式"严格落实到"每一位员工、每一过程"，从服务人员及客户双向分级分类，纵横交错，相互复合，形成经纬式电力精益服务管理框架，并在这个框架内竭力服务"每一个客户"，最终确保卓越服务工程圆满成功。

二、创新实施过程

（一）优化队伍结构，提升供电服务效能

人员队伍是公司发展的基础，为确保基于精益管理的"客户感知供电服务体系"建设实践项目顺利推进，同时对应本项目的实施需求和创新难点，太原供电公司扎实开展人员队伍管理建设，即以"大客户服务中心"为基础，构建三级客户经理团队管理机制，同时打造金牌共产党员服务队管理模式，辅助主体业务开展。最终以"网格+"管理思路为指导，构建强化末端业务融合的服务环境，"四项措施"确保人员队伍在管理上有条有理，在服务上提前感知，为客户提供最精准最有效的服务。

1. 成立"大客户服务中心"，提高服务精准度

明确"以客户需求为导向""前方拉动""主动服务""服务客户、末端融合"的思路，构建属地化、网格化管理，建立快速响应客户需求的"全能型"供电服务中心，形成公司各专业围绕客户需求的"多方联动"态势，分级分部门对配电设施进行精准管理，制订管理标准，细化考核规则。

大客户服务中心主要面向用电量大、供电可靠性要求高的客户群体，为满足客户需求，建立大客户经理负责制，主动联系沟通客户，充分了解并及时收集客户的用电需求，从电力规划需求、接入服务需求、综合能源用电需求、可靠性用电需求等方面了解客户总体需求情况，为客户量身定做咨询服务方案，为客户接入提供前期保障，后期主动为客户提供业务咨询、业扩全流程跟踪、用电量分析、电费电价分析、重要事项提醒等服务内容，压缩客户服务响应时间，为客户提供高品质服务。

2.构建三级政企客户经理管理机制，理顺工作责任区

太原供电公司构建政企客户经理团队，分以下三级设置：

（1）一级客户经理。由公司领导、部门主任担任，主要服务当地政府、园区服务中心及特定客户，协调上级和政府相关部门，组织实施需新建电源点的新装和增容业扩项目，推广国家能源政策和线上业务办理渠道，开展个性化供电服务。

（2）二级客户经理。由公司班组长、业扩服务人员担任，主要服务公司所辖范围内的重要、敏感客户，协调公司内部各专业部门和班组共同推进业扩项目的实施，推广国家新能源政策和国网线上业务办理渠道，开展差异化的供电服务。

（3）三级客户经理。由供电所营配班员工担任，根据客户管辖范围划分，对公司所辖全部客户开展全过程的供电服务，推广国家新能源政策和国网线上业务办理渠道，定期检查客户用电设备情况，解决客户在日常用电过程中的需求，开展精准化的供电服务。

3.运用"网格+"供电服务管理思路，优化营商环境

为进一步优化营商环境，构建"网格+"供电服务管理模式，太原供电公司聚焦城乡低压、居民等以民生保障为特征的中小客户供电服务需求，坚持城乡同质原则，以城市供电服务站、乡镇供电所为管理单元实施营配融合，将城乡供电区域以"网格+"模式细分最小服务单元和责任单元，按照"设备主人、服务主体"原则配置网格服务责任组，并有效融入政府社区网格，对网格区域内的营配设备运维管理、低压客户对接服务实行"包片负责制"，为客户提供及时、准确、优质、低成本的供电服务。公司网格化供电服务管理模式具有以下特色：①进行属地管理、实现快速响应：通过网格化供电服务管理模式，打造城区一刻钟供电服务响应圈，现场服务时效和客户感知大幅提升，同时主动对接政府社区网格，将供电服务网格与政府社区服务体系有机融合，建立信息共享、资源共用、服务共建等常态化工作机制，利用政府社区网格优势，快速响应社区客户供电服务需求；②保证责权一致，加速高效运转：公司在推进网络化服务的过程中，科学架构管理体系，充分放权与赋能，并建立以基础指标管控提升为导向的低压网格评价体系，以指标结果及类比差距的信息公开，促进各网格团队自主查缺补漏、进位争先，实现前端服务团队的绩效评价与过程管控数字化、信息化，激发前端队伍活力。

（二）推进信息公开，优化办电前期服务机制

基于精益管理的客户感知供电服务体系建设重点是全面提升供电可靠性、电能质量及客户满意度。太原供电公司创新性地建设客户感知供电服务体系的基石——大数据核心平台。大数据核心平台，旨在通过大数据分析，在办电前期用户或直接在电力查询系统上查找相关资料，或由供电公司提供咨询服务；并且构建起个性化接入流程，最大限度地缩短用户办电时长，从而优化客户感知。

1.确保数据信息一览清，降低获得门槛

太原供电公司通过大数据核心平台，自主研发获得电力查询系统，从客户使用角度出发，对业扩流程、时限、可开放容量的公开，将业务办理向客户进行全景展示，减少客户办电时的信息壁垒；同时对政企客户经理、网格经理、营业场所等联系信息的整合公开，营造彼此信任的环境，改善供电公司和客户间的业务关系。获得电力查询系统特色如下：①通过可视化的展示，实现业扩的"阳光化"，将业扩流程、可接入容量与所需材料进行集中展示，方便客户一次性获知，让客户只跑一次就能全部办理，缩短办电时间；②实现日常用电需求一站查询，查询平台提供电力价格、服务网点与电力管家联系方式，使客户能第一时间得到台区经理的服务与帮助；③主动适应新能源发展，为客户提供电动汽车与充电桩供电服务介绍，为有新能源建设需求的客户提供便捷的办电服务。

2.提供个性化咨询服务，满足用电需求

太原供电公司依托经纬式构思开展细致服务，实现电力社区服务量身定制。根据客户利润贡献度、用电性质和服务敏感度等重要指标，同时考虑服务便捷性，将客户分为 VIP 客户、服务敏感客户、主要客户、普通客户及居民客户五大客户群，提供针对性的个性化咨询服务。并创新性地为大型企业、工厂、院校等用电量大、用电可靠度要求高的客户提供量身定制的咨询服务，形成主观能动性强、灵活性高的个性化咨询服务方案。为各类小微企业、小范围社区等等用电量相对较小的客户提供业扩咨询、运维抢修咨询、安全用电咨询、电费电价咨询等服务，形成规范的标准化咨询服务方案。

3. 构建"点对点"服务制度，实现快速接入

建立健全大客户服务中心客户经理"点对点"客户服务制度，在客户办理供配电设施接入业务后，客户经理面向客户提供一口对外服务，并全权代理客户组织协调流程在公司内部不同专业、不同部门间的流转。

客户经理根据项目类型的客观规律和客户的项目开发建设进度，组织设计以及规划等专业人员同时上门进行"联合勘查"，同步完成勘查、委托设计等环节，并同时进行施工安排、物资准备等工作，对每个项目量身定制个性化接入流程时间节点计划，使得供配电设施接入过程与客户的项目建设紧密配合，衔接有序，根据节点计划有序与客户配合开展各项接入工作，减少客户不必要的等待时间。

（三）落实常规业务，多方位提升客户感知

太原供电公司利用大数据核心平台获取全面、海量、多源、动态的用户数据，建立客户的生命周期档案。根据用户习惯，为客户提供一对一服务，优化用户感知，预判重要敏感客户需求，强化主动服务。以上举措不仅为客户的用电量、用电高峰期等数据挖掘打下坚实基础，也大大提升供电可靠性与电能质量，为提高精益管理的服务质量、提升客户感知建立起坚固支撑。

1. 建立生命周期档案，优质服务快人一步

在大数据核心平台的基础上，以客户为中心，建立数据与数据之间的映射关系，实现用户为完整画像和动态分析，从而摸清客户规律，建立客户的生命周期档案，档案包括：业扩流程跟踪、缴纳电费习惯、投诉/报修习惯、停电时长统计、用电规律归纳、主动服务开展、设备检修更换历史等方面，为制订个性化客户服务方案提供强大数据支撑。

太原供电公司根据网上国网App、95598工单数据，建立一对一服务机制，提前预判有过服务申请的用户习惯，在客户提出需求甚至是诉求之前，能快一步服务，主动联系客户，主动提出问题，并且主动解决问题，大大提高服务质量，也为数据的收集和完善条件。

2. 科学规划用电方案，经济节约再多一步

在经济迅速发展的社会环境下，用户对用电量的需求越来越大，用电量上涨，随之而来的就是电费的增长，如何能办理贴合自身需求的用电方案，节省电费消耗，成为精准提升客户服务的关键问题。

太原供电公司秉承想客户所想的服务理念，为客户合理规划电费计算方式，主动节省电费。根据当地生产情况，合理提出基本电费计算方式，由按容量计算变更为按实际需要计算，每月节省电费支出25万元。此举不仅使客户节省更多的电费，更让客户意识到服务的贴心和到位，从此客户花的每一分电费都物有所值，客户满意度也在不断提升。

3. 主动研判主动抢修，供电质量又迈一步

太原供电公司以畅通营销、运检、调控、信通等部门的技术为支撑，对营销业务系统、服务管理系统、客户感知系统等9个系统进行适应性改造，开展营销、调控、配电信息集成和数据贯通，实现"人口唯一、同步更新、全局共享"，各专业数据汇聚形成营配调"一张图"，解决营销、运检、调控等部门信息不对称、管理支撑数据不统一等问题，在此基础上，深入挖掘客户需求，做到主动研判故障、主动抢修、主动提供高质量服务。

在业扩报装方面，客户经理应用营配调一体化信息平台，共享电网资源信息，在配电网全容量开放管理基础上，建立负面清单闭环管控流程，对主变压器、间隔、线路、配电变压器4类设备利用历史数据，结合业扩项目预期增加容量，按照"预警级、警告级和限制级"3类开展设备受限综合评价，将警告级和限制级设备纳入负面清单并定期发布，从而优化供电方案编制，确保供电方案编制的准确性。依托配电网可视化系统对配电设备和客户设备停电故障主动研判、主动抢修，在客户感知到停电前完成抢修，或发生严

重停电事故后可提前向客户发送停电预警短信，提高客户服务精准度。

（四）推进新兴业务，满足客户生活生产新需求

常规业务是供电公司的基础，而新兴业务不仅是供电公司发展的强大动力，也是用户对美好生活的更高期待。太原供电公司在落实常规业务的基础上，大力推进新兴业务，从电动汽车服务到分布式光伏业务，再到线上业务的办理与完善，不断探索新兴业务的发展道路和发展模式，为提升优质服务水平和提高客户满意度不断前行。

1.电动汽车服务：找桩不难、充电无忧

伴随着电动汽车产业的发展，人们对绿色出行有更多新的期待。太原供电公司致力于帮助广大用户实现找桩不难、充电无忧的目标，坚持以客户为中心，以市场为导向的电动汽车服务全面升级，建立网上国网 App 电动车服务平台和 e 充电 App 充电服务平台，确保用户享受到全新的充电服务模式、车辆使用方式和能源管理机制，出行过程也将变得更加绿色、智能和便捷。

在充电桩的监控维护方面，通过对充电桩的实时监测，建立充电桩故障的快速响应机制，降低充电桩故障持续时间，进而增加充电桩为社会服务的时间，提高充电站桩的可用率，大幅提高客户满意度。在充电缴费平台运维方面，太原供电公司安排工作小组实时监测充电缴费平台，紧抓平台的运行和维护，确保用户可随时随地登录缴费平台。在充电桩报装方面，太原供电公司有专门接待报装业务的渠道，接收报装业务后，立刻派工作人员实地检测，确保充电桩报装业务处理的及时性以及报装安全性。

2.分布式光伏：当月抄表、当月核算、当月支付

分布式光伏发电特指采用光伏组件，将太阳能直接转换为电能的分布式发电系统，是一种新型的、具有广阔发展前景的发电和能源综合利用方式。太原供电公司鼓励分布式光伏发电业务发展，从光伏报装业务上，达到时间短、办理快的目标，在分布式光伏业务的收益方面，太原供电公司力争实现"月结月付""当月抄表，当月核算，当月支付"，使光伏用户能够更快拿到光伏收益。在推进分布式光伏业务稳步发展的同时，太原供电公司在表计运维方面，竭力提高表计运维精准度，确保光伏业务数据无一差错，收益无一遗漏，全力推进新兴业务快速稳定发展。

3.线上业务：办电顺畅，信息及时

随着经济发展，技术进步，太原供电公司将目光投向了线上业务，充分利用线上平台和网上国网 App，做好线上缴费工作、线上办理新装、增容、更名、过户、暂停及恢复、变更基本电费计算方式等业务，确保用户在线上办电顺利畅通，并在此基础上及时推送停电信息。太原供电公司在原发送停电信息平台基础上，通过网上国网 App 和微信发送停电信息，使受众更广泛。建立了全方位的大客户信息跟踪机制，从营业厅、现场服务、客户回访、短信等主动对大客户信息进行核对更新，优化停电通知内容，在线路检修、灾害天气、节日期间向养殖、种植大户、企业电工等群体发送停电情况、抢修进度、安全用电注意事项等信息，主动回应客户关切，实现了停电通知点对点精准推送，将计划变更、故障停电等难以及时推送的信息实时告知客户，提高了客户满意度，促进增值业务发展的同时，更能推进线上业务办理，推广移动作业终端应用，提高业务办理效率。

（五）强化考核评价，提升服务效能

太原供电公司以感知评价系统为主要内容，强化并完善绩效考核评价管理体系，提高员工工作主动性和积极性，推动各项工作顺利进行。

1.建立感知评价系统，纳入考核评价模式

随着供电企业的电力营销服务逐步由专业技术型的被动服务，向能源互联网和电力市场环境的主动服务和体验式服务的转变，作为供电服务核心问题的供电服务质量问题得到更加广泛的关注。为进一步优化与完善供电网络及其服务提供参考依据成为"互联网＋"营销环境下的热点问题之一。太原供电公司针对地区电网供电服务质量评价问题进行了深入研究，提出了基于客户感知的地区电网供电服务质量评价指标体系及其实现方法。

供电服务质量评价指标体系涵盖供电可靠性、电能质量和客户满意度三个方面，以客户感知事件的数据为基础，融合电力营销等其他多元数据，从而以广大电力客户的视角对供电服务质量进行评价。基于客户视角的供电服务质量评价是对现有供电服务质量评价的补充和完善，有利于供电企业更加客观地发现问题、解决问题，真正做到以客户为中心的供电服务理念的落实与推进。

2.强化绩效评价管理，提升考核评价质量

细化指标和任务，明确责任人，通过加大各项同业对标指标及工作任务考核力度，采取正向激励与处罚并行，公司综合协调事务快速推进。坚持责、权、利相结合的原则，在运用经济奖惩杠杆的同时，对于指标未完成目标的部门主要负责人及相关指标责任人，根据主客观原因分析情况，进行实名通报和工作约谈，并按季度开展考核兑现。

实行目标任务考核、日常工作考核、年度指标追溯考核。其中日常工作考核作为过程管控重要环节。各指标负责人每周向同业对标办公室报送相关指标风险管控分解表，省市公司阶段性指标评价排名公布后，对指标未达到目标值，并且在相应周期内缺失风险管控内容情况进行考核。

3.完善考核体系感知度，提高工作主动性

依托上述客户感知评价系统，根据数据分析和客户反馈情况，依据实际情况，不断完善供电服务质量评价的指标体系及其具体指标定义、计算方法，不断完善考核体系感知度。

在国家电网公司供电服务"十项承诺"指标考核的基础上，每季度应用微信、网站和实地调研等形式就用电服务水平进行第三方问卷调查，对工作人员进行考核评价。基于客户视角的供电服务质量评价是对现有供电服务质量评价的补充和完善，有利于供电企业更加客观地发现问题、解决问题，也更有力地提高员工工作的主动性，从根本上解决主动服务、超前服务、优质服务的问题。

三、项目效益

太原供电公司应用大数据技术变革供电服务管理模式，提高公司的服务质量和服务效率，一方面深化精益管理的客户感知供电服务体系建设理念，以客户满意度提升和业扩提速为抓手，巩固客户经理服务成果，加快营配调业务末端融合，提升客户满意度，2022年客户服务满意度达98.26%，投诉、意见工单同比减少80.49%、44.91%，达到近年来最好水平；一方面围绕"获得电力"指标提升，积极落实"三零、三省"服务要求，低压零散业扩工程投资同比增长74.51%，低压小微企业报装户数、容量同比增长11.82%、24.81%。全面提升重要客户服务质量，对1.5万户高压客户、160万户低压客户开展"全走访"，答复解决客户涉电问题208项，高质量完成"党的二十大开闭幕式""2022年北京冬季残奥会""疫情防控重点单位"158起，赢得政府和社会各界赞誉。

四、经验启示

（一）培养一批攻坚克难、服务社会的优秀队伍，是增加企业内部活力、提升供电服务水平的基石

太原供电公司建成政企客户经理管理责任区86个、共产党员服务队示范岗39个、共产党员服务队17支、培育金牌共产党员志愿者30名、大客户服务中心维系客户关系1365位，每年平均为客户解决用电难题2500余件次，人均服务时长近140h，帮助孤寡老人、特困家庭、贫困学童1300余人次，参与公益活动110余件次。疫情防控期间，为全力确保企业复工复产，全面落实国家电网公司党组应对疫情影响全力恢复建设助推企业复工复产各项举措，为实现经济社会复苏和提升客户用电体验做出了行业贡献。

（二）探索一套供电企业服务新模式，能提供示范推广效应，拓展公司整体服务能力

太原供电公司基于精益管理的客户感知供电服务体系建设在国内供电企业中属率先创新，在深入分析服务管理现状及未来发展的基础上，采用先进的管理思想和经验，推出基于市场、客户的行业解决方案和信息化数据平台，供电服务体系将组织绩效、服务质量与客户需求进行有效的整合，是企业服务管理实践

经验与信息化技术深度融合的结果，也是企业"两化"融合的典型案例，客户感知供电服务体系功能上线之后，发挥了较好的行业示范作用，并在太原供电公司亲贤营业厅等各大服务前沿站所得到了深入应用与实践。

五、创新团队

以客户感知为核心的精益管理新模式，由国网山西省电力公司太原供电公司吴浩林、林晓明、郭晓宇、高惠蓉、李敏等组成的创新团队完成并推进实践应用。

太原供电公司是国网山西省电力公司的分公司，是国家电网公司大型重点供电企业之一，设有本部职能部门 12 个、业务支撑与实施机构 17 个、县供电公司 8 个。供电区域覆盖太原市六区、三县、一市，供电面积 6988km^2，肩负着全市 530 万人民电力供应的基本使命。太原电网位于山西电网中部，是山西电网北电南送、晋电外送的重要通道，通过 3 回 500kV 线路从北部省网受电，经 7 回 500kV 线路形成向东、向南、向西供电的格局。220kV 网架分南、北、东三片开环运行，通过 12 回线路与晋中、吕梁地区电网联络。110kV 网络采用合环建设、开环运行的辐射状供电方式。

基于"光伏大数据服务中心"的阳光工程

引言

忻州市曾是全国集中连片深度贫困地区，也是山西省脱贫攻坚最大的主战场。"十三五"期间，为了打赢脱贫攻坚战，忻州市委市政府充分利用忻州市大气透明度好、日照时间长等特殊的地理条件和自然禀赋，将资源优势转变为扶贫产业优势，结合农业、林业大力开展扶贫光伏发电站建设，誓将光伏产业打造成为贫困户稳定增收的"阳光工程"。国网山西省电力公司忻州供电公司履责担当、集智聚力、攻坚克难，以确保光伏电站"发的好、接的准、运的久"为出发点，创新性地建立了一套从技术到管理的光伏项目服务完整应用方案，在偏关县公司试点创立"光伏大数据服务中心"，打造"阳关偏关"供电服务品牌，掀开了光伏产业"阳光工程"的新篇章。

一、创新成果介绍

"十三五"期间，忻州供电公司在圆满完成全省建设规模最大、任务最重的光伏扶贫电站接网任务后，逐步将工作重心转移到后续服务上。为了确保光伏电站"发的好、结的准、运的久"，让贫困户稳定增收，公司充分发挥自身行业优势，深度挖掘电力数据价值，统筹数据与建模、评价与管理的关系，以"大数据中心建设、管理体系梳理、状态评价软件开发"三条主线，创新性地建立了一套从技术到管理的光伏扶贫项目服务完整方案，试点创建"阳关偏关"供电服务品牌。"阳光偏关"品牌创新内涵在于：在偏关县率先成立山西省首个"光伏大数据中心"，实现县域内全量光伏业扩报装、并网发电、电费核算以及发电异常监控、运维等全业务集中管理，对光伏扶贫电站发电量及利用小时数进行长期跟踪监测分析，建立数据库，综合运用 15 种光伏发电数据，梳理分析 16 种光伏电网侧异常类型，创新编制 3 种管理工作流，编发《光伏监测和电网侧异常治理管理办法》，引入基于 AI 的多维离群点检测算法，研发"基于移动端的光伏设备运行状态评价软件"，综合研判电站发电和异常情况，开发 App 将光伏发电信息实时推送到移动端，提高故障诊断、修复效率，确保电网设备稳定运行⋯⋯从供电可靠性提升、数据集中处理分析、一站式结算运维 3 个维度打造光伏大数据服务品牌。

二、创新实施过程

（一）创建"光伏大数据服务中心"，打造光伏供电服务的统一调度体系

忻州供电公司与偏关当地有关部门有效联动，政企合力共建信息共享、联动服务的"光伏大数据中心"，以数据跑路，提升光伏电力增效，让荒坡沟壑上的一块块"蓝板板"真正成为百姓稳定增收的"金罐罐"。光伏大数据服务中心将传统的全面巡视排查变为精准靶向发力，提高光伏异常处理效率。同时，作为光伏业务全链条服务的综合窗口，为光伏受益户提供业务咨询、信息查询、电费核算等服务，切实为群众算了一笔"明白账"，保障光伏成为最稳定、最有效、最长远的扶贫产业。

（1）推行"故障寻址器+智能断路器"运行模式。依托电力新设备、新技术，在5条35kV线路、24条10kV线路上安装273台故障寻址器，将24台智能断路器分布到7条高掉闸线路，方便线路检修和停送电操作。应用配电网自动化系统迅速查找故障点，利用无人机对故障设备快速巡视、带电查缺，持续提升供电抢修质效和配电网供电可靠性，全面保障光伏扶贫项目电量不间断高效上网。

（2）创新建立光伏运维"一三四"模式。即"一个核心、三个信息池、四个提高"。以光伏大数据服务中心为核心，利用光伏异常信息发现、传递、现场处理三个信息池，实时监控天气情况，每户日、月实时发电量，异常信息报警等；对光伏发电"零电量"和"少电量"原因做出精准判断；通过对异常原因的精准判断，及时向供电所和光伏运维公司派发针对性解决任务，从全面排查隐患变成了针对性解决问题，高效解决了电站网点分散、运维人员少的问题，最终实现光伏发电信息透明度、运维效率、光伏发电量、贫困户光伏收益"四个提高"。

（3）构建电费结算的"三大保障"。为推动光伏项目带动贫困户早受益，从机构、技术、流程三方面构建了光伏电费结算的"偏关模式"。机构保障方面，成立由公司经理担任组长、相关部室人员为成员的光伏结算领导组，组建了结算和结算协调两个工作组，为持续推进光伏结算工作奠定基础。技术保障方面，以实现光伏发票精益化管理作为提升光伏结算效率的突破口，积极与税务相关部门协调，实现了以增值税电子普通发票取代增值税通用手工发票，在方便用户的同时，提升了光伏结算效率。流程保障方面，编制《分布式光伏一站式结算数据核对流程》，规定结算各环节的时间节点、工作职责及工作负责人，严格流程管控规范光伏结算工作、加快光伏结算进度，确保每月光伏结算支付率持续达到100%。

（4）建立光伏大数据"一站式"服务模式。深度运用大数据分析等技术，全面深入挖掘并实时更新数据信息，实现电站设备的统一运行监控，数据的集中管理，运行工况和收益分配集中展示应用，给电网和光伏运维公司等设备运维人员、扶贫办、地方政府等扶贫光伏建设管理人员，以及广大光伏发电受益客户提供全面、便捷、差异化的数据和服务；基于电站的运行数据，为运行人员提供设备的状态信息、告警信息、实时数据等数据应用服务；为管理人员提供各类监测数据的统计、变化趋势、状态信息等应用服务；为检修人员提供告警信息、故障数据等应用服务；为光伏发电客户提供项目全流程、收益分配全周期一站式服务。同时配合智能运维等有效方式提升电站运行效率和运维水平，以数字化、智能化、平台化等手段实现光伏发电工作可视化、精细化管理，解决光伏发电工作中遇到的建设管理欠规范、运营维护不到位、客户收益不透明等问题，有效支撑各级政府机构全面掌握光伏发电实时工况，形成"用数据说话、用数据决策、用数据管理、用数据创新"的光伏电站管理机制，为巩固拓展脱贫攻坚成果提供技术支撑。真正做到用大数据助力乡村振兴。

（二）建设"光伏监测和电网侧异常治理体系"，打造光伏发电消纳的坚强平台

为确保全市光伏扶贫电站发电正常，忻州供电公司从管理提升入手，创建了"光伏监测和电网侧异常治理体系"。

（1）抓设计、重落地，做好体系建设顶层设计。编制《国网忻州供电公司光伏电站监测和电网侧异常治理管理办法》。依托光伏云网平台，精益配电网运维管理，深化自动化结算系统应用，明确各部门、单位的职责范围和工作流程，梳理光伏云网、PMS系统、营销采集系统、配电网可视化系统等4个信息系统的

15 种电站数据，以光伏电站大量故障信息及其产生原因为基础数据，进行模型训练，建立 16 种电站常见告警信息及电网侧故障种类模型库，充分利用大数据模型实现精准分析、精准推送、精准治理，为现场运维和光伏运维管理提供决策依据。

（2）抓管理、重科学，做好电站分级评价体系。明确了光伏电站监测、电网侧异常治理、光伏相关信息传递 3 种工作流程，制订配套电网运维完成率、收益及时结算准确三率、电站发电异常发生率 6 项指标计算方法，按 ABC 三个等级对县供电公司光伏项目后续服务工作分级评价，进一步增强公司在服务地方光伏扶贫工作监测管理方面的水平和能力（见图 1、图 2）。

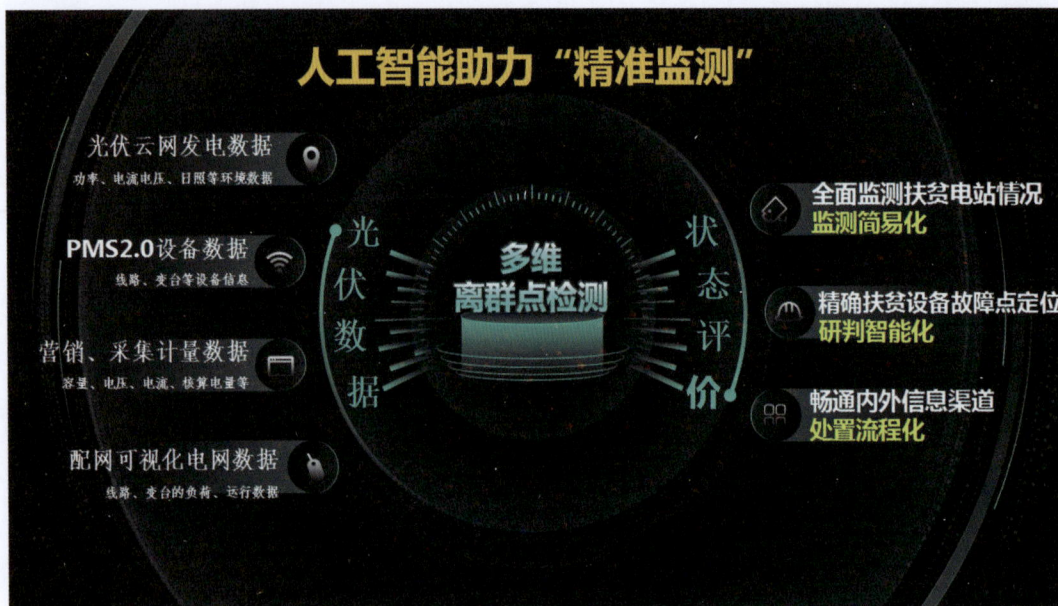

图 1　光伏数据多维监测

图 2　光伏设备运行状态评价软件图

（三）研发"光伏设备运行状态评价软件"，打造光伏异常精准处理的移动终端。

综合运用 15 种光伏发电数据、16 种光伏电网侧异常模型、3 种管理工作流，引入基于 AI 的多维离群点检测算法，研发状态评价软件，综合研判电站发电和异常情况，开发 App 将光伏发电运行工况和监测异常信息以工单方式实时推送到移动端，现场运维人员接单后在规定时限内完成现场核查和消缺，同时通过移动端反馈处理情况，形成发电异常监测处理闭环机制。

（1）人工智能助力"精准监测"。综合光伏云网发电数据、PMS 设备数据、营销采集数据、配电网可视化运行数据，集中今日实时发电量、昨日发电量、电站实时效率、每千瓦发电量和电站状态图形等监测数据，通过计算模型和离群点检测技术，迅速找到与正常数据特征差别较大的异常数据，形成光伏电站状态评价报告，使得光伏异常监测简易化、研判智能化、处置流程化。

（2）综合数据助力"精准研判"。通过建设光伏设备运营监测系统，统筹光伏云网，采集等各类系统实时数据，在多维离群点算法平台生成故障信息。通过对光伏日、月、季、年度发电量、功率、负荷等所有实时运行数据及历史数据进行综合分析，研判村级电站发电状态，及时精准获取各电站数据越限、设备告警、设备故障、亚健康设备、可提升节点等异常信息并进行告警提示。第一时间帮助运维人员锁定异常及故障点，及时进行消缺，提升光伏运维能力和管理水平。

（3）App 助力全量信息"一手掌握"。通过"光伏设备运行状态评价系统"实现平台业务与核心价值数据的移动化监控，为管理人员提供实时监测、业务跟踪、工单服务、精准位置等功能的移动端支持。结合光伏电站状态评价结果和异常故障告警信息，自动创建缺陷处理工单，及时将缺陷单智能分配给运维管理人员，从而最大化提升运维效率。同时，在移动端实现发电信息查询、异常实时推送、故障工单在线流转等功能，降低故障研判难度，缩减故障处置时长，减少运维人员工作量，让光伏发电和互联网"牵手"。

三、项目效益

2018 年 8 月光伏大数据中心投运以来，通过提高故障判别能力，缩短故障处理时间，故障平均处理时长由 124.8 小时到 18.6 小时，缩短 85.1%；光伏扶贫收益由 3.49 亿元到 4.08 亿元，提升 16%；政企户三方共享数据由 3~15 项，增加 80%。累计监控发现异常 6325 条，记录填写光伏用户异常报告单 1634 份，光伏用户异常处理派工单 1421 份，月度发电异常保持动态清零，光伏结算及时率达 100%，至 2022 年末，累计支付电费及补贴 22.81 亿元。助力忻州市 2038 个贫困村集体收益破零，保障 11.5 万贫困户光伏收益连续稳定。

四、经验启示

电力是脱贫致富的基础保障。光伏扶贫电站已经成为我国脱贫攻坚战中产业扶贫的重要模式，也是十大精准扶贫工程之一。对忻州供电公司来说，最大的启示在于：发电效益问题直接关系到贫困群众的收益，作为直接参与者，电力企业充分发挥光伏项目和群众收益之间的纽带作用，借力行业优势，优化服务举措，坚持问题导向，精准施策，创新赋能，是一条实现电网坚强和百姓受益双赢的"阳光大道"。

五、创新团队

光伏大数据服务模式，由国网山西省电力公司忻州供电公司靳龙、郑普、郭建壮、樊小军、武剑、李海锦等组成的创新团队完成并推进实践应用。

国网山西省电力公司忻州供电公司担负着全市经济社会发展和 14 个县（市、区）的供电任务，辖 14 个县级供电公司，拥有员工 2595 人，直接服务客户 143.25 万户，年售电量 158.03 亿 kW·h。忻州电网地处国家西电东送主通道和山西北电南送大通道，现已形成以忻州、五寨 2 座 500kV 变电站向外辐射供电、17 座 220kV 变电站双主变压器、双回路供电，109 座 110kV 和 35kV 站供电的网络格局。运行公用 35kV 以上变电站 126 座、1163.14 万 kVA、输电线路 353 条、6513.58km。接入火、水、抽水蓄能、风、光等各类发电装机容量 1696.29 万 kW，是全省接入电源种类最多的地区电网。新能源装机占比达 57%，居全省第一。公司秉承"人民电业为人民"的企业宗旨，进一步增强电力先行的责任感和使命感，加快电网建设，创优营商环境，服务能源转型，助力太忻建设，为经济社会发展提供了坚强供电服务保障。先后获得"忻州市脱贫攻坚组织创新奖""国家电网公司助力脱贫攻坚先进集体"等荣誉，荣获"全国文明单位""山西省模范单位"等荣誉称号。

基于柔性直流技术的微电网建设与管理

国网内蒙古东部电力有限公司赤峰供电公司

引言

近年来，赤峰地区风电、光伏分布式电源发展迅速，在国家各项政策的支持下并网微电网（微电网是由公网配电台区、分布式光伏电源、能量转换装置、各类用电客户负荷、监控和保护装置等构成的小型发配电系统）台区 1668 个，小型光伏发电用户达 5313 户，总容量达到了 6.19 万 kW。各级光伏电站形成的微电网密布于供电企业配电网中，总体上呈现出"小、散、密"等态势，且大多分布在乡村、偏远山区等配电网薄弱地区，电压调节难度较大，电能质量的可控性、稳定性不高。为解决赤峰地区新能源消纳问题，赤峰公司制订绿色发展举措，针对性变革新能源并网管理手段，采用交直流混合配电网的组网方式，以现有供电服务资源调度管控系统为平台，对新型交直流混合的配电网运行进行监测和电压控制，提高微电网智能化调控和运行水平，改善客户服务质量，从而实现风能、光能等可再生清洁能源的高效率利用。

一、创新成果介绍

充分考虑电能损耗、供电质量、能源利用率等因素促使新能源微电网与配电网良性融合，技术创新研发柔性直流综合调压装置，配合具有无功功率补偿、谐波治理、不平衡补偿等多种功能的控制策略，将微电网基础设备、控制技术、智能管理融合为一体运营的有机整体，突破微电网建设与运营的瓶颈问题，实现光伏微电网与配电网良性融合，促进电能就地消纳。

（一）开展综合调压装置研发

为突破微电网建设与运营的瓶颈问题，将微电网基础设备、控制技术、智能管理融合为微电网运营的有机整体，赤峰公司专家组深入开展综合调压技术研发，采用新型柔性直流综合调压技术装置对多台变流器进行控制，配合具有无功功率补偿、谐波治理、不平衡补偿等多种功能的控制策略，实现对线路电压质量的改善、光伏并网容量的提升。

一是明确交直流混合微电网控制策略。控制策略主要通过调压装置现场自动设置，该装置主要包含台区内动态无功补偿以及三相不平衡补偿技术、台区间功率灵活互济技术、冲击性负荷稳定供电技术三个模块组成。

二是开展交直流混合微电网自动化控制功能验证。为研究交直流混合微电网容量、光伏并网容量之间的关系，验证控制策略的实际效果，专家组和设备厂家共同进行了现场验证。首先在设备厂家实验室进行了理论和小规模的试验，在此基础上，在赤峰公司 4 个台区进行了现场验证。通过试验可得出结论，加装研制的新型柔性直流综合调压装置后，可以智能自动控制并网点电压，有效增大台区对光伏的消纳率。

三是明确调压装置的接入原则和使用规范。末端接入点重点考虑出现低电压（或过电压）区域，同时要有利于光伏的并入。直流通道原则上利用现有线路通道同杆架设，可接入沿途的光伏、储能、充电桩等设备，对源网荷储进行统一管控，使每一个低压台区都具备微网功能，同时还可通过设备连接进行台区之间的能量互济。

柔性直流综合调压装置由整流装置和逆变装置组成，分别安装于线路前端和末端，末端整流装置将380V 交流电转化为 750V 直流电，中间线路采用直流线路供电，前端逆变装置将 750V 直流电转化为 380V 交流电给电网供电。设备并联安装在电网中，安全性更高，同时具备三相不平衡补偿、无功补偿等功能，适用绝大部分场景。

（二）拓展光伏微电网运营模式

通过日常运行收集的相关数据，全面分析直流配电网容量与台区光伏装机容量的关系，合理确定交直流混合配电网容量配置的最佳方案。通过积累运行数据，精确指导配电网改造，着力构建最优光伏微电网架构，缓解配电网末端线路低电压问题，改善供电质量，促进新能源电能就地消纳。

（1）有针对性架设直流通道。直流通道原则上利用现有线路通道同杆架设，当前可接入沿途的光伏电源并网，长远来看可接入储能、充电桩等，方便后期对源网荷储进行统一管控。

（2）对大容量光伏电源或光伏密集区域采用直流方式并网。改变单一的交流并网方式，构建方便灵活的交流 – 直流混合微电网。有利于对微电网内的潮流进行控制，彻底解决常见的线路末端低电压，或者并入点高电压问题（见图1、图2）。

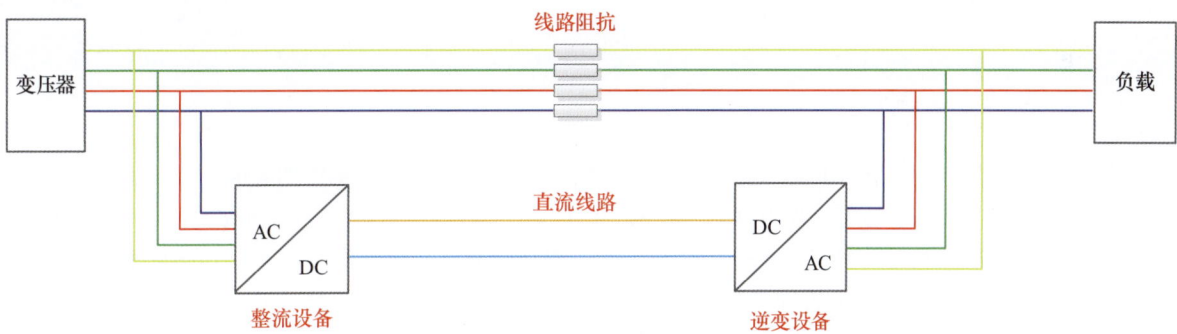

图 1　设备原理图

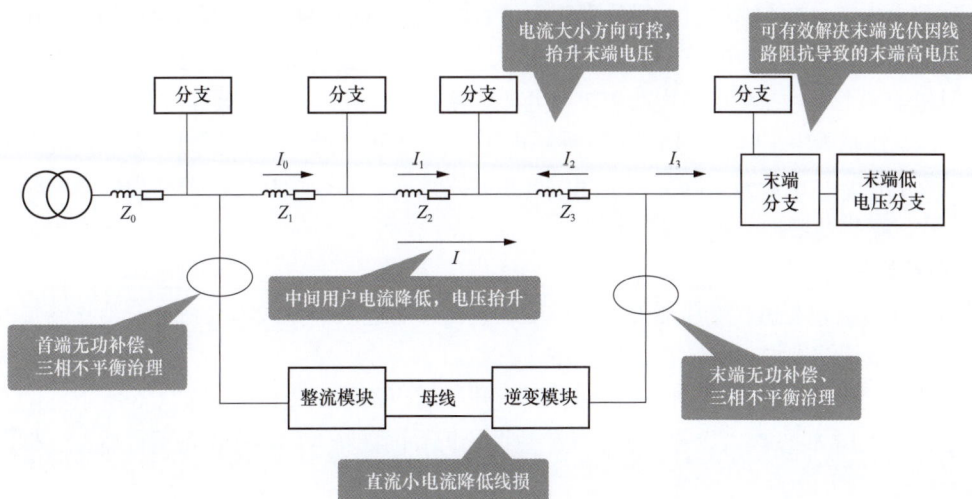

图 2　设备原理简介图

· 29 ·

（3）对邻近台区进行整合。通过直流通道将邻近台区进行连接，实现台区之间的能量互济，尽最大可能，使得用电负荷与光伏发电保持一定平衡，在微电网内实现清洁能源就地、就近消纳。

（4）对有条件的较大容量并网光伏用户，拆分成小容量密布点，分别就近接入用电负荷区，与附近电力负荷有效融合，提高电能就地消纳能力，减少光伏电能在升压及长途运输转移中的损耗，提高微电网运行经济性和灵活性。

（三）创新智能化调度管控方式

本着"优先调度清洁能源，确保能发尽发、能用尽用"的调度原则，合理设置微电网运行方式，实现新能源微电网经济调度。利用供电服务资源调度管控系统，以用电信息采集数据为基础，融合安全、生产、营销和调度等各项业务，为省、市、县三级供电体系提供业务监管和技术支持的平台。通过现场数据监测终端，将现场相关电压、电流、三相电流平衡度等数据导入供电服务资源调度管控系统，对现场进行实时监测和控制。

（1）实行电压实时化调节。实时调节线路电压，确保客户用电、光伏并网正常。通过线路、综合控制器等数据监测、采集，上传供电服务资源调度管控平台，实现对线路的无功功率补偿、三相不平衡补偿，提升电能质量，稳定整个线路电压，确保沿线客户正常用电，同时，也保证了光伏发电用户正常并网，不会因为电压波动过大导致光伏自动解网。

（2）实行负荷平衡智能化调节。结合线路所带负荷情况，通过新型柔性直流综合调压装置自动对并网分布式光伏的线路进行电压治理、优化配电网潮流，并实时监测线路三相负荷，自动调节三相不平衡，改善电能质量。

二、创新实施过程

赤峰公司采取先试点、再全面推广的实施路径，以建立典型示范项目案例为突破，逐步构建新能源微电网。以典型问题为导向，从低压配电网入手，通过供电服务资源调度管控系统抽取长期低电压或过电压，且用电（发电）客户意见投诉较多台区作为试点，通过应用创新成果解决配电网末端线路低电压问题，改善供电质量，保证光伏并网，促进新能源电能消纳。在建设典型示范台区的同时，进行技术、管理模式、工作流程的编写、总结和优化，为全市范围内推广奠定基础。

（一）应用台区基本情况

国网喀喇沁旗供电公司草帽山1.3组分容变台（台区编号3008204147），变压器容量为100kVA，共有用户125户，其中单相用户92户，三相用户共33户，用户以普通居民用电为主，该台区现有1户光伏用户，上网类型为全额上网。在变压器南1侧2号电杆处存在1户光伏用户，额定发电功率合计为7kW，据台区经理反馈，每逢晴天中午时分，用户表计显示电压高达250V以上，若电压继续升高可能会烧毁用户用电设备，严重影响用户用电质量。同时由于光伏分布线路末端，末端用户无法消纳光伏发电时，电流会倒灌变压器，导致线路损耗增加，台区线损增加。

（二）现场安装情况

根据现场实际情况，在台区变压器处安装逆变装置，在靠近末端负载的线路上安装整流装置，在两个设备之间利用原有线杆铺设约600m直流输电线路。

（1）高电压治理效果及数据记录。设备安装后，开机前线路数据分析界面如图3所示：设备在不运行时，光伏用户A相电压为250V。设备开机后线路数据分析界面如图4所示：设备运行后，三相端口电压为230V左右。

（2）台区线损治理成效。设备安装前台区线损受发电量影响，光伏发电量越高台区线损越高，超出台区线损指标考核大于10%（见图5）。设备安装经调试后台区线损不受光伏发电影响，台区线损率稳定在3%左右（见图6）。

图 3　设备开机前线路数据

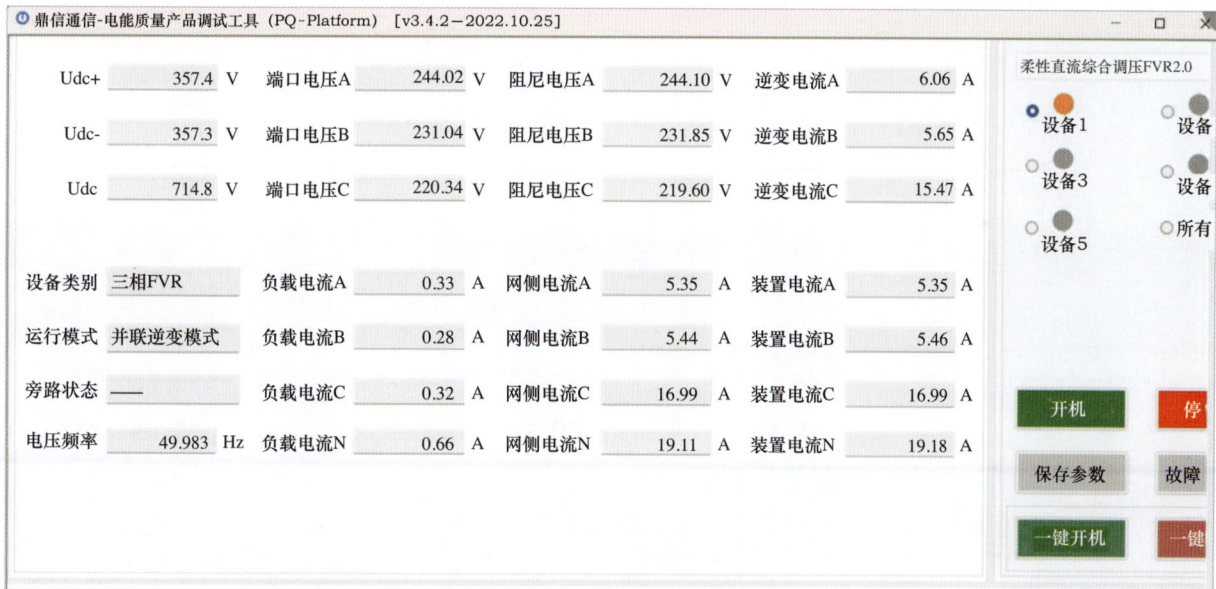

图 4　设备开机后线路数据

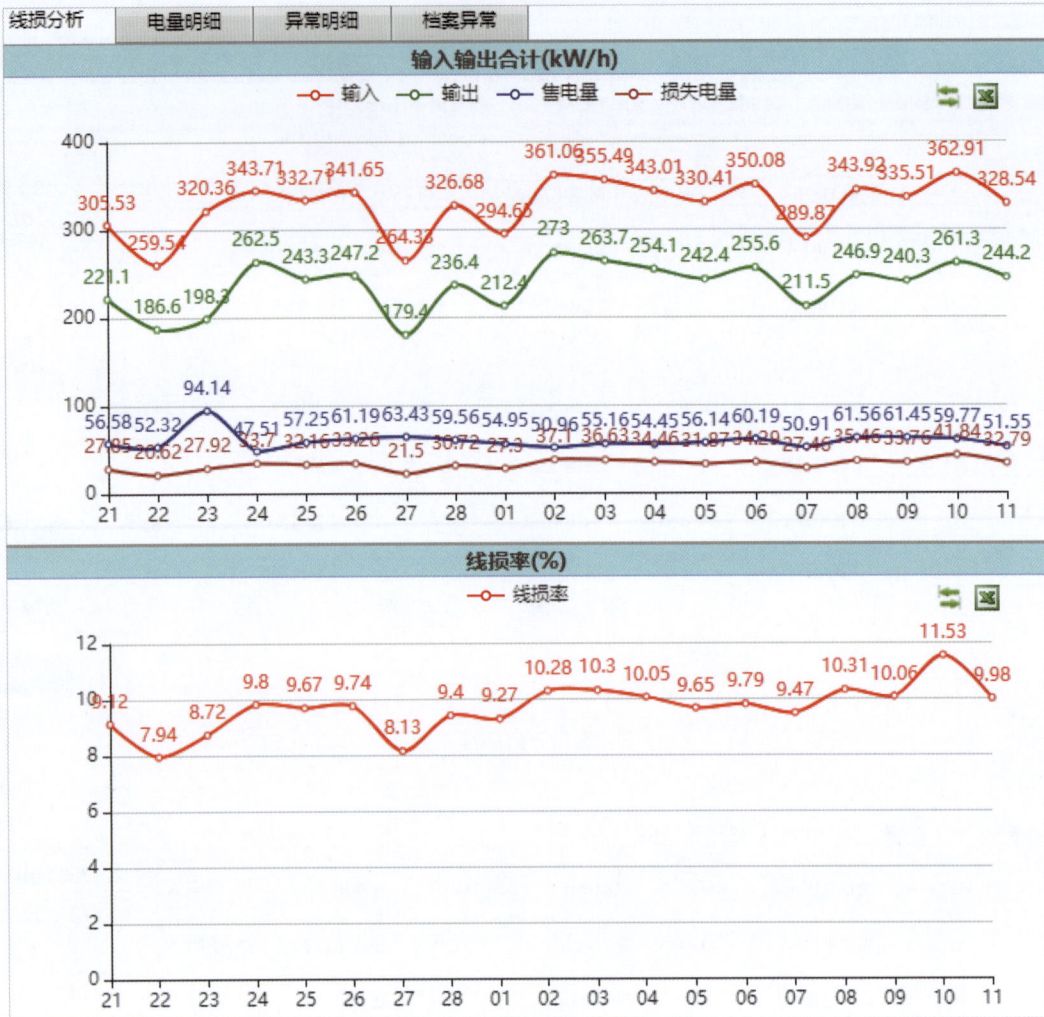

图 5　设备安装前台区线损数据图

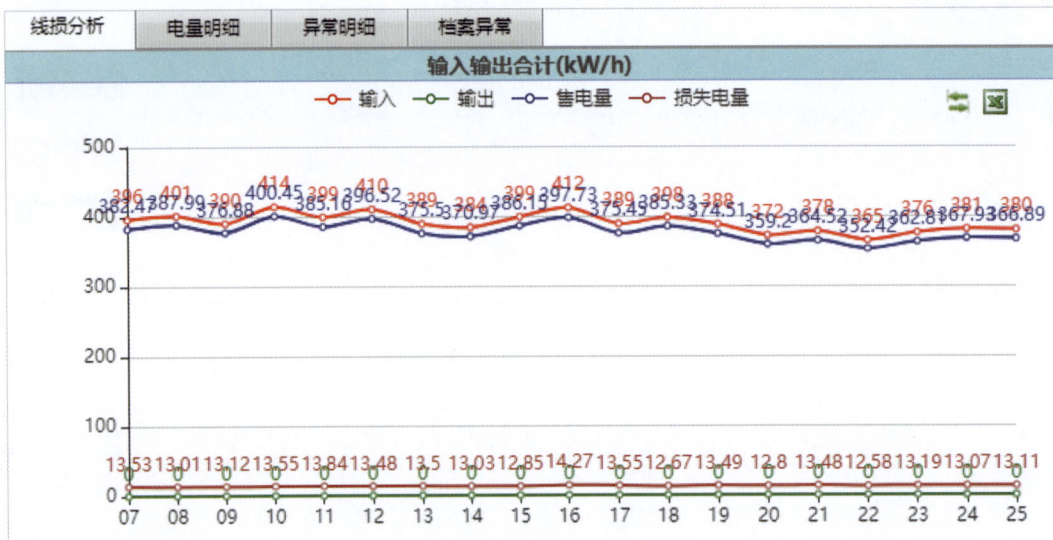

图 6　设备安装后台区线损数据图（一）

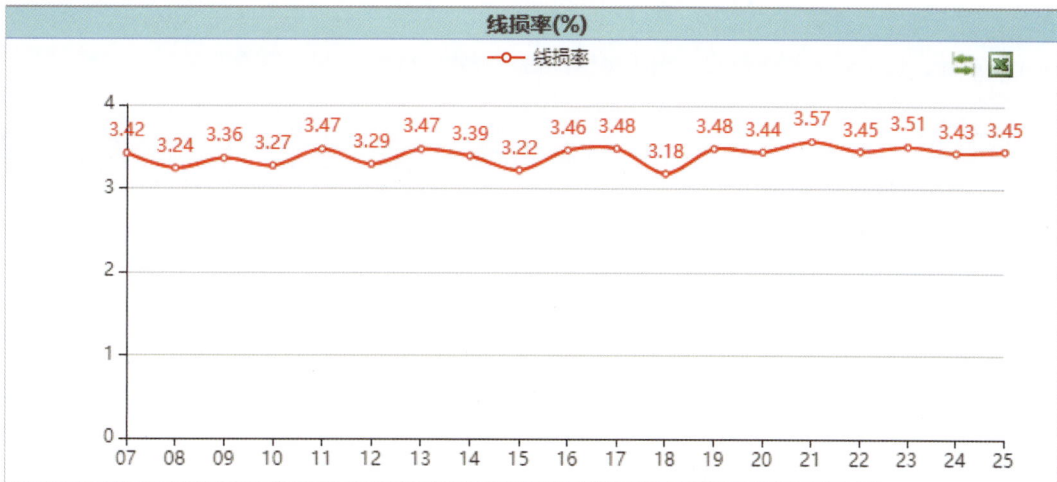
图6　设备安装后台区线损数据图（二）

三、效益分析

（一）新能源消纳能力实现"量"的提升

建设运营新能源微电网，创新性提出新能源发展的新路径和方法，可有效提高配电网接纳分布式光伏的能力，采用微电网运营模式后，光伏并网用户再未发生"弃光"现象。以试点建设的142个台区9391.57kW全额上网光伏电站近3年数据为样本进行分析，计算出改造前每千瓦光伏日发电并上网的系数为3.09kW·h/（kW·日）；改造后，采用同样样本进行测算，全额上网每千瓦光伏日发电并上网的系数为3.13kW·h/（kW·日），提升了0.04。据此测算出改造后每年多消纳电量：$Z_Q=9391.57×（3.13−3.09）×365=13.71$ 万 kW·h。碳排放水平有效降低。以1度电对应0.4kg标准煤，则对应碳排放0.272kg。年碳减排量为：$J_p=13.71×10000×0.272/1000=37.29t$。

（二）供电服务质量实现"质"的改善

实施新能源微电网建设既是推动能源绿色低碳转型的有效手段，更是治理线路高损耗的有力措施，试点项目实施以来，促成综合线损率降低了2.3个百分点。通过柔性直流综合调压装置，有效解决低电压或（过电压）困扰，电能质量有效改善，客户"电力获得感"明显增强，客户满意度大幅提升。客户光伏补贴收益也明显提高，已改造台区相比2021年多并网消纳电量13.71万 kW·h，依据《关于降低燃煤发电上网电价和一般工商业用电价格的通知》（发改价格〔2015〕3105号），2021年蒙东地区光伏上网电价是0.3035元/（kW·h）；根据《国家发展改革委关于2020年光伏发电上网电价政策有关事项的通知》（发改价格〔2020〕511号）文件，在各种光伏并网电价补贴中，最低补贴标准是：0.08元/（kW·h）。由此可计算出全额上网光伏客户总体上每年至少增收：$S_R=13.71×（0.3035+0.08）=5.26$（万元）。

（三）设备管理水平实现"精"的提高

采用新能源微电网管理模式后，一是台区电压质量改善明显，三相不平衡情况不再发生，光伏并网情况逐步稳定，减少了基层人员现场维护的工作量。以翁旗公司某台区为例，2018年、2019年平均每年现场处理调整电压、三相不平衡、光伏并网等问题42次，每次平均耗时73min。改造后，除例行巡视、计划检修工作需要到现场外，没有再发生因为运行故障需要到现场处理的情况。二是配电网改造投资明显减少。传统治理低电压、增大光伏消纳能力，通常以更换大容量变压器、大直径导线或增设公用台区布点等投资较大的手段，采用新的设备技术改造方案后，总体上大幅降低了投资成本。以翁牛特旗白音套海宝泉一组公用变压器为例，按传统改造估算投资成本为：新建变压器及重新铺设600m10kV线路，所需投资综合预算为152522元；项目建设管理费等25818元，整个项目所需费用约178340元。按新能源微电网建设估算投资成本为：研发新型柔性直流综合调压装置 49630 元，购置辅材与施工费用合计 8260 元，整体改造费用约 57890 元。因此，每个台区与传统改造相比可节约投资成本 120450 元。

四、经验启示

在国家鼓励新能源发展的政策环境下，分布式光伏会突飞猛进发展，面对光伏微电网大量接入公网配电系统，既是机遇也是挑战。该项目的推广，可以改善配电网低电压现象，提高清洁能源利用率，助力乡村振兴。全面复制该项目对清洁能源供给侧消耗，也是一大促进。供电企业可以结合营业大普查，向频发低电压用户定向推广建设安装分布式光伏发电项目。新建分布式电源项目，现场勘查时，引导项目业主建设地点选择线路末端。供电企业出资接网工程，降低客户投资成本，全程提供技术支持服务，按照国家补助政策申报发电量补助资金，全额回购项目业主上网电量，结算上网电费，增加收益；大容量分布式光伏电站，供电企业向其免费提供接网工程改造成密布点，就近接入负荷密集区，促进电能消纳，提高电能利用率，增加收益。该项目平衡配电网系统，改善供电质量，同时促进新能源入乡村，巩固拓展脱贫攻坚成果，助力乡村振兴，可推广性强。推广形式也可嵌入公示信息中，利用营业厅、"网上国网"、微信公众账号等公示政策。

五、创新团队

该案例由赤峰供电公司李鑫齐、娄智佳、韩春光、刘春晖、宫振宇、李敏锐、施晓贺、陈钊、苏日那完成。

国网赤峰供电公司（以下简称"赤峰公司"）始建于 1972 年，是国网内蒙古东部电力有限公司直属企业，担负着全市 225 万各类客户的供电服务任务，供电面积 9 万余 km²。公司本部设置 12 个职能部门，15 个业务支撑机构，本部现有职工 1421 人。赤峰供电公司共有 12 家县公司，142 个供电营业所，长期职工 3679 人，电工 2544 人。赤峰电网现有变电站（开关站）264 座，总容量 1894.29 万 kVA。2022 年，公司全年售电量 160.21 亿 kW·h，同比增长 10.99%，再创历史新高。外送电量 228.90 亿 kW·h。综合线损率 3.72%，同比下降 0.19 个百分点。发展总投入 14.57 亿元，其中电网投资 13.84 亿元。营业收入 76.43 亿元，同比增长 17.81%。实现国网蒙东电力企业负责人业绩考核"六连冠"，再次荣获全国文明单位、国家电网公司先进集体等荣誉称号。研发的《配电网带电作业一体化绝缘接线装置》荣获"第 45 届国际质量管理铂金奖"，基于配电网感知系统首创的《地市级供电公司实现全域配电网资源调度控制的运营管理》管理创新项目分别荣获中国电力企业联合会二等奖和内蒙古自治区企业联合会一等奖。《供电企业基于价值提升的基础数据治理》等 22 项创新成果荣获省公司级奖项。

以整县光伏开发需求为导向的供电服务体系

国网吉林省电力有限公司汪清县供电公司

引言

分布式光伏属于清洁能源，低碳环保，对推进乡村振兴战略，建设美丽乡村具有重要意义。2021 年 9 月，汪清县获批吉林省唯一一个整县推进分布式光伏试点示范县。预计到 2028 年，分布式光伏装机达到 50 万 kW，拟建成"全国绿色电力示范县"。结合这一背景，国网汪清县供电公司发挥多年服务扶贫光伏建设的成功经验，主动担当作为，积极投身整县推进分布式光伏试点示范县的目标。通过不断完善措施，参与光伏项目建设运行全过程，确保了投资方项目投资的收益，推动了绿电推广、低碳转型，形成了多方互利共赢的发展局面，在加速推进新时代边疆少数民族地区乡村振兴的责任之旅中留下了坚实的足迹。

一、创新成果介绍

国网汪清县供电公司明确"安全高效的电力供应、经济绿色的电力消费、互惠互利的电力服务"运营管理目标，发挥电网在能源资源优化与配置中的枢纽作用，推动电网由传统的电源适应负荷模式向源网荷储协同互动模式转变，促进能源流、电力流、数据流高度融合，逐步提高发电效益、增强输电效率、降低用电成本（见图1）。

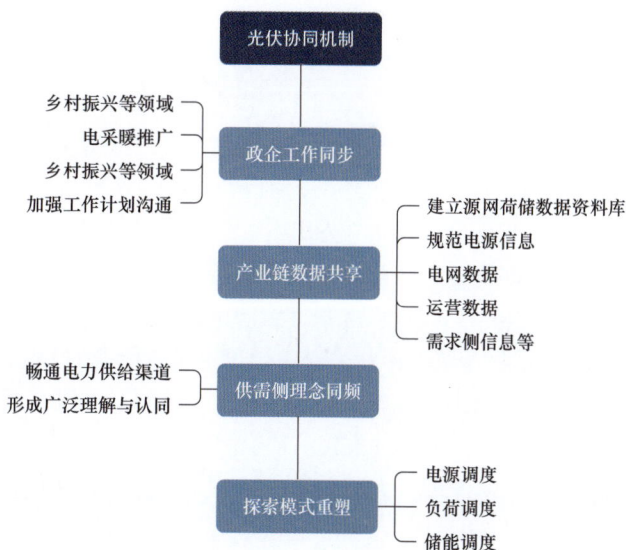

图1 "共建共享共赢"的政企协同合作模式

（1）加强政企"工作同步"，在光伏消纳、电采暖推广、乡村振兴等领域，加强工作计划沟通，确保步伐一致，共同争取更多有政策支持。

（2）加强"产业链数据共享"，建立源网荷储数据资料库，规范电源信息、电网数据、运营数据、需求侧信息等，为科学推进整县光伏建设获取更全面的数据支撑，以便再以数据分析支撑调控与运营决策。

（3）加强供需侧"理念同频"，畅通电力供给渠道，努力消除电源侧、电网侧、需求侧的不匹配、不同频、不平衡矛盾，促进光伏能源消纳、供电稳定、电价等方面形成广泛理解与认同。

（4）探索模式重塑，推动电网由单一"电源调度"向"电源调度＋负荷调度＋储能调度"转变，实现光伏能源消纳能力、电网安全运行能力、电网系统经济运行水平的综合性提高，最终实现整个电力系统效率效益最大化。

二、创新实施过程

（一）当好"引领者"，建立"共建共享共赢"的合作模式

1.统一理念，建立互通互利的协同机制

国家电网公司提出"建设具有中国特色国际领先的能源互联网企业"的战略目标，区域内分布式光伏产业的加速推进对汪清县农村配电网管理提出了更新、更高要求。为适应能源低碳转型与新型电力系统建设，国网汪清县供电公司在国网延边供电公司的指导下，不断探索新模式、新业态，建立"共建共享共赢"的合作模式，建设"安全灵活智能"的农村配电网，推动乡村实现"振兴提效、绿色低碳"，肩负起了供电企业助力清洁低碳能源输送与消费的神圣使命，探索出一套面向"绿能发展＋乡村振兴"的县域配电网管理创新实践经验。

2.精准施策，为项目如期投运提供高效的前期支撑

在整县分布式光伏试点示范县建设项目中，国网汪清县供电公司充分发挥电网企业"桥梁"和"纽带"

作用，当好"引领者"，为项目推进提供全方位支撑。

国网汪清县供电公司立足汪清电网的实际，积极响应"建设具有中国特色国际领先的能源互联网企业"战略要求，主动作为，积极与汪清县政府沟通，及时了解政府的政策动向和建设进度，引导汪清县整县分布式光伏试点示范县建设项目科学、有序、健康推进。同时，为整县推进分布式光伏试点示范县建设项目持续开展延伸服务，加大电网改造力度，科学制订接入系统方案，为光伏并网开通绿色通道。主动参与光伏发电项目选址建设工作，实现报装、建设、发电、并网等各个环节"一站式"服务，大力宣讲光伏政策，促进光伏能源的利用率与消纳水平，定期开展安全检查，最大限度满足光伏并网安全、技术等需求。

为摸清明确试点区域电源、电网设备情况，国网汪清供电公司借助"网上电网"系统统计分析功能，对项目区域的源网荷等相关信息进行了摸排，为科学制订接入方案，提供了真实依据；同时，组织专业团队先后完成了2022年拟建的42项整县分布式光伏建设项目的实地现场勘查工作。汪清县地处山区，光伏项目建设地点及供电设施点多面广，国网汪清供电公司用6个月时间组织相关专业部门，数百次深入现场摸排情况，科学研判分布式光伏大规模接入可能带来的风险隐患。在国网吉林省电力有限公司的指导下，汪清供电公司系统梳理国家及行业相关技术标准14份，编制出台《延边地区整县分布式光伏并网技术原则及标准》《国网延边供电公司整县分布式光伏开发试点项目并网服务指导书》《延边地区整县分布式光伏建设规范》，规范了分布式光伏发电项目报装、勘查、设计、施工、验收、并网、调度等环节工作。

同时，汪清供电公司发挥行业优势，加强地方经济社会发展规划和电网规划互融互通，前瞻谋划光伏接入电网改造项目，加快推动区域电网建设。为提升建设标准，联合汪清县政府建立光伏逆变器等关键元器件"优选库"，确保建设投资方优中选优，多措并举保障项目建设质量。

（二）当好"推动者"，完善"柔性攻坚、合力推进"的技术保障体系

1.强化培训，提升服务绿能发展的能力

在项目实施过程中，国网汪清供电公司注重素质提升，构建丰富完善的业务培训体系。

（1）编制培训教材。由于各级人员对分布式电源项目并网知识了解不深、不细，导致在答复咨询和业务受理时不够规范，不能满足客户的需求。结合地域特点，国网延边供电公司为光伏受理人员及户主量身定制了一套完整的培训体系，编制了《分布式电源项目并网服务手册》，全面介绍分布式电源并网项目的相关业务知识和并网服务流程，对归档资料、相关表格填写示例以及流程中各环节的注意事项和资料存档都进行了详细规范，具备了作业指导书及培训教材的功能，提升了受理人员为项目业主提供全面并网服务的水平。

（2）加强对业务人员的培训。先后8次组织业务受理人员及管理人员学习宣贯国网《国家电网公司分布式电源项目并网服务管理规范》《国家电网公司关于印发分布式电源并网相关意见和规范的通知》等文件。通过熟练掌握《分布式电源项目并网服务手册》中的分布式电源并网知识，对分布式电源的定义、分类、受理和并网时的注意事项、结算原则等方面知识的重点学习，使各级人员在答复客户和业务受理中应对自如，业务办理时间比规定时间大大缩短，提高了工作效率。

（3）对用户进行宣传。主动进社区、进村入户宣讲光伏发电及科学用电常识，提高广大群众安全用电的意识和技能，推进"光伏发电"设备的安全运行与有效应用，让光伏工程彻底走进百姓生活中，使光伏工程更加精准落地。

2.柔性攻坚，提升破解难点问题的能力

为攻克推进整县光伏项目实施过程中的难点、重点问题，国网汪清供电公司打破专业壁垒，成立了由发策、调控、营销、运检等各专业人员组成的整县分布式光伏柔性团队，不定期研究解决接网、并网过程中遇到的各种困难。依托"请进来"与"走出去"相结合的方式，攻克整县光伏接入和并网中遇到的技术难题，2021年9月和12月，两次邀请中国电科院专家组针对汪清整县光伏业务开展培训和技术交流；2021年12月组织整县分布式光伏柔性团队成员到中国电科院、浙江嘉兴海宁供电公司学习、交流。针对分布式光伏大量接入后出现的电压双向越限、电压波动、三相不平衡、台区保护误动或拒动等问题，积极推动微电网技术等试点项目落地，全力保障首批整县光伏项目顺利高效投运。

（三）当好"实施者"，建设"安全灵活智能"的农村配电网

加大对农村配电网的升级改造力度，确保大量分布式光伏并网后的安全稳定运行。由于大量分布式光伏的接入，农村配电系统由原来的放射状无源网络变为具有大量分布式电源的有源网络，电网的物理特性发生很大变化。传统意义上的农村电网必然无法适应大规模的间歇性分布式电源的广泛接入。为建设新型农村电网，必须做好充分调研与评估。一是结合整县分布式光伏开发潜力，厘清现有低压配电网和配电变压器的承接能力，经过综合分析、评价，结合配电网建设规划，协助政府有序开展光伏项目建设。二是开展分布式光伏大规模接入对配电网和负荷侧电压影响的研究，解决配电网中高渗透率分布式光伏造成的电压越限问题，改善系统节点电压，实现分布式光伏就地自适应的电压控制。三是开展不同容量光伏发电接入低压配电网的谐波测试，出具分析报告，制订消除谐波的技术措施，以保证电网的安全运行和供电质量。四是开展分布式光伏并网对农村电网继电保护影响的研究，制订适应大规模分布式光伏接入配电网的继电保护设置原则和标准。

1.提升配电网供电保障和综合承载能力

发挥资源配置作用，将信息通信技术深度融合到配电系统规划、运行、控制、管理等环节，推动分布式清洁能源的"即插即用"和全额消纳。强化新技术应用，探索尝试柔性配电、虚拟电厂、自动化等先进技术与装备，克服分布式光伏间歇性、波动性的影响，优化配电网潮流分布，提高配电网运行稳定性和可靠性；同时，发挥电网企业的技术、人才、管理优势，科学编制适应大规模分布式光伏接入的新型农村配电网技术标准、管理规定，完善相关管控流程，引导源、网、荷、储协同发展。加强城乡电网规划有效衔接，优化完善目标网架结构；推进城乡供电服务均等化，重点消除设备过载、供电"卡脖子"、低电压等问题；推进供电保障再提升，持续加大电网基础设施补短板力度，逐步消除县域电网与主网联系薄弱问题（见图2）。

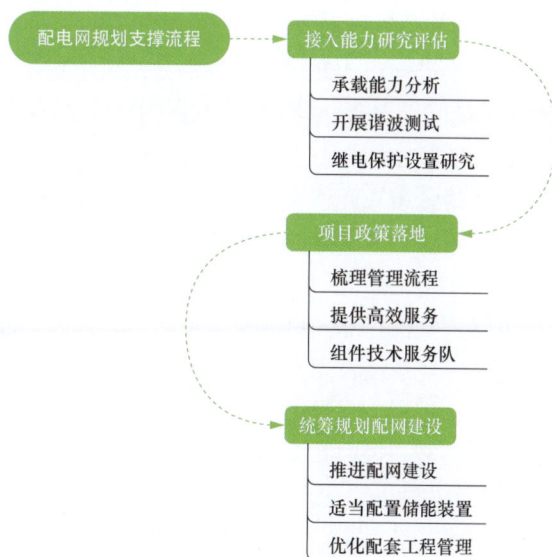

图2 配电网智能升级规划建设流程

2.提升分布式光伏接入农村配电网后的有效运维管理

分布式光伏用户大多无专业运维人员，大量处于无运维状态，因此不能对分布式光伏相关设备进行运行监测和维护，设备安全风险不能得到有效管控，易出故障，从而影响配电网的安全运行。此外，分布式光伏接入农村配电网后，配电线路改变成为有源线路，容易对检修工作地段反送电，给在线路作业的人员

带来安全影响。

随着分布式光伏的接入，根据接入的容量、位置改变了配电网潮流、电压分布情况，导致原来的配电网运维策略部分失效，给配电网的安全运行带来影响，特别是导线、配电变压器、无功补偿设备等线路设备。同时，分布式光伏可能会造成孤岛隐患，当主网电源失电后分布光伏形成孤岛，并继续向周围负荷提供电能，会给检修运维人员中带来安全隐患（见图3）。

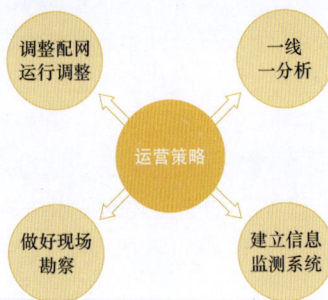

图3　动态调整分布式光伏接入农村配电网的运维策略图

强化分布式光伏用户管理，加大对供电运维人员的培训力度，使其精准掌握分布式光伏的国家和行业标准，特别是安全注意事项。根据"谁产权谁运维"的原则，按产权分界点划分，督促用户加强分布式光伏运维，将运维情况及时提供供电部门。同时，把好分布式光伏接入安全关，严把验收关，各项满足并网条件的安全技术试验合格方可并网。一是配置光伏防孤岛保护设备，不论是光伏侧还是电网侧出异常状况时，光伏防孤岛设备可快速发出跳闸指令，防止故障进一步扩大，从而保护设备安全。二是分布式光伏接入开关，须与农村配电网有明显断开点指示，带有失压跳闸、检有压自动合闸功能。三是分布式光伏接入处须有标识标牌，分布式光伏接入农村低压配电网的接入处、配电变压器处均须悬挂"光伏电源接入"的标识牌。

（四）当好"排头兵"，推动乡村实现"振兴提效、绿色低碳"

国网延边供电公司在汪清县整县推进分布式光伏试点示范县建设项目中当好"推动者"和"先行者"，在实现乡村振兴战略中，深入挖掘节能降碳潜力，践行绿能发展的社会责任。

1.优化光伏发电并网绿色通道，加速光伏建设

国网汪清供电公司高度重视和支持分布式光伏发电项目的发展，成立领导小组，不断梳理协调管理流程，随时调度并网工作，全面实现发策、营销、运检、调控等各部门工作的紧密衔接和高效运作。一是在做好光伏发电并网服务的同时，始终牢牢把握电网安全运行这条生命线，对重点线路加强运行监控，在调度、运行、检修等环节制订相应的管理举措，加强负荷需求侧管理，加强潮流计算和分析，为电网吸纳光伏发电能源做好技术支撑。二是提高专业水平，为光伏项目提供高效优质服务，全面梳理和完善分布式光伏发电的相关制度标准，完善相关管控流程，引导源、网、荷、储协同发展。三是组建技术服务队，了解客户并网需求，主动提供上门服务，为客户提供政策指导、技术咨询等服务，并跟进光伏企业并网后的运行情况，确保设备的安全运行，消除用户后顾之忧。

按照统一管理模式、统一技术标准、统一工作流程、统一服务规范的工作标准和便捷高效、一口对外的原则，简化光伏并网用户工作流程，为光伏并网提供便利条件。一是公司指派转入主动对接，追踪服务，简化并网手续，加强与客户的沟通联系，切实提升服务效率。二是结合定点扶贫村，指定专人受理扶贫光伏发电项目，精准选择扶贫对象，按照贫困户申请、村级评议公示、政府核查、抽查等流程，科学合理确定项目贫困户，并优先保证最急需扶持的贫困户。三是针对山区地形复杂、农户较为分散的现状，充分考虑地形、光照、地质灾害等复杂因素，积极引导农户在本户屋顶上、户前屋后空闲地进行安装建设；对农户相对集中的，采取联户集中建设的方式建设，确保装得上、能发电、收入有保证。四是提高业务水平，对受理业务人员定期培训，全程对接、主动跟踪光伏项目实施进度，全程"一站式"跟踪服务，及时组织人员上门服务，了解光伏发电项目建设情况，为项目建设提供政策宣传、技术咨询等服务。

创新推出分布式光伏云结算服务，向客户提供结算"一次都不跑"的结算体验。探索分布式光伏批量新装服务，推动发改委投资项目在线审批平台与电力营销系统备案信息互通，将并网服务关口前移，提前应对光伏接入需求，避免因项目备案事宜造成客户往返、重复收费。

2.提升电气化水平，加大乡村绿电消纳水平

加大对农村配电网的升级改造深度与广度，确保大量分布式光伏并网后的安全稳定运行。一是统筹推进乡村配电网建设，结合地方政府光伏发展政策导向，充分排摸乡村屋顶、荒地、水域等资源，评估光伏发展潜力，结合政府建设规划，超前统筹布局乡村配电网再提升建设，充分满足光伏接网消纳需求。二是推动配置适量储能装置：强化以电为中心，以能源互联网、综合能源技术为基础，以台区、行政村为基本单元，综合评估光伏发电的消纳能力，积极向地方政府建议，在保证安全的前提下，在推进分布式光伏规模化开发的同时，要求配置一定比例的储能装置，提高电力系统安全稳定及光伏电量消纳水平，支持乡村光伏资源的充分利用。三是优化配套工程计划管理：主动对接政府部门和项目业主，提前安排配套电网建设改造项目纳入计划，保障配套项目与光伏项目同步投运，对新增的光伏发电配套工程，按照随到随批的原则，提升电网配套工程建设效率。

深入挖掘节能降碳潜力，践行"绿电发展"的社会责任。推动农业生产生活电气化水平，提升农村地区分布式光伏就地消纳能力。大力推广电排灌、电动农机具、农业养殖温控、电动喷淋、电孵化等电气化示范项目，拓展农业领域电气化市场，推动农业生产技术升级，实现"田间作业电气化、农副加工全电化"。紧抓"美丽乡村建设""绿色校园创建"等活动契机，推广校园电气化项目。在农村大力推广"电土灶"、电炊具、电采暖等高能效电器设备应用，实现分布式光伏发电就地消纳。

三、项目效益

截至 2022 年 12 月，汪清县农村分布式光伏装机容量 40.176MW，累计发电量 1.15 亿 kW·h，累计发电收益实现 0.39 亿元。随着整县光伏项目的推进，冬季采暖、农业生产、工商业等领域电能替代实施力度的不断深化，汪清县在终端用能环节每年减少直燃煤 3.6 万 t、烧柴 250 万 m³，减少二氧化碳排放 9.43 万 t，减少二氧化硫排放 306t，减少氮氧化物排放 266t，不仅减少了烟尘、废气、废水、噪声等污染，还节省了废渣运输、污染治理以及运营维护等费用。在推动光伏产业项目建设的同时，汪清县农村电网建设投资力度较 2019 年前翻了三番，更加安全可靠、绿色智能、友好互动、经济高效的新型农村配电网逐步建成，广大电力客户的用电体验得到更好的提升。

四、经验启示

（1）强化政企、产学研合作，实现互促共赢，是决胜高质量乡村振兴的落脚点。加强地方经济社会发展规划和电网规划互融互通，前瞻谋划光伏接入电网改造项目，加快推动区域电网建设；加大产学研交流合作，加速推进光伏项目和微电网建设，努力将汪清整县分布式光伏项目打造成全国优秀示范点，在推动清洁能源发展、推进乡村振兴战略、服务"双碳"目标中，贡献延边力量。

（2）提升光伏项目建设标准和电能最大化消纳水平，是决胜高质量乡村振兴的关键点。挖掘应用国内先进经验，通过联合地方政府建立光伏逆变器等关键元器件"优选库"，确保建设投资方优中选优等多举措，保障光伏项目建设质量。提供新能源消纳专业指导和合理建议，推进政府机关、学校、建设园区蓄热式电锅炉采暖等项目落地，一体推进整村零碳建设试点，促请地方政府大力助推区域消纳能力的提升，为美丽乡村建设绿色转型提供国网方案。

五、创新团队

整县推进分布式光伏试点项目，由汪清县供电公司江富春、孙伟琦、李春生、车相范、李旺洋、欧冬生、孙博、何雷、千松玉、胡玉锋、姜天翰等创新团队成员完成并实践应用。

吉林省延边朝鲜族自治州汪清县地处中国东北边陲，位于吉林省东部，吉黑两省交界处，是吉林省区域面积第二大县。得天独厚的太阳资源，使光伏发电产业成为汪清县巩固脱贫攻坚成果、推进乡村振兴战略的重要项目。国网汪清县供电公司所辖 66kV 变电塔 9 座，主变压器 16 台，总容量 56.8MVA；66kV 送电线路 10 条，总长度 381.612km；10kV 配电线路（包括企业及专业线路）39 条，总长度 1283.54km；配电变压器 519 台，总容量 112.71MVA，低压线路 622km。负责全县八镇一乡的 64 个企业大户、7604 个企业机关和 557 个低压台区、7.63 万户低压用户的供电任务，供电人口 11.2 万人，供电区域面积达 9000km^2，2022 年公司供电量完成 1.7 亿 kW·h，同比增长 8.16%，售电量完成 1.64 亿 kW·h，同比增长 12.29 个百分点，年户均用电量 2145kW·h、人均用电量 1450kW·h。

近年来，国网汪清县供电公司先后荣获"全国五四红旗团支部"，省级"精神文明建设先进单位"，全州"民族团结进步模范集体""职业道德建设先进单位"，全县"纳税超百亿先进单位""模范先进单位""软环境建设标兵单位"，延边供电公司"先进文明单位""先进党委"等一系列荣誉称号。所辖 8 个乡镇供电所通过省级"满意服务星级供电所"验收，春阳供电所等 4 个班组获得国家电网公司"达标班组"称号。

"三位一体"网格化供电服务的创新实践

国网上海市电力公司奉贤供电公司

引言

电力是乡村振兴的重要支撑，提供优质的供电服务是推进乡村振兴的关键之一。为了支持奉贤区的乡村振兴工作，国网上海市电力公司奉贤供电公司直面部分农村电力供应存供电质量不稳定、服务能力有差距等问题现状，创新实施固定电话服务热线、沪便电微信小程序、电力驿站便民服务点的"三位一体"网格化服务模式，为乡村振兴建设作出了积极贡献。

一、创新成果介绍

奉贤供电公司适应新型电力系统构建要求，不断强化供电服务保障能力，打造现代高品质卓越网格化服务体系，即依托固定电话服务热线、沪便电微信小程序、电力驿站便民服务点"三位一体"渠道，通过整合各方面资源和力量，实现对乡村供电服务的全面覆盖和提升。为了在激烈的市场竞争中赢得先机，公司细化经营管理，规范经营行为，提高服务质量，实行"营配合一"的管理模式，成功解决了营配分离存在的弊端，探索"用电管家"全能型台区经理一岗制服务，实现电力销售和客户服务的有效协同，成为现代电力企业制度一种较好的尝试。

二、创新实施过程

（一）"沪便电"网格化服务体系建设路径

"沪便电"网格化服务体系建设主要围绕线上微信服务、线下固话服务、电力驿站进村社三方面综合提升。

1. 线上服务模式："沪便电"微信

开发运行"沪便电"网格化服务微信小程序，借助微信小程序通道，打造台区经理包干制的网格化诉求管控服务模式。

"沪便电"微信小程序分客户端、台区经理端双界面。构建台区经理点对点沟通应用，提供面向用户的"政策信息""办理进度""惠民服务"等各类信息的主动推送功能；同时基于电力内网构建基于 Web 端的网格化管控平台；支撑网格化数据管理、工单查询、工单处置、工单满意度追踪全生命过程。

2. 线下服务模式："沪便电"名片

印发《用电便民服务卡》等沪便电名片，以村社活动中心、村居委、电费代收点、党群活动驿站为主要目标群体，精准发放、宣传名片。名片内容涵盖：奉贤公司专属电力热线号码、办公地址、工作时间、常用咨询类型及 95598 等监管渠道。

"沪便电"名片以网格化（固定电话）服务为主。工作流程主要涉及：接听、派单、处理、登记归档、闭环评价、转派等环节，同时根据工单处理专业要求和复杂程度又分站内流程与跨站（部门）流程。工作质量主要从及时性和有效性两方面进行考核评价，确保网格化服务一次到位、源头闭环。

3. "电力驿站"进村社，完善供电服务网格

通过建立营业厅电力驿站工作室并以周边村社为电力服务网格化单元，打造服务于辖区内村社居民的、具备常用的电力基础服务及意见反馈的电力服务驿站。

（1）电力服务驿站。选取奉贤明星村、江海村等 26 村居构建村社网格化的电力服务驿站试点，提供包括电费、水费、燃气费的公用事业缴费服务以及电力资讯查看，实现客户不出村社，也能完成各项生活费用的缴纳。构建电力服务意见/诉求反馈通道，用户可通过村社电力驿站快速选择并发起自身的用电咨询、诉求等信息；为不便去往营业厅的用户群体，提供更加便利快捷的电力咨询发起渠道。

（2）电力问题咨询服务支撑。组建村社网格化管理专属服务团队，提供电力问题咨询服务支撑，当村社居民进行问题咨询或诉求信息发起时，对应村社台区经理将实时接收到信息工单，并可根据工单信息，快速与用户取得联系并进行响应处置，完成后进行处置结果提交，形成整个工单完结闭环，并可对工单历史记录进行查询。

（3）营业厅"电力驿站"工作室。选取供电营业厅部分区域，建立"电力驿站"工作室，以服务范围为基础，建立电力驿站管理服务"一张图"，汇集多个村社网格化的服务状态数据，包括村社问题数量情况统计、处理状态跟踪等，实时掌控电力驿站的服务工作成效。

（二）"沪便电"网格化服务体系建设举措

1. 电网升级改造，提升供电能力

为了保证乡村地区的供电质量和稳定性，奉贤供电公司进行了大量的电网升级改造。通过低压配电网提升、加强计量装置维护、电力廊道沿线加装保护装置等方式，加强对农村电网的改造和升级，提升了奉贤乡村地区电力供应的可靠性和稳定性。

2. 建立"三位一体"网格化服务模式

根据国网上海市电力公司供电服务网格化、提升客户用电体验的工作要求，奉贤供电公司迅速形成网格化小组。将每个乡镇划分为若干个网格，每个网格设立一名网格管理员。网格管理员负责该网格内所有电力用户的供电服务，包括咨询、办电、抢修等工作，开展固话便民服务工作。先后累计精准发放《网格化用电便民服务卡》3 万余张，目标群体以村社活动中心、村居委、电费代收点、党群驿站为主。明确网格化服务接听、处理、答复各环节规范要求，确保服务一次到位、源头闭环。于两处居委电费代收点开展电力驿站网格化服务试点，探索微信小程序"沪便电"、固话、村社电力驿站线上线下"三位一体"网格化服务体系。驿站内设有供电服务站、应急备用电源、计量装置维护工具等设施，为用户提供更加全面的服务。

奉贤供电公司各供电营业站主动同各街镇政府、各部门汇报沟通，掌握辖区经济社会发展动态，了解

政企客户用电需求。积极走访各村组，把供电服务嵌入属地乡村振兴战略落地行动中。协同街镇城市运行管理中心，共抓共建，提升网格化服务管理水平，确保营业站供电服务各项工作卓越有效。

搭建"沪便电"小程序，按月考评万户人均诉求量、一次解决率和处理及时率，以数智力量提升诉求管理水平。结合奉贤乡村村社生活圈建设，推进"村电共建"，力争形成"一镇一驿站"，实现供电服务"一站全解决"。试点推动乡村用电向智慧型、共享型、零碳型发展。

3. 通过便捷智慧供电服务，提高服务水平

为了方便乡村用户，奉贤供电公司推出了多种便捷的用电服务。比如，在农村地区设置了自助缴费机，方便用户进行缴费；通过建立服务热线、微信公众号等多种渠道，为用户提供更加便捷的服务。针对电力故障和应急情况，电力公司建立了"一小时应急响应机制"，确保用户在最短时间内得到有效解决。

奉贤供电公司通过智能化技术，为用户提供了智慧用电服务。通过网上国网App、i国网数字化应用等技术手段，实现了远程实时监测用户用电情况等服务。这种服务举措不仅能为用户提供更加便捷的办电方式，还能帮助奉贤供电公司实现精细化管理，提高运行效率。

4. 推广清洁能源，开展能效服务

国网奉贤供电公司持续推广清洁能源，加快清洁能源发展，减少对传统能源的依赖。通过发展光伏、风电等清洁能源项目，为乡村地区提供可持续的用电和增收渠道，帮助当地乡村经济发展。

国网奉贤供电公司积极开展能效服务，为用户提供能效咨询、能效评估等服务，帮助用户降低能耗和成本，提高能源利用效率；同时，通过能效服务，奉贤供电公司积极推动乡村经济绿色发展，促进可持续发展。

5. 用电安全宣传

奉贤供电公司积极开展用电安全宣传活动，提高用户对用电安全的重视和认识。通过在村社、学校等场所举办讲座和活动，向用户普及用电安全知识和技能，帮助用户预防和避免用电安全事故的发生。

三、项目效益

（一）经济效益

该模式的运用实施提高了供电服务的质量和效率。通过网格化服务模式的建立，公司能更加精准地为电力用户提供服务，实现服务全覆盖和"一站式"服务。这不仅提升了用户体验，也有效降低了服务成本，提高了服务效率。公司为用户提供了更加多元化的服务，同时也为电网企业带来了更多潜在的商业机会和收益。

（二）社会效益

该模式的运用实施提升了电力供应的可靠性和稳定性。通过电力设备的维护和农村电网的改造升级，电力供应的可靠性得到了提升，避免了因为设备老化或供电不足等原因导致的停电现象，提高了电力供应的稳定性。

（三）环境效益

通过推广清洁能源和开展能效服务，可减少能源消耗和环境污染，降低对环境的负面影响，提高环境质量和生态保护水平。

（四）可持续效益

通过推广清洁能源和开展能效服务，可实现可持续发展，为未来的经济和社会发展打下坚实的基础。同时，分布式光伏项目可帮助部分居民客户实现可持续增收，为他们提供更加稳定的收入来源。

四、经验启示

（一）注重需求，提高供电服务水平

在农村地区提供供电服务，需要充分了解当地的用电需求和供电现状，有针对性地开展工作。我们通

过开展用电调查和建立用电档案等方式，了解农户用电需求，为他们提供量身定制的用电方案和服务。同时，我们还通过提升电网建设水平和加强维护管理等方式，提高供电可靠性和质量，让农户更加放心地使用电力。

（二）创新服务模式，促进乡村经济发展

在提供供电服务的同时，我们还积极开展能效服务和清洁能源推广等工作，为当地乡村经济发展提供支持。例如，我们通过开展节能项目、推广 LED 照明和光伏发电储能等方式，为农业生产和乡村旅游等行业提供节能环保的解决方案。同时，降低成本，递增效益，促进乡村经济可持续发展。

（三）坚持以用户为中心，提升供电服务能力

坚持以用户为中心，提高服务质量和效率。在实践中，我们始终把电力用户放在服务的核心，倡导"一站式"服务理念，并以网格化服务模式实现服务全覆盖和精细化服务。我们还积极推进服务流程的优化，通过科技手段提高服务效率，提升用户满意度。

（四）加强政企协同，推动村网共建

加强与政府和社会各界的合作，积极开展村网共建，共同推进乡村振兴示范建设。

（五）新的启示

（1）网格化服务体系建设需要进一步完善。虽然我们已经建立了网格化服务模式，但尚需更加细化服务对象和服务内容，进一步提高服务的精细化水平；同时，还需要加强服务人员的培训和素质提升，提高服务态度和专业技能，为用户提供更加优质的服务。

（2）低压配电网和计量资产运行维护还需要更加精细化和全面化。在实践中，我们对电力设备进行了全面改造升级，但是在实际操作中，还存在一些细节方面的问题需要改进，例如需要更加精细化的设备管理和维修流程、更加全面的设备巡检和保养计划和更加科学的设备更新及其维护方案，还需要加强对于电网的维护和管理，及时排查电网故障，提高电网运行的可靠性和稳定性。

（3）电网企业需要加强与用户和政府的沟通和交流。在实践中，我们发现用户和政府对电力企业的服务质量和效率存在一定的质疑和不满，这需要我们加强与用户和政府的沟通和交流，了解用户和属地政府的需求和反馈，及时做出改进和优化，提升用户和政府的满意度。

（4）电网企业需要加强对新技术的研究和应用。在实践中，我们发现新技术对电力企业的发展和服务质量有着重要的推动作用，但是我们在新技术的研究和应用方面还存在一些不足。因此，我们需要加强对新技术的研究和应用，抓住新技术带来的机遇，不断推动电网企业的发展和创新。

五、创新团队

"三位一体"网格化服务模式，由国网上海市电力公司奉贤供电公司齐峰、周伟、郝尧、陈涛等组成的创新团队完成并推进实践应用。

国网奉贤供电公司是国网上海市电力公司的基层单位，担负着上海市奉贤区内 8 个镇、3 个街道和 1 个开发区的供电任务。供电面积 733.39km²，服务人口约 115.53 万，设有 6 个营业网点（包括 1 个本部营业厅和 5 个营业站），48 个便民电费代收点，56 处自助缴费终端。公司管辖区域内总用户数 62.54 万户，其中居民用户 49.87 万户，非居民用户 12.67 万户（其中高压用户 2978 户）。客户结构中，低压和居民用户数占 99.22%。2022 年，公司完成售电量 106.98 亿 kW·h，同比增长 0.97%。营业收入 76.54 亿元，同比增长 8.12%。实现利润 12.02 亿元，同比增长 23.59%，资产总额 85.83 亿元，同比增长 4.15%。线损率 2.07%。全员劳动生产率 536.50 万元／人·年，同比增长 21.23%。全口径供电可靠率 99.9931%，城市核心区达到 99.9995%。综合电压合格率 99.9970%。电网最高负荷达 217.81 万 kW，同比增长 16.46%。

乡村供电精准化主动服务的青浦体系

国网上海市电力公司青浦供电公司

引言

乡村振兴，电力先行。党的二十大对全面推进乡村振兴工作作出重大部署，国网上海市电力公司青浦供电公司主动发挥专业优势和央企表率作用，基于上海超大城市、长三角一体化环境，认真分析超大城市环境下的乡村电力服务特点，积极探索新环境、新形势下乡村电力服务模式创新，以"服务对象精准化、服务时间精准化、服务地点精准化、服务主体精准化、服务措施精准化、工作成效精准化"六个精准化工作思路为指导，积极打造集宣传、科普、服务、办电为一体的多功能电力驿站，构建适应上海超大城市环境特征的乡村精准化主动电力服务体系，设计乡村精准化主动电力服务模式，以精准化主动电力服务实践有效支撑乡村振兴、长三角一体化等国家战略。

一、创新成果介绍

白鹤镇是上海市西北部地理门户——青浦"北大门"，背靠长三角，面向大虹桥。胜新村位于白鹤镇东部，东至塘湾村，南与鹤联村接壤，西与白鹤村相邻，北至安亭镇。胜新村辖 11 个村民小组，户籍人口2438 人，区域面积 2.7km²，粮食生产功能区 1188.51 亩。胜新村历史悠久，唐宋时期是上海地区最早的对外贸易地区之一，1954 年成立胜新初级社，1957 年成立胜新高级社，2002 年单列为胜新村委会，一直延续至今。胜新村农业技术发达，田园风光旖旎，民宅错落有致，乡村风貌古朴典雅。

国网青浦供电公司认真落实中央农村工作会议精神和国家电网公司党组决策部署，全面服务乡村"五个振兴"，巩固拓展脱贫攻坚成果，夯实乡村振兴电力基础，提升农村供电服务水平，促进农村清洁能源发展，助力乡村产业振兴，探索助力乡村振兴新路径，着力提升供电服务质量，持续推进网格化电力服务模式，建立以共产党员服务队为主体、以基层班组和志愿力量为支撑的电力服务团队，以"六个精准化"工作思路为指导，实施精准服务新举措，积极打造集宣传、科普、服务、办电为一体的多功能电力驿站，服务内容涵盖新兴业务、电费回收、安全巡查、用电宣传、业务办理、政策咨询等六个方面，形成"供电公司、试点、客户"三位一体的新链条，实现精准服务新流程，搭建精准服务新体系，实施精准服务新举措。

二、创新实施过程

（一）服务对象精准化，精准定制服务内容

针对不同客户群体的实际需求，定制多种服务模式（见表 1），全面覆盖试点社区内的所有居民客户，实现服务种类衔接无缝隙，确保服务对象精准化。

表 1　　　　　　　　　　　　　　针对不同服务对象的服务种类

服务种类	服务对象
新型业务	接受新事物能力强的客户：主要年龄分布在 20～50 岁之间，根据社区居民基本情况统计，试点社区此类客户大约数量为 440 人
扶贫帮困	特殊客户：包括空巢老人、独户老人、残障人士、五保户等

服务种类	服务对象
拓展电费回收渠道	（1）习惯性欠费客户。 （2）长期不在家造成欠费的客户。 （3）账单遗失或无法收到账单的客户
设备安全巡查	常规性检查：胜新村所有居民。 特定检查：胜新村 70 岁以上老年居民，由于年纪较大或者行动不便无法进行常规检查的客户群体；家中有停电、故障情况的居民
安全用电宣传	主要对象： （1）长期在家的居民。 （2）寒暑假时间长期在家的青少年居民
用电需求统计	胜新村所有居民
用电政策咨询	胜新村所有居民
农业用电需求侧配合	胜新村所有农业专业合作社
商业用电需求侧配合	胜新村所有公司、企业

（二）服务时间精准化，精细定位服务时间

根据客户群体需求，定制个性化服务时间，服务时间预先确定到位，做到服务时间有计划性、可靠性。精准化管理服务时间，使服务受益客户范围更广，内容更全，效果更佳（见表 2）。

表 2　　　　　　　　　　　　根据客户群体需求，定制个性化服务时间

服务种类	服务时间
新型业务	服务时间：根据业务推出情况而定
扶贫帮困	固定帮困服务时间：春节前夕、中秋节前夕。 志愿者服务时间：根据扶贫帮困活动计划而定
拓展电费回收渠道	根据账单出账时间，该项服务时间定为：每月 1 ～ 5 号
设备安全巡查	用电高峰时期：夏季一次；冬季一次。 非用电高峰时期：每个季度一次
安全用电宣传	暑假中旬 1 次。 寒假中旬 1 次
用电需求统计	每个星期五上午 8:30 ～ 11:30
用电政策咨询	胜新村所有用电客户

（三）服务地点精准化，精确安排服务地点

近距离为客户提供更透明、更贴心、更便捷的服务，预先设定计划地点，租借居委会的活动场所，或借助公共活动场所进行定点精准化服务（见表 3）。

表 3 精确安排服务地点

服务种类	服务地点
新型业务	在居委会租用场地搭建定点"电力驿站"作为长期、固定服务基地
扶贫帮困	固定帮困服务：根据对象固定住址，上门提供服务； 志愿者服务：根据扶贫帮困活动计划进行室外活动
拓展电费回收渠道	基本以上门提醒的方式为主
设备安全巡查	常规性检查的地点为胜新村公共配电设施位置；特殊检查地点为客户指定监察区域
安全用电宣传	根据宣传内容计划，主要以社区公共活动室和社区露天广场为主，辅以"电力驿站"为宣传活动基地
用电需求统计	主要以"电力驿站"为用电需求统计服务基地，根据用电需求统计计划，辅助以上门统计调查
用电政策咨询	主要以"电力驿站"为用电政策咨询基地，根据公司用电政策变更要求，辅助使用胜新村公共活动场所和社区露天广场

（四）服务主体精准化，服务责任精准到人

服务主体精准度决定个性化服务实施效果，不同的服务必须由相应的专业人员负责，使服务效果最优化、服务质量最优化（见表4）。

（五）服务措施精准化，服务计划内容精确

为完善客户需求，提供优质服务，针对各种服务类型制订相应的精准化措施，明确详细的措施类型，组织实施全面的活动计划，做好前期动员和后期跟进工作，确保每一项举措都能利及百姓，每一项活动都能惠达客户。

表 4 服务主体和服务措施精准化

服务种类	服务主体
新型业务	根据服务类别，确定以营业厅工作人员为主，客户经理或者志愿者为辅的配合工作模式
扶贫帮困	在客户经理牵头下，以共产党员服务队、党团员志愿者和客户经理三方合作形式为主，其余相关人员都可自愿参与
拓展电费回收渠道	由电费抄收组负责，主要以负责胜新村的抄表员为主，抄收组相关人员可辅助工作
设备安全巡查	常规性检查由客户经理负责，特殊检查可由低压用电检查员和客户经理双方共同执行
安全用电宣传	在客户经理牵头下，以共产党员服务队、党团员志愿者和客户经理三方合作形式为主，其余相关人员都可自愿参与
用电需求统计	客户经理、共产党员服务队志愿者定期检查需求意见箱
用电政策咨询	主要以"电力驿站"为用电政策咨询基地，根据公司用电政策变更要求，辅助使用社区公共活动场所和社区露天广场
服务种类	服务措施
新型业务	集中设摊宣传新型便捷业务，如卡扣、充值卡等便捷缴费方式；定制个性化业务需求服务的形式来宣传、受理客户新型业务
扶贫帮困	制订扶贫帮困计划包括修理维护电气设备，更换灯泡、熔丝等；或者通过不定期上门或电话给予客户精神关怀

服务种类	服务措施
拓展电费回收渠道	建立客户缴费档案，对于存在习惯性欠费现象的客户，定期上门提醒客户；对于长期不在家的客户，通过电话、短信的形式定期通知
设备安全巡查	1. 定期开展社区公共部分供用电设施安全检查工作。 2. 为客户分析停电原因、故障原因，并做基础维护。 3. 组织物业培训电力故障判断的基础知识
安全用电宣传	开展多形式主题课堂，普及安全用电：在社区租赁橱窗，壁挂位置张贴宣传海报，摆放易拉宝，分发宣传册，加大宣传力度
用电需求统计	开展每家每户问卷调查并搭建意见箱，收集客户意见，定期安排人员固定场所（驿站）值班；对特殊群体提供上门指导，收取业务资料，跟踪反馈业务进度
用电政策咨询	根据公司用电政策变更，主要以现场设摊咨询为主，同时配置咨询电话，设立确保第一时间宣贯到位

（六）工作成效精准化，按点见效，实现从点到面的延伸

通过精准化调查摸底，全面掌握用电居民的基本现状和需求，摸清底子，采取"精准化客户经理服务体系"为各类客户保证服务信息及时性，生活用电安全性，缴纳电费便利性，业务办理规范性，努力实现"及时、安全、便利、规范"的用电优质服务，见表5。

表5　　　　　　　　　　　　工作成效精准化

服务种类	工作成效
新型业务	推广各类新兴业务，做到家家户户能够通过微信、App、95598等各类平台及时了解用电信息，提高客户处理用电业务的便捷度，提高电费回收率
扶贫帮困	建立特殊群体名册档案；通过组织社区公益活动，承担社会义务和责任，提升电力公司品牌效应
拓展电费回收渠道	建成客户身边的缴费圈，督促客户形成及时缴费的良好习惯，提高电费回收率
设备安全巡查	确保社区内无用电隐患、无电量窃取，实现让客户放心、安心、舒心、省心的用电服务
安全用电宣传	提高客户的科学用电、安全用电意识，确保安全用电知识全覆盖，巩固社区安全供用电环境，以此响应社会绿色能源号召
用电需求统计	及时听取客户意见，编制客户群体需求报告。开展点对点精准化服务，出点及面，建立一体化新型服务链，共建一站式服务新模式
用电政策咨询	及时宣贯用电政策内容变更，确保新政策第一时间普及到户、知晓到人

三、项目效益

构建具有上海特色的乡村精准化主动电力服务体系，深化打造与传播青浦"爱融123"等电力服务品牌，设计形成乡村电力服务承载体"电力驿站"建设与运营全套管理方法，支撑上海乃至全国各地城市环境下的"电力驿站"建设与运营，有效提升公司乡村电力服务能力。

社会效益。支撑"电力驿站"高效建设与运营，全面提升乡村电力服务能力，帮助乡村用户"用上电"到"用好电"，提高了用电可靠性，节约用能经济成本，推动乡村绿色发展，提升乡村生活安全感与幸福感。

经济效益。推动乡村电力服务体系升级与服务承载体"电力驿站"全面落地运营，为用户提供更全面、更周到的服务，支撑公司进一步挖掘新兴业务等潜在客户，丰富公司服务功能，提升用电安全性与经济性。

四、经验启示

以点带线，扩大品牌效应，形成"爱融123"主动服务模式。青浦供电公司深入践行"人民电业为人民"企业宗旨，深化落实卓越服务工程，持续推进网格化服务数字转型工作，并以"爱融"共产党员服务队为主体，建立网格化、数字化双服务机制，通过电力服务卡发放、设立属地服务监督热线及"爱融倾听"微信服务平台畅通前端受理渠道；建立健全供电服务监督管理和问责机制强化过程管控；制订《青浦供电公司主动服务工作指引》、整理汇编《爱融藏经阁专业知识手册》完善后端服务保障，不断提升供电服务质量和效率。据不完全统计，截至2023年8月，电力服务卡累计发放49.19万户，接听各类网格化服务电话10000余次，爱融倾听平台累计转办各类诉求432件，95598意见类、投诉类诉求数量均得到有效压降，同比分别下降31.04%、83.33%。胜新村"电力驿站"试点建设也在快速推进中，驿站驻点网格化服务员累计排查治理胜新村用电安全隐患，解决民众难题15起，协同开展用电宣传活动5次，收集客户各类用电需求4件。

以线带面，谱写电力服务"三部曲"，奏响乡村振兴主旋律。电力服务三部曲：一是爱心教室公益项目"谱前奏"，巩固国网社会责任示范基地的示范带动效应，加大央企品牌特色工作的影响力；二是全电智慧乡村建设"奏和声"，数字赋能电力看乡村振兴大数据分析，打造"全电智慧乡村"新名片；三是电力驿站试点建设"唱高音"，建立精准化服务乡村试点，实施网格化服务新举措，形成供电公司、社区、居民三位一体的新链条，构建网格化服务新体系。接下来，青浦供电公司将持续奏响助力乡村实现生态宜居、治理有效、产业兴旺和生活富裕的主旋律，塑造电力服务乡村振兴最佳实践样板。

改革开放特别是党的十八大以来，我国在统筹城乡发展、推进新型城镇化方面取得了显著进展，但城乡要素流动不顺畅、公共资源配置不合理等问题依然突出，影响城乡融合发展的体制机制障碍尚未根本消除。随着城市化进程加速，乡村人口向城市集中，乡村"空心化"、"老龄化"现象越来越普遍，而上海作为超大城市，城乡结合部及乡村地区人员流动频繁、供电服务环境复杂，面对的乡村电力服务需求更为特殊。因此，如何在超大城市环境下做好乡村电力服务，成为上海及青浦公司需要面对的挑战。

超大城市环境下乡村精准化主动电力服务体系为我们提供了新的启示，那就是通过构建及深化超大城市环境下乡村精准化主动电力服务体系，探索开展电力驿站建设与运营，实现电力服务进村入户，能够推动公共服务向农村延伸、社会事业向农村覆盖，健全全民覆盖、普惠共享、城乡一体的基本公共服务体系，推进城乡基本公共服务标准统一、制度并轨。从这个意义上说，大城市环境下的"乡村精准化主动电力服务体系"，必将为重塑新型城乡关系，推进城乡融合发展，助力乡村振兴和农业农村现代化提供更强大的创新支撑。

五、创新团队

超大城市环境下的"乡村精准化主动电力服务体系"，由国网上海市电力公司青浦供电公司孙成刚、徐爱蓉、王子畅、许纯恺、华陈健等组成的创新团队完成并推进实践应用。

国网上海市电力公司青浦供电公司于2010年1月正式挂牌成立，承担着青浦区全境的电网规划、建设和供电服务任务。截至2022年底，公司拥有客户数54.84万户，其中居民用户40.47万户。公司下设14个部门、25个班组、5个供电营业站。公司主要管辖变电设备：1000kV变电站1座（练塘站），220kV变电站5座，110kV变电站20座，35kV变电站39座，35kV开关站13座，10kV开关站434座，配电站2615座。公司主要管辖配电变压器类设备：10kV变压器4009台。公司主要管辖线路设备：10kV及以上线路共556条，总长度2497.25km。公司主要管辖电缆设备：10kV及以上电缆共10795根，总长度4804.96km。其中，35kV 电缆 460（回）根，长度 783.18km，10kV 电缆 10335（回）根，长度 4021.79km。2022 年，完成售电量 74.6 亿 kW·h，最高负荷 180.37 万 kW，综合供电可靠率 99.9908%。线损率 2.78%，各项指标总体可控，经营业绩保持稳健。

乡村新能源发展的"浦东范本"

国网上海市电力公司浦东供电公司

引言

构建乡村低碳绿色能源应用与体验中心，旨在创建社会主义新农村的新型能源应用示范样板和以新能源建设为契机改变乡村能源结构的创新范例，进而推动乡村新能源跨越发展，助力国家双碳战略目标下的乡村振兴。实践应用上，国网上海市电力公司浦东供电公司通过乡村低碳绿色能源应用与体验中心建设（见图 1），拓展应用中心"展示汇报""会议会务""能源供应""经营管理"等四大功能，寻求改变农村传统能源模式，进而开发新型农业结构，引领新农村产业创新。很显然，项目具有较高的政治站位、创新效应和社会价值。

图 1 乡村低碳绿色能源应用与体验中心效果图

一、创新成果介绍

浦东新区川沙镇连民村可移动、可拼装的，集成产能、供能、用能、储能、节能"五能合一"的"乐高式"能量魔方，是乡村"双碳"目标能源变革的一个缩影。在上海市科委的大力支持下，这个被称为"浦东第一村"的村庄，成为国网上海市电力公司打造"美丽乡村典型场景智慧能源系统集成技术研究与示范应用"项目的"出发地"，助力"双碳"目标在美丽乡村落地见效。

（一）技术创新方面

为解决农村能源及场地限制，团队提出"乐高式"能量"魔方"供能服务。可移动、可拼装，像乐高一样的能量"魔方"，是此次示范性项目的一大亮点。这个集多元低品位能源利用、多形式蓄能利用、建筑负荷预测和系统优化控制为一体的民用组团式多能互补能源中心，不但满足了乡村冷热电及热水负荷，而且以模块组合拼装的方式实现了智能化多能互补。

按照方案设计，连民村的组团式能源供应是通过 6 个拼装式能量魔方的方式进行的。此设计和安装非常简便灵活，特别适合放在乡村。尤其是在土地性质敏感、环境匹配度要求高的地方。各乡村区域可根据自身的地理风貌优势，选取适合的模块组合拼装。民宿集群是能量"魔方"的一个典型应用场景。作为上海旅游度假示范村，连民村以"精品旅游 + 特色民宿"找到了属于自己的发展路径。

（二）管理创新方面

团队还推出智慧乡村数字化全景平台，实现乡村智慧化管理。如果说"乐高式"的能量"魔方"为乡村振兴提供了绿色低碳的动力引擎，那么智慧乡村数字化全景平台则是乡村振兴中智慧化管理的钥匙。

以能源为基础，以数字技术为依托，项目组打造的智慧乡村数字化全景平台为乡村的治理者打造了"一屏知乡村"的综合管理可视化入口。其中，智慧乡村数字平台可获取区域内与能源供给、消费、分析相关的运行监控信息，也可了解村域范围内的生产生活设备运行状况，透析区域内的产业、经济、生活动向，感知乡村运行的脉搏和心跳。

目前，智慧乡村能源平台已接入电力、热水、冷、暖四类能源数据。按能源组团的服务理念，未来将建设多个分布式能源中心，实现新能源供给与消费的平衡，助力连民村低碳发展。美丽乡村典型场景智慧能源系统集成技术研究与示范应用项目带来了乡村供能用能的革命性转变，为综合智慧能源服务延伸至基础较为薄弱的中国广大农村，提供了"上海方案"。

二、创新实施过程

（一）强化"党建"红细胞小组 + "项目"协同

项目团队主要由浦东供电公司营销部、张江科学城能源服务中心，浦东公司高级专家，辖区六灶供电营业站等主要人员组成。为切实推进项目，融合"党建 +"项目建设，项目实施阶段由国家电网上海电力明灯（浦东）共产党员服务队成员成立临时党支部，攻坚克难，多方协同，打造示范样板工程。除此之外，浦东供电公司还特色推出"红细胞"党小组，安排党支部以小组形式活动，凝聚"红色力量"，将电力服务融入乡村治理体系，将电力服务融入主动服务，将电力服务融入乡村新产业发展，更专业、更灵活为项目提供助力。

（二）做好中心安全运维

通过打造"一屏知乡村"的综合管理可视化入口，感知乡村运行的"脉搏"和"心跳"。"乡村低碳绿色能源应用与体验中心"由组团式多能互补的能源中心、用户侧分布式能源站、智慧乡村数字化平台三部分构成，同时纳入公司安全管控体系，建立管理规章制度。

浦东供电公司六灶供电营业站按各级公司工作部署，常态化做好农村电网运维，动态开展农网电压监测，有效保障群众生产生活用电。连民村辖区内台区运行正常，无台区低电压，无频繁停电台区。

针对电力线、通信线、广播电视线开展"三线治理"，对高、低压线路杆号和邻近跨越鱼塘线路进行集中排查，严格按对地安全距离要求全面整改。连民村辖区内"三线治理"基本完成，安全警示标识全覆盖，电杆、变压器、断路器等设备标识齐全。

认真落实国家电网有限公司农网改造升级工程有关建设规范标准，严格抓好设备选型、工程质量、施工工艺等关键环节。近三年内，设备选型严格按国家电网公司相关技术标准执行，变压器台、JP 柜、跌落式熔断器、避雷器等安装规范，努力打造农网改造升级优质工程。多年参与上海市重点工程实事立功竞赛，并荣获"金杯公司"荣誉。

（三）建设"能量魔方"

浦东供电公司在第一阶段做好连民村电网设备排摸及整改工作之后，开始着手建设连民村能量"魔方"。所谓能量"魔方"系统是集成产能、供能、用能、储能、节能"五能合一"，搭建微电网、微热网和物联网"三网互联"。

目前，连民村能量"魔方"系统已经搭设完毕，电力部门可通过远程一张屏实时了解连民村各供电变压器、工商业用户的实时潮流，从而智能配置最佳供电方式，充分发挥能源管家的作用，在保证用户正常的生产生活需要的同时，还能减少供电运维投入。能量"魔方"可实现在用电负荷低谷的时候，启动储能设备，将电网富余电量进行存储，待到负荷达到高峰时，释放储存的电能，从而达到削峰填谷的作用，既从经济上减少了用户的用电成本，也减轻了供电部门在用电高峰时的供电压力。

（四）分布式电源建设

能量"魔方"是能源的管理单元，分布式电源就是实现其节能的重要组成部分。连民村及裙带地区目前已有30户居民用户安装了光伏发电单元，可实现实时并网、即发即用、余电上网的功能，在补贴用户日常电能消耗的同时，实现低谷余电上网。供电部门通过能量魔方可实时采集到用户当前的能耗及上网功率，方便供电部门调度使用；同时，连民村光伏发电的推广工作，也在持续进行中。

（五）新能源汽车充电桩建设

随着新能源汽车销售的火爆，浦东供电公司倾听连民村委的诉求，为连民村268户持有电动汽车的村民完成了充电桩的报装接电。并且，村民充电桩的申请量还在持续增长。为顺应乡村"油改电"的发展趋势，供电部门针对充电桩日益增长的需求，单独为其设置电源点，安排独立的输电通道，计划建设集中充电场。这样可有效提供更高效的充电环境，同时良好的停车能力还可在吸引外来资源、优化资源结构方面起到关键性作用，对当地的主产业和相关产业都将产生很大的连带和促进作用。

充电场的充电设备采用直流充电堆，可实现柔性分配，输出范围更广；也可适应更多新能源车型的充电需求。通过动态系统输出，充电时间可节省30%，模块寿命提高50%，系统效率提升3%，解决了传统充电设备模式单一导致的充电效率低、设备利用率低及设备损耗大等问题。

（六）融入基层治理

浦东供电公司六灶供电营业站秉承"人民电业为人民"企业宗旨，为促进农电事业健康持续发展营造了良好的环境。

营业站大力推进党建工作与业务工作内嵌融入，长期不懈地强组织、带队伍。依托党员责任区，打造"党建+"项目与重点工作精准匹配，构建横向到边、纵向到底的党建责任网格。多举措开展形势政策、岗位练兵等业务技能培训，加快员工知识更新，优化员工知识体系，培养出一批"懂农业、爱农村、爱农民"的电力服务"三农"复合型员工队伍，为乡村振兴提供坚实有力支撑。

（七）做好推广和宣传

六灶供电营业站通过网络群的形式，建立了与群众直连的数据平台，了解群众所需，快速响应群众所求，推进乡村供电服务的数字化建设；聚焦乡村特色，协助连民村打造现代农业科技展厅，提升乡村旅游产业吸引力；为连民村助力，参加各类公益活动，以加大宣传力度，打响上海乡村旅游品牌。

（八）对接连民村乡村民宿

目前，连民村乡村民宿红火，增加了村民的房租收入、就业收入、农产品销售和采摘体验收入，据统计，村民人均收入从2015年的2.03万元上升到如今的3.58万元。特色民宿业发展不断深化，玫瑰产业兼具特色，高标准蔬菜基地完成规划设计，特色型美丽庭院成功创建，家门口服务更显温度，乡村客厅、乡村低碳绿色能源应用与体验中心等项目逐一落地，绿色田园、美丽田园、幸福乐园在这片土地上呈现，连民村已真正实现了"浦东第一村"的梦想，"产业兴旺、生态宜居、乡风文明、治理有效、生活富裕"的乡村振兴蓝图全面铺开。

为了支持连民村民宿业发展，六灶供电营业站响应区域用户需求，结合区域用户"密度低、分布广"特点，将电力服务延伸至各民宿区的"家门口服务站"，因地制宜设立"电力微服务点"，使农村用户足不出"村"即可享受快捷高效的电力服务，解决服务群众的"最后一公里"。目前，已在川沙新镇连民村完成服务点的设立应用。

三、项目效益

（一）经济效益

自 2019 年项目实施以来，浦东供电公司累计改造电网线路 10 条、供电变压器 18 台，累计处理存量各类低电压问题 15 个，确保了区域供电的稳定、安全、经济；同时，减少了年均日常抢修、更换各类费用近 100 万元。

（二）社会效益

良好的供电环境使得群众的日常生活及生产经营得到了保障，连民村人均年收入上升至 2021 年的 3.58 万元，各类村管企业的效益每年都有较大增长。

（三）节能减排

连民村村民在村民委员会光伏应用的示范效应带动下，踊跃安装了光伏设备，其中某村民于 2021 年并网后形成收益见表 1，光伏发电及消纳情况如图 2 所示。

表 1　　　　　　　　　　　　　连民村某村民于 2021 年并网后形成收益

时间	发电量（kw·h）	上网电量（kw·h）	上网电费（元）	补贴（元）
2021 年	3978	3495	1518	2207.40
2022 年	4062	3584	1525	2300.65
2023 年 1～3 月	718	665	264	435.29
合计	8758	7744	3307	4943.34

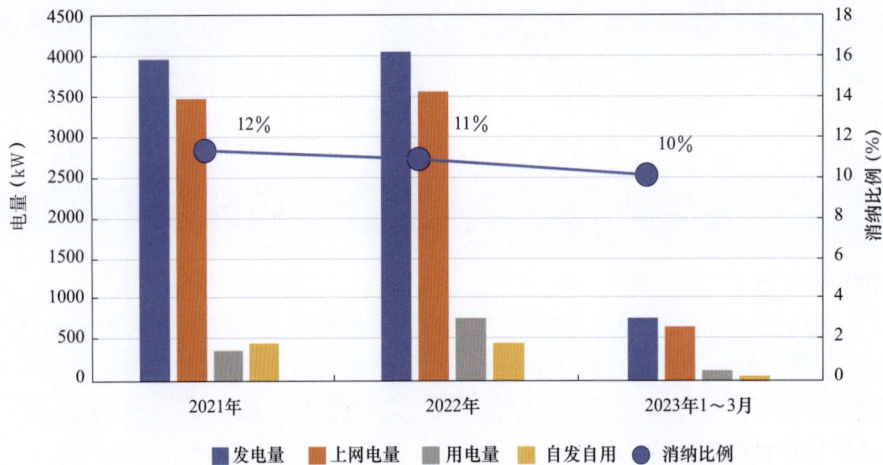

图 2　安装了光伏设备后，连民村村民委员会的消纳水平维持在 10% 左右

通过分布式电源建设及充电桩的投入，连民村已经累计节约碳排放 2500t，真正把国家双碳战略落到实处，同时也为建设乡村美好环境提供了良好保障。2019 年 11 月 13 日，连民村入选"2019 年中国美丽休闲乡村"名单。

四、经验启示

"多听、多看、多想"这三个要素，是建设乡村低碳绿色能源应用与体验中心的秘诀。

所谓"多听"就是要多多与当地群众、当地政府取得沟通，切实掌握当地老百姓的需求、困难以及限制发展的瓶颈和急难愁问题；"多看"就是要吸取全国各地各种先进的治理方案，从中寻找建设的思路和灵感；"多想"就是在制订方案、制订措施时要更深层次挖掘，拒绝生搬硬套，因地制宜地寻求最优方案。

在上海城乡融合发展的乡村建设背景下，供电服务面临乡村发展个性化需求增加、特色服务需求增加等问题，因此，如何推进新型乡村建设、做好跨项服务和个性化服务成为建设美丽乡村、助力乡村振兴的重点。

在连民村全电村设计、建设阶段中，浦东供电公司对连民村做好大量前期调研，与村民委员会、村民进行多次深入沟通，才得以保证全电村建设进度。在未来同类型项目的建设方面，建议项目负责方应加大前期调研力度，打好设计基础，从乡村实际需求出发，量身打造最合适、最科学的电力服务方案。

五、创新团队

乡村低碳绿色能源应用与体验中心，由国网上海市电力公司浦东供电公司袁晨、张程、王琦、陈国华、秦超逸、郭璟、吴莘扬、王珂、黄家晖、范云华、毛志军、陆云、王俊、傅旭瑜、储英、傅结刚、傅杰等组成的创新团队完成并推广实践应用，打造乡村新能源发展的"浦东范本"。

国网上海市电力公司浦东供电公司于 2010 年 1 月正式挂牌成立，于 2012 年 12 月升格为国家电网公司大型重点供电企业，主要承担上海市浦东新区的电网规划、建设和供电服务任务，供电面积约 1210km²，辖区内拥有各类用电客户 266 万户，最高用电负荷 930.1 万 kW（2022 年 8 月 16 日），2022 年完成售电量 401.49 亿 kW·h，2023 年 1～8 月售电量 290.75 亿 kW·h。近年来，公司先后获得"亚洲质量创新奖""中国质量奖""全国文明单位""中央企业先进集体""全国五一劳动奖状"，公司党委获评"中央企业先进基层党组织"。连年被授予"国家电网公司先进集体""上海市文明单位"，在上海供电公司业绩考核始终保持 A 段。乡村低碳绿色能源应用与体验中心位于浦东新区川沙新镇连民村，所属区域的供电服务由国网上海浦东供电公司六灶供电营业站承担，该营业站负责浦东新区川沙新镇六灶社区、祝桥镇祝桥社区 2 个行政区域内的供电服务工作，供电面积约为 112.89km²，供配电线路长度约为 500km，共有供电变压器 1065 台 [杆上变压器 670 台，配电变压器 395 台]，供电用户 73660 户，供电总容量约 284.74MVA，年均供电量 2.95 亿 kW·h，年均售电量 2.79 亿 kW·h。

电力服务驿站的数字化

国网江苏省电力有限公司盱眙县供电公司

引言

乡村振兴战略纵深推进，农村电力需求不断增加。同时，随着我国经济快速发展，大量的农村劳动力向城市转移，越来越多的农民涌向城市打工，留守乡村的大多是老年人和部分孩子，如何为他们提供方便、快捷、高效的电力服务，就成了供电企业的重要责任与任务。国网江苏省电力有限公司盱眙县供电公司积极秉持"人民电业为人民"的企业宗旨，响应国家电网公司"聚焦担当作为，聚力公司发展"主题宣传工程，针对新时代农村实际现状和发展需要，立足基层供电单位专业发力点、供电事业政府关注点、供电服务价值传播点三项基本要求，通过整合村委会、供电所双方党员服务队力量，设立电力服务联络员机制，共同建立电力服务驿站；同时，利用数字化技术实现供电设施的远程监控和智能化运营，提高电力供应的可靠性和安全性，打造数字化供电所。数字化供电所可为电力服务驿站提供可靠的电力保障，充分发挥供电设施的作用，为电力服务驿站的设施和运营提供支持；数字化供电所和电力服务驿站相结合，可提高电力服务的效率和准确性，同时也将提升乡村建设的数字化和智能化水平，为乡村振兴注入了新的活力和动力。

一、创新成果介绍

盱眙县供电公司设想通过供电服务窗口前移，引入人民群众、村委会和供电所三个利益相关方，充分考虑各方需求，有效发挥各方优势，同时利用数字化手段，不断推动"村所共建电力服务驿站"落地建设，破解制约农村发展、影响老人和孩子幸福感的各种难题。

数字化供电服务电力驿站是一种以数字化技术为核心，依托电力驿站形成的服务模式。电力服务驿站是村所双方持续合作、不断探索、渐进提高的产物。为了不断向更多村（居）推广、更深层次拓展，供电所大力按实施计划的五个阶段（初步合作、试点实践、纵深推进、总结提升、全面推广）循序渐进、稳步提升，并将社会责任理念与方法融入各个阶段中，实现驿站服务职能最大化。

乡村电力服务驿站主要提供涉及电费缴纳、咨询、查询、故障维修、售电等服务。但由于其建立时间较短，传统服务方式单一，乡村信息化技术应用程度比较低，导致出现农村电力服务水平不高、供电管理不规范、供电安全存在隐患等一系列问题。盱眙县供电公司知难不退，创新赋能，积极推进数字化"供电所"到"电力服务驿站"的智能化升级，一方面增强了电力服务驿站的数字化建设，另一方面引入数字化技术，实现对供电设备、线路的智能化管控，推进乡村电力服务的现代化转型。

乡村电力服务驿站具体实践成果体现在以下四个方面：

（一）数字化设备监控和故障处理系统

数字化供电所建立了设备监控系统和故障处理系统，在供电所和电力服务驿站之间进行信息共享。通过在供电所大力开展图模治理，维护"站、线、变、户"基础台账，实现了系统与现场一致、图形与数据一致、营销与生产一致，基于同源维护工具，实现营销、生产专业图模异动数据两专业共同确认、协同联动，确保了营配调数据的一致性、准确性。为进一步提高供电可靠性，开展供电所辖区配电网线路梳理工作，大力安装智能开关，智能开关既能保障线路前端正常供电，也能准确定位故障区段，有助于抢修人员快速判断和恢复非故障区段供电，大幅度缩小居民停电范围及时长。在做好电网改造项目的同时配合无人机进行线路自适应巡视，对线路设备开展特殊巡视，认真查找整改潜在隐患支线，大幅提升了线路巡检的质量效率。

数字化供电所通过优化辖区供电线路网络，切实提高了配电网智能水平，提高线路自愈能力，提升了供电可靠性。数字化供电所的实时监测设备通过监测供电设备数据和网络信息，实现了智能化故障判断和操作提示，有效提升故障处理的效率和处理速度。同时，电力服务驿站可及时接收记录数字化供电所的处理信息，提高服务的精准性和可靠性。

（二）数字新技术应用

国网盱眙县供电公司着重推广了数字化技术应用，在电力服务驿站中引入了智能自助缴费设备，简化了缴费流程，大大降低了客户等候时间；同时建立了客户服务中心，集中解决客户需求，提高客户满意度。这些数字化技术和管理的引进，使得电力服务从单一的电费缴纳到失电回复、风险预警、燃气检测等全方位的服务，优化数字化供电与电力服务驿站的应用场景，让用户享受到更好的服务体验。

深挖机器人流程自动化（RPA）应用，以基层减负、数字赋能为方向，通过 RPA 智能文档录入微应用实现电子文档的自动提取待录入，通过流程机器人自动提取电子文档的待录入信息，通过数据处理生成模板，再自动完成相关业务系统的填写录入，应用简单快捷。应用 RPA 辅助录入微应用，可实现安全工器具台账、量费重点审核用户等信息的系统自动录入功能，解决供电所员工人工录入文档耗时长、错误概率大等问题。这类微应用的可复制、可推广性强，能全面支持供电所服务能力和管理水平提升。

依托数据中台为供电所业务工作提供数据支撑，实现了分区域（乡镇）、分重点用户等电量报表自动生成，服务政府掌握相关企业、行业运行状况。基于中台数据，对乡村大企业大客户，用电增长趋势分析、日用电量监控、月度特定用户电量趋势分析表、重点企业经营用电状态分析，对用电波动较大的企业进行预警，服务政府掌握相关企业、行业运行状况，为政府经济分析做好有力支撑。

（三）低压台区画像

低压配电网被视为城市和农村电网管理末端的毛细血管，不仅点多面广，而且管理难度大。供电所辖区内配电台区问题主要依靠人工核查，由于基层供电所缺乏有效管控机制和监督手段，运维人员老龄化问题日益严重，业务能力不足问题，受系统壁垒、信息落差等原因所限，导致供电所管理人员难以全面、精准感知台区现状，无法及时发现和处置低压台区存在的问题。为此，国网盱眙县供电公司深入研究低压台区画像系统，利用供电所低压台区画像科学精准发现台区问题，实现主动运维及台区改造项目储备。

低压台区画像系统以 PMS 台账为基础，整合供电服务重超载、关口电压越限等多维数据，建立指标评价体系。借助低压台区图拓扑分析技术，参照《农村低压电网项目立项技术导则》建设标准，通过供电能力、服务水平、设备水平、安全风险和供电可靠性 5 个维度、19 项评价指标，设定评价方式。系统自动采集台区各类数据信息进行评价，帮助工程和运维管理人员全面、深入掌握台区"面貌"，实现台区诊断自动化。针对问题台区，系统会自动派单给管理人员，交所属台区经理核查改整。在项目储备的具体操作中，低压台区画像系统基于台区自动诊断结果，结合人工点选和录入，实现自动生成项目建议书及立项支撑材料表。根据数据逻辑和对应性关系，实现项目编码正确性、项目名称规范性、支撑材料齐全性和立项合理性等方面的自动校验，同时通过运行、设计和管理人员配置对应权限，实现了需求提报、勘查设计和储备初审等流程的线上流转，减轻人工负担的同时，有效提高了项目储备的规范化管理。低压台区改造作为台区缺陷处理的重要手段，其改造成效的好坏，与前期项目储备密不可分。低压台区画像系统结合不同得分台区分布情况，差异化开展农网项目建设，按"高分台区巩固提升，低分台区补齐短板"的策略，确保切实解决台区存在问题的同时，避免重复投资和过度投资，全力实现方案科学合理、投资精准有效，助力供电所管理质效提升。

（四）用电业务办理线上化

完善电力服务驿站自主办理终端功能，依托政务服务平台，打破信息壁垒，以智能化助推服务新台阶。通过大数据共享新模式，扎实推进数字化办电流程，实现居民客户"刷脸办电""一证办理"。创新"互联网＋供电服务"新模式，引入"人脸识别"技术，客户只需在程序上刷脸、刷证，即可轻松办理用电新装、增容、更名过户等用电业务，全流程高效安全，切实提高了客户"获得电力"便利度，全面开启数字化办电新时代，实现了"让数据多跑路，让客户不跑路"。数字化供电所全面推广线上办电渠道，优化办电流程，让客户切实体验到"刷脸"办电带来的高效、便捷。有效提升了业扩报装效率，缩短办电时间，最大限度实现了供电便民、为民、利民服务，让客户通过最简单的流程，获得了最高效的服务，得到了客户的一致好评。

二、创新实施过程

（一）建立数字化供电所服务和电力服务驿站的合作机制

建立了数字化供电所服务和电力服务驿站的合作机制，提高服务的沟通和协作效率。在数字化供电所服务流程中，电力服务驿站的作用逐步得到肯定，各项服务功能显著增加。通过加强数字化供电所服务和电力服务驿站的合作机制，推进农村居民对数字化服务的普及化和适用性，进一步加深数字化服务与乡村振兴的关联，使得电力服务向高效、智能和低成本方式转变。

（二）提高数字化供电所与电力服务驿站的应用能力和稳定性

加强数字化技术培训和应用的推广，为数字化供电所技术运营人员、电力服务驿站工作人员等相关人员提供专业的数字化技术培训和应用推广，提高人员的技术素养和应用水平，使之快速掌握业务流程和操作技能，更好地服务农村居民。完善数字化供电与电力服务驿站的技术支持体系，建立专业的技术支持体系，提供全方位的技术支持和服务，为数字化供电所和电力服务驿站提供差异化的个性化服务。提供专业化的升级维护、数据分析、算法优化等服务，以保证数字化供电和电力服务驿站的系统平稳运行和服务品质的提升。低压台区画像指标评价体系如图 1 所示。

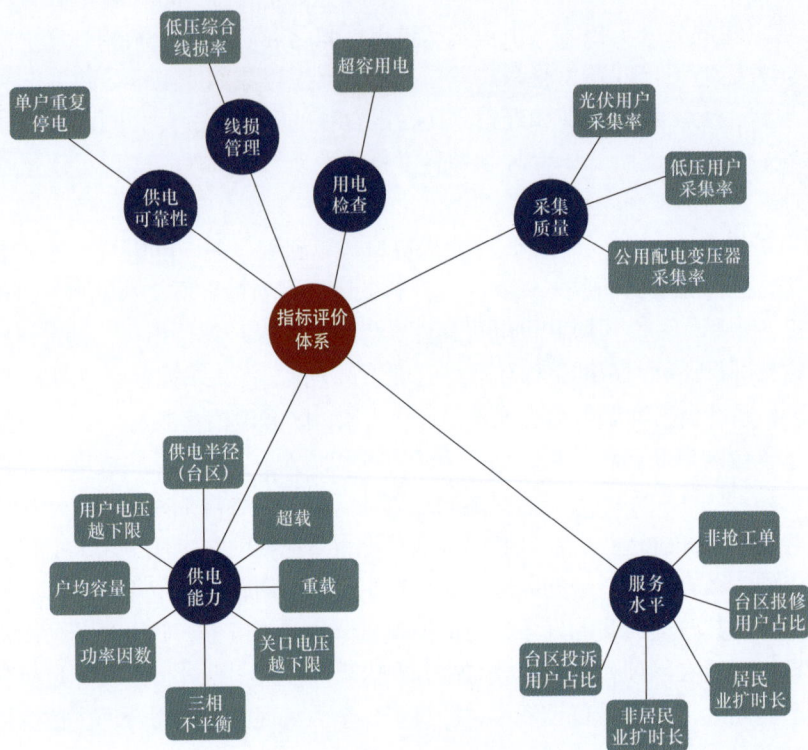

图 1 　低压台区画像指标评价体系

数字化供电所和电力服务驿站相结合是乡村电力发展中的重要契合点。通过合作机制的建立，以及智能化设备的引入、数字化服务的升级，可有效推进乡村电力服务的优质化，推动数字化供电与电力服务驿站深入结合。

三、项目效益

（一）提升共建实效，助力经济发展

通过共建电力服务驿站，助力打通宣传群众、教育群众、关心群众、服务群众的"最后一公里"，推动文明实践与电力服务"最后一公里"深度融合。

（二）勇担社会责任，彰显企业形象

通过共建电力服务驿站，供电所不仅有效发挥职能单位作用，及时了解村委会和人民群众的电力需求，竭力为农民生产、生活提供可靠的电力保障；同时，积极响应地方政府关于环境整治、乡村建设、扶贫济困等相关诉求，尽最大能力提供志愿服务，凸显国家电网公司勇担社会责任的企业形象。

（三）推进数字化服务，深入推进乡村振兴

电力服务驿站建设，有助于深入推进全国乡村振兴计划；而数字化技术应用，更为乡村振兴带来新的机遇、思路和成果。

四、经验启示

数字化供电服务电力驿站模式极大地改善了电力服务质量和效率，可在各种地区推广。特别是那些供电设施老化、供电能力不足、供电服务不便的地区，通过数字化电力服务驿站的建设，高质量提高供电质量和服务水平，促进地区经济发展和社会进步，可实现以下四个方面的效益提升：

（一）业务系统的完善

完善数据分析系统，实现经济可行性分析，提升电力服务驿站的数据分析与服务水平；开发智能化故障处理系统，减少人工处理流程，提高服务效率；优化数字化供电所支持商业模式，建立数字化供电服务与电力产品的全新合作，通过内容运营等提供电费、代缴购买等各项智能服务。

（二）良好的用户体验

业务系统越加完善，用户体验越来越好，就会得到广大用户认可。国网盱眙县供电公司数字化供电服务与电力服务驿站在倡导服务高品质、客户号召力等方面取得了一系列显著成效，获得了用户的广泛好评。

（三）不断提升产品技术和服务质量

数字化供电服务驿站的目的就是为了更好地服务用户，因此，要注重用户体验，关注用户的需求和反馈，不断改进产品和服务，从根源上提升服务质量。同时，建立完善的用户评价体系，及时关注和处理用户的反馈，以用户为中心，不断优化产品和服务。顾及客户利益，务实做好服务项，改进服务流程，以准确高效的方式提供服务。同时，贯彻落实"用户至上"的服务理念，建立起完善、有序、规范的服务流程，有效地解决用户需求，并及时反馈用户的意见建议，推动数字化供电服务驿站向更好方向发展。

（四）建立高效的合作关系

数字化供电服务与驿站运营各方的积极配合，能有效提高数字化供电与驿站服务的效果和市场竞争力。在建立合作关系的同时，亦需注重数字化服务与驿站服务的差异性和联动性，建立良好的服务协同机制，同时有效整合资源，不断丰富数字化服务内容，为用户提供互联网时代的舒适电力服务。

数字化供电与电力服务驿站作为一种全新的电力服务模式，已成为电力服务常态化发展的重要趋势。国网盱眙县供电公司将持续发挥数字技术在电力服务中的优势，完善相关技术和产品，提高服务质量，创新服务模式，助力电力高质量发展。

五、创新团队

"村所共建"电力服务驿站的数字化应用范式，由国网江苏省电力有限公司盱眙县供电公司汤海燕、陈前、魏洋等组成的创新团队完成并推进实践应用。

国网江苏省电力有限公司盱眙县供电公司地处盱眙县城以北，前身为1958年建成的盱眙发电厂，1976年改制为盱眙供电局，2002年12月管电职能上交，更名为盱眙县供电公司。盱眙境内现有1000kV交流特高压站、800kV直流特高压站、500kV调相机、500kV变电站各1座。整个主网以4座220kV变电站为骨架，15座110kV变电站辐射互联，12座35kV变电站牵手联络，管辖主变压器总容量183.55万kVA；全县110kV线路37条，共计482.7268km；35kV线路32条，共计322.518km；10（20）kV线路272条，共计4437.92km。国网盱眙县供电公司服务范围覆盖盱眙全县10个乡镇、3个街道，共计60.8万人口，各类电力客户40.7448万户。2022年我县全社会用电量28.1965亿kW·h，同比增长8.17%，其中工业用电量15.0834亿kW·h，同比增长2.53%；公司完成售电量为26.521亿kW·h，累计同比增长9%。调度最高用电负荷创历史新高达61.76万kW，同比增长21.96%。先后荣获"全国职工书屋示范点""国家电网公司先进集体""国家电网公司文明单位""江苏省文明单位"、省公司先进集体、市公司"四好班子""党风廉政建设先进单位"等荣誉，作为唯一企业单位连续两年被地方政府授予高质量跨越发展考核特别贡献奖，获评全县优化营商环境工作先进单位。

基于"双碳大脑"的供电服务体系

国网浙江省电力有限公司杭州市萧山区供电公司

引言

杭州萧山是全国闻名的工业强区,全社会用电量连续多年位居浙江省内区县第一,电力消费占能源消费总量的 56.4%,间接碳排放占比 53.41%,国网杭州市萧山区供电公司立足区域现状,探索电力绿色低碳发展。国网萧山区供电公司和萧山区发改局运用数字化思维,探索碳达峰碳中和实现路径,携手打造了一个从碳监测、分析、管理、到减排的数字系统——双碳大脑,基于"双碳"大脑的供电服务创新体系服务县域经济高质量发展,推动社会经济绿色低碳转型升级。

一、创新成果介绍

(一)促进用能绿色低碳

依托电力能源数字化基础,贯通电、气、煤、油等全能源数据,开展碳排放的监测、分析和管理,为 1500 余家重点监管企业建立碳账户、开展碳评价、助力碳减排,辅助 10 座亚运场馆完成绿电交易,等同减排二氧化碳 7.48 万 t。

(二)开拓"双碳大脑"统计分析功能

按纳入能耗"双控"和有序用电的企业,分镇街、企业实现可查、可排名、可汇总,并进一步将能评报告申请、审批等业务流纳入双碳大脑,实现数据精准统计、业务全面归集。结合政府"亩均效益"评价结果,探索重点领域、重点行业和重点地区的能耗"双控"新模式。通过用能预算化管理,引导各区县、镇街、企业规范有序用能,实现政府能耗"双控"预算科学管控,企业用能指标自主监控,提高能源数据统计分析和辅助决策支持能力,推动区域经济高质量发展。

二、创新实施过程

(一)聚焦数据分析,追踪"碳足迹"

(1)基于"四大指标",实现碳数据全面采集。"双碳大脑"以"碳排放总量、碳排放强度、能源消费总量、能耗强度"四大指标为基础搭建一体化智慧平台。除已完成辖区内 2459 家企业的能源直采设备安装数据实时上传外,还通过平台对接的方式覆盖了所有高能耗企业和亩均评级为 CD 类的企业共计 4083 家。通过部门协同、业务协同、政企协同,全方位采集碳相关信息,汇聚辖区内电、气、煤、油等重要数据,构建区级、部门、企业的三级分舱,实现数据联通和应用贯通。

(2)围绕"六大领域",实现碳排放全程溯源。聚焦能源、工业、建筑、交通、农业、居民生活六大碳消费领域,以行业特征为导向,绘制碳流溯源图(见图 1)。对于暂时无法收集的部分企业数据,建立起双碳大脑"能—碳""能—电""电—碳"等 3 组关联算法,构建消费侧六大领域碳排放计算模型。以工业领域为例,"双碳大脑"可实现企业消费的末端碳源追踪,借助一体化公告数据平台获取企业各项用能数据,依据浙江省碳排放清单折算成碳排放量,并逐级汇总至镇街和全区,形成了一张逻辑清晰、简洁易懂的 3D 数字碳流地图,最终实现工业碳流的全流程穿透分析和精准掌控。

(3)构建"4E 模型",实现碳动态全时测算。碳达峰与经济增长、能源供应保障、社会可承受成本等因素相互交织,是一个多重目标约束的系统平衡。针对这一现状,该区在"双碳大脑"中构建以"经济、能源、电力、环境"为内容的"4E 计算模型",全面解析四者之间的耦合关系,实现自然情景、基准情景、强化情景三种情景下碳达峰实时测算分析,为科学治理提供方向。如通过"4E 模型"分析,该区单位 GDP

能耗强度每降低 1%，碳排放可减少 2.1%；本地电力供应清洁化占比每提升 1%，碳排放减少 0.65%；终端电气化率每提升 1%，碳排放减少 0.58%。

（二）聚焦数字赋能，优化"碳管理"

（1）多跨协同"一体智治"。按"数据能看、层级能穿、任务能达、成效能查"的目标，构建政府（部门）、镇街、企业的三级分舱，实现碳管理的整体智治。将业务流程从线下延展到了线上，实现了企业基础能耗情况线上管理，一键调用，可进行部门协同、业务协同、政企协同。其中部门驾驶舱可及时掌握双控指标、完成进度以及各镇街、各领域、各企业的碳排放情况等内容，为政府科学决策提供依据；镇街驾驶舱具备用能审批、信息管理等功能，指导企业优化产业结构，督促企业减排降碳；企业驾驶舱具备设备和用能数据上报、能耗预警等功能，辅助企业自主开展碳排放管理（见图 2）。

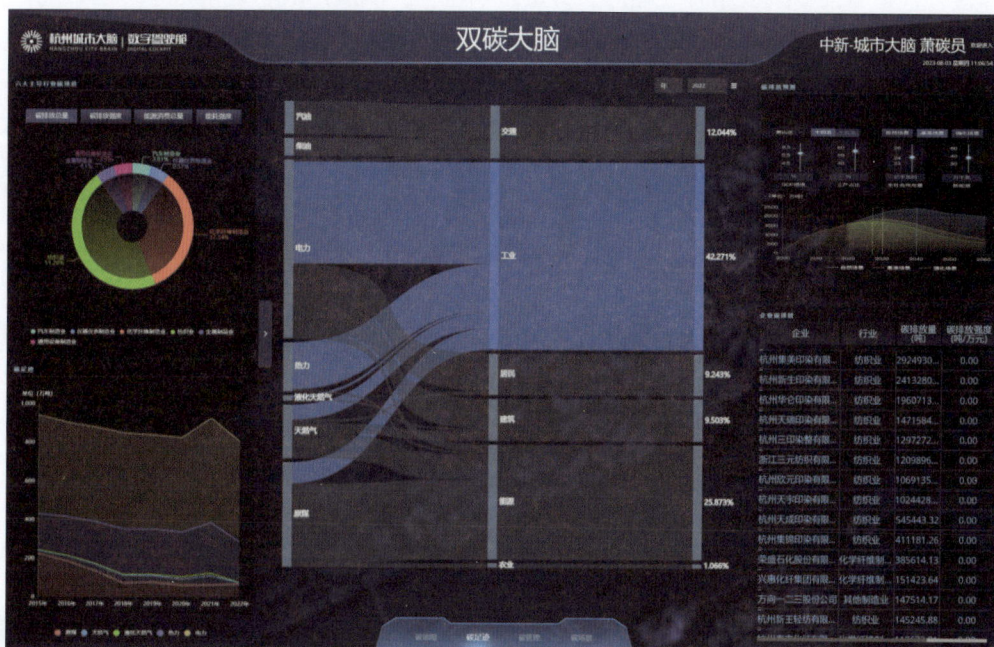

图 1　碳流溯源图

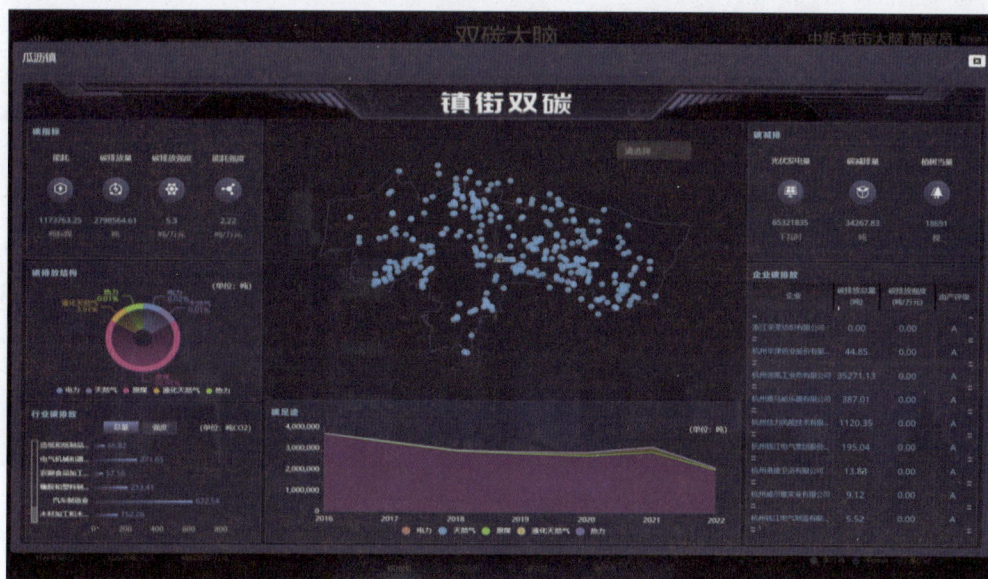

图 2　镇街双碳

（2）指标分解"一目了然"。依托萧山"双碳大脑"，采用 XGBoost 等先进算法，搭建起智能高效的企业绿色发展评价模型，实现了企业绿色发展水平的高效、准确评估。萧山率先发布了用能预算化管理细则，再根据细则的计算方法和管控步骤，结合区内各领域实际情况，通过综合考量企业能耗能效水平，制订差别化削减比例来设置企业年度用能预算指标。同时采用智能动态分配加人工干预的形式来进行年度预算化指标的分配，可按区域、行业、企业分解到日，并将分配结果下发到镇街，最终下发到企业。

（3）需求响应"一键调节"。前期我们依托"双碳大脑"平台开发了需求侧响应模块，成为了全省首个外源型二级负荷聚合商，并以负荷集成商的身份与上级平台进行过对接，能够正确接收上级平台负荷调节命令并下发到可调节负荷。由于"双碳大脑"具有强大的兼容性，可以下挂企业或园区级负荷，因此在收发调节命令的同时还能够正确响应控制命令，对可调节负荷进行调控。需求侧响应模块主要基于五日基线算法，包括日前响应、小时级响应、分钟级响应三种响应形式，已形成了一套较为成熟的响应办法和体系，能够充分唤醒负荷侧沉睡资源，引导客户优化用电负荷，促进源网荷储友好互动，增强电网应急调节能力。

（三）搭建"碳场景"

（1）开发"精细用能码"微信小程序。完成余量预警的同时，进行企业精准画像。一是服务企业实时掌握自身用能碳预算进度和能效、碳效水平，进行申诉、反馈以及获取用能权交易信息。二是提供能源工具箱服务，一键生成企业能耗、能效、碳排放总量、碳排放强度预估值，输出节能改造项目的评估报告。三是精准推送综合能源解决方案，根据用户画像，提供光伏、储能、能源梯级利用、绿电交易等一揽子解决方案。

（2）依托企业"碳账户"对减排成效进行评估。目前，双碳大脑中设立了"能效码""电效码"以及"萧碳码"。分别从能效、电效和碳排的角度对企业完成了评级，虽然每个角度都有细致完备的评价标准，但是角度不统一。接下来我们将以碳排放为主统一三码测算维度，构建企业画像，同时提供更为便捷的推送方式。除了提供原有的能效评价，碳排等级评分外，还能兼顾推送绿色金融服务、节能减碳典型案例、节能改造新产品等，协助构建完整的低碳生态链（见图3）。

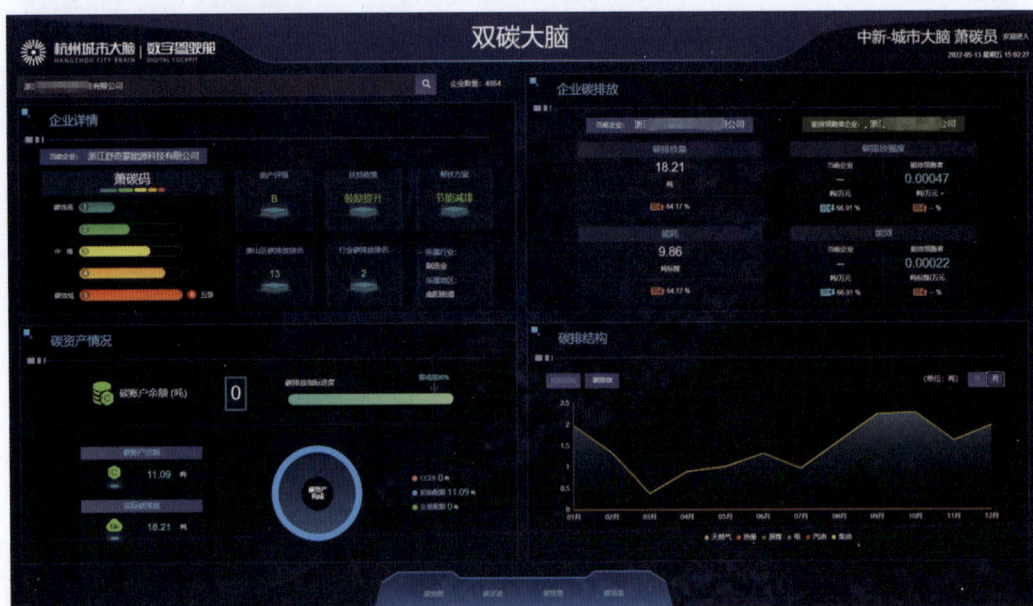

图3　碳账户

（3）在印染行业中开展节能改造的试点工作。选取了工业领域的高排放行业——印染业进行抽样探勘和实地摸排，确定了航民印染有限公司为试点企业。完成航民印染有限公司全厂用水量、用电量、蒸汽用量、温度、压力等数据采集设备的安装，实现采集设备全覆盖、数据实时采集和重点产品全流程追溯。利用质量管理平台实时比对设定工艺和实际操作工艺之间的差异，推动了助剂半自动化料系统、中水回流装置、定型机工艺改善等主要产品工艺升级与节能技术改造，提升企业资源、环境管理水平的同时赋能印染行业降本增效。

三、效益分析

依托与省市一体化智治数据平台的衔接共享，构建了以能源大数据为核心的数舱体系，拓展了能源碳电数据增值服务，探索了产业链金融服务，靶向引导经济产业结构低碳转型。"双碳大脑"围绕"能源、工业、建筑、交通、农业、居民生活"六大领域，通过构建12个指标（4个外延指标+8个内涵指标），实施二十八项落地工程，推动能源领域的率先脱碳，支撑工业、建筑、交通等各领域碳中和目标达成，以先行示范的实践经验带动全省甚至全国的碳达峰与碳中和行动，推动国家能源战略落地，兑现国际承诺。研究碳排放双控相关机制，并服务用户加快开展能效提升、清洁能源和储能建设等工作。进一步完善用能权有偿使用和交易制度，加强电力交易、用能权交易和碳排放交易的统筹衔接，将能耗"双控"向碳排放总量和强度"双控"转变。

四、经验启示

"双碳大脑"依托与省市一体化智治数据平台的衔接共享，构建了以能源大数据为核心的数舱体系，拓展了能源碳电数据增值服围绕"能源、工业、建筑、交通、农业、居民生活"六大领域，通过建立"碳长"机制，并明确6大领域78子项数据长效归集的报送机制。在用能预算化尝试中进一步完善用能权有偿使用和交易制度，将能耗"双控"向碳排放总量和强度"双控"转变。目前，双碳大脑已经基本贯通了萧山全区油、气、煤、电等能源数据。

建立线下"帮扶+执法"管控机制。组建一支集发改、环保、统计、市场监管和各镇街为主体的现场管控工作小组，发挥"双碳大脑"对高耗能企业需求的精准效应。对出现预警的规上企业开展现场帮扶（根据线损、变损数据，进行节能变压器、电气设备升级改造；分布式光伏等新能源策略推广；根据分路负荷情况，进行用能及生产计划时序调整；根据亩均效益，对园区整体评估分析，对园区内所有企业进行分类归档，保优逐劣），协助企业做好节能降耗分析，提升能耗效率。对排名靠后的C、D类企业，开展联合现场执法检查，安装分路负控装置，并接入"双碳大脑"，对发现的各类违法行为一律严格查处。对承租企业由属地镇街和变压器主体企业把预算化用能（用电）量分解到各租赁企业，实现对承租企业的精准管控。

项目通过数智化手段助力政府科学决策、企业节能减排，先后获得社会各界广泛认可。目前，项目相关报道9上人民日报，2次头版头条，6上央视新闻，4上新华社通稿，具备较高的社会品牌影响力和美誉度。

五、创新团队

该案例由杭州市张家浩、余彬、来涵彬、楼冯梁、罗曼、方轶完成。

萧山区供电公司始建于1963年，供电总面积960km²，供电人口116万，是G20杭州国际峰会主会场和第十九届亚运会亚运村、主赛场所在地。综合实力位居浙江各区县前列，连续多年被评为"中国十强县（市、区）"。截至2022年12月底，萧山区供电公司负责运维变电站77座，总变电容量1240.6万kVA；电网规模位居全省县级供电企业首位。全区全社会最高负荷382.1万kW，创历史新高。全社会用电量215.58亿kW·h，供电量188.91亿kW·h，售电量184.78亿kW·h，综合线损率2.25%。

丽水电力营商环境服务中心的建运实践

国网浙江省电力有限公司丽水供电公司

引言

党的二十大提出"积极稳妥推进碳达峰碳中和",加快规划建设新型能源体系,为"建设具有中国特色国际领先的能源互联网企业"指明了方向和路径。在浙江省政府数字化改革工作指引下,国网浙江省电力有限公司积极探索实践,提出以数字化牵引新型电力系统建设。丽水供电公司紧紧围绕浙江电力发展部署要求,提出以营业窗口为平台载体,建设数字化、生态化、协同化、电能碳一体化的电力营商环境服务中心,构建公司电能碳融合发展新格局,推动建立公司现代营销服务体系。

一、创新成果介绍

在"共同富裕示范区建设"背景下,丽水供电公司以"电能碳协同发展助力共富先行"为目标,提出建设数字化、生态化、协同化、电能碳一体化的电力营商环境服务中心。创新建设理念,做到三维融合:业务维度上,以新型数字技术升级传统业务,推进城乡办电同质化发展;技术维度上,深度挖掘数据潜能,持续打造高质量数字化应用场景;组织维度上,创新组织内外"双循环"模式,实现城乡电力共建共享。围绕共同富裕目标,构建公司电能碳融合发展新格局,推动建立公司现代营销服务体系,以能源服务中心为"引擎",推进城乡供电服务高质量均衡发展和能源绿色经济转型,全力服务共同富裕电力先行示范区建设。

二、创新实施过程

丽水供电公司锚定"建设具有中国特色国际领先的能源互联网企业"战略目标,紧扣卓越供电服务体系和城乡共同富裕新要求,以促进电力服务质效提升、推动城乡同质化服务为导向,以莲都供电营业厅转型为抓手,建设丽水电力营商环境服务中心,并通过业务、技术、组织"三维融合"思路,展开现代营销服务体系探索实践(见图1)。

(一)业务升维,高效协同助力"绿色共富"

1.升级传统业务,助力城乡办电优质均等

针对丽水山区地域宽广、人口密度稀疏等特点,丽水供电公司聚焦票据、咨询、缴费和办电四大核心业务,创新提出"五化"升级路径,着力提升业务便捷程度,延伸远程服务网络、拓展业务服务内容,推动城乡优质服务均等化,打造山区电力共富示范样板。

(1)咨询业务智能化。线上,将"浙电小云"微信机器人植入电力、政府网格社群及微信公众号,围绕电费电价、充电桩报装等用户关心的热门问题建立知识库,实现全域24h实时智慧咨询,同时依托云服务团队,将中心服务力量辐射丽水全域乡镇村,实现"您有问,我必答;您不会,我来教"。线下,在丽水电力营商环境服务中心引入具备语音交互功能的智能咨询互动屏,预设热门问题板块,为临厅客户提供常见问题自助问答及资料下载服务,大幅提升咨询业务服务质效。

(2)缴费业务极简化。优化网上国网App户号查询功能,用户只需输入"名称+地址"即可进行户号匹配绑定,实现快捷登录缴费;引入网上国网办电小程序,结合户号查询功能,为用户提供线上轻松快捷缴费服务。双管齐下,解决户号绑定操作复杂和网上国网App下载费时问题,提升线上缴费率,实现乡村客户简单业务"一次都不跑"。

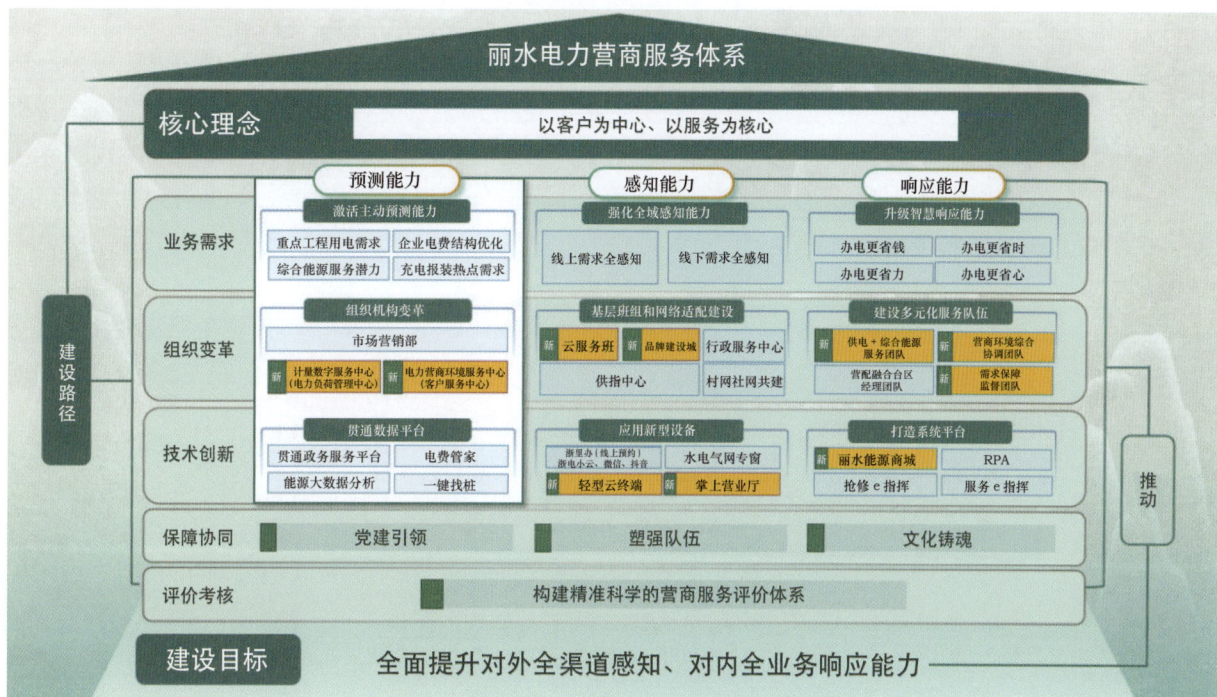

图 1　丽水电力营商服务体系建设实施路径图

（3）票据业务多元化。"开票"方面，升级网上国网 App 和支付宝功能模块，实现"一键开票"。开通短信订阅模式，实现"短信开票"；"打票"方面，研发基于 i 国网平台的移动端办公设备，实现"蓝牙打票"；应用人脸识别技术，实现网上国网云终端"刷脸打票"。"取票"方面，依托微信公众号提前预约，实现批量"云柜取票"。通过多种模式极大丰富了票据业务办理渠道，同时也将开票主体由户主扩展为缴费主体，提高业务办理效率，全面提升城乡供电服务标准，实现城乡供电服务普惠均等（见图 2）。

（4）办电业务高效化。依托省公司微信公众号开通线下临厅预约功能，用户可实时查看附近网点位置及当前排队人数等信息，选择预约业务类型及预约时段，预约完成后微信自动推送业务告知单，提醒用户临厅所需材料，避免重复临厅。用户临厅后现场扫描预约码即可进行业务办理，推动乡村客户办电业务"最多跑一次"。

（5）政电业务一体化。打通政企数据共享和应用渠道，在"浙里办"平台上线"码上办电"应用场景，实现扫码一键上传电子证照，解决用户忘带证件等问题；在业务联通上，联合行政办事中心，将生活服务、企业服务、身份户籍等 219 项政务服务内容植入网上国网 App，同时线上接受政务端推送的水电气联办工单，实现"我帮政务办，政务帮我办"；通过引入浙里办自助终端，将中心原有自助服务区升级为政电联办智慧服务区，实现用户水电气缴费、过户等"一件事一次办"。

2. 推动能源转型，赋能城乡用能绿色发展

丽水作为"绿水青山就是金山银山"理念的重要萌发地和先行实践地，境内自然资源禀赋，水电、光伏等可再生能源丰富，清洁能源潜力巨大。丽水供电公司通过模式创新和示范引领，以中心为载体，推动区域产业绿色低碳转型、生态惠民富民。

（1）以"供电 + 能效"打造能源服务新模式。能效经理入驻中心，依托能效聚合智慧应用大屏，在高压客户办电过程中进行个性化能效服务介绍和相关案例推荐，对感兴趣的客户，进一步邀请到大客户洽谈室，一键连线能效服务商，开展能效诊断服务和现场预约服务，推动能效供需双方撮合，改变供电营业厅能效展示为主的业务格局，实现"供电 + 能效"业务深度融合实践。

（2）以"线上 + 线下"催生能碳服务新业态。线上，以能源行业垂直播客和垂直直播间为载体，高

频高质输出行业发展前瞻、政策专业解读、新兴业务介绍等专业内容，打造能源行业专家IP，为客户提供能源行业的专业知识与深度洞察；线下，创设能碳主题沙龙交流专区，围绕企业能碳科普、能碳产品发布、能碳组织峰会等主题，定期邀请政府、行业、学术界专家高位指导，邀请客户参加企业碳交易科普、碳汇交易平台发布会、世界低碳城市联盟年度峰会等特色沙龙活动。通过"线上＋线下""直播＋现场"融合方式，实现与高价值客户的深度互动与交流，吸引潜在客户形成合作意向，助力新兴服务挖潜增效。

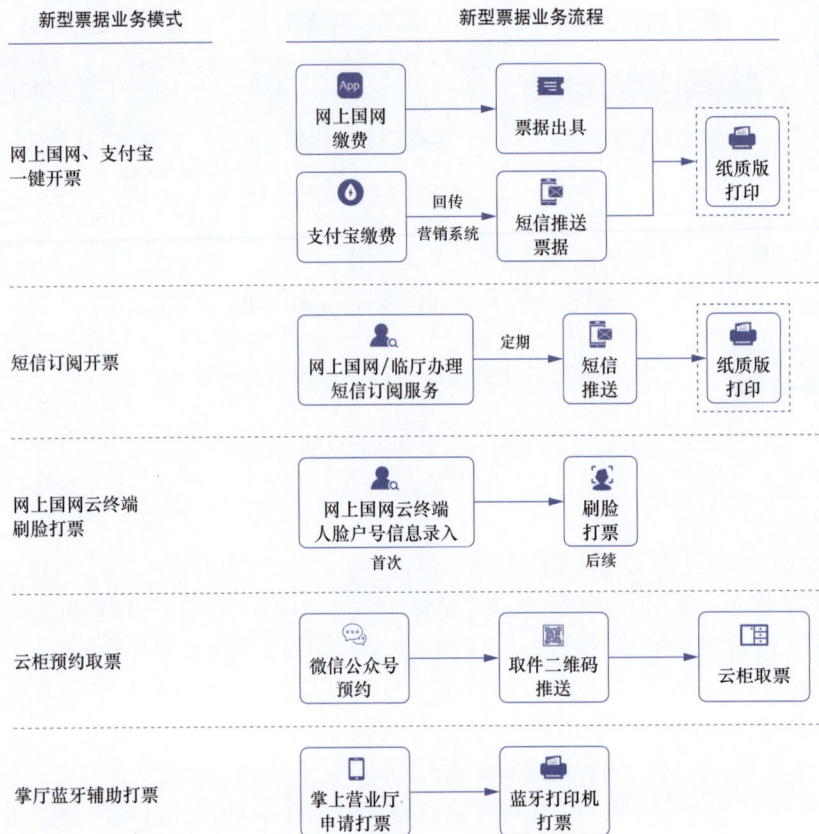

图2 新型票据业务示意图

（3）以"全域零碳"推动品牌建设新起点。通过中心双碳专区展示从国家"3060"双碳目标到丽水全域零碳建设、生态产品价值实现的探索路径；依托能源大数据中心，实时展示能源消费总量、能耗强度、碳排放总量、碳排放强度等指标数据，展示公共机构能耗监测等重点成果；复用丽水供电公司创新实践中心全域零碳一张图成果，依托车联网、智慧光伏、新型负荷管理平台等系统，展现丽水供电公司在"电能碳"领域的业务实践，开展"电能碳"业务整合营销，强化客户认知，以中心为线下阵地，扩大品牌影响力。

（二）技术驱动，智慧互联推动"数字共富"

1.融通平台数据，打造能源数智"聚合体"

（1）强化政企协同。以省电力公司与丽水市政府签订战略合作协议为契机，推动政府将中心建设纳入支持性政策议题，促成市发改委、市统计局等单位与丽水供电公司签订战略合作协议。与市发改委联合发文，建成全省首家全能源品种接入的能源数字服务平台，建立政府主导管理、供电公司开发维护的运营模式，推动电力数据向全能源数据扩面加强战略合作，形成共享共建管理模式。

（2）实现数据全贯通，构建坚强数字底座，对内，贯通营销2.0、用采2.0、新型电力负荷管理和调度自动化等系统业务数据；对外，借助政府公共数据服务平台，聚合经济、税务、环保等8大项，25类政府部门数据；对企业，坚持"集采为主，直采为辅"原则，由政府牵头，通过数据接口形式接入供能单位集中采集企业用能数据，从而实现全社会多方数据全接入、平台全贯通。

（3）实现业务全支撑，以资源聚合、协同运行、市场运营为主线，依托物联网、人工智能、量子通信等前沿技术，开展对大规模、多类型业务数据、服务数据、客户数据的灵活调控和应用，实现电能碳业务全渠道数据聚合分析，通过应用资源聚合服务、需求响应分析、撮合决策分析等业务服务沉淀，为客户提供电能碳多元业务服务，推动各类服务渠道的业务融通、数据融合，为业务应用场景快速搭建提供支撑。

（4）实现客户全覆盖，推动网上国网云终端、"浙电小云"等服务资源全面入驻电力驿站、政府服务网格、行政服务中心、营业厅等服务渠道，全面推广远程协作办、线上云结算、业务联合办等服务模式，将中心服务客户范畴由丽水市区延伸至丽水全域乡镇，实现乡村客户"就近办、省心办、自助办、帮您办"，实现五个服务不出村，持续推动城乡电力服务同质化，高效支撑数字共富（见图3）。

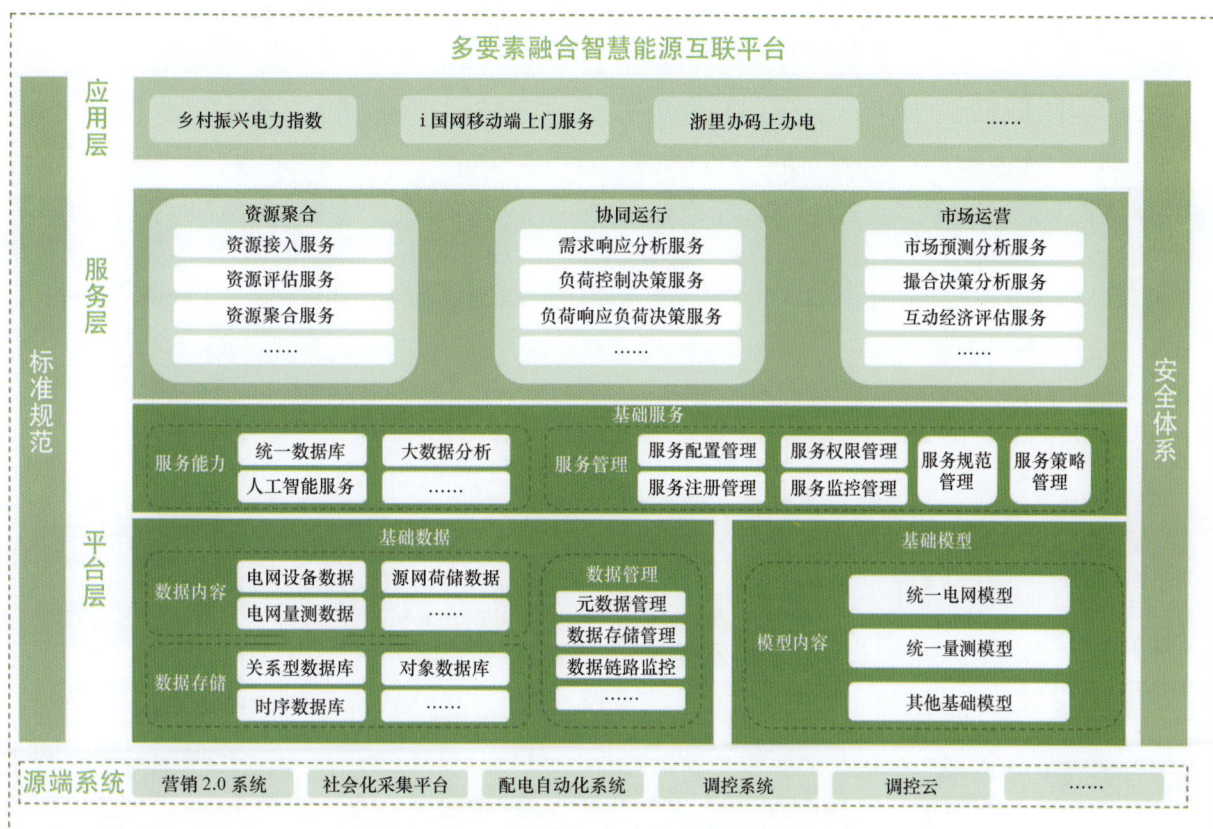

图3　能源数智服务平台示意图

2.落地典型场景，点亮助企惠民"共富路"

以服务政府、服务客户、服务员工为核心，构建多元应用场景；以数字化方式辅助政府施策、重塑客户体验、减轻基层负担，助力打造"用能更加绿色经济、服务更加优质均等"的卓越服务品质，实现数字赋能共富之路。

（1）首创乡村振兴电力发展指数。围绕乡村振兴"产业兴旺、生态宜居、乡风文明、治理有效、生活富裕"五方面，对应设计乡村产业、乡村宜居、乡村文教、乡村管理和乡村居民五个电力指数，以电力大数据为核心，通过构建数据组合模型反映乡村振兴发展成效，从电力视角增加政府对乡村振兴水平和差距的直观认识，为政府强化防止返贫监测、统筹城乡发展、美丽乡村建设和乡村产业融合发展提供决策支持。

（2）探索能效聚合智慧应用。协同政府部门建设适配丽水属地的能效服务聚合应用，为企业客户提供全面能碳服务内容，包括能碳资讯空间、能碳案例展示、能碳沙龙空间、专家云坐席、能碳撮合市场等。客户可通过能效聚合智慧应用了解能碳前沿资讯、丽水优势能碳业务及属地化客户服务案例，并发布企业自身能碳项目需求，实现与能碳服务商联络洽谈，推进企业能碳项目落地建设，促进企业能效水平提升。

（3）研发掌上营业厅移动应用。重点围绕客户管理、业务查询、业务办理三方面服务需求，基于营销2.0系统开发客户360视图、客户群组管理、票据打印、服务订阅、用户策略管理、客户信息登记、主题查询七大移动端功能模块，不仅有效缓解营业厅柜台服务压力，将更多服务人员投入到走动式、主动式服务中，提升营业厅客户服务数字化水平，保障C厅撤并后乡镇村电力服务保持优质水平。

（4）全面推广应用浙电小云。"浙电小云"入驻全市35个政电服务微信群，构建与客户毫秒级互动服务渠道，融合多渠道客户服务数据，完善多主体客户标签，构建精准服务模式。发挥驿站延伸服务功能，结合云服务渠道实现办事点导航推送和网上国网引流推荐，推动前中后台一体化云服务模式。

三、项目效益

积极拓展节能改造、清洁能源、绿电交易等业务，推动城乡优质绿色电力服务发展和绿色金融双提升。"供电＋能效"服务成效明显，创新打造的能效服务聚合平台（见图4），有效聚合能效服务商，为城乡客户提供全链路能效服务，预计全年成交节能改造项目15个。"绿电聚合"持续拓展，全面开展光伏托管业务，积极推动山区、乡村新能源聚合参与绿电交易。通过"电金融"为工商业企业、上下游供应商融资授信，帮助小微企业排忧解难。

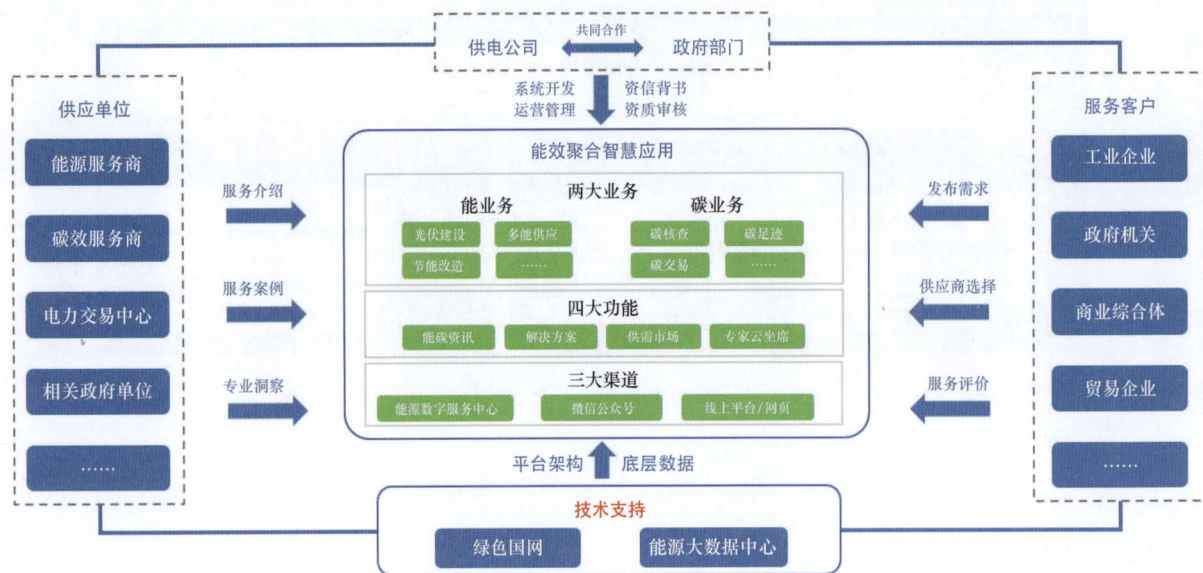

图4 能效聚合智慧应用示意图

四、经验启示

丽水供电公司秉持"客户至上"理念，立足客户服务体验，推广城乡优质普惠电力服务，推动卓越供电服务体系建设，助力城乡服务质效提升。居民办电效率不断提升。创新预约办、码上办、水电气一窗通办等服务模式，平均缩短客户电力业务办理时间 20%，压减票据、咨询、缴费、办电等高频场景服务环节 2 个，实现居民"水电气"过户平均办理时长压减 60%，推动更多业务"一次都不跑"。营销环境不断优化。持续深化"三零""四省"服务，通过创新服务模式、优化业务流程、推动数智转型、压减办电成本等举措，营造"政策最好、环节最少、办电最快、成本最低、服务最好"的"五最"电力营商环境。城乡服务不断同质。通过不断延伸公司服务网络，丽水公司先后在各级乡镇村建立红船光明驿站 11 个、村级便民服务点 31 个，基本实现农村用户"办电不出村、服务零距离"，推动城乡服务同质化发展。

基于营业厅、低压网格、高压班组服务提升情况，通过数字化转型强化全渠道智慧服务能力建设。一是深入分析营业厅、低压网格和高压班组数字化应用的痛点和需求，分清主次，明确数字化技术资源投入，分阶段制订改进计划，避免各自为政。二是聚焦典型场景做深做透，集中精力和资源确保配置到位，以价值为导向开展成效评估与改进，对于成效不明显的投入及时调整策略，从而为前端人员精准赋能。如研发营业厅"数字虚拟人"等智能设备及应用，构建支撑前后端人机高效协同的运营管理平台。三是在针对已有的移动终端基于服务场景迭代优化，更好地服务于前端人员和客户。如基于网上国网业务中台，拓展政务服务 2.0 产品建设，持续优化"浙里办"App、浙江政务服务网等政务平台办电功能，拓展居民户口簿、居住证等电子证照，实现"零证办电"。

五、创新团队

丽水电力营商环境服务中心的建设与管理，由国网浙江省电力有限公司丽水供电公司虞昉、董瑞红、赵萍、黄剑、杨世旺、冯隆军、刘可、陈王敏、冯诗扬、朱望鹏、王憬、汪力、张亦晗、朗新科技、明略咨询、东尚智能、邦道、华云科技等组成的创新团队完成并推进实践应用。

丽水供电公司是国网浙江省电力有限公司的全资子公司，以规划建设、运营管理、供电服务等工作等为主营业务，经营区域覆盖莲都区、青田县、缙云县等 9 个区县市，供电面积 1.73 万 km²。2022 年全市全社会用电量 139.08 亿 kW·h，全社会最高负荷 252.41 万 kW。截至 2022 年底，丽水公司管理员工 4706 人，连续安全日达到 5235 天。丽水境内共有 1000kW 变电站 1 座，500kV 变电站 2 座，220kV 变电站 13 座，110kV 变电站 52 座，110kV 以及以上变电容量 2240 万 kVA、输电线路长度 3970.8km。丽水地区并网电站 895 座，总装机 434.26 万 kW。丽水供电公司先后获得全国文明单位、全国模范职工之家、浙江省"五一"劳动奖状、国家电网公司先进集体等荣誉。

"负荷预测金钥匙"增辉"茶业服务金招牌"

国网浙江省电力有限公司松阳县供电公司

引言

松阳县是全国知名的"浙江生态绿茶第一县"和"中国绿茶集散地"。县域面积 1406km²，其中茶园总面积超过 13 万亩，60% 的农业产值来自茶产业，是全国最大的绿茶集散地。据统计，截至 2023 年 4 月，在松阳从事茶叶加工的用户达到 6701 户，报装容量 9.16 万 kW，全县茶叶全产业链总产值 122.18 亿元。近年来，松阳茶产业不断发展壮大，在春茶加工如火如茶开展的过程中产生了"加工用户散、负荷预测难、超容问题多"等系列问题，长期困扰着松阳电力和当地茶产业的发展。为了进一步释放县域内春茶加工行业的电力潜能、主动服务地方茶产业升级，国网浙江省电力有限公司松阳县供电公司（以下简称松阳县供电公司）采用 BP 神经网络预测方法，基于历史负荷数据及相关外部数据进行研究，提高春茶期间电力负荷预测的准确性，为电网规划建设、茶农的可靠用电以及服务地方茶产业发展等提供了有力的数据支持。

一、创新成果介绍

松阳县供电公司立足企业发展和产业现状，充分挖掘内外部数据价值，构建负荷预测模型，形成"一图四方案"。

（一）重过载配电变压器热力图

该图根据预测的配电变压器负荷数据得出配电变压器周最大负载率，并以各配电变压器所在地理接线图的位置为圆心，绘制配电变压器重载次数热力环，热力环半径随着次数的增加而增大。将此功能配置到相关系统，可从地理接线图上直观看出重载配电变压器所在位置及严重程度，从而更好地做出相应措施（见图1）。

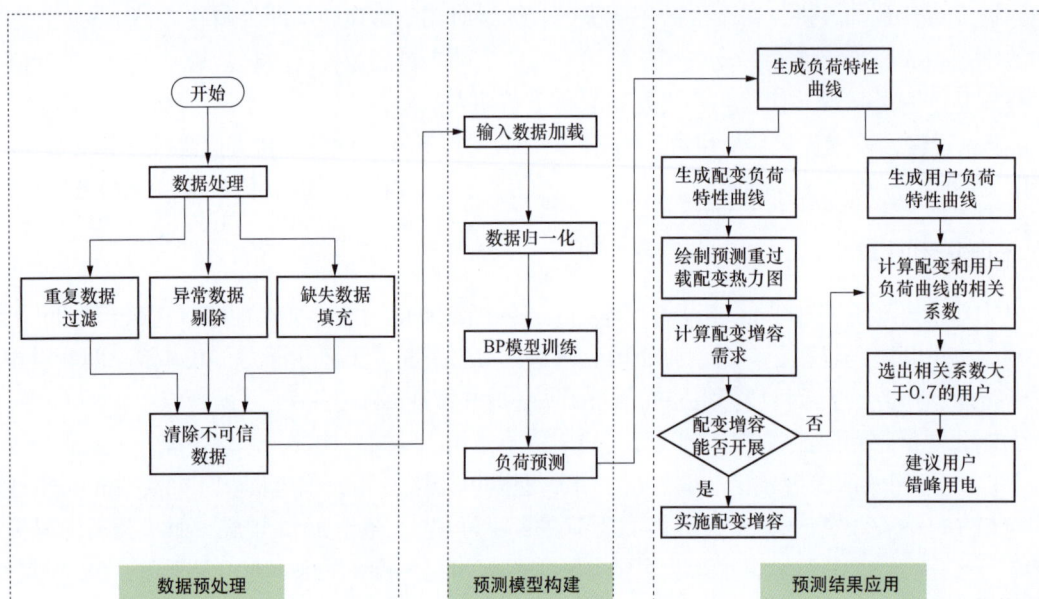

图 1　碳负荷预测流程图

（二）配电变压器增容改造建议方案

从重过载配电变压器热力图统计得出区域内有重载现象的公用配电变压器，自动提取预测的配电变压器最大负荷值，计算其不出现重载所需的最小容量。为保证古市区域2023年3月24日至3月31日的用电可靠性，通过预测模型计算得出了19台配电变压器增容改造方案，提前保障了重点炒茶时段用电。

（三）加工用户增容建议方案

今年以来，通过预测模型得出有82个茶叶工用户存在超容用电且用户负荷值低于80kW、高于50kW，已建议这些用户向供电企业办理增容手续，并加装互感器，大幅减少表计烧毁造成的经济损失。有5个茶叶加工用户超容严重，已建议这些用户升级成专变用电，引导用户进入茶叶集中加工区炒茶。

（四）加工户错峰用电建议方案

以配电变压器周负荷峰值预测结果中的重过载配电变压器为对象，预测某日全天的日负荷曲线，并预测对应配电变压器所含加工用户的当日负荷曲线，计算每个加工用户日负荷曲线的与所属配电变压器的日负荷曲线的相关系数，得到筏铺安置小区25号公用变压器2个用户相关系数高于0.7，并顺利实施错峰用电。

二、创新实施过程

（一）开展数据收集

聚焦电力负荷、茶叶交易和气象变化三个维度相关数据，选取并搜集包括地理接线图、配电变压器数据、低压用户数据、气象数据和绿茶市场交易数据见表1。

表1 数据清单

数据项	系统来源	字段
地理接线图	open3000 系统	配电变压器名称、地理信息
配电变压器数据	采集系统	数据时标、配电变压器名称、瞬时有功、电量、额定容量
低压用户数据	营销和采集系统	户号、户名、用户类型、负荷数据
气象数据	气象发布平台	最高气温、最低气温
绿茶市场交易数据	浙南茶叶市场	绿茶日平均价格、浙南市场日交易量

（二）数据预处理

对原始数据进行预处理，主要为数据清洗，即对原始数据中的明显错误值、缺失值、异常值、可疑数据，选择合适的方法进行清理，也包括对重复记录进行删除。具体方法如下：

（1）重复数据过滤。依据配电变压器名称 / 低压用户户号、时标对原始数据进行筛选，若同一配电变压器名称 / 低压用户户号、同一时标、存在有功数值相同的多条（两条或两条以上）重复数据，则仅保留一条结果，对其余重复记录进行剔除。

（2）异常数据识别。若负荷数据值异常，远大于或远小于邻近时刻的数据点，则对该数据进行剔除。

（3）缺失数据填充。若配电变压器负荷数据存在某时刻丢失数据点的情况，则依据前后值进行平滑补齐。

（三）选择算法

常用的智能负荷预测算法包括 BP（Back-ProPagation Network，BP 神经网络）、LSTM（Long short-term memory，长短期记忆）等。由于 BP 神经网络具有模拟多变量而不需要对输入变量做复杂的相关假设的能力，只利用观察到的数据，即可在训练过程中通过学习来抽样和逼近隐含的输入 / 输出非线性关系。考虑到气象、茶叶行情的外部因素对负荷的影响，是一个多输入变量，因此，选取 BP 神经网络方法。

（四）负荷预测模型构建

预测模型构建方面以配电变压器负荷周负荷峰值预测为例，具体步骤如下：

步骤 1：输入数据加载

输入数据包括三类：

（1）配电变压器负荷数据。古市分区 494 台公用配电变压器 2021 年 3 月 1 日到 4 月 30 日、2022 年 3 月 1 日到 2022 年 4 月 15 日、2023 年 3 月 1 日至 2023 年 3 月 23 日共 130 天的历史日负荷峰值 L，共有 64，220 条数据。

（2）气象数据。取 2021 年 3 月 1 日到 4 月 30 日、2022 年 3 月 1 日到 2022 年 4 月 15 日、2023 年 3 月 1 日至 2023 年 3 月 23 日共 130 天的每日最高气温 T_h、最低气温 T_l。

（3）茶叶数据。取 2021 年 3 月 1 日到 4 月 30 日、2022 年 3 月 1 日到 2022 年 4 月 15 日、2023 年 3 月 1 日至 2023 年 3 月 23 日共 130 天的松阳绿茶日平均价格 V、浙南市场的茶叶日交易量 H。

以此三类为基础，预测配电变压器 2023 年 3 月 24 日至 2023 年 3 月 31 日的负荷峰值。

考虑到周负荷峰值的计算，从 2021 年 3 月 8 日开始，以最高气温、最低气温、茶叶价格、茶叶交易量和前一周周负荷峰值作为输入，即 $x_1=[T_h, T_l, V, H, L_w]$，将对应的日负荷峰值作为输出 $y_1=L$，则输入数据为 $X=[x_1, x_2, \cdots, x_n]$，输出数据为 $Y=[y_1, y_2, \cdots, y_n]$。

步骤 2：输入数据的预处理

由于 BP 神经网络对数据尺度比较敏感，采用 MinMax 法进行归一化，归一化后的数据值域变换到 [0，1]，归一化函数为

$$x^* = \frac{x - x_{min}}{x_{max} - x_{min}}$$

式中，x 为待归一化向量；x^* 为归一化后向量；x_{max}，x_{min} 分别为向量最大、最小值。

步骤 3：BP 模型训练

以历史配电变压器日负荷峰值、最高温度、最低温度、周负荷峰值、茶叶价格、茶叶交易量为样本，组成训练数据集，设置训练次数，使用训练集的数据对 BP 神经网络的模型进行训练，随着训练次数的增加，训练误差下降且网络逐渐收敛。

设定：输入层数据为 X，输入层到隐藏层参数为 w，b_1，隐藏层到输出层参数为 v，b_2，激活函数用为 g_1，g_2。于是模型设定为：

输入层到隐藏层

$$net_1 = w^T x + b_1, h = g_1\left(net_1\right)$$

隐藏层到输出层

$$net_2 = v^T x + b_2, \hat{y} = g_2\left(net_2\right)$$

模型

$$\hat{y} = g_2\left(net_2\right) = g_2\left(v^T g_1\left(net_1\right) + b_2\right)$$

$$= g_2\left(v^T g_1\left(w^T x + b_1\right) + b_2\right)$$

损失函数

$$E\left(\theta\right) = \frac{1}{2}\sum_{i=1}^{2}\left(y_i - \hat{y}_i\right)^2$$

根据损失函数，更新神经网络中的权值和偏置项。

输出单元参数更新

$$v^{(k)} = v^{(k-1)} - \eta \nabla_k v = v^{(k-1)} - \eta \frac{\partial E}{\partial v}, b_2^{(k)}$$

$$= b_2^{(k-1)} - \eta \frac{\partial E}{\partial b_2}$$

隐藏单元参数更新

$$w^{(k)} = w^{(k-1)} - \eta \nabla_k w = w^{(k-1)} - \eta \frac{\partial E}{\partial w}, b_1^{(k)}$$

$$= b_1^{(k-1)} - \eta \frac{\partial E}{\partial b_1}$$

不断调节网络权值和阈值使误差函数 E 达到极小。

步骤 4：负荷预测结果

当配电变压器负荷模型训练完成后，输入 2023 年 3 月 24 日至 3 月 31 日期间的最高气温和最低气温、前一周周负荷峰值、茶叶价格、茶叶交易量，调用训练好的模型，即可计算得到 2023 年 3 月 24 日至 3 月 31 日的配电变压器日负荷峰值。

定义预测负载率和实际负载率偏差在 15% 以内为准确。本次配电变压器预测结果如图 2 所示，预测准确率为 83.33%。

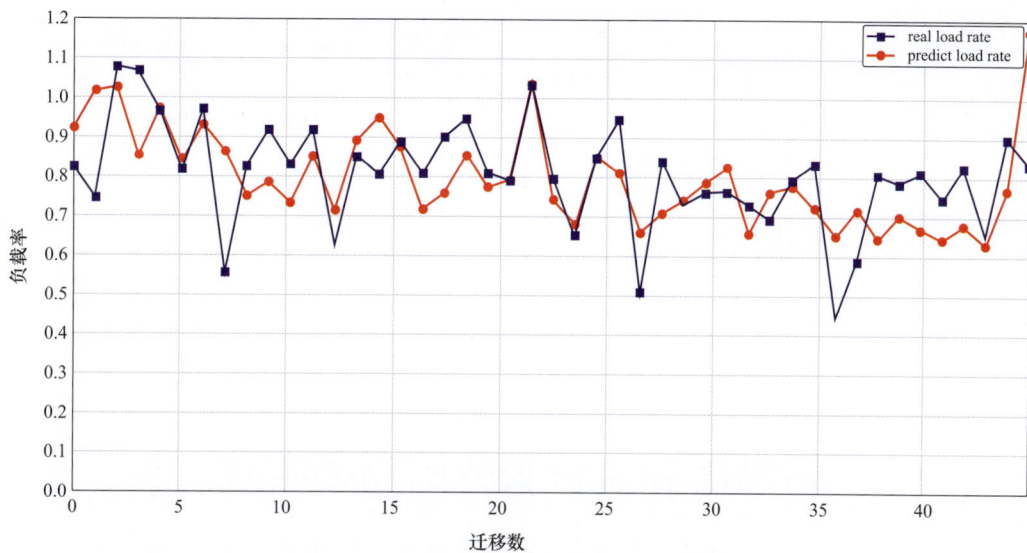

图 2　配电变压器预测负载率与实际负载率对比

三、效益分析

相较于传统的数据挖掘项目，本项目融合了气象、绿茶市场交易等外部相关数据，负荷预测的精准程度得到了进一步提升；同时在模型选择上考虑了气象、茶叶行情的外部因素对负荷的影响，并充分比较了 BP 和 LSTM 两个模型的优缺点。

通过本项目实施，可更加精准地获得配电变压器增容建议方案；同时，负荷预测模型可延伸至用户侧进行负荷预测，服务人员可向超容用电的用户提供增容建议方案。当配电变压器增容因客观原因无法及时开展时，服务人员可通过引导加工户错峰用电的应急措施来提升供电可靠性。通过预测结果的应用，实现了供电企业、加工户和当地茶产业发展三方互利共赢。

四、经验启示

（一）供电企业实现解难题、增效益

项目通过应用 BP 神经网络预测方法，以试验数据验证了负荷预测方法的可行性和结果准确性，目前已得出 2023 年古市区域 19 台配电变压器增容的改造意见。同时，通过用户侧超容预测，可让用电检查人员针对性地开展用电检查工作，避免用户侧过负荷影响电网整体安全运行。通过合理化增容供电企业售电收入得以增加，同时故障抢修次数得以减少，一定程度上节约了抢修成本，增加了企业效益。

（二）加工用户实现提产能，增收入

通过配电变压器合理化增容改造，解决茶农用电困难的问题，营造良好的用电环境，茶叶加工高峰期用户侧末端电压合格率由原来的 95.7% 提升至 99.99%。利用用户侧负荷预测结果，引导频繁超容用户进行增容或实行错峰用电建议，减少了用户侧故障，帮助加工户减少了因故障造成的茶叶报废损失。增容后用户提升了加工效率，产量增加显著，据测算一户茶加工用户可增收约 2 万元。

（三）产业发展实现再升级、靓品牌

通过用户负荷数据分析，得出一批有生产潜力的用户信息，帮助政府引导这批用户进入茶叶集中加工区进行生产，加快了政府茶产业集聚发展建设的进程。用户可在集中区内租赁配电设备，减少前期专用变

压器的投资成本，结余的资金可用于购买更加先进生产机器，助力茶叶工生产从粗放型向精品型方向发展，进一步增加了松阳茶叶的品牌影响力和竞争力。

五、创新团队

该案例由松阳县供电公司沈刘玉、李小凯、朱睿、李剑鸣、杨月强、郑洁铭、韩晓明完成。

松阳县供电公司始于 1982 年，公司现有职能部门 7 个、业务支撑机构 3 个，供电所（城供中心）5 个、供电服务站 1 个。截至 2022 年底，公司共有员工 588 人，服务 1099 户高压用户和 12.66 万低压用户。松阳县供电公司先后荣获全国模范职工之家、省电力公司基层党建示范基地、红旗党委、"国网工人先锋号"、国网"示范所""国网先进班组"等诸多荣誉。QC 成果获全省电力系统首个国际质量小组金奖，职工技术创新成果最高获全国能源化学地质系统优秀成果二等奖，连续 6 年蝉联市公司绩效考核优胜单位，蝉联市公司供电所管理提升总经理特别奖 / 对标标杆。

智慧能源监管服务的嘉兴实践

嘉兴恒创电力集团有限公司华创信息科技分公司

引言

党中央提出要积极稳妥推进碳达峰碳中和，要深入推进能源革命。浙江是能源消费大省，嘉兴是能源消费大市，"双碳"工作任重道远，为统筹做好经济的高质量发展和双碳目标实现，政府急需一种科学精准、公平公正的能源管控手段；对企业而言，也急需一系列节能技改、节能降碳的措施，来实现自身的绿色转型发展。为解决地区能源发展痛点，嘉兴恒创电力集团有限公司华创信息科技分公司联合嘉兴市发改委，围绕"提升能源综合管理水平、实现能源数字化精密智治"等目标，创新搭建全市能源数字化应用工具——"嘉兴市智慧能源监管平台"，推动地区能源、经济健康发展（见图 1）。

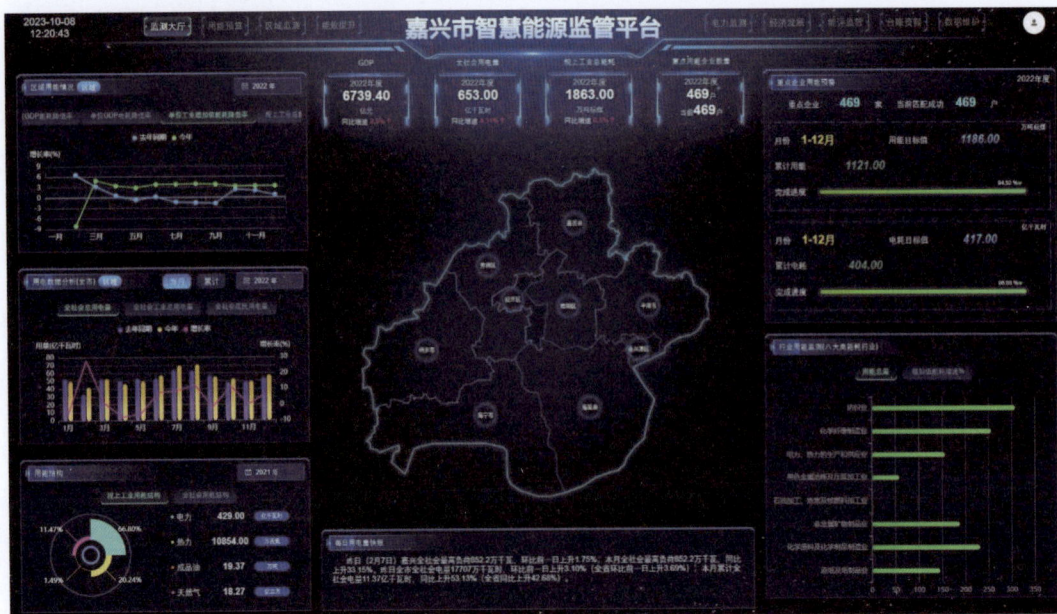

图 1　嘉兴市智慧能源监管平台项目（一）

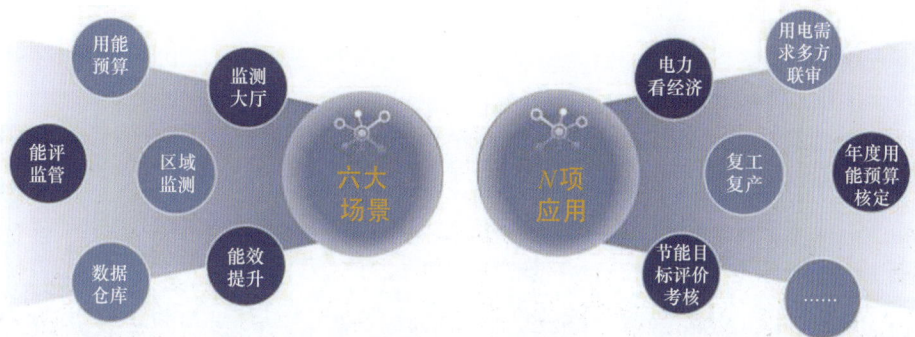

图 1　嘉兴市智慧能源监管平台项目（二）

一、创新成果介绍

嘉兴是长三角城市群、上海大都市圈重要城市，用电量位居浙江第三。在服务地区碳达峰、碳中和过程中，国网嘉兴供电公司积极服务地方政府，建设嘉兴市智慧能源监管平台，重点搭建用能预算、能评监管、数据仓库等"六大场景"以及企业年度用能预算核定、节能目标评价考核等"N项应用"。目前项目部署在政务云，并纳入浙江"发改大脑"地市特色应用。

（一）实现用能全景式监测

发挥智慧能源监管平台多元数据整合能力，对全市及各地区综合指标、区域用能和结构、高耗能行业用能、重点企业用能预算等进行监测。宏观层面展现用能现状及变化趋势，为政府决策提供业务可视化监测、分析成果展示；微观层面，为全面展现嘉兴全域高耗能企业用能现状，促进企业侧能源数据的汇聚融合、共享交换和挖掘分析。

（二）构建企业能源数据仓

围绕企业能源的全过程管理，聚合企业信息、能效评估、节能验收和节能监察等多类型数据，统一数据底座、打造能源数据仓库，拓宽能源数据库深度和广度，实现数据智能化管理，为各类应用拓展和深化提供可靠数据支撑。平台完成全市年综合能耗 1000t 标准煤以上重点用能企业 1857 家全覆盖，涵盖 32 个重点行业。其中，5000t 标准煤以上企业 469 家。

（三）提升能源数字化水平

智慧能源监管平台产品的深化应用有效服务政府决策，给能源管理相关业务的开展带来了更多便捷。业务由线下转为线上，辅助决策更加快速、智能，用能预算更加科学、合理，评价考核更加公开、透明。

二、创新实施过程

（一）管住源头审批，推出"用电需求三方联审"

为做好前期项目管控，高效管理企业新增项目投运前能评、环评等手续审核工作，经发改、经信、电力多方商议，通过数字化手段提升用户用电需求的管控力度和服务的便捷性。通过企业信用代码自动关联能评、立项、环评等数据，实现用电、立项、环评等数据共享，需求线上联审，协助政府从源头管控新增用能总量和能效（见图 2）。

（二）注重中期执行，打造用能预算管理

依托智慧能源监管数字化平台，积极探索开展用能预算化管理，建立健全重点行业企业用能预算管理机制，推动能源资源优化配置，倒逼企业提升能源利用效率，促进企业高质量发展（见图 3）。

（1）用能基数科学核定。根据嘉兴市《重点企业 2022 年度用能预算核定方案》，充分考虑历年能耗水平及上年度已投产项目将在今年固定释放的能耗，创新引入靶向指数及高耗能企业 ABCD 评价结果，精准

压减高耗能企业用能，在线科学核定年度用能预算。

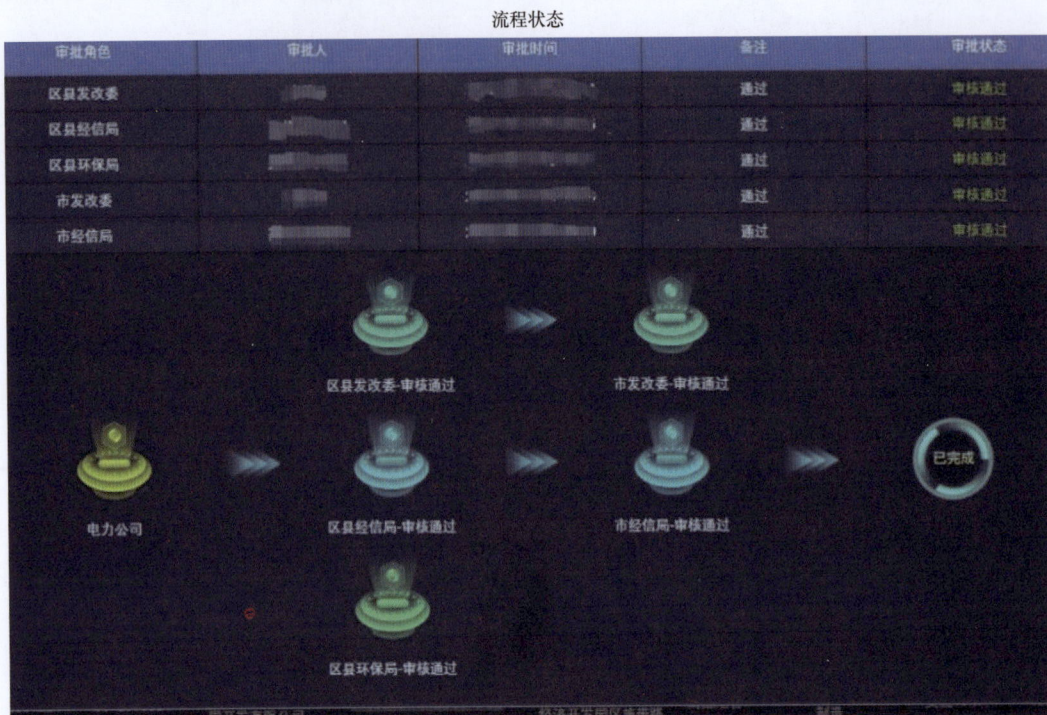

图2 用电需求三方联合审查图

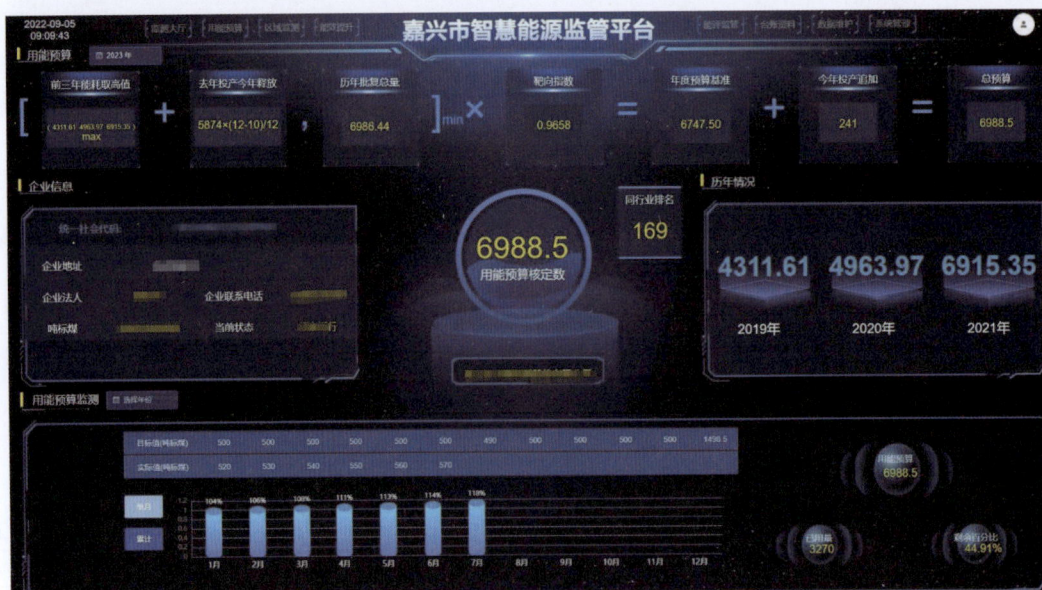

图3 企业年度用能预算核对及月度管控图

（2）项目用能动态追加。当年建成拟投产项目在完成节能验收后，可在线提交属地节能管理部门申请追加用能预算。追加预算结合区域能耗双控指标进展严格管控，进度滞后地区需制订预警调控方案，必要时合理控制新上高耗能项目投产节奏。

（3）用能预算柔性管理。加强用能中期精准把控，企业按照自身生产、检修计划自主分配并在线提交月度用能计划（不超过公布的年度用能预算），通过智能监管平台，可实现月度用能过程柔性监管与预警。

政府通过月度柔性管控预警，统筹年度指标，有效避免年底集中错峰生产；充分挖掘企业灵活用能潜力，释放嘉兴全市整体用能可调节空间。

（三）加强后期评估，推出"节能目标评价考核"

做好后期用能"回头看"，建立评价模型，在线对重点用能企业能耗总量控制和节能目标完成情况、能源利用效率和节能措施落实等情况进行考核，考核优秀的进行典型经验宣传；对考核不合格的，通报批评、暂停审批或核准新建扩建项目，限制参与政府性的各项扶持奖励政策。评价工作线上开展，不仅实现了评价过程中各类信息的全过程记录，同时也使企业用能评价更加精准；通过平台自动统计、结果自动推送，有效提升企业用能评价工作效率。

三、效益分析

社会效益：一是有效提升能源数字化水平，产品的深化应用有效服务政府决策，给能源管理相关业务的开展带来了更多便捷。业务由线下转为线上，辅助决策更加快速、智能，用能预算更加科学、合理，评价考核更加公开、透明。二是有效提升全社会能效水平，产品为重点企业用能管理提供了有效手段，引导企业节能技改、节能降碳。此外，政府通过用能监管、过程干预，进一步提升全社会能效水平。

经济效益：一是依托平台，政府每年确定 100 家以上高耗低效企业作为诊断对象，为用户提供可实施的节能技改措施，这为公司综合能源业务拓展了渠道，提供有效数据支撑。二是本产品的应用，受众为政府部门，目前每年可向政府收取固定的运维费 9.8 万元。三是基于本产品延伸的综合能源业务，包括光伏、储能、智慧电务等，受众为用能企业。目前基于本项目，公司已研发了多项应用，并接入了大量用户，可催生负荷调度、绿电、绿证等新业态、新模式。

四、经验启示

该项目方案于 2019 年开始建设，并不断完善迭代，主要为解决嘉兴能耗高的现状。2022 年，嘉兴实现单位 GDP 能耗下降 3.5%，严格把关能耗 0.52t 标煤 / 万元的产业项目准入标准。

在前期，基于"三方联审"应用，政府职能部门能够更加实时、清晰掌握用户新增用能需求，结合用户前期的合规性审批情况，可以更好的从用能增量上严格把控，同时加快审核时间，减少用户业扩受理时长。

在中期，基于靶向指数的用能预算管理，遵循"能效水平越高、分配用能越多、压降用能越少"的原则，有效降低地区单位增加值能耗，提升全社会能效水平。

在后期，对用户的节能情况进行后评估，有利于政府制订更加科学、有效的能源管理措施。

综合以上所述，嘉兴市智慧能源监管平台项目可广泛应用于其他地区，用于政府能源的前期管控、中期的精准把控、后期的评价考核等工作。

本项目主要基于企业用电数据、其他用能数据、经济数据进行应用展示，由于起步较早，2019 年以来相关应用试点探索开展，并取得一定实效。现阶段，随着数据安全被不断提及，供电公司、发改委、经信委等部门单位都有各自的数据保密要求，下级平台正在逐步退出并向上一级集约化的平台转变。目前，国网浙江省电力有限公司与浙江省能源局已开展合作，在部分数据交互上打通壁垒，建议未开展类似应用的地区，以省级为单位进行推广应用。

五、创新团队

该案例由嘉兴恒创电力集团有限公司华创信息科技分公司王征、唐锦江、王滢、盛银波、金军完成。

国网嘉兴供电公司成立于 1962 年，供电客户 280 万户，拥有 35kV 及以上公用变电站 213 座、变电容量。2022 年，公司完成售电量 580.14 亿 kW·h，全社会最高负荷 1137.59 万 kW。嘉兴恒创电力集团有限公司华创信息科技分公司（简称"华创分公司"）作为国网嘉兴供电公司下属产业单位子公司，成立于 2018 年，主营业务范围为科技创新咨询服务、能源数据服务、信息通信服务、信息软件产品、电力技术服务等业务，是一家以电力科技创新为特色的科技型企业。近年来，公司深刻实践"四敢四创"，始终坚持改革创新，全力支撑政府和公司业务需求，在科技和信息化领域取得了较好成绩。

月湖供电服务的"三靠近"

国网江西省电力有限公司鹰潭市月湖区供电分公司

引言

全面推进乡村振兴是全面建设社会主义现代化国家的坚实基础。乡镇供电所作为乡村振兴中农村经济保障机构及电网企业营销业务执行的最小单元，是供电服务的"主战场"，关乎农民增收、农业增长和农村稳定。提升供电服务质量，促进乡村振兴，是电力企业应当重视和实践的重要任务，而"靠近员工、靠近客户、靠近现场"的"三靠近"电力服务体系，正是国网江西省电力有限公司鹰潭市月湖区供电分公司（以下简称月湖区供电公司）作出的积极而有益的探索。

一、创新成果介绍

"三靠近"服务体系，指的是：靠近员工、靠近客户、靠近现场。

靠近员工：供电所作为服务最前端，以往普遍面临服务任务重、耗时耗力等问题，部分服务诉求监控、用户状态处理等长期需要专人开展监控，生产力的因素制约当地供电服务水平的发展，供电所员工常面临服务有心无力的窘况，现场服务与线上服务属于"鱼与熊掌不可兼得"状态。对此，月湖区供电公司持续落实"数据赋能、基层减负"的数字化转型方针，助力基层供电所员工解放生产力，推进线上业务自动处理，基层员工现场运维的数字化服务模式。

靠近客户：月湖供电公司以客户需求为己任，全面提升服务质效，同时延伸营业厅服务功能，通过添加企业微信、加入客户微信群、发送进一步丰富服务载体，通过"四率"推广（客户经理知晓率、电话知晓率、微信入群率、属地服务电话知晓率），全面提升客户服务感知，保障用户多渠道诉求解决效率。

靠近现场：通过"一终端"供电服务模式和移动终端的全面应用，将线上和线下服务无缝集成，实现了资源的高效利用，强化了现场作业人员的服务、保障能力。通过营配末端融合的"1+N"网格化服务体系，实现了人员一专多能，服务一次到位，大幅度提高现场问题解决质效。

二、创新实施过程

（一）靠近员工-基层减负助力高效协同

（1）全面应用"一平台"（见图1）。通过"一平台"将原有9个系统融会贯通为一个系统，可一屏将当前在途的各类计量、服务工单、用电报装诉求等等问题进行通报、督办、协同闭环处理，降低人为检查服务异常问题时间，保障各类异常问题处置到位。通过"供电所一平台"建设，可通过系统对员工服务质效进行辅助判断，激励员工服务的积极性，同样还可对客户诉求工单进行辅助分析，了解到哪个区域对供电诉求较多，从以往"客户来找我"的被动服务状态变为"我去找我客户"的精准服务状态，靶向治理弱指标、弱区域，使供电所管理得到质的飞跃。

（2）全面推广现场"一终端"供电服务模式（见图2）。优化当前现场作业模式，现场网格客户经理实行首问负责制，全量现场业务通过供电所移动终端网上派单，客户经理手机端完成接单，在移动终端完成低压配电运维、设备管理、客户营销管理和客户服务等一系列工作，如现场一键装表、掌机复电等等功能，进一步将流程简化，仅需现场拍照即可一键完成业务工单，服务质效提升60%以上，实现业务一终端全能办，现场作业一键办。

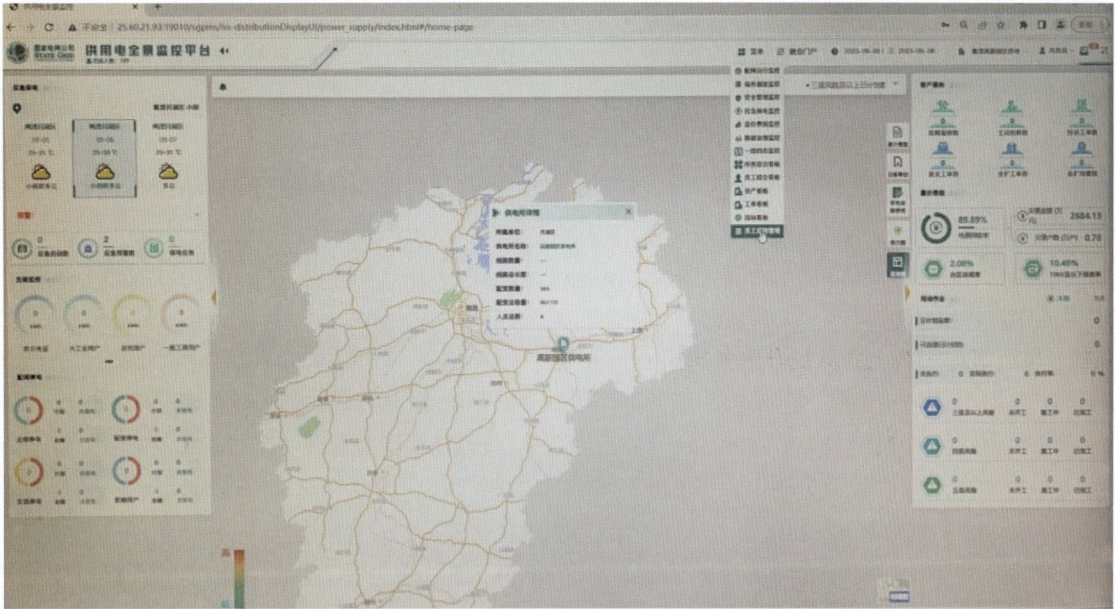

图 1　月湖供电公司供用电全景监控平台应用页面

图 2　月湖供电公司"一终端"应用界面

（3）全面推广 RPA 技术。月湖供电公司通过"1+4+N"的数字化小组服务体系，结合当前供电所面临的烦琐、重复的系统工单，全量通过 RPA 机器人来进行处理，解放服务班的生产力，使其有更多时间前往用户处、前往现场进行供电服务。通过常态化收集基层供电所需求，月湖供电公司自行完成 8 项 RPA 应用开发，实现采集自动补召、合同自动生成、系统自动复电等业务处理 RPA 机器人的开发，重复、烦琐工单自动处理，大幅降低基层日常工作强度，实现主抢工单自动监控告警 RPA，全量用户侧停电事件实时监控上报，减少人力成本，当前相关 RPA 程序已运行 5 万余次，节省基层 2700 工作小时。

（4）数字化分析实现辅助决策。充分利用当前已有 HPLC 智能电能表已有优势，发挥电力大数据应用价值，对当前配电网现状进行一张图展示，结合重过载、低电压等异常问题进行配电网改造辅助决策，提升运维水平。如月湖供电公司开发支线负载率微应用，对当前线路分支线线路负载进行实时计算，全面掌握配电网运行情况，结合"人巡＋机巡"方式精准运维，线路故障跳闸率同比下降74.52%。通过行业电量分析，对各行各业电价进行分析，对电力用户形成能耗建议，辅助政府开展当地用电量分析，提供辅助决策；同时，结合当前峰谷电价情况对客户用电时间段进行监测分析，辅助用户调节生产时间段，降低乡村企业用电成本。

（二）靠近客户－线上服务提升服务感知

（1）全面加入客户物业群、居民群受理各类用电业务，降低服务门槛，居民用户仅需在群内 @ 客户经理，即可享受到同等的供电服务。同时为防止存在客户经理无法同时监控各客户群内客户诉求，月湖供电公司主动作为，投入微信智能机器人，可 24h 在群内主动抓取客户用电需求、停电时间，并进一步提醒客户经理在群内与客户进行对接，进一步缩短客户服务响应及时率。

（2）结合企业微信打造一个更为高效的客户服务平台，通过该平台实现客户诉求的快速响应和处理，以及对客户需求的及时解答和满足，实现点对点精益化服务。此外，月湖供电公司同样结合数据分析工具，对客户经理日常好友添加数量、消息回复时间进行统计，对诉求进行聚类分析，构建客户画像，以 SCRM 方式进一步提升服务品质。

（3）全面开展现场服务，月湖供电公司联合当地街道办、村委会，建立便民服务点，开展村网共建工作，以驻点服务的方式全面收集乡村电力用户对用电的诉求，保障电力政策"下乡、落地"。同时，月湖公司统一印制了"台区经理联系卡"，公布片区管理人员姓名、联系电话、微信二维码等基本信息，组织张贴在表箱、户内空开、台区和各级信息公示栏等处，便于用户用电咨询和电力故障报修，对不在家的用户张贴走访不遇单，方便用户回家时能第一时间掌握到其专属的客户经理服务方式。同时，月湖供电公司还结合今日水印相机团队功能，开展用户走访线上建档，保障走访的质效，持续提升客户电力"获得感"和"满意度"。

（三）靠近现场－暖心运维保障优质电力

（1）实施营配末端融合。月湖供电公司结合当地实际，实施营配末端融合的台区经理"1+N"网格化服务体系，集配电运维、设备管理、营销管理和客户服务于一体的综合服务班，形成了营配合一、业务协同运行、人员一专多能、服务一次到位的"全能型"管理，对业扩报装、现场抢修联动提供了坚实的保障，助力供电服务质效不断提升。

（2）"七个自动化"实现故障自动研判。月湖供电公司发挥数字化已有优势，结合用户侧电能表数据进行故障综合研判，应用"主动抢修机器人"实现秒级感知故障，先于用户感知处理问题，实现主动服务、主动抢修，确保故障发生第一时间发布停电信息，为及时抢修和快速恢复供电提供有力数据支撑。

（3）全面推进配电网"123"工程建设改造。按"1 年补短板、2 年上台阶、3 年争一流"工作目标，科学、高效、全面治理配电网突出问题，不断优化电网网架结构，改造老旧配电网设备，解决"低电压""卡脖子"、供电能力不足等顽疾，全力推进配电网高质量发展。月湖供电公司按期对当前存量低电压、重过载、三相不平衡等问题开展定期分析，以倒排计划的方式进行项目报送，力争全量解决当前乡村配电网的供电质量不高的问题；同时还将结合已改造台区、线路的问题是否解决来评估项目成效，保障配电网工程改造的有效性。

三、项目效益

（1）增加农村用电容量，提高电力服务覆盖率和可靠性，促进农业机械化、电商平台等新业态发展。落地桥东城乡融合发展田园综合体项目，投产后预计可实现年收入 6000 万元，带动农民 120 户，户均增收

8000 元以上。

（2）提升供电服务质量，满足人民群众对美好生活的需求，提高供电质量和稳定性，降低客户投诉率和维修成本。连续两年零投诉，停电时长同比降低 74.52%。

（3）建立网格化供电服务模式，提高供电服务覆盖率和质量，降低服务成本，增强供电企业的社会责任感和公信力。

（4）通过数字化转型，实现业务流程自动化和信息透明化，提高企业工作效率和管理水平，降低成本，节约工时成本约 6.7 万元。

四、经验启示

供电所作为农村电网的前线，是直接面向亿万农村客户的服务机构。靠近员工、靠近客户、靠近现场，其实说到底，终极目标就是靠近农村电网第一线，靠近最广大的人民群众。服务群众表明了我们的职业与人民群众的关系，表明了我们工作的主要服务对象是人民群众，表明了我们应当依靠人民群众，时时刻刻为群众着想，急群众所急，忧群众所忧，乐群众所乐。

全面推进"全能型"乡镇供电所建设，建立网格化供电服务模式，以高质量的"三靠近"保障供电服务高质量，实现供电企业的可持续发展，更为乡村振兴注入新动力和新活力。随着农村电网的数字化服务体系建设不断深入，电力企业将继续发挥重要作用，为乡村振兴提供重要电力支撑。

五、创新团队

"三靠近"服务模式，由国网江西省电力有限公司鹰潭市月湖区供电分公司杨寿平、吴建珉、冯思远、王志强、王爱满、邵帅、张民君、邱博文、吴佳薇、方丞、吴袁荣、李芷轩等组成的创新团队完成并推进实践应用。

国网江西省电力有限公司鹰潭市月湖区供电分公司成立于 1999 年 6 月 8 日，是国网江西省电力有限公司的独资子公司，2016 年 5 月，按要求变更为省公司的分公司，负责月湖区城郊、鹰潭市高新技术产业园、物流园区、月湖新城的供电，先后荣获江西省"文明单位""B 类电气化县"、国家电网公司"新农村电气化建设先进单位""一流县级供电企业""农电综合管理标杆单位""五星级乡镇供电所""十佳县级供电企业""企业文化示范点""国网数字化示范标兵单位"等荣誉称号。

构建余干分布式光伏"一张图"资源管理体系

国网江西余干县供电公司

引言

新型电力系统以高比例新能源供给消纳体系建设为主线任务，以源网荷储多向协同、灵活互动为有力支撑，智慧融合是基础保障，新型电力系统以数字信息技术为重要驱动，呈现数字、物理和社会系统深度融合特点。为适应新型电力系统海量异构资源的广泛接入、密集交互和统筹调度，先进数字信息技术将在电力系统各环节广泛应用，助力电力系统实现高度数字化、智慧化和网络化，支撑源网荷储海量分散对象协同运行和多种市场机制下系统复杂运行状态的精准感知和调节，推动以电力为核心的能源体系实现多种能源的高效转化和利用。

余干县地处信江下游、鄱阳湖东南岸，地势平坦开阔，滩涂水面、山地丘陵较多，辐照强度大，具有发展光伏产业的优越条件，特别是屋顶光伏优势明显，居民屋顶结构特别适合安装光伏板。该县充分利用这一先天优势，变资源优势为经济优势，引进光伏发电项目，着力打造集产业发展、生态建设、精准脱贫为一体的鄱阳湖畔光伏发电之乡。

为使光伏发电项目成为壮大绿色经济的新引擎，并适应新型电力系统发展需要，结合余干县资源禀赋、国土空间基础数据和规划信息，建立资源评价、精确识别、规模预测的一张图资源管理体系。在此基础上搭建资源入库、供需预测、能力评估、智能规划、分级审批的全流程数字化管理系统，助力实现分布式光伏接入管理的数字化、可视化、智能化，实现大规模分布式光伏接入电网规划方案全流程线上作业。

一、创新成果介绍

（一）充分利用功能模块提供电网数据支撑

通过"网上电网"内基础信息统计分析功能，对余干县管辖区范围内源网荷相关信息进行重点摸排，明确试点区域电源、电网设备情况，为测算试点区域分布式光伏发展规模、消纳能力分析提供基础信息。通过源网荷设备模块数据，快速获取电力设备负荷信息，包括变电站、10kV 线路、10kV 配电变压器等相关设备的年、月、日负荷数据等。基于地理位置信息，利用数据统计功能快速框选区域范围，统筹分析出指定区域内的变电站出线规模、10kV 线路路径、配电变压器规模及负荷等相关信息，有效为后续光伏接入承载力计算提供支撑。

（二）广泛整合外部数据用于资源全景绘制

基于分布式光伏接入业务需求，对接地方规划、气象等部门，进一步整合太阳能资源、气象数据、地形地貌、公共地图、项目场景、城乡控规等外部数据，形成图数融合一体的数字孪生电网，支撑接入管理业务应用。分布式光伏发电从投资主体及应用场景分为：工商业屋顶分布式光伏电站、户用分布式光伏电站，以及利用闲置土地开发的光伏应用、光伏建筑一体化 BIPV。通过"网上电网"的矢量图和卫星图观测接入区域建筑类型、位置、空地或屋顶范围以及屋顶附属设施的情况，清晰、准确地绘制具备开发条件的空地或屋顶范围并设置具体参数。

（三）内外部数据融合助力深挖数据价值

通过"网上电网"的可视化地理信息工作平台，实现分布式光伏项目全景化"可观可测"，分布式光伏接入、并网、运行、检测全过程数据有效融合，整合后实现余干县全县范围内分布式光伏项目数据共享，从县、乡镇、用户三个层次完成运行数据查询等应用，支撑分布式光伏实时监测、精准预测、电量平衡计算等接入辅助功能。内外部数据深度融合，实现配电网可开放容量监测，主要有各级设备负荷、可开放容量、实时监测等功能，直观体现区域新能源接入情况，对接入情况进行高效评估，实现变电站—线路—配电变压器可开放容量的集中测算和统一发布，能从光伏接入源头进行有效管控，为新能源接入提供数据支撑，接入方案，引导用户规范、有序接入，提供有力参考，实现余干县分布式光伏能源管控"一盘棋"。

（四）优化并网服务，确保分布式电源安全高效并网

1. 完善统一管理模式，规范优化并网流程

为促进新能源快速发展，规范分布式光伏电源并网服务工作，提高分布式电源并网服务水平，国网余干县供电公司从县情、企情出发，先后出台《关于进一步落实分布式光伏项目并网管理工作流程的通知》《分布式光伏并网及运行管理实施意见》《关于进一步简化分布式光伏项目关口审批流程的通知》等一系列管理制度，在统一管理模式、统一工作流程、统一服务规则的基础上，进一步整合服务资源，压缩管理层级，精简并网手续，并行业务环节，严控流程时限，为分布式电源安全高效并网提供可靠保障。光伏发电系统图如图 1 所示。

2. 着眼满足客户需求，提供优质高效服务

为满足新能源客户并网中的实际需求，国网余干县供电公司坚持以客户为中心，积极提供更加优质高效的服务，主要采取三方面措施：①利用信息化手段，积极拓展"光伏云网"、手机 App 等线上渠道，向客

户提供"线上受理、一站式服务"，实现办理并网手续"最多跑一次"；②推行项目经理负责制，遵循"内转外不转"原则，客户仅与项目经理对接，项目经理在"一口对外"的基础上，负责与各部门各单位对接，组织开展新能源并网全过程闭环管理，为新能源提供"一对一"服务；③积极响应光伏扶贫政策，对扶贫光伏并网项目提供"保姆式"服务，从业务受理、方案设计、合同签署、技术支持、竣工验收等多个方面，为项目实施开辟绿色通道，从用户递交申请开始提供全过程跟踪服务，做到无缝对接，全天候提供技术指导，协调配合施工，缩短全程并网时间，为贫困群众提供更加贴心的服务（见图2）。

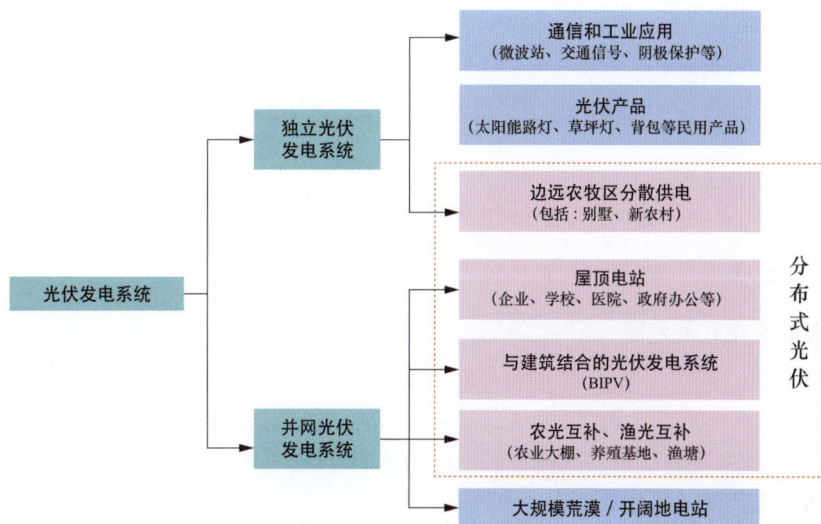

图 1　光伏发电系统图

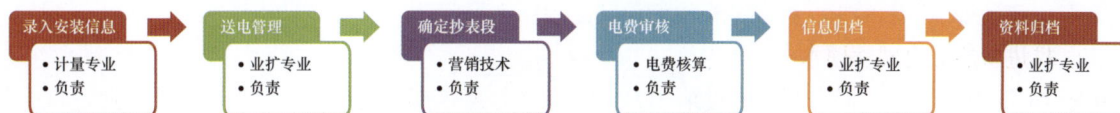

图 2　光伏业扩流程环节跟进

3. 规范接入系统设计，提高工程建设效率

根据市供电公司部署安排，国网余干县供电公司作为主要单位参与编制《国网上饶市供电公司配电网工程分布式光伏扶贫项目接网工程典型设计》。在此基础上，根据村级电站、户用光伏电站的接入方式和台区内的接入规模，归纳提炼分布式光伏接入电网的典型方案和配套电网建改方案，形成适应分布式光伏10kV、380V、220V 三类电压等级、多种接入方式的《村级电站、户用电站接入电网典型方案图册》，从源头统一规范接入系统设计。为实现电网配套工程与新能源工程同步建成，保证新能源及时并网发电，国网余干县供电公司从立项、设计、招投标、工程建设等方面加快配套工程建设速度。根据电网规划，提前建立电网配套工程项目库，纳入年度综合计划；对临时发生的未纳入综合计划的项目，开辟"绿色通道"。对配套工程进行打包处置，解决物资申请条目缺乏、采购周期长、建设进度不一致等问题，提高工程建设效率。

4. 完善验收调试标准，确保电源安全并网

验收是分布式电源并网接入的最后关口。为规范验收调试工作，国网余干县供电公司在广泛调研和认真总结国内外分布式电源设备技术标准和验收规范的基础上，结合新研制终端设备的技术标准，编制《分布式光伏发电项目并网验收规范》企业标准，全面规定接入不同电压等级的分布式光伏并网系统一次和二次设备、线路、电能质量、计量装置及通信设备等验收调试标准和要求。在实践中，按照《分布式光伏发电项目并网验收规范》，严把验收关。一方面，严格审查验收条件和验收资料，汇集电站所有资料，形成

"一站一档";另一方面,严格按照规范标准开展并网验收和调试,对验收不合格的项目不予并网,确保分布式电源安全并网。

二、效益分析

通过实施"光伏+农业"工程、"光伏+农村、社区"工程、"光伏+公共建筑"工程、"光伏+商业"工程、"光伏+企业"工程、"光伏+交通"工程等落地项目快速接网是余干县市扎实推进共同富裕工作的优选,需要地方供电企业通过发挥行业优势、技术优势,创新思路,拓展渠道,为共同富裕工作提供良好的发展条件,为建设小康社会做出应有的贡献。

不断推进余干县地区节能减排《余干县光伏规模化开发实施方案》实施之后,将实现余干县地区明显的节能减排效果,随着92.37万kW的光伏逐步安装到位,年发电量将达到约11.08亿kW·h,节约标煤约33.25万t,减少CO_2排放约66.50万t,减少SO_2排放约1.99万t,对保障能源稳定供应、调整优化能源结构、保护生态环境、减少温室气体排放、带动经济转型和产业升级具有重要意义。

三、经验启示

(一)推动能源数字化业务发展

数字化转型是培育壮大新能源领域新兴业态的必由之路,当前能源行业中,新能源领域技术快速迭代,多能互济,智慧互联已成为能源行业创新的必然趋势。实现绿色低碳资源数字化创新,通过可开发清洁低碳能源资源的数据整合和共享,推动公司能源数字化业务的发展。

(二)实现分布式光伏统筹规划

理清分布式电源并网流程,提升并网项目工作效率,依托"网上电网"建立分布式光伏接入规划管理机制,实现分布式光伏开发利用机制创新。进一步加强分布式能源统筹协调能力,满足分布式光伏开发"分散布局、统一规划"的要求,提高分布式能源开发利用水平。

(三)推进智能配电网管理水平

加快智能配电网建设,提高配电网接纳能力,保障分布式能源接入的灵活性和安全性。通过推进分布式能源的智能配电网管理水平,促进有源配电网发展,激发高比例可再生能源接入的配电网互联新形态,助力构建新型电力系统。

(四)提高配电网投资效益

通过整合各专业数据,实现分布式光伏接入系统并网方案自动生成、智能优化,避免配套设施重复投资,提高投资效益;加强配电网项目储备和资源要素配置工作,加快实现部门信息共建共享,更好发挥部门协调协同作用,积极落实重大项目建设所需的资源要素及相关建设条件,推动资源要素跟着项目"齐步走"。

(五)节约接入服务成本

数字化管理体系服务分布式光伏接入系统方案编制,依托"网上电网"打通业务和数据壁垒,线上"一张图"全景化观测,资源数据全要素收集,可开发清洁低碳能源资源的数据整合和共享,弥补了传统现场收资链条长、现场勘查费时费力等问题,节约了服务成本。以古埠镇为例,2022年1~12月,分布式新光伏发电量1163万kW·h,平均利用小时数486.4h,发电量占全部发电量比重为23.32%,实现了百分之百消纳。与项目实施前相比,分布式新光伏发电效率提升了31.05%,并网时间平均缩短了36%,电网网损下降了23.24%,总谐波电流畸变率由8%~18%降低到3%以内,实现了分布式新光伏"发得出、并得上、用得掉"的目标,保障了新能源和电网安全稳定运行,有力促进了新能源健康发展(见图3)。

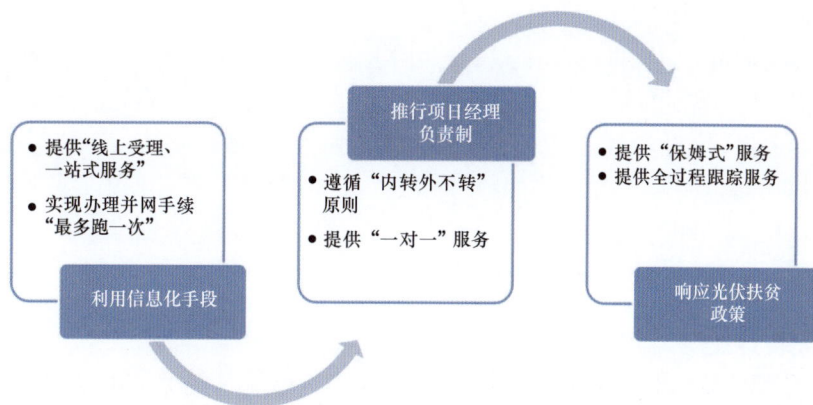

图3 光伏并网优质服务三大措施

（六）快速奔向光伏并网致富路

通过属地政府统筹规划，使光伏项目滚动性规模化发展，光伏安装并网户和产业薄弱的偏远村庄，可通过结算上网电费、接受政府拨付的补贴，不仅让脱贫户和产业薄弱的村庄有了基础保障，而且进一步助推产业帮扶，延伸产业链条，快速奔向光伏并网致富路。光伏项目的大量建设，进一步扩大了光伏企业市场，不断提升规模效益。

分布式光伏项目并网作为"致富＋节能减排"的混合体，需要电网企业通过整体规划、快速反应、主动服务、提升电网冗余度、增强电网分布式光伏项目的接入及调控能力，实现光伏发电与常规电源的优化协调运行，更好地保障分布式光伏的有效接纳，实现由运维管理者向服务协调者角色转变，引导分布式光伏高效运营和保障电网安全稳定运行，为社会、政府、光伏企业提供延伸服务，促进地方节能减排、绿色发展。

四、创新团队

该案例由国网江西余干县供电公司胡东、揭其川、王澄宇、范少湘、胡惊涛、叶红华、吕飞春、王彦、段志铧、汪吻天、雷兰完成。

国网江西余干县供电公司始建于1999年4月，供电区域面积2331km²，服务人口约120万人，现有员工638人。拥有公用35kV及以上变电站20座，其中220kV变电站1座、110kV变电站8座、35kV变电站11座；现拥有35kV及以上输电线路37条共计255.41km。先后荣获上饶供电公司2020年抗洪保电工作先进单位、余干县2020年抗洪救灾工作先进单位，江西省电力有限公司2022年优秀县级供电企业荣誉称号。

"村网共建"电力便民服务

国网安徽省电力有限公司六安市叶集供电公司

引言

当前，中国式现代化之路处于"瞄准共同富裕，全面推进乡村振兴"新阶段。电网企业如何聚焦电力主责，激发农村地区内生发展动力，建立服务乡村振兴长效机制，推进农村可持续发展需要深入研究。做好新发展阶段"三农"工作，要锚定实现农业农村现代化、建设农业强国的战略目标，全面推进乡村振兴，循序渐进，久久为功。优化电力服务质量有利于优化农业产业、维护农村环境、提高农村经济、增强农村用电安全性，更有利于中国式现代化、乡村振兴战略、新农村建设的全面开展。因此，要高度重视提高电力方面产品质量、服务质量，全面推动农村居民从"用上电"到"用好电"的转变，为农村居民生活的基本需求、生产需求提供更可靠的保障。安徽省六安市叶集区位于皖豫两省交界处，有"安徽西大门"之称，近年来，叶集区积极开展"无事"找书记、"聚民意、惠民生"等夯实基层社会治理、助力乡村振兴工作，努力打造现代化幸福叶集，创建皖豫边界中部崛起示范区。"村网共建"电力便民服务是国网安徽省电力有限公司六安市叶集供电公司响应政府号召，聚焦电力主责，激发农村地区内生发展动力，推进乡村可持续发展的深入研究成果，是探索电网企业服务乡村振兴的新路径。

一、创新成果介绍

"村网共建"电力便民服务以"电力卓越服务+便民服务"为服务理念，构建"村委+电网"的村企联动组织模式，以数字化"营销2.0移动作业"（一种数字化工作模式，通过将供电业务、功能模块等集成在手机端，实现现场作业的线上化、移动化）为技术支撑，通过"村企联建+定期值班+上门服务+公益活动+乡村振兴服务"的"五+"运营模式，加强与村组织的工作联系，将供电服务窗口前移，实现村民办电不出村，打通供电服务"最后一百米"。同时与"电力爱心超市"（一种助力乡村治理模式，由电网企业投资，村民参与乡村建设累计积分兑换生活用品）"电靓皖美小菜园""共享电能表"等电力特色工作相融合，打造"电靓和美乡村"特色子品牌，彰显电力企业优秀文化（见图1）。

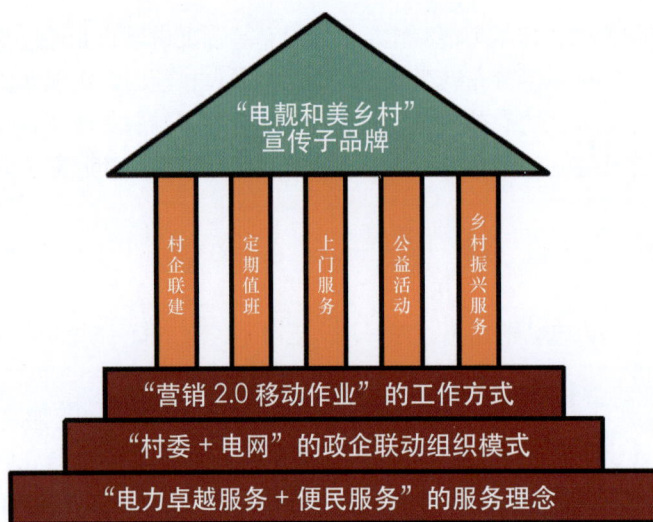

图1 "村网共建"电力便民服务理念结构

二、创新实施过程

（一）树立"电力卓越服务+便民服务"的服务理念

树立"电力卓越服务+便民服务"的服务理念，为项目实施明确了工作方向和主题内容。优化电力服务、助力乡村振兴需要电力企业加强"以用户服务为中心"的工作理念和运作机制，找寻电力服务环节上需要改善的服务项目，不断优化服务流程，建立全面、全过程的服务体系。"村网共建"电力便民服务是供电企业聚焦农业发展新特点、农村发展新形势、农民生活新需求，以更加贴近客户和快速响应诉求为目标，将服务渠道下沉至村级场所，做到在村内有窗口、有人员、有制度的一种模式，提升了供电服务快速响应能力，为客户提供就地办电服务，用电诉求就地解决，架起民企"连心桥"，实现农村供电服务与基层便民服务的融合，体现了国家电网"人民电业为人民"的企业宗旨，更高效地为农村用户服务，是"电力卓越服务体系"在基层的完善。国网安徽省电力有限公司六安市叶集供电公司"村网共建"电力便民服务聚焦电力主责，响应地方政府"无事"找书记、"1114"工程（建设一张联系群众服务网、一个心理咨询中心、一个乡风文明超市，建设服务队伍、调节队伍、精神文明创建队伍、考核队伍"四支队伍"）、"聚民意、惠民生"等夯实基层社会治理模式，着力建设与现代化农业、美丽宜居农村、农业产业融合相适应的农村供电服务体系，推进农村可持续发展，为村民提供"零距离"业务办理，实现村民足不出村解决用电之忧，推动乡村振兴工作取得新进展、新成效。

（二）构建"村委＋电网"的村企联动组织模式

构建"村委＋电网"的村企联动组织模式，为项目的实施明确了工作主体和架构，定下了共建服务的渠道。"村网共建"电力便民服务聚焦农村发展和电力服务需要，通过"政府主导、电网主动、政企联动"方式，由县级供电企业与县级政府单位或乡镇政府达成工作实施统一意见，下达工作方案，下属乡镇供电所与村委签订"村网共建"共建协议，乡镇供电所管理人员与村委会共同组建共建网格小组，明确共建内容及双方工作职责，建立常态联络和联动推进机制，按期开展会商、推进、协调、联动工作，形成"互帮互助、政企协同、共建共管"。乡镇供电所派客户经理任"电力网格员"，村级组织派政务人员任"电力联络员"，"电力网格员"与"电力联络员"建立"一对一"联络机制，搭建村企"两员"桥梁，协同推进电力服务各项工作。"电力网格员"入驻"无事"找书记基层社会治理大数据管理服务平台，与村网格员职责类似，当村内接到村民反映用电问题后，村书记下发工单到"电力网格员"账号，"电力网格员"及时接单处理，实现政企联动、两"网"融合，进一步延伸农村供电服务线上渠道，形成可复制、可推广的农村供电服务与政务服务共建、共治、共享的典型，推动解决农村供电服务"最后一百米"问题，提升人民群众用电便捷性、满意度。

（三）推广"营销2.0移动作业"工作方式

推广"营销2.0移动作业"工作方式，为工作实施提供线上化、移动化、便捷化的技术支撑。随着产业数字化进程的加快，各种数字技术改变企业的传统生产经营模式，国网新开发的手机端"i国网"营销2.0系统内部自带庞大的用户信息数据库，为其内部各功能模块电子单据的自动生成提供了可靠的数据支撑，实现了数据库随身携带，"电力网格员"答复村内用户电量、电费等数据问题时也可一键查询，业务办理过程中快速应用，减少村内办公往返，提高共建村服务速度，为村内用户带来更好的服务体验。"电力网格员"通过手机端"i国网"营销2.0进行业务流程接单，将业务流程集成在个人手机"一终端"，实现业务"一工单"线上流转，随时随地接单办公，降低了工单流转过程中资料丢失风险，为村内"电力网格员"办公提供了规范化、流程化、数字化的方法，同时打造了一套全流程线上流转的移动作业应用，实现现场作业"三个一"，"电力网格员"工作一个终端、工作任务一次派单、现场服务一次解决，提升了"电力网格员"现场作业便捷性、易用性，促进服务、业务移动化。

（四）推行村网共建"五＋"运营模式

推广"村企联建＋定期值班＋上门服务＋公益活动＋乡村振兴服务"的"五＋"运营模式，是国网安徽省电力有限公司六安市叶集供电公司结合所属乡镇供电所服务职责和地区村内电力便民服务需求后形成的"村网共建"电力便民服务主要工作内容。

1. 构建"村企联建"协同小组

"村网共建"电力便民服务深化政企网格融合，乡镇供电所与村委签订"村网共建"协议，组成共建小组，明确双方工作内容、工作机制、责任分工、联动协调工作等内容，形成"网格融合"的服务共建模式。乡镇供电所派客户经理任"电力网格员"，村级组织派员任"电力联络员"，熟悉相关制度、服务内容、工作要求，立足群众需求，提高协同效率，充分发挥"村网共建"服务作用，形成"一般用电需求直接办、复杂用电需求协助办、特色业务需求试点办、服务共建活动一起办"的工作模式，逐步完善形成"共建共享"的基层社会治理"大格局"；同时建立培训机制、监督机制、绩效机制，定期组织开展业务技能培训、实地督导调研，将"村网共建"电力便民服务工作纳入对乡镇供电所、"电力网格员"的绩效考核，提升服务人员素质，激发工作能效。

2. 实施零距离"定期值班"

供电公司与村委结合工作基础条件和资源禀赋，统筹资源，集中力量，在村党群服务中心设置固定服务区域，即"村网共建"电力便民服务点，形成"合署办公"便民服务，为群众提供基础业务办理，解决村务治理和电力服务问题。服务点按营业网点管理，明确运营职责和工作机制，包括管理职责、工作职责、工作内容、服务规范等，公示电价政策、农村地区"三零"服务、工作制度、联系人员电话等信息。根据现场实际需求差异化配置办公桌椅、内网电脑、饮水机、自助服务终端、电子公示牌、宣传资料等服务设备。"电力网格员"定期驻村，为客户提供用电咨询、查询、停复电信息等服务，通过"网上国网"App、"i 国网"营销 2.0 等帮助客户申请受理新装、增容、变更用电、电费缴纳等业务，将供电服务窗口前移，为村民提供"一站式"办电服务，实现村民办电不出村，服务由"近距离"变"零距离"。"电力网格员"收集并积极解决村内用电诉求、用电问题，做好收集、分析、跟踪和反馈，登记《客户意见登记本》，定期开展所长接待日、网格员面谈日、村民问题集中解答日活动，将收集整理的村民问题罗列清单，一一解答。

3. 开展宣传落实"上门服务"

"电力网格员"在村内定期值班的同时，与"电力联络员"协同开展上门走访，将"被动服务"变为"主动服务"。积极引导客户下载"网上国网"App，手把手指导村民线上缴费、办电，收集用电意见和建议，宣传最新电价政策和电费红利，助力电价政策、电费满减红利及时、足额落实到户。开展上门农村安全用电宣传，普及安全用电常识，做好电力线路下方建房、种植高秆作物、放风筝、钓鱼、燃放烟花爆竹等安全隐患宣传，开展家庭用电、溺水急救等宣传，主动做好村内居民家用漏电保护器的运行巡视，无偿帮助居民安装、更换家用漏电保护器，确保居民家庭用电安全；同时加强信息共享、线路巡视、电力施工协调、用电纠纷化解、电力线路山火防治联动等方面配合，开展重难点问题协调。

4. 推行"公益活动"为民服务

针对农村客户不同群体诉求，"电力网格员"协同"电力联络员"开展农村留守人员关怀服务、特殊群体电力相关延伸服务，配合当地村委会组织党员服务队开展关爱孤寡老人、扶贫帮困、电力宣传等亲民便民服务，完善孤寡老人、五保户等困难用户信息，及时掌握特殊群体生活状态及用电问题，帮助及时解决"刚需"问题，开展上门服务及室内安全用电检查，排查用电隐患。开展"五进"系列活动，走进敬老院、卫生院、学校和企业等开展电力设施排查、维修、宣传教育及其他公益活动，发挥"连心桥"作用。开展个性化能效服务，走访了解客户用能需求，推广农村电气化，结合地域特点和当地资源优势，推广应用地方特色的电能替代、绿色出行等新技术，"量身定制"能效评估和节能方案，指导用户科学合理用能。在迎峰度夏、迎峰度冬、春节、春耕春灌等用电高峰时期引导客户错避峰用电、节约用电。

5. 扛牢政治责任"乡村振兴服务"

"乡村振兴，电力先行"，乡村振兴一直是作为国有企业的国网安徽省电力有限公司六安市叶集供电公司的重点工作内容。乡镇供电所和村级组织通过"村网共建"更好地推进乡村振兴工作，服务"三农"，农忙时节"电力联络员"结合村内农事情况，明确重点工作和重点人群，由乡镇供电所联合村委共同开展田间走访，深入了解农户用电需求，开展安全用电检查，现场排除用电隐患，并进行能效账单推广，为农户提出合理化用电建议。同时"电力联络员"协同乡镇供电所畅通农耕业扩报装"绿色通道"，积极为春耕春灌、抗旱保供、秋粮生产提供便利，做好乡村振兴路上的"电保姆"。结合季节特性和用电特性，开展形式多样的科学用电宣传活动，倡导绿色低碳生活。协同开展扶贫光伏电站延伸服务，开展光伏电站日监测、巡视、测温和电气设备试验等。积极参与乡村振兴产品推广，推广助销共建村特色农副产品及工艺品等，对村集体经济产品无偿进行展示代销并主动采购，助力乡村电商发展、村集体增收。

（五）融入"电靓和美乡村"特色子品牌

融入"电靓和美乡村"特色子品牌深化了"村网共建"工作内涵，实现了电力企业服务与乡村发展的高度融合。

1.发挥"电力爱心超市"助力作用

"电力爱心超市"是国家电网公司为响应助力基层社会治理而与定点帮扶村开展的一项共建工作，通过组织村内乡村治理活动累计积分兑换物品。国网安徽省电力有限公司六安市叶集供电公司根据"村网共建"工作主题及基本内容，结合前期在叶集区三元镇新塘村部署的"电力爱心超市"工作，创新特色积分条款，将"电力联络员"履责与"电力爱心超市"积分兑换相结合，激励"电力联络员"发挥作用。依托"电力爱心超市"积分制度，根据政府关注、村情需要，开展"村网共建"特色活动志愿者招募，围绕传统民俗活动、党的二十大精神宣传等开展文明实践活动，村委日常同步开展村民思想教育、乡风建设、农村治理等活动，实现"月月有活动、活动有积分、积分有奖励"，充分发挥"电力爱心超市"激励基层社会治理作用，实现"小超市"助力乡村振兴"大作为"。

2.打造特色产业项目为村集体增收

国网安徽省电力有限公司六安市叶集供电公司以"村网共建"为平台，协同村内打造电气化蔬菜大棚、麻黄鸡温室养殖、台湾甲鱼恒温养殖等特色农产品项目，为村集体增收。与共建村三元镇新塘村开展"电靓皖美小菜园"合作项目，小菜园种植面积约8亩，由新塘村村委负责日常管理，蔬菜成熟后供应给供电企业，不仅实现农业增效、农民增收，又为供电企业职工提供优质安全的农产品，是助推乡村振兴的又一靓丽品牌，园内蔬菜生长全程不使用农药、化肥、生长激素等，确保天然无公害，食用更健康，全年可产蔬菜约1.2万斤，有效推动了新塘村的绿色经济发展。

3.推广"共享电能表"为农田灌溉加速

国网安徽省电力有限公司六安市叶集供电公司"村网共建"村三元镇新塘村是以水稻种植为主的农业村，村内有近万亩稻虾共养农田，在春耕春灌、抗旱抽水等用水高峰时节，为保障自家田地用水，在征得他人同意后未报装电能表的村民会在报装的排灌电能表上另接一条线路，以保障农田灌溉需要，不仅存在安全隐患，而且易产生电费纠纷。"电力网格员"主动走访沟通，了解村民灌溉用电需求，在新塘村试点开展"共享电能表"安装工作。"共享电能表"通过远程控制、实时计费、一键退费的方式，用户将抽水泵就近接入，手机扫描二维码预付电费实现"一扫即用"，多个抽水用户用一个电能表，无需重复报装，免去了抽水用户往返报装，为农田灌溉加速，保障农业灌溉用电，同时有效减少电线私拉乱接情况，降低触电风险，充值的未使用电费在完成排灌后原路径退回，也有效避免了群众电费纠纷。"共享电能表"的投入为共建村农业发展提供了更加便捷、更加安全、更加优质的用电保障，助力乡村振兴。

三、项目效益

国网安徽省电力有限公司六安市叶集供电公司实施"村网共建"电力便民服务以来，实现供电服务在基层的进一步延伸，农村供电服务水平进一步提高，为服务"三农"发展、助力全面推进乡村振兴工作提供了可靠助力。

（一）供电服务渠道进一步延伸

"村网共建"实施以来，"电力网格员"定期入驻村内值班并开展走访，上门手把手教村民线上缴费、办电，普及用电常识和最新电价政策，解决用户用电报装、电费缴纳等问题，宣传电费满减政策红利，为农时用电做好供电保障，实现村民办电不出村，服务由"近距离"变"零距离"，彻底打通农村供电服务"最后一百米"。目前，国网安徽省电力有限公司六安市叶集供电公司在叶集区共设立"村网共建"电力便民服务点8个，组成共建小组8个，实现区内乡镇100%覆盖，发展村"电力联络员"15名，月均开展定期值班28人次，提供上门服务133人次，解决用电诉求及隐患18条，组织田间现场服务及乡村振兴活动16次，实现将村内用电问题就地解决，是电力服务"枫桥经验"的实践。

（二）农村供电服务水平进一步提高

项目实施以来，国网安徽省电力有限公司六安市叶集供电公司秉持着"以人民为中心"的发展思想，践行"人民电业为人民"的企业宗旨，深入群众，听民声、聚民意、解民需，积极解决群众"牵肠挂肚"

的用电民生问题，群众满意度持续提升，实现意见工单同比 2022 年上半年下降 34.48%，连续 26 个月供电服务"零投诉"，农村供电服务水平进一步提高。

（三）助力乡村振兴工作成效显著

项目实施后，乡镇供电所联合村委为村内困难老人、留守儿童开展上门服务和室内安全用电检查，做到及时掌握特殊群体生活状态和用电需求；落实"三农"工作，开展田间走访，深入了解农户用电需求，排除农户用电隐患，同时推广电能替代，为农户提出合理化用电建议，节约用电成本；开展"电力爱心超市"、特色产业项目、"共享电能表"等建设，保障家庭农场、农村合作社、农产品加工等农业用电，推动农村产业链升级，为农村提供更多的创收方向，为村集体增收近 88 万元，切实做好乡村振兴路上的"电保姆"。

四、经验启示

"村网共建"电力便民服务是立足供电企业服务优势，践行"村委＋电网"的政企联动供电服务新模式，持续提升农村综合治理，全面巩固提升农村电力保障和服务水平的探索。它以供电公司成熟的业务模式和专业的服务队伍为基础，以"营销 2.0 移动作业"办公为支撑，打造政、企、农共建，完善"网上办、掌上办、就近办、上门办、帮着办"的农村基层供电服务体系，实现村内的"一站式"电力便民服务，惠及了农村居民生活，使得农村用电更有保障、服务更加便捷、治理更显成效，进一步拓展延伸农村供电服务范围和渠道，加快补齐农村供电服务短板，增强农村供电服务时效性和精准性，为"三农"工作和乡村振兴工作提供了助力，推动乡村振兴工作不断取得新进展、新成效，切实增强人民群众幸福感和满意度，形成一套新的适用于供电企业的农村供电服务模式，打造出供电企业营销服务新品牌、助力乡村振兴新模式。

五、创新团队

国网安徽省电力有限公司六安市叶集供电公司"村网共建"电力便民服务项目由卫荣、汪洋、侯恩勇、付李、江超、叶丙俊、徐金蓉、贺芳、孙洋、周厚意等组成的创新团队完成并推进实践应用。

国网安徽省电力有限公司六安市叶集供电公司成立于 2015 年，为县级供电企业，下属 5 个乡镇供电所，服务 4 个乡镇、2 个街道，供电面积 568km²，供电人口约 28 万人，用电户数约 11.76 万户，运维 110kV 线路 10 条、35kV 线路 18 条、10kV 线路 68 条、110kV 变电站 3 座、35kV 变电站 7 座、公用配电变压器 1150 台、专用配电变压器 908 台。2022 年，供电量 6.64 亿 kW·h，售电量 6.40 亿 kW·h，电压合格率 99.86%，供电可靠率 99.97%，全渠道供电服务"零投诉"。获评"六安市 2021 年度巩固拓展脱贫攻坚成果同乡村振兴有效衔接社会（定点）帮扶工作优秀单位""2022 年度六安市巩固拓展脱贫攻坚成果同乡村振兴有效衔接'五大帮扶'工作优秀单位"。2022 年，国网安徽省电力有限公司六安市叶集供电公司建成安徽省首个"村网共建"电力便民服务点，《"村网共建"电力便民服务助力乡村振兴实践》项目成果参展 2023（第二届）农村能源发展大会。

大型供电企业风险防控"四步走"

国网安徽省电力有限公司淮南供电公司

引言

国网安徽省电力有限公司淮南供电公司站在新时代的制高点，积极做好地方经济发展的"电力先行官"，开展供电服务创新，加快推进服务升级，努力提升服务质量，增强客户的满意度和获得感。锚定供电服务风险防控目标，以数字化、智能化赋能创新，提升事前预警管控能力，做精做细服务风险预警管控措施，标本兼治高效解决服务风险管控不高效、不均衡等问题和所有解决重点热点问题，以点带面提升供电服务质量，建立更为全面和高效的服务风险防控体系，实现新时期供电服务品质的新跨越。

一、创新成果介绍

淮南供电公司以客户为中心，以问题和需求为导向，以全渠道线上融合为基础，以数字化转型为动力，开展大型供电企业服务风险防控体系构建。其建构体系概括为"四步走"，即一是夯实基础，通过健全组织结构、引进智能技术、完善工作机制，紧密结合服务品质提升工作，推动供电服务品质提升在公司层面落地。二是以客户服务风险预警平台为载体，开展全渠道工单汇聚分析，严格基础数据质量管理，提高服务风险预警支撑能力，提高平台的实用化水平。三是以"四个管控"（前置管控、重点管控、提级管控、数字化管控）为抓手，构建高效预警管理体系，强化服务风险闭环管控。四是突出热点问题专项治理，确保服务风险可控在控，服务要求落地见效。总之，以构建供电服务风险数字化防控体系为目标，推动预警平台敏捷迭代、预警管理机制构建、服务问题提级管控、热点问题专项治理、管控制度健全完善，助力营销规范管理和优质服务水平的"双提升"。

二、创新实施过程

（一）供电服务组织创新

1.健全组织机构，夯实保障基础

一是建立服务风险防控领导小组，由公司副总经理担任组长，发展部、设备部、市场营销部、建设部、党委宣传部、调控中心主要负责同志担任组员。领导小组统筹规划总体方案，研究决策重大事项，部署大型供电企业服务风险防控体系构建的工作，指导全省服务风险防控工作开展。二是建立服务风险防控工作组，由公司市场营销部主任担任组长，发展部、设备部、市场营销部、建设部、党委宣传部、调控中心分管主任及相关人员担任组员。全面贯彻落实领导小组的工作部署，负责落实供电服务风险防控工作部署，制订供电服务提升措施，督导供电服务工作落实和问题整改，开展供电服务风险防控的检查、评价和考核。进一步强化专业协同，落实重大问题会商机制，形成全员关注服务、全公司重视服务的良好氛围。

2.建立预警架构，职责界面清晰

坚持科学实用、上下联动、分级防控的原则，建立市、县两级服务风险预警架构，构建领导有力、界面清晰、齐抓共管的工作格局。一是公司负责组织制订风险预警管理制度，对各单位风险预警机制运转情况进行考核评价。二是公司市场营销部负责风险预警平台迭代、预警等级更新、数据分析、一般预警发布和闭环跟踪。三是县供电公司及各网格供电服务中心负责接收风险预警，分析研判，建立本级预警响应机制，严格按平台发布的信息，分层分级落实预警响应，确保服务风险预警信息第一时间传达到责任人员。

（二）营运模式创新

淮南供电公司根据当前工作需要，进一步完善服务风险防控工作机制，重塑管理流程。一是完善制度，压实责任：全面排查市县公司自行制订的规章制度，持续深化学标准、干标准，对不能正确、高效执行规章制度，采取"零容忍"态度，严肃追究相关单位和人员责任。二是统一部署，组织落实：结合"忠诚、实干、创新、争先"文化理念，统一部署服务风险预控工作，确保工作推的动、做的实，问题解决及时、不反复。三是持续完善，总结提升：市县供电公司收集、分析工作中的重点、难点问题，针对共性、倾向性问题，推动系统性解决，持续提升服务质量管控成效。四是定期汇报、保障实施：工作组对项目建设情况和发现问题进行每周的定期汇报，全面总结、评估专项整治行动开展质效，形成工作成效报告。

（三）技术创新

依托大数据技术，深度挖掘服务工单价值，创新运用 NLP 自然语言处理，IKAnalyzer 智能分析算法，采用热点聚类、关联度分析模型等技术，搭建客户服务风险预警平台，提取热词、识别风险、建立风险预测模型，实现工单智能搜索、精细化网格分析、重复致电分析、热点台区分析、服务风险预警等业务功能，支持一单一策、一班（所）一方案等高效服务，保障服务预警更精确，服务策略更精准，服务人员更主动。

1. 汇聚多源渠道工单，精准挖掘客户数据信息

利用大数据挖掘手段实现全渠道工单的汇聚分析，解决工单处理过程中面临数据繁杂、工单量大、诉求多等痛点。一是汇聚多源渠道工单：汇聚国网安徽电力微信公众号、95598、12398、12345 等各类渠道热线工单信息，有效解决工单分散、难以集中管控的问题，2020 年以来，服务风险预警平台累计受理淮南公司客户全渠道服务工单 352 万余条，全面掌握客户服务诉求。二是建立全渠道工单数据源：利用数据接口服务、RPA 数据获取、数据同步、台账录入等技术汇聚各类服务工单，形成全渠道工单数据源。三是挖掘工单的热点问题：采用正向迭代最细粒度切分算法、IKAnalyzer 智能分词技术分析挖掘工单中的热点问题，精准聚焦客户诉求，促进工单分析提质增效。

2. 智能分析服务诉求，精确触发服务风险预警

一是自动筛选，分类提取：通过关键词关联模型，结合客户诉求工单的语义分析，掌握客户情绪和痛点，对各类型工单进行自动筛查和分类提取，确定风险管控等级，在工单处理环节给予提醒。二是智能识别，确定预警：对提取的关键词设立风险识别因子和触发条件，通过基于自然语言处理（NLP），提出风险关键识别方法，构建风险关键字＋混合运算识别模型。三是发送预警，技术督办：通过拓宽神经网络、关键词集合函数规则，精准智能识别风险诉求、发布风险预警提醒，推送至相关单位管理人员提级督办，实现服务风险前置防范。

3. 迭代完善风险词库，提升预警监测功能

一是更新迭代服务风险关键词库：建立热点人群、热点诉求、热点台区风险库，建立客户诉求标签，丰富服务工单风险预警的维度，提升服务预警精度。二是强化舆情监测功能：依托风险预警平台，实时工单自动发布预警，常态开展服务舆情监测，开展热点人群、热点区域风险预警。三是健全问题反馈机制：每月跟踪公司各单位预警平台使用情况，丰富问题反馈形式，健全平台应用问题反馈机制，及时跟踪反馈各单位提出的平台应用问题和建议，实现快速迭代完善。2021 年以来，淮南公司识别热点区域 2487 处、热点客户 6920 户。

三、项目效益

（一）社会效益

通过服务风险防控体系构建，挖掘供电服务不足，丰富了供电服务内容，改进了供电服务举措，进一步提高了供电服务质量。服务风险工单平均处理时长从 2021 年的 1.06 小时下降到 2022 年的 0.33 小时，同比下降 68.87%；客户意见工单持续减少，从 2021 年的 1516 件下降到 2022 年的 1055 件，同比下降 30.41%。服务乡村振兴、优化电力营商相关举措在新华社、国网电力报宣传报道 15 件，人民日报、中央电视台多次专题报道，彰显了央企崭新的服务面貌和企业新形象。

（二）经济效益

2021 年，淮南供电公司依托服务风险预警平台进一步优化规则模式，服务监督人员由 21 人减少到 5 人，人力成本减少 104 万元。截至 2022 年 10 月，创新成果在全省 16 家地市供电公司应用，服务相关人员由 365 人减少到 153 人，降幅为 58%。

四、经验启示

淮南供电公司构建实施服务风险防控体系以来，利用数字化手段实现对工单信息的聚合分析、闭环管控，改变服务模式，有效防控服务风险，实现工单数据全量汇聚、智能分析、自动预警，助力投诉风险前置防范，推动风险管控从"结果管控"向"过程＋结果"管控转变。2022年国网安徽省电力公司在全省推广大型供电企业服务风险防控工作，支持各级工作人员快捷获取重点信息、快速响应客户需求，全面提升基层服务人员风险响应能力、客户服务能力，实现服务便捷高效，提升客户"获得电力"和"服务满意度"，助力乡村振兴。截至2022年10月，服务投诉同比减少36.35%，意见工单同比减少16.27%，实现营销规范管理和优质服务水平的"双提升"，客户服务满意率97.43%，同比提升1.68%。

五、创新团队

大型供电企业服务风险防控体系，由国网安徽省电力有限公司淮南供电公司牛红利、潘辉、葛新奥、吴静、王洪礼等组成的创新团队完成并推进实践应用。

国网淮南供电公司是国网安徽省电力有限公司直属的国有大型企业，担负着淮南地区及蚌埠部分地区的供电任务，承担着淮南地区大型火力发电厂向华东电网输送电能的重要职责。公司辖凤台、潘集、寿县3个县级供电公司，现有35～220kV变电站110座，变电总容量1001.6万kVA，其中110kV及以上变电站50座；35kV及以上电压等级输电线路3927.294km。2022年实现售电量101.19亿kW·h，营业收入58.25亿元，截至2022年底，职工人数共计1542人。先后荣获"安徽省文明行业优质服务示范品牌""安徽省文明单位""国家电网公司文明单位""全国文明单位""全国企务公开先进单位""全国工人先锋号"、安徽省五一劳动奖状等荣誉称号。

禹风"520无感知服务"供电服务体系

国网安徽省电力有限公司蚌埠供电公司

引言

供电服务涉及电力业务方方面面，任何堵点、漏点都会造成服务隐患，优质服务的源头在各专业供电业务，规范高效的业务办理是服务品质化的前提，进行"专业＋服务"融合和服务过程管理，建设纵到边、横到角的服务框架体系势在必行。国网安徽省电力有限公司蚌埠供电公司（以下简称国网蚌埠供电公司）以"专业融合、服务在先"理念指引，全环节畅通优化客户用电需求，打造国网蚌埠供电公司服务质效亮点，优化营商环境，助力地区经济发展，争创供电服务品牌。"无感知"服务体系创建分为三个层级实现，业务规范和客户视角干服务→实现主动延伸服务→实现无感知服务。国网蚌埠供电公司持续规范服务和以客户视角服务，时刻以客户评价和指标为导向，实现服务工单基本无供电业务规范问题，禹风"无感知服务"5大体系搭建并运转顺畅（见图1），20项重点特色项目落地实施的目标（见图2）。

一、创新成果介绍

本成果聚焦国家电网公司战略部署，坚持以客户为中心，以"专业融合、服务在先"理念指引，深化禹风"无感知服务"品牌创建，用思维导图形式梳理全业务规范做法，构建禹风"520"（5项基础体系、20项具体任务）无感知服务体系，以"520"服务体系为推手，将阵地前移、服务前置、力量前倾，打造"一键响应"高效解决客户诉求的通道，不断增加客户黏性。"520"服务体系分为三个层级实现，从清除不良感知、主动延伸服务到最终实现无感知服务，递进式管理达成客户满意、服务高效、指标优良的目标。

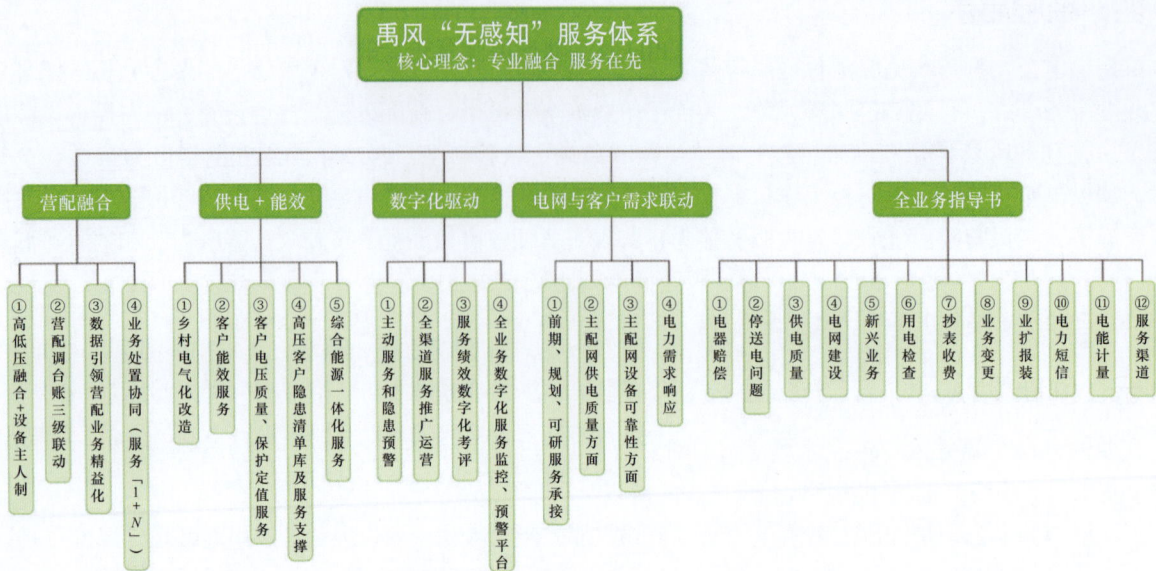

图1　禹风"无感知"5大基础体系

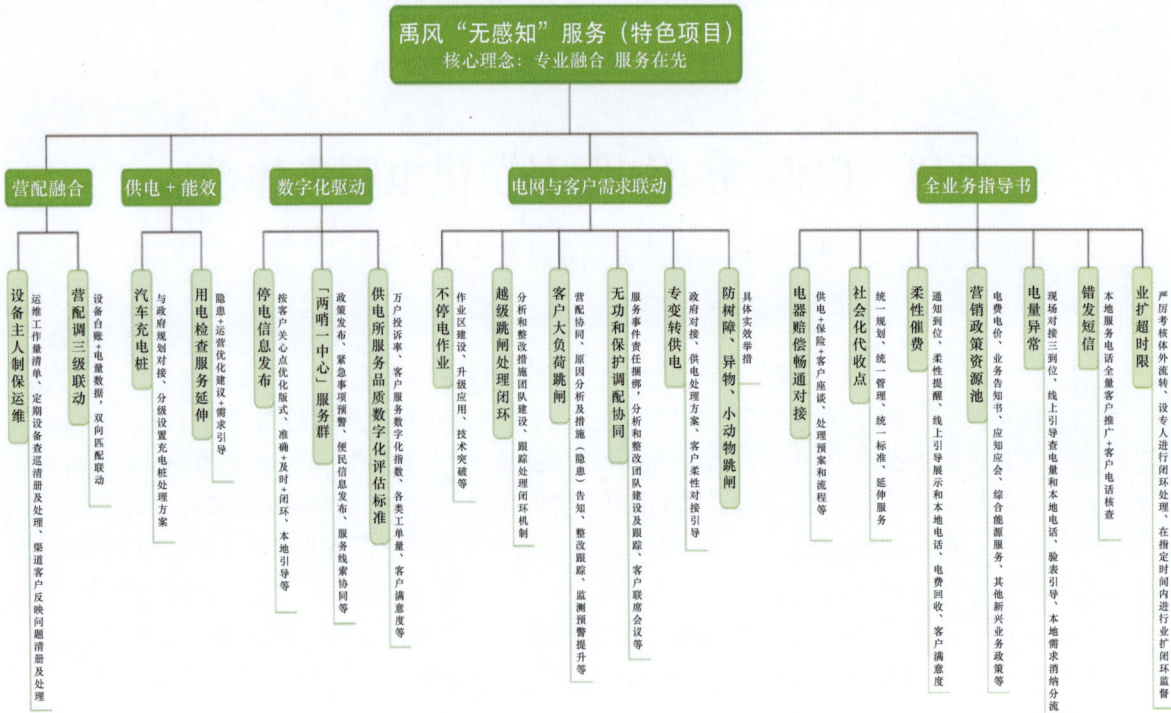

图2　禹风"无感知"20个特色项目

（一）坚持"客户至上"理念，促进服务观念转变

客户的需求是企业整个活动的中心和出发点，企业从事商品生产、交换及市场营销的最终目的即是满足客户实际需求，这就是所谓"客户导向"。客户导向是一种根本导向，任何企业都必须做到这一点，但做到了这一点并不代表该企业就可以与众不同，只有在充分满足客户需求的情况下，将客户导向观贯穿于企业的整个过程，才能达到提高客户满意度的目的。国网蚌埠供电公司为积极适应复杂多变的外部环境，高度重视供电服务品牌建设工作，始终坚持以客户为中心，将"专业融合、服务在先"作为核心理念，以客户满意为目标，以客户体验为导向，坚持"客户至上、服务至上"，从客户视角出发，不断改进服务方式、优化业务流程，让电力服务更加便民利民，切实做到"服务有温度，管理无感知"。

（二）布局基础体系建设，夯实优质服务基础

实践落地"520"无感知服务体系。"5"即全业务指导书体系、电网与客户需求联动体系、数字化驱动体系、供电＋能效体系、营配融合体系五大基础体系。"20"即二十项"无感知服务"特色项目：社会化代收点、专变转供电、柔性催费、营销政策资源池、电量异常处置、错发短信清理、电动汽车充电桩服务、业扩超时限管控、多元渠道服务应用、"两哨一中心"服务群、供电所服务品质数字化评估标准、用电检查服务延伸、不停电作业、电器赔偿畅通对接、越级跳闸处理闭环、停电信息发布、客户大负荷跳闸预警、设备主人制保运维、防树障异物小动物跳闸、无功和保护调配协同等重点特色项目。围绕无感知服务 5 大基础体系，创建 20 个特色示范点建设，树立供电服务品牌，并形成可推广、可复制的服务样板。

（三）强化组织保障体系，推动服务质效提升

国网蚌埠供电公司作为具有基础性和社会公益性质的公用事业企业，想要更好地为国民经济发展提供可靠电力保障，更好地达到服务客户的最终目的，必须要有一套完善的组织保障体系和运行机制。

（1）成立供电服务建设组织机构，为禹风"无感知"提供制度保障。深入贯彻《国家电网有限公司供电服务建设管理办法》的要求，进一步明确国网蚌埠供电公司供电服务建设管理领导小组和工作组，加强对优质服务工作的领导，按照"谁主管，谁负责"的原则，压实各部门、各专业的供电服务建设职责，强化营销、运检、调度、宣传等相关专业协同，全面提高公司供电服务建设管理水平，持续优化提升电力营商环境。

（2）加强供电服务质效考核，推行服务质量标准化管理。以客户满意度为目标和导向，制订科学细致的考核办法，印发《国网蚌埠供电公司客户诉求业务管控考核细则》，坚持奖惩并举，正向激励与反向约束共同发力，鼓励先进、鞭策后进，充分调动各单位（部门）积极性，为真抓实干保驾护航。

（3）畅通客户诉求反映渠道，强化供电服务监督检查。畅通客户用电诉求反映通道，构建 95598 热线、12398 能监热线、12345 市长热线、供电所及网格电话等多层级多维度的全渠道一体化供电服务体系，坚持服务一致性原则同质化管控各类客户诉求，完善客户诉求分派、督办、审核、回访、分析等全过程管控机制；加强对供电服务"十项承诺"、员工服务"十个不准"红线底线的监督检查，严格落实客户诉求调查处理"事件原因未查清不放过，责任人员未处理不放过，整改措施未落实不放过，有关人员未受教育不放过"要求，促进优质服务工作向好向优发展。

二、创新实施过程

（一）领学应用全业务指导书，推行标准化服务

1.全面运用无感知指导书

国网蚌埠供电公司建立"无感知服务"全业务指导书编制审核专班，以现场集中办公、远程技术指导等方式开展指导书编审工作，经过反复梳理营销、运检专业全业务全流程，最终确定电器赔偿、停送电问题、供电质量、电网建设、新兴业务、用电检查、抄表收费、业务变更、业扩报装、电力短信、电能计量、服务渠道 12 大类高频核心业务，以及 207 项具体服务场景。逐项制订工单标准化服务流程，指导基层客户经理规范、正确、高效开展现场工作。为持续推进全业务指导书落地生根，开花结果，市场营销部组织开发了"无感知服务"全业务指导书应用小软件，下发基层班所，全方位领学应用"无感知服务"全业务指导书，推动现场服务工作标准化、规范化。

2.持续开展"服务大家谈"

（1）创新建立服务宣讲团队，破解基层服务难题。为各单位扎实学习、理解、掌握服务技能和专业知

识，减轻基层服务压力，将精力投入到业务规范和过程管控中，变事后忙为事前忙，市场营销部和供电服务指挥中心联合成立市县一体服务宣讲团队，轮流到各单位宣贯、讨论。借助宣讲平台，按照"主辅"结合方式开展宣讲，以属地单位为主，由县区营销分管主任主讲，市公司宣讲团进行辅助宣讲，确保取得宣贯到位、讨论深入，取得服务质效提升的实效。

（2）定期组织召开"服务大家谈"，递进式推动"无感知服务"，让基层知道怎么做，涵养员工服务意识，实现从"一棵树"到"一片树林"的转变。"服务大家谈"通过分层分级分类谈服务心得、反思服务错误的方式开展，选取身边服务质效好的客户经理和被投诉责任人、部门负责人、分管领导登台谈服务心得和反思，活动采取市县视频会形式，已开展九期，直接参与人数 1000 余人次。有责被投诉人员教育学习，市公司营销部统一组织听投诉录音、学习服务规定、要求和案例，经考试考评后重新申请上岗，签订《规范服务行为，提升业绩指标承诺书》，开展两期计 16 人，被教育人员均受到深刻触动并主动表示需要改变自身服务行为，化服务"被动"为"主动"。

3. 坚持服务诉求闭环处理

（1）强化服务工单过程管控。为加强工单闭环管理，提升服务质效水平，层层压实服务责任，层层传导服务压力，国网蚌埠供电公司建立"服务三问"优质服务晨会长效机制，成立工单管控组，每日固定时间召开工单管控晨会，汇报人员下沉至供电所，责任单位、责任人员对前一日工单处置情况进行汇报，职能部室对专业问题进行点评，剖析供电服务中的漏洞、风险，促进工单整改闭环落实，切实将服务压力传递到边到角。

（2）跟踪服务举措闭环落地。坚持发布优质服务管控周报，按周总结投诉、意见工单和客户回访满意率完成情况，针对优质服务管控晨会中各单位提出的专业疑难问题和管控提升措施，组织专业专家进行答复和措施跟踪闭环；通报学习服务典型案例，"一案促改"形成警示教育示范，帮助基层单位举一反三防止同样问题再次发生。

（3）坚持用好客户诉求业务考核"指挥棒"。锚定公司年度零投诉和万户意见率进位目标，分解制订基层单位月度管控值，奖惩并举，强化正向激励，全面推动服务质量提升。通过召开优质服务管控晨会、发布优质服务管控周报、客户诉求业务通报考核等一套"组合拳"，强化服务诉求全过程管控，解决"上热中温下冷"服务管理瓶颈，截至 10 月底，公司实现营销类 95598 零投诉，客户服务满意率达 97.4%。

（二）主动延伸服务，电网与客户需求联动

1. 抓创新强培训，不停电作业再提升

（1）大力拓展新项目，实现技术"新突破"。2022 年，累计完成配电网不停电作业 1559 次，同比提升 18.08%，其中复杂类作业 94 次，同比提升 176%，不停电作业化率 99.73%（业扩不停电作业接火率）。市县公司实现了复杂类作业"常态化"，项目数量和类型不断拓展。省内率先开展 0.4kV "不停电更换柱上变压器"实现"零突破"，工程实施得到国网、省公司表扬，积极通过旁路作业带负荷直线杆改耐张杆加装开关，10kV 中压发电车配合线路检修，实现检修工作现场不停电少停电。

（2）推进培训、取证，完善作业人员梯队。截至目前已完成 5 人复杂证复证，45 人取证培训（10kV25人，0.4kV20 人），市县一线作业人员新补充 11 人，多层次丰富不停电作业人员梯队。

（3）积极备战，竞赛比武获佳绩。公司获得省公司配电网不停电作业竞赛团体一等奖及两项个人三等奖的好成绩，并选派主教练 1 人，选手 3 人代表国网安徽省电力公司参加国网竞赛。

（4）揭榜挂帅，推广作业管理经验。积极开展"配电网工程施工全过程不停电作业论证"省公司课题揭榜，完成了相应的课题论证，并按要求完成了配电网工程施工全过程不停电作业指引，从不停电作业管控要点、配电网工程施工标准不停电作业实施方案、配电网工程施工队伍力量要求等方面，制订全过程不停电施工管控机制，明确工作职责、规范工作流程为省内配电网工程的全过程不停电作业实施提供参考经验、方案。

2. 夯自动化基础，优化保护配置

（1）持续加强配电自动化基础建设，下发建设实施方案技术细则，不断丰富配自主站功能，在同源维护工具实现配电自动化主站图模应用、配电网负荷精准控制功能、配电网故障研判等主站功能的部署上走在全省前列。积极开展配电自动化终端建设，截至 10 月底，共新建配自终端 232 套，配电自动化覆盖率由 37.2% 提升至 51.8%，终端接入率排名全省第 4 位。试点开展故障自愈线路建设，并完成相关自动化设备与主站功能部署及测试。

（2）优化配电网保护配置。打造以双环网形式的目标主网架，通过三级保护定值配合，分层分级管控，实现故障就地隔离；落实开关保护在线标注及台账档案管理，建立故障越级评价机制。

（3）深化故障停运分析。建立故障跳闸事件库，探究开关保护动作问题，逐条优化。累计建档 242 项，同比下降 22.9%，频停线路全部优化，故障就地隔离率提升至 68.26%。

3. 强化问题导向，做精智能运检

（1）深化工单驱动，赋能线路管理。运用供电可靠性评价结果，"标记"线路特征，根据树障、鸟害、雷击等特征及季节特点，由配电网全景智慧管控平台下达差异化巡视工单 6500 次，应用手机端运检软件记录巡查路径及缺陷情况，提升运维质效，今年以来共发现各类缺陷 2266 处，各类故障同比减少 74.2%。

（2）建立外破防范长效对接机制，全面排查配电网线路通道固定施工隐患 274 处，形成外破隐患台账，及时掌握隐患点施工计划，风险隐患，及时下达隐患通知书，开展施工旁站；严格外破责任追究，对各类违章施工有效监管，今年以来外破故障同比减少 59.7%。

（3）构建精益化智能巡检机制。深化智能巡检应用；充分利用运检助手 App、无人机、红外测温、局放检测等智能化设备提升巡视质量，结合配电网特性及设备类型，明确智能巡检要求。重点推动配电网无人机试点应用，推进全域配电网无人机配置培训及应用，推行替代解决配电网人工巡视成本高、雷击闪络等隐蔽性故障难等问题，实现减负增效。截至 10 月底，公司配电变压器日均故障率同业对标排名已经上升至全省第 1 位。

4. 建机制强管理，供电更加可靠

（1）机制保障，体系建立，高度重视供电可靠性管理。出台考核实施方案，明确供电可靠性管理在配电网工作中的领导地位，在目标上要求等高对接沪苏浙，在管理上要求穿透力"横向到边、纵向到底"，强化指标考核，奖惩并重，明确配电网考核围绕供电可靠性指标开展。明确牢固"一把手"责任制，建立全业务全专业的供电可靠性工作人员体系，推动主配协同、主产联动、营配贯通、地县一体、公司全专业、全员工、全要素发力。

（2）细化指标分解，压实管理穿透力。从停电需求分析出发解决停电中可靠性指标控制难的问题，利用单元化指标的细度，遵循可靠性指标管理关口前移这一思路，将管指标延展到管需求、管事项，增强可靠性指标的控制力。

（3）抓实基础数据质量管理，组织开展"线—段—台"维护整改攻坚行动，联合调度、营销、PMS 专业建立异动"T+0"管理机制。

（4）全面落实停电时户数预算式管控。常态开展停电计划预算编制的预估优化平衡、执行过程的动态预警管控、执行情况的多维智能分析评价等工作。2022 年"精打细算"停电计划安排，建立带电审停电、月周时户、大时户数、计划频停等分级审批制度，通过带电复杂类作业、带电配合解引、安装绝缘板、先建联络线后停电、强化作业组织等方式压降停电时户数 34023 时户。截至 10 月底，国网蚌埠供电公司全口径用户平均停电时长 3.0976h/ 户，降幅 55.6%，指标得分全省第一。

（三）数字化驱动，助力服务模式转型升级

1. 发挥"两哨一中心"服务群组带作用

国网蚌埠供电公司坚持问题导向和目标导向，在建功优服中发挥党员服务队的作用，提升服务速度、服务品质，构建"两哨一中心"，即"哨兵 + 哨队 + 指挥中心"服务模式，印发《国网蚌埠供电公司共产

党员服务队"小区电力服务联络站"建设实施方案》，制订"小区电力服务联络站"工作指南，召开"两哨一中心"动员部署会和座谈会，变被动服务为主动服务，有效解决服务客户最后一公里的问题。

（1）党员担任品质服务的前线"哨兵"。每名党员服务队队员在自家小区业主群担任公司优质服务的"哨兵"，负责准确掌握客户诉求，及时收集居民客户的有关用电问题或意见建议，做到阵地前移、服务前置、力量前倾。现已经聘任147名党员服务队队员作为前线"哨兵"。

（2）服务队分队设立品质服务的前线"哨队"。每支党员服务队分队作为一个"哨队"，将居民小区划分为15个网格，对应15个哨队，"哨队"具体组织所属"哨兵"收集居民客户的用电需求、意见建议，协同属地客户经理反馈客户，及时转发解释突发停电、抢修等信息，参与属地供电服务网格以及街道社区组织的现场抢修和志愿服务活动。

（3）服务队总队成立指挥中心。党员服务队总队作为指挥中心，负责全面调度解决收集的问题，为信息发布、业务处理提供全面的支撑保障，及时发布计划停电以及突发故障应急抢修等信息，定期制作最新用电政策解读、新型用电业务以及季节性安全用电等便民信息，为"哨队""哨兵"做好全面的支撑和服务。自2020年4月实施"两哨一中心"服务以来，已为430余名客户提供主动服务，解决群众烦心事500多件，客户投诉数量有效降低。

2.供电所服务品质数字化评估标准

为全面提高供电所客户服务水平，国网蚌埠供电公司聚焦万户投诉率、客户服务数字化指数、意见工单量、客户满意度等服务核心指标，对供电所服务品质开展数字化评估。

（1）梳理因业务不熟练引发的投诉，分类分业务加大技术培养培训，确保人人过关，合格后上岗。优化服务考核办法，奖的精准、罚的精确，重点体现刮骨疗伤式的处罚，增加被处罚当事人挑战免于考核失败后的加罚机制、增加专项工作激励机制、增加区域内典型有效做法贡献激励的考核内容。

（2）季度评选"双零"供电所（班组），评选条件为季度零投诉、零意见工单且无不满意工单。给予符合条件的基层单位供电所、班组通报表扬，属地依照本单位（部门）考核办法进行物质奖励。

（四）供电＋能效，服务双碳目标

1.积极做好新能源服务

在农村地区，光伏企业通过大量租赁居民屋顶建设分布式光伏，台区配电变压器消纳能力受限，不能满足光伏的及时接入，存在较大服务风险。在城市地区，电动汽车保有量暴增，充电桩报装需求旺盛，老旧小区多存在供电容量不足、建筑设计无法满足客户充电桩就近接电或其他如无固定车位、物业不配合等问题，发生充电桩报装困难的问题。为应对日益增长的新能源业务需求，国网蚌埠供电公司积极促请政府出台分布式光伏厂商租赁屋顶建设相关要求，统一规划避免无序接入，在部分台区试点建设小型储能舱，研究分布式光伏最大出力消纳。推动政府出台支持充电设备建设相关细则，积极为居住区充电桩建设提供便利、畅通的渠道。下一步，国网蚌埠供电公司将推动出台投资到红线操作细则，促请政府相关部门在居配工程、分布式光伏厂商租赁屋顶建设、充电桩配建等业务方面争取出台地方性的指导意见。发挥好获得电力工作专班的作用，将各项需要政府部门支持的相关工作纳入对各区县的考评，实现外部体系同频共振。

2.用电检查客户侧服务延伸

国网蚌埠供电公司组织属地单位定期开展高危及重要客户用电安全隐患排查，履行服务、通知、报告、督导"四到位"要求，为客户提供隐患消缺、运营优化建议，针对客户实际需求引导综合能源服务。目前，国网蚌埠供电公司已针对未配置双电源一级重要客户中非煤矿山、化工企业，组织五河、凤阳公司做实、做细延伸服务，免费向客户提供可靠、经济的第二路供电电源方案、客户内部工程设计方案和投资费用概预算，相关资料已送达客户签收并报送政府备案。

（五）深化营配融合，赋能提质增效

1.深化图模应用，精细配调管理

（1）夯实营配融合基础。以工单驱动图实一致业务，正反向校核营配调数据；强化多元数据融合，完

成配自数据接入。

（2）优化功能。绘制停电研判思维导图，规范研判结果确认，优化业务流程；深化配电网三级保护配置，自动开展越级故障分析。

（3）创新应用。创新开展停电研判短信推送，第一时间调动各方抢修力量；开发智能保电模块，"四化"服务保供电工作；线路运行状态可观、可测，通过功能内化实现可开放容量在线计算。

2.设备主人制，把住现场关

国网蚌埠供电公司守牢安全底线，打造现场"把关人"。积极参与省公司带电作业安全风险要点编制，明确作业类型中的典型风险点，并常态开展宣贯培训，典型违章技术分析指导，提升市县公司作业安全水平；开展针对现场"关键人"和青年骨干的专项培训，抓安全、促技能，打造配电带电作业现场"明白人""把关人"，全年带电作业现场安全平稳。

三、项目效益

（一）管理效益

国网蚌埠供电公司通过禹风"无感知"服务品牌创建，不断提升客户服务水平和营销业务质量，截至10月底，公司万户投诉率排名全省第3位，实现营销零投诉。95595客户服务满意率97.47%，意见工单同比压降超过30%。深入开展不停电作业，市县公司实现复杂类作业"常态化"，截至2022年10月底累计完成配电网不停电作业1457次，同比提升14.2%，多供电量463.09万kW·h，减少停电50.3万时户数，不停电作业化率99.08%。

（二）社会效益

截至2022年10月底，累计办结"房产＋电能表"联合过户172户，客户"无感办电"，让数据跑路，解决了客户重复跑、多头跑的问题。

将居民办电全过程压减至5个工作日以内、低压非居民压减至15个工作日以内；试点1250kVA及以下普通用户供电方案直接答复，高压单电源普通客户供电企业办电各环节合计办理时间分别压减至17个工作日以内。电力外线工程道路破复等行政审批事项实行并联审批超时默认制，两个工作日内完成审批。

（三）经济效益

截至2022年10月底，累计为3961户小微企业（含个体工商户）节省投资834万元。2022年投入电网建设资金6.5亿元实施主配电网建设，满足企业就近就便用电。

四、经验启示

（一）多维推动禹风"无感知"，供电服务质效更"高"更"优"

2022年，国网蚌埠供电公司坚决贯彻落实省公司营销部服务质量管控各项工作要求，坚持问题和目标导向，深入实施禹风"无感知"服务，围绕无感知服务5大基础体系，创建20个特色示范点建设；坚持"五围绕五抓"，即围绕重点诉求，抓问题闭环；围绕服务风险，抓事前防控；围绕质效管理，抓专业协同；围绕服务素质，抓精准培训；围绕本地渠道，抓同质管控。

（二）打出优化营商环境"组合拳"，获得电力水平持续提升

2022年，国网蚌埠供电公司认真贯彻落实省委"一改两为五做到"要求，立足"企业感受第一评价，群众满意第一标准"，在服务区域经济社会发展、服务民生改善、持续优化营商环境中，进一步优化办电、用电全链条业务流程，有效提升全市"获得电力"服务水平。一是压减环节，办电更省力；二是缩短时长，办电更省时；三是降低成本，办电更省钱。

（三）绘就营配高效协同"同心圆"，客户用电更可靠更放心

（1）成立政企客户经理专属团队，针对不同重要等级的用户建立联系机制，每季度至少对接1次，实现"一个政企客户、一个客户经理、一个服务团队"的高效服务保障。

（2）在固镇创新试点"四长制"服务（线路长、区长、所长、片长），以"大片区＋小网格"模式，建立营配调统一机制，深化末端运维、抢修及营销服务的融合网格化管理，构建快速响应的服务前端，打造"冲得上、顶得住、打得赢"的服务队伍，为客户提供安全、优质的用电服务。

（3）建成滨湖新区"零计划停电"示范区（供电面积 17km²、覆盖文教、商业、旅游的区域 6.4 万户用户），逐步向自贸区国网蚌埠片区和县域核心区推广。

五、创新团队

禹风"无感知服务"体系，由国网安徽省电力有限公司江和顺、吕斌、葛斐、张秀路、王志琦、孙建连等创新团队成员完成并实践应用。

国网安徽省电力有限公司蚌埠供电公司，始建于 1962 年 10 月，作为国家电网公司一流供电企业，国网蚌埠供电公司担负着蚌埠市区、怀远县、固镇县、五河县和滁州凤阳县的供电任务，供电面积 7897.12km²，供电人口 468 万。市公司现有职工 781 人，县公司全民员工 979 人，农电员工（含市郊所）1583 人。区域内现有 500kV 变电站 2 座，容量 300 万 kVA；220kV 变电站 16 座，容量 525 万 kVA；220kV 线路 47 条，长度约 954km；110kV 变电站 42 座，容量 393.8 万 kVA；110kV 线路 96 条，长度约 1270km。公司先后荣获全国文明单位、全国"五一"劳动奖状、安徽省先进集体、安徽省文明单位，国家电网公司先进集体等荣誉称号。2021 年，公司党委荣获"安徽省先进基层党组织"和省公司"红旗党委"；禹风共产党员服务队荣获"国家电网优秀共产党员服务队"称号，公司 8 个集体、14 名个人获得国家电网公司、省公司和蚌埠市委"两优一先"表彰。

光伏电站全过程主动服务的流程创新

国网安徽省电力有限公司淮南市潘集供电公司

引言

光伏电站是指与电网相连并向电网输送电力的光伏发电系统，属国家鼓励的绿色能源项目。2020 年 5 月，国网安徽省电力有限公司淮南市潘集供电公司（以下简称潘集供电公司）三轮车党员服务队到高皇镇光伏电站开展并网咨询、现场检查等志愿服务时，发现走访的 12 家光伏电站中，有 10 座存在维护不及时、跳闸后未能及时恢复发电等问题，平均发电效率仅为理论发电效率的 60%，给农户收入带来较大影响。后来，通过全量的现场巡视走访，并与当地政府和光伏厂家对接，了解光伏电站运维机制、存在太多问题：①多数光伏电站规模小、地点分散，厂家运维工作难度大、成本高，电站缺陷隐患难以得到及时维护；②因维护不到位，光伏电站并网后存在发电效率不高、线路频繁跳闸和发电异常等问题，直接导致农户特别是脱贫户的重要收入来源——发电电费锐减；③多数农户缺乏设备维护、光伏发电等知识，与厂家对接不畅，无法及时发现电站异常，发电收益受影响。于是，服务队与公司专业业务管理部门就这些问题如何解决展开讨论，一致认为：可通过线上渠道（光 e 宝、用电采集系统数据分析）及时发现光伏电站发电异常，线下（客户经理走访）核实电站运行存在问题，搭建志愿服务平台，发动志愿者帮助农户解决简单设备隐患，教授农户基础运维知识，帮助他们获得高效、稳定的发电收益。

一、创新成果介绍

潘集供电公司认真贯彻落实网省电力公司、市供电公司服务乡村振兴战略工作部署，积极响应区委区政府关于推进乡村振兴战略的总体要求和"合理利用塌陷区资源，开展资源综合治理"战略规划，把改善人民生活、增进人民福祉作为工作出发点和落脚点，坚持节能减排、环境保护、绿色开发的发展战略，不断探索主动服务的方式方法，发挥电网企业专业优势，打造光伏电站全过程主动服务流程：项目实施阶段，成立工作专班，设立光伏客户经理，提供电管家一站式服务；项目运维阶段，通过建立"包干式"服务响应体系和"网格化"互助平台，有力实施"党建＋"光伏运维专项服务项目，保障发电收益最大化；建立"当月申报、当月兑现"的光伏发电结算"ETC"绿色通道，实现光伏收益能控、可控、在控，保障、提高农户光伏发电收益，助力乡村光伏产业可持续发展，让"阳光存折"储蓄幸福生活。

二、创新实施过程

（一）项目实施——电管家一站服务

1. 成立工作专班，精简办电流程

潘集供电公司立足自身职责，按照"四个统一""便捷高效"和"一口对外"的基本原则，进一步整合服务资源，压缩管理层级，精简并网手续，并行业务环节，推广典型设计，开辟"绿色通道"。专设光伏客户经理，负责对接大型光伏扶贫电站或政府重点光伏项目。摸排项目需求，超前上门服务，主动向光伏电站明确并网工作准备流程、需提供的各类材料清单、各环节的办理时限要求、各流程的主要联系单位等事项。紧盯工程实施进度，协调配电网专业完善线路保护和相关配套工程建设。把住关键环节，分阶段及时开展光伏电站土建部分和电气设备的验收工作，及时出具验收报告，对验收中发现的问题或隐患配套出具相应的整改措施意见书。并网验收合格后，第一时间协调倒送电，为光伏电站安全并网做好技术支撑。

2. 开展技术指导，确保并网顺利

潘集区政府提出"合理利用塌陷区资源，开展资源综合治理"战略规划，结合塌陷区优势，紧抓国家光伏产业政策机遇，推动水上光伏发电项目招商引资。工程设计中，漂浮式水面光伏电站安装难度要远大于地面光伏电站。潘集供电公司根据行业经验提出了电缆入水、光伏板小角度倾斜、合理建设运维通道3点建议，帮助潘阳光伏水上电站建设提供了有效指导。

3. 做实信息公开，透明办电流程

（1）规范办电服务行为。全渠道公开客户办电工作流程、办理时限、办理环节、申请资料等服务标准和收费项目目录清单。

（2）公开供电信息。按月及时公布本地区配电网接入能力、容量受限情况和间隔剩余信息。

（3）闭环服务监督。公开12398能源监管热线和95598等供电服务热线，保障用户知情权。

（二）项目跟进——阳光存折促增收

潘集供电公司通过对周发电量偏低和长期发电效率低下的光伏电站进行了统计、分析和现场巡视，找到了光伏电站的运维难点，并建立了以皖美党员服务队为核心的志愿服务体系，有力实施"党建＋"光伏运维专项服务项目。

1. 建立"包干式"服务响应体系

搭建"诉求收集—问题解决—协调跟进—疑难突击"4级服务通道，实现"服务包干到户、责任包干到组、协调包干到所、难点包干到队"的4级响应体系。"一户一员"：确保诉求有人接，为每户光伏客户配备专属客户经理担任信息联络员，负责诉求的收集、上报、反馈和简单问题解决。"一乡（镇）一组"：确保问题有人管，乡镇供电所根据辖区范围组建1～3个志愿服务小组，为每个建有光伏电站的乡镇配备1个小组，开展技术服务，负责处理信息联络员上报的诉求，定期开展光伏电站发电效率线上检查和线下设备巡视。"一所一部"：确保项目有人盯，供电所支部书记担任协调指导员，负责服务活动跟进、检查，协调解决各小组遇到的问题和困难。"一队一团"：确保难事有人办，各志愿服务分队组织专业技术人员成立光伏专家团，开展疑难问题处置，组织光伏厂家、运维等团队定期开展现场指导与帮扶。

2. 打造"网格化"联动互助平台

以乡镇供电所为单位，将辖区内光伏电站用户、光伏设备厂家、乡（镇）政府和志愿服务小组纳入同

一"网格"，搭建网格联动、会商平台。建立线上 24 小时服务群，志愿者了解到光伏电站用户帮扶诉求后，协助联系网格内有关负责人，架起光伏电站利益相关方之间的"互助桥梁"。制订恶劣天气应急处置办法，对暴雨、风灾等突发事件，出动突击队，采取抬高、保护变电器、计量表计和光伏板等举措，帮助农户避免硬件和电费损失。

3. 构筑"长效化"服务保障机制

成立由服务队总牵头、营销部协调推动、团委组织发动、供电所具体实施的领导组织机构，自上而下有力推进。一是技术保障服务到位：志愿服务小组按周开展电量异常监测，筛查出发电量异常、发电效率低下用户，并在一个工作日内进行现场核查处理，按月开展设备巡视，及时整改供电侧存在隐患，协助政府和厂家开展电站侧隐患整改。二是培训保障授人以渔：针对光伏电站规模较大的村镇，面向具备一定电工知识基础的人员，开展光伏电站基本发电原理、发电量异常检查、基础运维检修等宣传培训，充实社会保障力量，帮助农户更快、更安全地解决光伏发电异常等问题。

（三）项目售后——配套服务显特色

并网后光伏项目的投资收益是光伏企业关注的焦点。潘集供电公司落实责任担当，实行光伏发电收益主动结算、及时兑现的后续配套服务。专项工作组认真贯彻落实政府及上级部门相关文件要求，统筹协调营销和财务等相关部门，建立"当月申报、当月兑现"的光伏发电结算"ETC"绿色通道，由营销部月初根据抄表结果申报本月光伏结算预算，财务资产部当月同发电客户完成购网电费结算工作，保障光伏收益从抄表发行到结算专人负责、专项对接，做到流程不脱节、时间不拖延，确保辖区内光伏客户及时收到光伏发电收益。

三、项目效益

（一）提升电站光伏发电水平

（1）减少故障停运，增加发电时长。服务队累计发现并协助解决用户侧技术问题、设备隐患 216 起，及时恢复发电上网，帮助用户挽回经济损失 13 万余元。

（2）提高发电效率，增加发电收入。两年来，持续发电异常的光伏电站减少 90% 以上，平均发电效率提升 3%。

（3）延长设备寿命，增加使用时间。经过定期巡视和运维指导，全区光伏电站运行状况更加稳定，有效延长光伏发电设备使用寿命 3～5 年。

（二）助力区域产业发展和生态修复

（1）解决了塌陷区招商引资、乡村旅游等重点工作的电力配套保障以及搬迁安置区电力配套设施完善，在高质量发展过程中，保障和改善民生。

（2）解决了塌陷区电力设备维护难的问题。帮助政府和搬迁安置的用电方实现用电保障，为不断开创沉陷区治理新模式，加快建设资源节约型和环境友好型城市作出贡献。

（三）树立了良好的供电服务品牌形象

（1）志愿者通过项目实施为光伏用户提供主动服务，在实践中积累了丰富的实践经验，在服务他人中融洽了客户关系，在多方沟通中锻炼了工作能力，在奉献他人的过程中收获了个人成长。团队成员平怀虎同志积极响应党和国家"全面打赢脱贫攻坚战"号召，主动请缨奔赴夹沟镇林场村，开始了驻村扶贫生涯。2022 年 2 月 26 日，在国家电网有限公司服务脱贫攻坚总结表彰大会上，他荣获服务脱贫攻坚先进个人荣誉称号。

（2）通过项目实施，打造了潘集供电公司"皖美"服务品牌，有效融入了地区乡村振兴大潮，为提升乡村治理水平发挥动能，优化营商环境、助力地区生态修复建设工作获潘集区委书记批示，予以充分肯定。

四、经验启示

潘集供电公司积极响应区委区政府"合理利用塌陷区资源，开展资源综合治理"战略规划和网省公司、市公司乡村振兴工作要求，打造光伏全过程主动服务的流程，全面实践了国家电网公司"以客户为中心，专业专注，持续改善"企业核心价值观。一是成立工作专班：成立精简、灵活的管理队伍，畅通管理渠道，提高工作体系运转效率；优化电网资源配置，强化内外部协同管理；精准服务，支撑决策，保障综合能源服务项目快速发展。二是建立落实"包干式"责任体系：针对乡村光伏电站小、多、散，建立四级责任包干机制，通过主动亮身份、亮职责、亮承诺，专人负责信息收集、反馈，分组进行区域包干，支部牵头协调跟进。三是搭建"网格化"互助平台：深入整合志愿者资源与服务，推动乡村光伏电站各利益相关方直接互动、提供服务，形成"设备巡视—清理维护—异常分析—应急处置—基础培训"五位一体守护体系，保证项目的适应性、可推广性。四是实行"双维度"发展模式：一方面在村镇电工中大力培养光伏专业技术人员，充实社会志愿力量；另一方面，常态开展电力志愿服务，保障农户可观的发电收益，助力乡村光伏产业的持续振兴。

五、创新团队

光伏电站全过程主动服务流程，由国网安徽省电力有限公司淮南市潘集区供电公司静、潘辉、周文、訾君、王以山、郭骏、平怀虎、秦琛、冯旭、王建海等组成的创新团队完成并推进实践应用。

国网淮南市潘集区供电公司是国网安徽省电力有限公司的全资子公司，担负着淮南市潘集区全境及蚌埠市怀远县唐集镇共计 12 个乡镇的供电任务，供电面积 660km²，用电客户 21.14 万户，先后荣获国网安徽省电力有限公司"一流县级供电企业""安全生产先进单位""县级供电企业基础管理优秀单位""农电安全管理先进集体"，安徽省文明单位创建优秀品牌等多项荣誉称号。中心供电所作为服务乡村发展的主体，是公司安全生产、经营管理、供电服务、品牌宣传的一线阵地和窗口。2022 年贺疃中心供电所获评国网五星级供电所，泥河中心供电所获评 2022 年全国质量信得过班组荣誉称号。

新型电力系统下低压分布式光伏运营管控与实践

国网安徽省电力有限公司六安供电公司

引言

安徽六安是著名的大别山革命老区，也是名副其实是"光伏之城"，光伏发电家喻户晓，光伏扶贫人尽皆知。国网安徽省电力有限公司六安供电公司（以下简称六安供电公司）结合历史优势及自身网源特性，探索低压分布式光伏运营管控与实践，支撑新型电力系统的建设。

低压分布式电源作为集中供电方式的有益补充，对于优化我国能源结构调整、推动节能减排降耗、实现国家"双碳"目标以及经济可持续发展具有重要的战略意义，低压分布式电源正逐步成为当前电力系统的重要组成部分。在规范分布式电源接入的同时，建立合理有效的分布式电源调控管理体系对地区分布式电源的健康发展至关重要。六安供电公司着力于分布式新能源改造建设工程，积极承接国家电网公司管理示范项目计划（企管综合〔2022〕9 号）的试点研究工作，从技术创新、管理创新构建低压分布式光伏的运营管控体系，通过试点实践、拓展保障推动运营管控体系的实践总结和推广应用，提高地区调度对分布式光伏的集约化管控，护航新能源发展，推进构建以新能源为主体的新型电力系统，实现电网绿色转型及可持续发展，助力"双碳"目标落地。

一、创新成果介绍

本项目自 2021 年起实施，研究相关需求，搭建实验室测试环境，开发部署分布式电源监控相关平台；2021 年，着力完善相关管理制度、标准、细则，逐步建成分布式电源接入管理体系；2021 ~ 2022 年，以六安叶集 10kV 平熊 04 线开展试点验证工作，推动六安供电公司示范区建设，逐步在合肥、亳州、铜陵、淮北四家地市供电公司推广应用。目前已完成六安、合肥、亳州、铜陵、淮北等试点区域的低压分布式光伏改造实践，涉及 100 多个低压光伏台区，共 200 多户光伏用户的改造。每个用户每天预计新增发电量 10kW·h，预计全年增加屋顶光伏发电 12 万 kW·h。

本项目应用电力大数据技术和先进计量技术，在推进分布式光伏技术进步、先进技术普及、服务新型电力系统建设方面具有重要意义。如果在全省推广，按全省 30 万光伏用户计算，全年增加并网发电 300 万 kW·h，有效助力了新型电力系统的建设。

本成果 2022 年 11 月经管理创新项目评审有关专家鉴定，选题较好，具有较强的示范效果和推广价值。项目研究成果作为国网专项研究任务的子课题，通过国家电网公司成果审查，得到了国家电网公司的高度肯定，在全网征求意见后，将全面推广应用。

二、创新实施过程

（一）技术创新，提升分布式光伏运营管控能力

1. 研制分布式光伏监测控制设备

全面研究物联网最新技术，运用双模（HPLC+HRF）和 5G 通信技术，针对逆变器的厂商、型号和对应的通信规约协议，研制分布式光伏监测控制终端，支持通过双模与集中器通信，或通过 5G 与采集 2.0 主站进行数据交互，光伏调控终端支持国家电网公司 698 通信规约，具备逆变器规约自动适配、分钟级高频采集数据采集、数据实时补召、控制命令优先执行和本地边缘计算分析等能力，能满足六安供电公司对分布式光伏"可观、可测、可调、可控"的需求。结合采集 2.0 基座的大数据分析与处理能力，提升光伏台区计量箱数字化能力，为异常实时监测、光伏负荷与电量预测、光伏柔性控制与刚性控制等功能提升数据支撑，实现对台区侧低压用户的电能质量在线监测、光伏运行监测分析、消纳平衡分析，及配电变压器反向重过载、三相不平衡等异常监测（见图 1）。

通过自主研发光伏协议转换器，能自适应现场各逆变器厂家的私有 Modbus 协议和国网 698.45 标准协议的转换，同时通过自主研发的外置接口转换装置适配多种逆变器厂家的通信接口，实现设备的即插即用，并可支持光伏数据采集器的本地、远程升级，做到对台区光伏负荷数据高频采集，实现对光伏并网的远程刚性控制和柔性控制，同时实现光伏系统可观、可测、可控。

2. 制订分布式光伏调控测试规范

为做好低压分布式光伏接入测试工作，国网六安供电公司搭建与之配套的试验室测试环境（见图 2），建立全额上网、余电上网、计量采集控制环境，从通信组网、采集性能、监测功能、控制功能四个方面进行测试。通信组网方面，测试规约转换器或电能表对智能断路器、逆变器规约转换情况及兼容性能。采集性能方面，测试电能表、逆变器采集性能，测试电压、电流、有功功率曲线分钟级数据采集能力。监测功能方面，测试电能表电能计量、电压监测等功能，采集主站对电压、谐波的监控采集功能。控制功能测试方面，测试刚性控制模式智能断路器执行跳闸、合闸断路器动作情况，测试电能表断电后及智能断路器跳闸后，防孤岛保护功能启动。通过试验室测试，提前发现和解决现场实施时可能出现的问题，为现场实施及分布式光伏安全运行打下坚实基础。

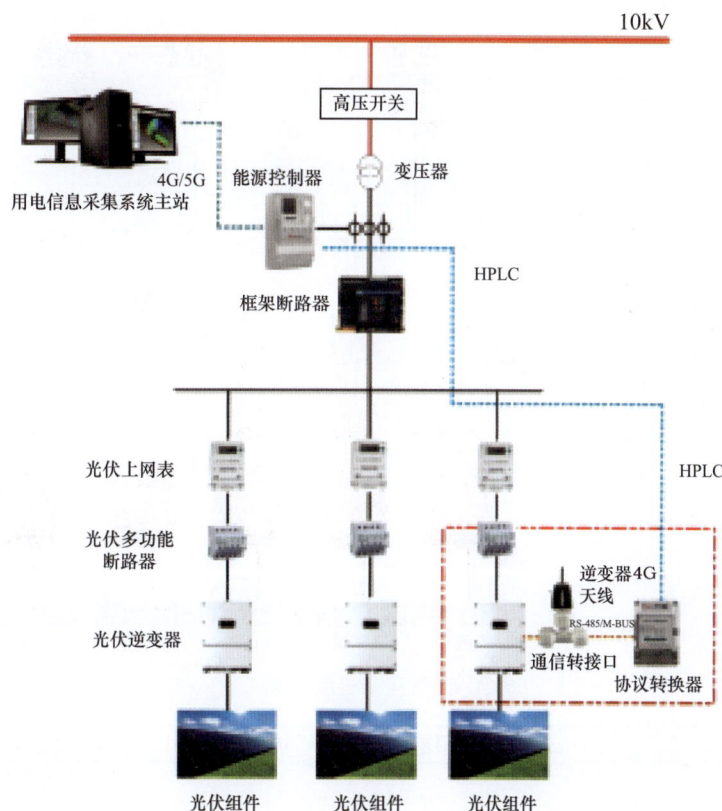

图1 光伏柔性控制技术架构

3.优化分布式光伏数据采集机制

（1）优化数据采集方式。选择国内主流双模通信技术（HPLC+HRF），通过完善集中器、CCO、STA的采集策略，实现对分布式光伏用户光伏的逆变器、断路器的数据进行采集，确保光伏用户分钟级数据采集的稳定性、可靠性。

（2）优化组网控制方式。采用"新型集中器＋协议转换器＋逆变器"数据交互组网方案、4G/5G上传采集主站方式，集中器和新型台区智能融合终端远程通过4G/5G等方式与采集主站通信，本地通过HPLC与电能表通信，电能表通过RS-485/蓝牙与断路器通信。电能表通过RS-485/CAN/M-BUS等方式与数据采集器通信。

（3）优化采集与调控设备。统一计量采集设备配置标准，安装能源控制器在台区变压器低压侧，执行采集主站下达的命令，采集台区下光伏用户发电信息及逆变器信息，主动上报异常信息。将原有普通断路器改为光伏断路器，针对单相并网用户，采用远程光伏微型断路器，具备通信功能，可通过电能表RS-485通信控制分合闸，具备防孤岛功能；三相并网用户采用光伏塑壳断路器，具备通信功能，通过RS-485/载波通信可控制分合闸，具备防"孤岛"功能；现场更换逆变器的并网断路器为光伏断路器（具备防孤岛），实现离并网控制及状态监测；增加协议转换器，实现逆变器状态检测、参数实时调节、控制；能源控制器承接控制指令，通过协议转换器下发逆变器控制指令，实现光伏逆变器的有序控制（见图3）。

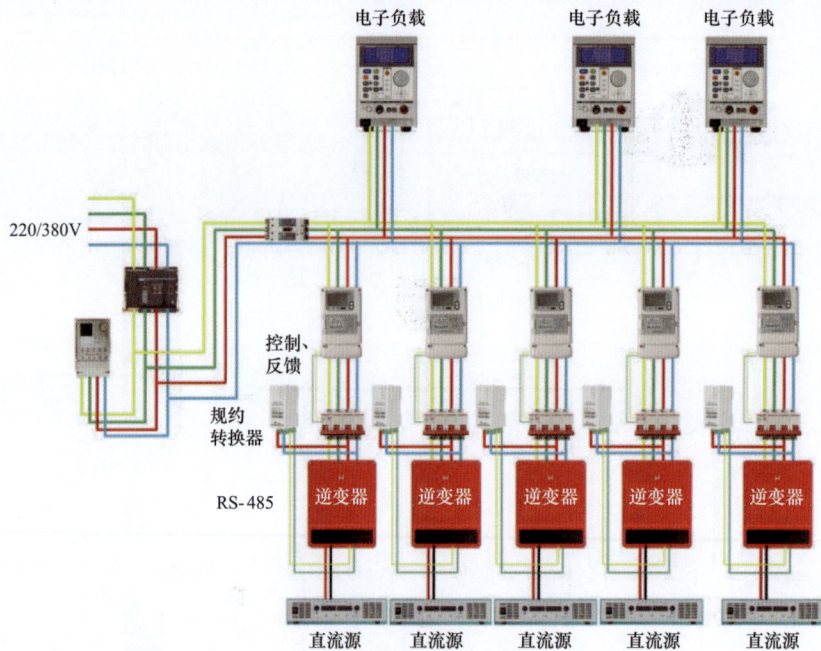

图2 试验室测试系统架构

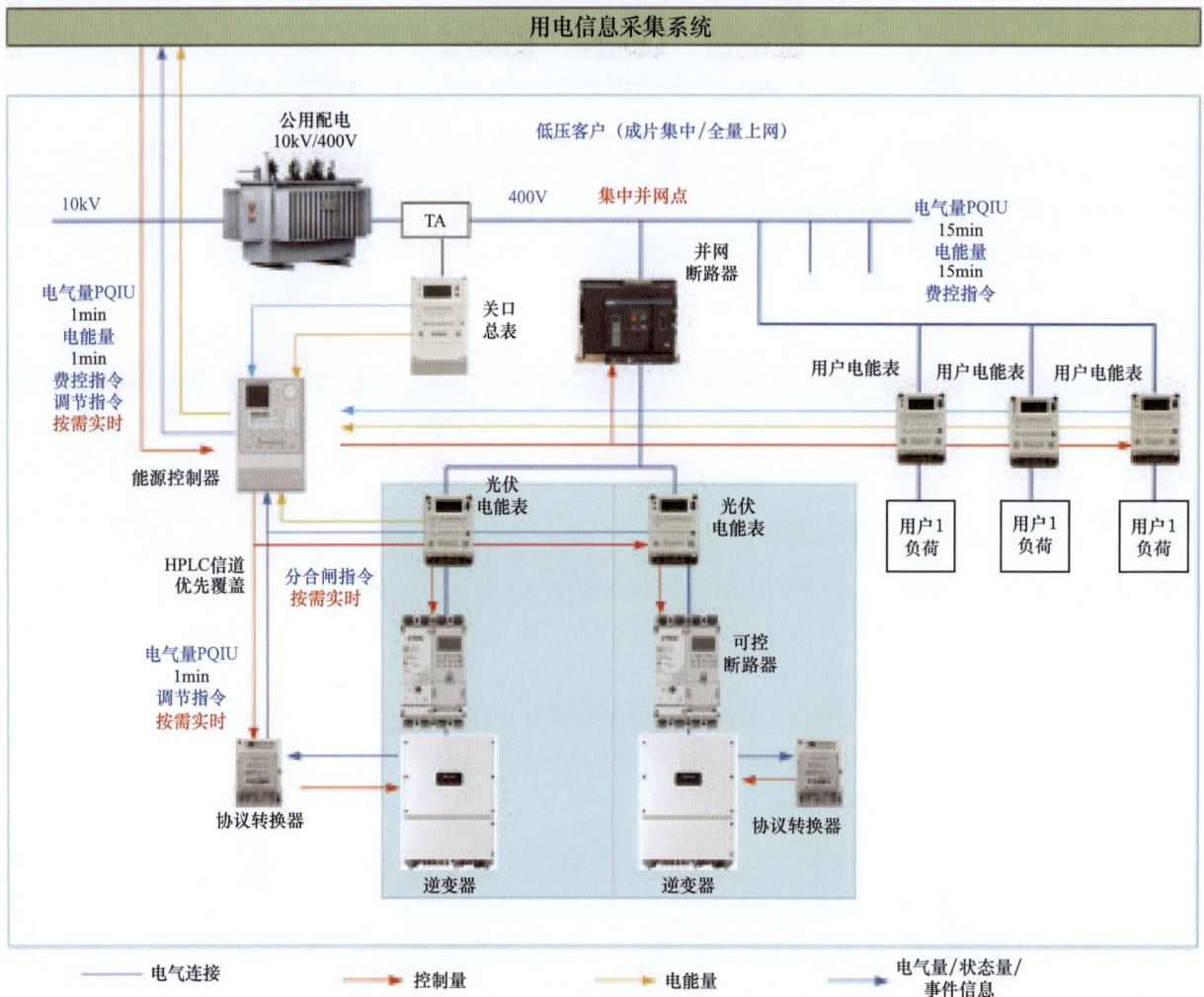

图3 低压分布式光伏用电信息采集系统

4. 诉求量的问题特性

根据前述非结构化诉求的标签定义和问题治理方法，将客户诉求按一般诉求、服务优化、卡口问题、纠纷问题四大类打标分析，发现一线业务优化几乎已无空间，加大供电企业内部卡口问题治理及深层次矛盾纠纷的专题研究及应对是显著提升公司整体供电服务水平的最有效手段（见图5）。

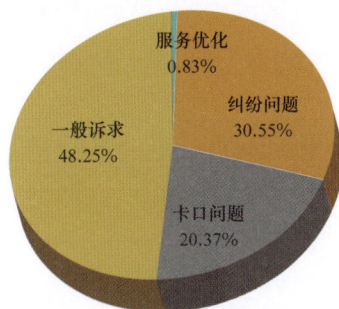

图5 客户诉求解决难易程度分析图

三、供电服务数字化实践经验启示

供电服务数字化实践引领供电服务创新，提升供电服务水平，满足社会的"获得电力"感，产生的社会效益、经济效益等多重效益是显而易见的。在全年全口径599笔诉求中，诉求5笔及以上项目共20项，累计诉求245笔，平均项目诉求数12.25，诉求占比40.9%；诉求1～4笔项目168项，累计诉求257笔，平均项目诉求数1.53，诉求占比42.9%；不涉及项目诉求97笔，诉求占比16.2%。综合以上事件及数据分析，存在不可调和矛盾问题的项目占比较高，消耗了大量服务响应资源。反向思考，解决一项不可调和矛盾将极大压降渠道诉求及提升客户服务满意度。坚持按以上问题辨识和治理方法开展服务诉求监控分析，能有效提高服务管控中的风险辨识和治理能力，改善服务体验，推动业务水平优化。由此产生的经验启示在于：

（一）服务数字化应从问题入手

全量诉求难以结构化分析，数字化管控效率低，因此，服务数字化管控应从共性问题打标入手，监控问题标签数量、占比，针对性地协调治理、报备考核以及压降占比，稳步减少直至消除卡口问题。

（二）服务创新应紧跟技术应用

（1）差异化接入。建议对无理诉求客户设置标签，结合用电客户全景视图，在话务接入流程中设置差异化接入策略，在判定客户全景用电地址无停电情况下，对来电采用自助语音流程响应，规避重复无理诉求消耗服务资源。对于标签定义为价值客户的自动切入VIP人工流程，一般客户采用半自助流程。

（2）ChatGPT技术应用。尝试利用客户交互语音数据，开展诉求响应ChatGPT预训练和自然语言处理模型训练，探索将其应用于问题标签自动打标、座席话务质检等场景。

（三）服务提升应重视价值创造

当前，责任文化盛行，服务管控讲究责任压实、层层传导、过程合规、全量考核。大量提级管控要求使各层级更关注责任边界和响应合规，变向削弱了对解决问题本身的关注及资源投入；同时，关注范围扩大化导致服务风险辨识困难，不合理诉求的过度服务导致客户预期增加、满意度下降。

反之，如果以"满足客户合理诉求、为客户创造价值"为导向，将培育出"人人把客户的事当事"的文化氛围，从而真正为客户解决问题、创造价值，则能切实提升服务水平和客户感知。

四、供电服务数字化实践问题与建议

将客户诉求转化为价值业务场景，应聚焦未被满足的痛点问题中的政策执行盲区，在切实解决客户问题的同时，实现自身价值创造能力、市场竞争力的全面提升，实现多方共赢。例如业扩诉求中主要存在以下四类痛点盲目：

（1）业扩制度性红线问题。资质准入、框架招标等保护性措施导致电力工程市场业务垄断、成本偏高、客户不满。开放姿态引入竞争，是培育和发挥自身能力优势的根本，供电企业更应从供端透明、规范机制入手，为良性竞争搭台从而成为真正的平台方和市场秩序维护者。

（2）新住配规范入网问题。住配项目投建的开关站送电后移交为城市配电网络节点，其用地权属存在争议，导致配电间隔使用调度和运维困难，也存在受限于上游节点影响送电问题。建议开展政策合规性研究及市场引导、选址及送电时序技术标准优化。

（3）红线外工程投资问题。国办函〔2020〕129号明确供水、供电、供气、供暖接入工程红线外费用不得由客户承担，但当前湖北地方政府并未出台实施细则从而无法落地。

（4）新业态服务盲区问题。例如，储能独立市场主体、新型负荷聚合商入网和参与需求侧响应需求，当前无明确的落地流程；20MW以上分布式电源接入业务流程在现有实施细则中未明确。供电企业应加快对这些市场需求感知、政策研究及推动落地。

多样化供电服务推动乡村电气化发展

广东电网有限责任公司广州供电局

引言

2019年以来，南沙区政府全面落实《粤港澳大湾区发展规划纲要》，携手港澳全力建设粤港澳全面合作示范区，开放创新合作、优质生活圈建设等方面形成引领示范。为契合南沙区的发展规划，南沙供电局优化广州地区营商环境，确保电网安全和电力可靠的同时，将南沙区建成能源综合利用典型示范区。

依托榄核镇振兴乡村政策，当地供电所配合政府制订《南沙榄核绿村乡村振兴实施方案》，通过在榄核绿村建立网红集市、特色民宿、农耕研学，旨在打造以智慧能源为主体的"安全、可靠、绿色、高效、智能"的华南首个低碳绿色乡村，助力实现振兴乡村的战略目标——生活富裕、治理有效、乡风文明、生态宜居、产业兴旺。

一、创新成果介绍

榄核镇位于南沙区西北部，境内河网纵横，水土肥美，素有"鱼米之乡"的美誉。为进一步改善农村人居环境，从绿水青山到金山银山转化，南沙区制订了《南沙区新乡村示范带建设工作方案》。榄核镇因地制宜，谋划了农耕水乡新乡村示范带，以河涌为线串联4个行政村，打造成为乡村振兴示范乡村。根据《南沙榄核绿村村乡村振兴项目实施方案》，绿村规划打造为粤港澳大湾区以产为基底的农耕研学振兴示范村、广东省乡村振兴的示范村和广州乡村农耕文化生活新地标。

为了结合乡村振兴项目建设，加入低碳绿色电力元素，广州供电局联合南方电网大数据服务有限公司开展实地走访，形成了绿村现状报告。在了解现状的基础上，积极开展绿色低碳乡村设计。通过引入光伏、充电站、电磁厨房、智慧路灯、智能配电房、智能家居、运营商5G信号覆盖等等技术，规划项目整体布局，实现绿色能源、低碳环保。

二、创新实施过程

榄核绿村振兴乡村一期参观路线设计（见图1）；二、三期规划将建设环村绿色跑道（引入智慧灯杆）、特色民宿（居民电气化改造、智能家居）、居民充电桩、现代农业项目（光伏）等。结合项目示范场地情况，项目初期涉及引入10个综合型增值业务的示范项目落地（见表1）。

图 1 橄榄绿村电气化总体规划

表 1   项目引入增值业务表

增值业务	建设场所
光伏	网红集市二层楼顶，研学基地停车场、教学区、特色民宿屋顶
充电桩	研学基地停车场
智慧灯杆	榄核镇人绿路（绿村口）
智能电房	绿村村安置区公用变压器房
智能台区	绿村村安置区公用变压器房低压台区
5G 基站	绿村村委
电磁厨房	研学基地厨房、网红集市展示区
智能家居	特色民宿
智慧路灯监控平台	网红集市展示区
能源管理平台	网红集市展示区

（一）研学基地

研学基地共有 15 座单体建筑，室内面积共 1011m²，包含研学教室、办公室、厨房、厕所、停车场。根据研学基地特点和需求，规划车棚光伏 2 个、电磁厨房 1 间。

（二）网红集市

在网红集市加建二层时，加装屋顶光伏电站，装机容量约 55kW，每年发电量 4.6 万 kW·h（见图 2）。

（三）智慧路灯

计划在榄核镇绿村村人绿路主干道（可按照参观路线）安装智慧路灯（见图 3），每根智慧路灯电杆配置智慧照明、乡村大喇叭、摄像头、环境监控、5G 基站接口、警务联动等便民功能，计划建设 10 根杆。

（四）充电站

在村委停车场，电动汽车充电站，直流充电桩每根 60kW，共 4 根，满足示范村充电使用需求。

（五）智能电房 + 智能台区

结合乡村振兴项目，榄核镇政府在示范区投资建设配电房，并移交南沙供电局，供电局在建设的配电房基础上进行智能化改造，新增电气监测、环境监测、安防监测、视频监控等，并在主要低压安装低压回路测控终端、分析监测装置、换相开关等，实现低压分支线路的遥测、遥信，快速采集各项数据，快速作出数据评判，发出报警（见图 4）。

（六）特色民宿

特色民宿安装屋顶光伏、充电桩和智能家居，利用智慧用能技术、综合布线技术、网络通信技术、安全防范技术、自动控制技术、音视频技术将家居生活相关的设施集成，构建高效的住宅设施与家庭日程事务的管理系统，提升家居安全性、便利性、舒适性、艺术性，并实现环保节能的居住环境。

（七）平台展示

在网红集市建设监控展示厅，具备后台监控运维和展示参观学习功能，监控厅配置智慧路灯平台和能源管理平台（见图 5），实现整个绿村智慧能源系统的实时监控和展示。依托镇政府振兴乡村建设资金，可委托有电能量管理平台的公司开发综合能源管理系统，主要展示示范区内各能量流、设备负荷情况等。

网红集市

网红基地加盖二楼时加装屋顶光伏 46m×12m，容量 55kW，每年发电量 4.6 万 kW·h

乡村振兴展览厅/乡村建设展览馆/村史馆

监控展示厅
4m×6m

小型电磁厨房体验区

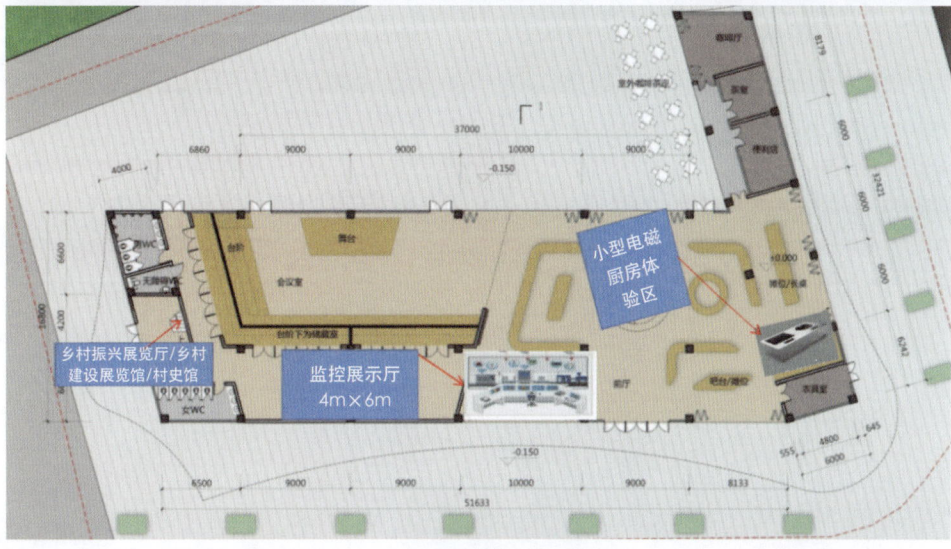

图 2　网红集市效果图

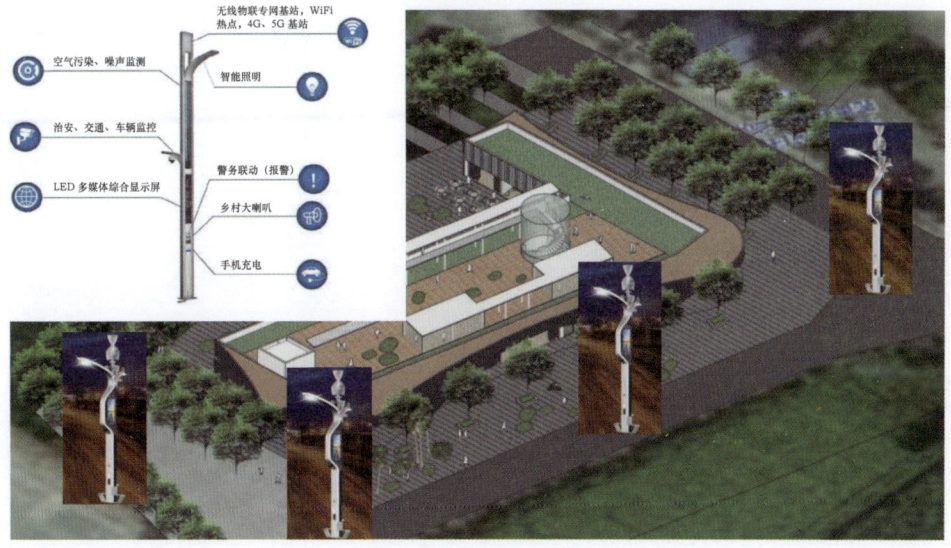

无线物联专网基站，WiFi热点，4G、5G 基站

空气污染、噪声监测

智能照明

治安、交通、车辆监控

警务联动（报警）

LED 多媒体综合显示屏

乡村大喇叭

手机充电

图 3　智慧路灯效果图

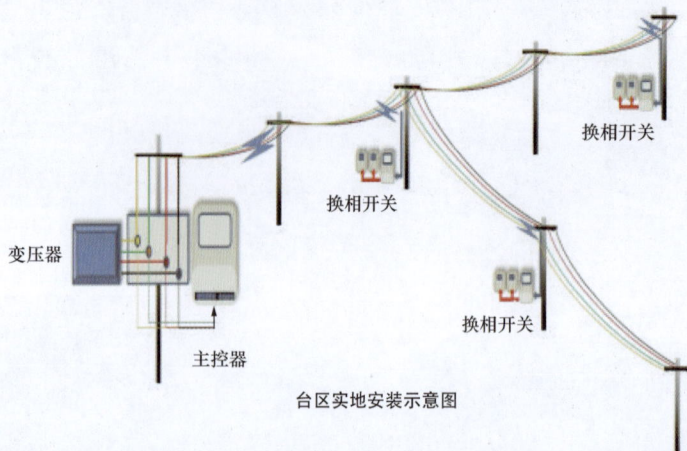

台区实地安装示意图

换相开关

换相开关

换相开关

变压器

主控器

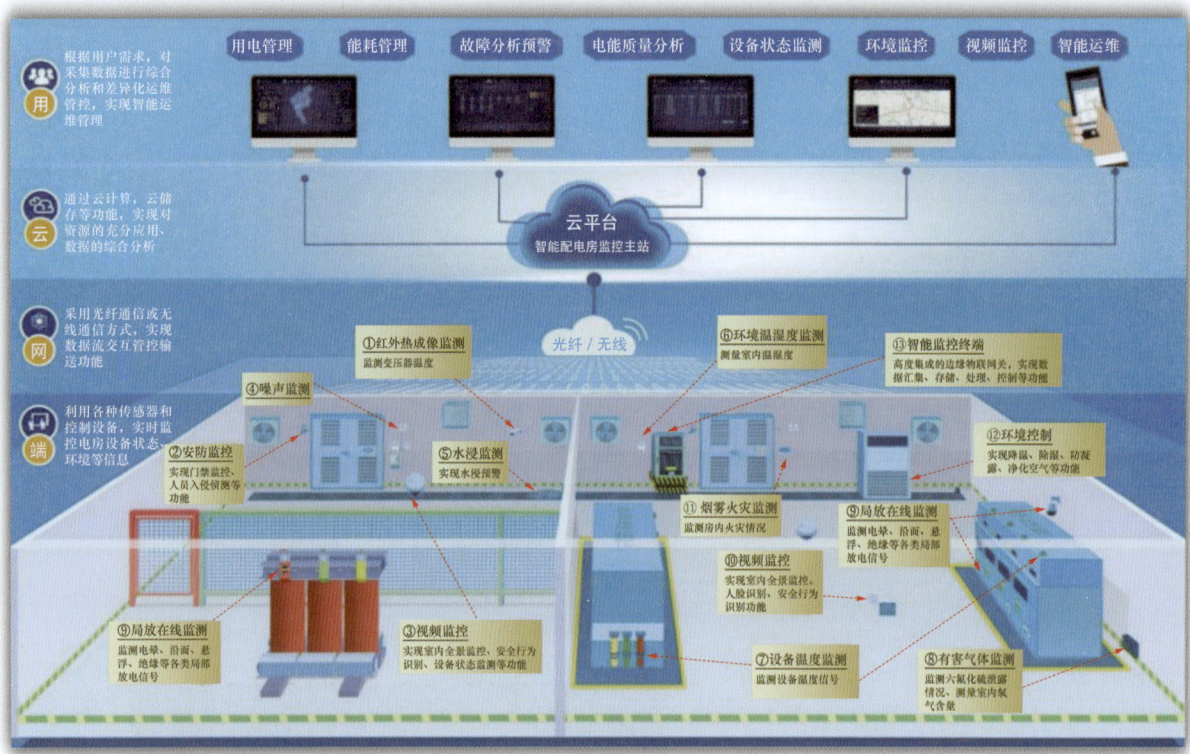

用电管理　能耗管理　故障分析预警　电能质量分析　设备状态监测　环境监控　视频监控　智能运维

根据用户需求，对采集数据进行综合分析和差异化运维管控，实现智能运维管理

通过云计算、云储存等功能，实现对资源的充分应用、数据的综合分析

云平台
智能配电房监控主站

采用光纤通信或无线通信方式，实现数据流交互管控输送功能

光纤 / 无线

利用各种传感器和控制设备，实时监控电房设备状态、环境等信息

①红外热成像监测
监测变压器温度

⑧环境温湿度监测
测量室内温湿度

⑬智能监控终端
高度集成的边缘物联网关，实现数据汇集、存储、处理、控制等功能

④噪声监测

⑫环境控制
实现降温、除湿、防凝露、净化空气等功能

②安防监控
实现门禁监控、人员入侵侦测等功能

⑤水浸监测
实现水浸预警

⑪烟雾火灾监测
监测房内火灾情况

⑨局放在线监测
监测电晕、拍面、悬浮、绝缘等各类局部放电信号

⑩视频监控
实现室内全景监控、人脸识别、安全行为识别功能

③局放在线监测
监测电晕、拍面、悬浮、绝缘等各类局部放电信号

⑥视频监控
实现室内全景监控、安全行为识别、设备状态监测等功能

⑦设备温度监测
监测设备温度信号

⑭有害气体监测
监测六氟化硫泄漏情况、测量室内氧气含量

图 4　智能电房 + 智慧台区效果图

三、项目效益

（一）有利于保障电力供给安全性和可靠性

我国能源资源与需求逆向分布的基本格局决定了今后一个时期必须在能源资源富集地区集中发展大型煤电、大型水电、大型核电并大规模利用风能太阳能发电，同时形成以电网为依托的全国跨区域能源输送和配置格局，以达到调整能源供给结构和优化能源布局结构的目的。在能源结构调整的大背景下，必须在能源负荷中心建设一批支撑电源，以确保电力供给可靠性、稳定性和安全性。从技术、经济、能效和清洁环保等方面综合考虑，最佳选择应当是大力发展能源综合利用系统。通过在乡村推广屋顶光伏、渔光互补、电动汽车充电桩（推荐风谷充电）、厨房电气化改造、智能电房、智能台区改造等项目提供更智能、便捷、可靠的供电。

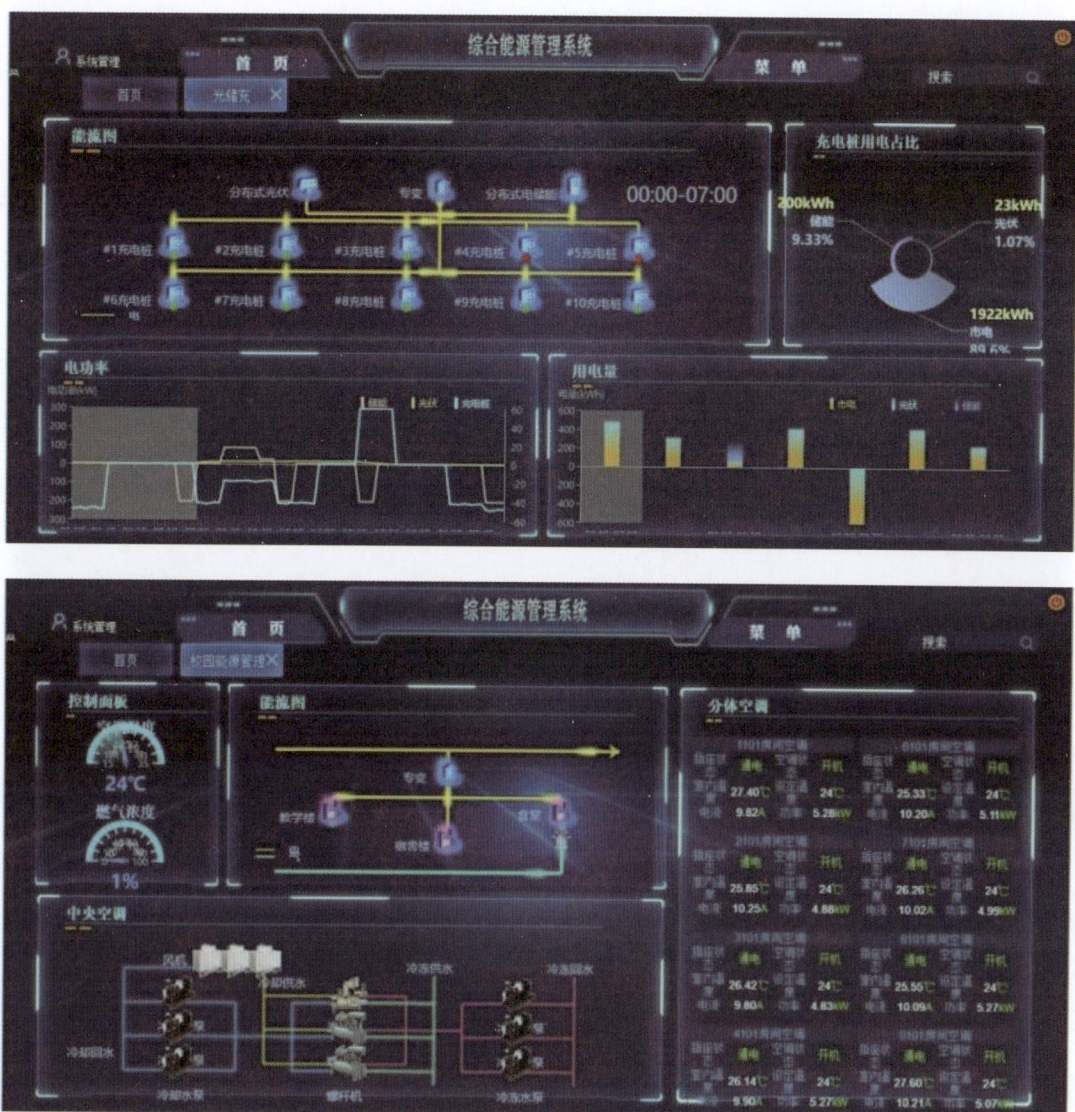

图 5　监控厅配置智慧路灯平台和能源管理平台界面

（二）有利于促进当地区域的产业升级发展

在国家近期推动能源综合利用技术的大背景下，建设南沙综合能源项目示范区，将成为当地节能减排的绿色标杆。另外，综合能源示范对当地的招商引资、基础设施的改善等，都具有积极的作用。

建设南沙综合能源项目示范区，符合政府乡村振兴的总体要求，更能吸引外来游客，提升当地经济。

（三）有利于环保政策的落实

通过在乡村推广光伏项目的建设将为乡村提供清洁生产的电力，能够有效减少二氧化碳、氮氧化物、二氧化硫等有害气体的排放，并有效优化当地的空气环境质量。

通过对居民家电电气化、智能化改造，推广节能、智能的电气产品，更好地为居民提供用电信息数据，倡导居民节能减排。

能源综合利用技术能提供更多的电能和冷（热）能，能大大提高效率，节省煤炭资源，减少水资源消耗，而且能大大削减污染物排放总量。符合国家的节能减排政策，是当地清洁优质发展的优先选择。

四、经验启示

配合镇政府完成《南沙榄核绿村村乡村振兴项目实施方案》，将绿村村规划打造为粤港澳大湾区以产为基底的农耕研学振兴示范村、广东省乡村振兴的示范村和广州乡村农耕文化生活新地标。本示范项目计划由镇政府、广州供电局、南方电网大数据服务有限公司共同合作投资，建立了与镇、多方企业之间的联系，更广地推广电力增值业务试点应用。

以榄核绿村作为示范点，结合榄核镇整体规划，建设"农耕水乡新乡村示范带"和"田园星海红色旅游示范带"两个低碳示范带，在光伏、电气厨房、充电桩建设为基础上最终实现全镇各乡村的绿色低碳。

五、创新团队

多样化供电服务推动乡村电气化发展，由广州供电局谷海彤、王明春、余启瑞、李俊、骆嘉莹、林赐良、王劲峰等创新团队成员完成并实践应用。

广东电网有限责任公司广州供电局主要从事广州电网的投资、建设与运营，负责广州市 11 个区的电力供应与服务。近年来，广州供电局坚持以世界一流为目标，不断提高供电保障能力和客户服务水平，充分发挥电网在现代能源体系中的平台和枢纽作用，推动能源清洁低碳、安全高效利用，引领绿色生产生活方式，助力经济社会发展全面绿色转型。

湛江供电服务的"236"

广东电网有限责任公司湛江供电局

引言

党中央、国务院不断深化"放管服"改革，加快对外开放步伐，降低市场运行成本，全力营造稳定公平透明、可预期的营商环境，推动高质量发展。"获得电力"是优化营商环境体系其中一个指标，是电网企业落实国家优化营商环境决策部署的重要任务。然而，广东电网有限责任公司湛江供电局面临的现实不容乐观：2020 年共受理零散低压客户业扩报装 67461 户，工单量位于广东省前列，其中约 5 万户为乡村居民报装，低压工单数量多且配套工程量大，对湛江供电局业扩办理人员的工作效率存在极大考验，同时也极大地影响了客户用电报装体验的获得感。在这样的现实背景下，湛江供电局深入践行南方电网公司"解放用户"理念，大力建设现代供电服务体系，积极创新符合地方特色的业扩管理模式，提升业扩报装效率及规范化管理水平，全面提升"获得电力"服务水平。

一、创新成果介绍

湛江供电局深化数字赋能，打造"236"湛江特色用电服务新模式，即以"线上管控"与"流程优化"为双驱动，立足资料准备、报装受理、业扩服务三个阶段，深化首创用电报装物权证明"线上审批"、推广用电报装电子证照共享、全量应用营销移动作业 App、推行低压业扩配套项目可视化、工单用时管控自动化、试点"供电所＋施工单位"一站式服务模式六项举措，实现"数据"代替人跑，"线上"监控流程，"数字"支撑服务，一体推进客户用电报装效率及规范化管理水平，不断提升人民群众的电力获得感（见图 1）。

（一）"数据"代替人跑，办电更便捷

通过事项梳理、系统整合、数据共享，实施"一件事"集成改革，推动运行流程再造，将线下的流程转变成线上流程，用"数据链"再造"业务链"，让"数据跑"代替"人工跑"，实现用电报装高效协同办理。全面推进用电报装物权证明"线上审批"，业务办理零等待，节省交通、时间成本，提高人民群众办电便利度。

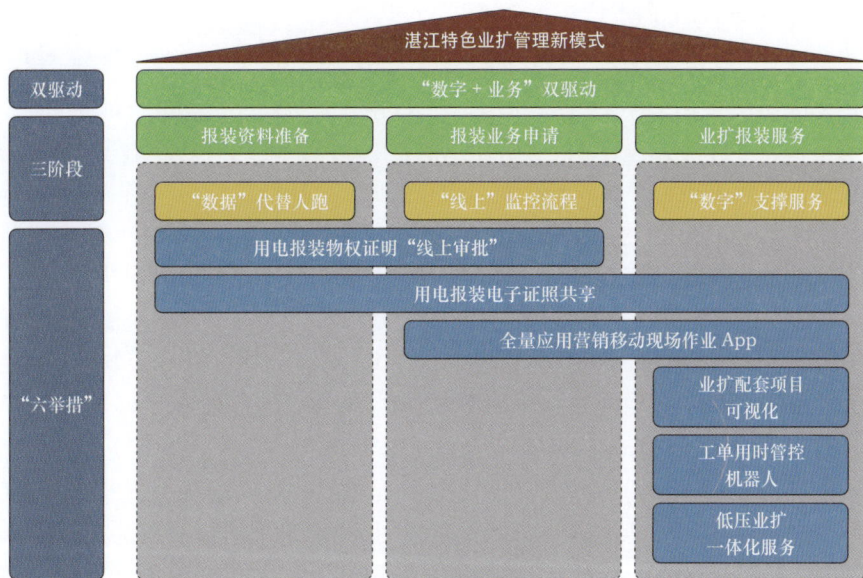

图 1　内涵框架图

（二）"线上"监控流程，业务更规范

运用数字化、智能化技术手段，将制度标准、管理要求、监督闭环等融入线上场景建设，深化电子证照共享、电子签章、移动现场作业 App 等线场景应用，将"人员做，云端算"的运作方式深入业务全流程管控、细化各环节把关，通过工作在线可视，推进管理穿透落地，实现业务规范开展。

（三）"数字"支撑服务，工作更高效

依托数字化带来更精准的数据、更快速的传输、更有效的反应速度，不断探索业扩配套项目可视化、工单用时管控机器人、低压业扩一体化服务等应用，让流程更短、环节更少、管理一步到位，实现业扩报装业务全面的效能进化。

二、创新实施过程

（一）首创用电报装物权证明"线上审批"

（1）优化审批流程，精简审批环节。针对群众用电报装物权证明审批流程烦琐、周期长等问题，湛江供电局联合湛江市政数局，全省首创用电报装物权证明"线上审批"，切实为群众"办实事"。审批时长由两个月缩短至 7 个工作日，审批流程由 4 ～ 5 个部门减少到村委及镇政府两级审批。群众仅需通过广东政务服务网提交用电地址物权证明办理申请，审批流程线上流转到当地村委会服务网点，村委会初审通过后线上流转到镇政府相关部门审批，最快可在当天完成审批流程。审批结果即时线上传递到供电部门，审批结果即代表用电报装物权证明，供电部门根据审批结果，主动联系客户，引导办理用电报装，全面提升办电效率，真正实现客户办电"一次都不跑"。

（2）实现双向监督，全流程透明化。用电报装物权证明"线上审批"平台全流程记录各环节的经办人、办理时长及审批意见等信息，审批流程更加公开透明。政府部门审批通过后，供电企业立即协助用户开展用电报装工作，并在"线上审批"平台回填用电报装办理完成情况，政府部门和办电群众均可线上实时查询审批进度和用电报装办理情况，真正实现用电报装全流程线上流转可监督，有效改善供电企业办电体外循环现象。

（3）便民化升级，易于推广应用。为推动"线上审批"实现便民化升级，湛江供电局于 2022 年 8 月主动拜访湛江市政数局，商讨优化升级方案，于 10 月份在"粤省事"小程序平台正式上线，客户在家使用手机即可提交办理申请，更易于向广大群众推广应用。

（二）推广用电报装电子证照共享

（1）政务数据共享，电子证照办电。电子证照是指由各行政管理单位依法出具的、具有法律效力的各类数字电子证照。完成互联网办电渠道与政务服务平台数据共享对接，推动电子证照的共享应用，客户在互联网渠道办理用电报装可直接推送身份证、营业执照、不动产权证到供电营销管理系统，电子证照直接作为办电依据，实现个人用电报装"零证照"和"刷脸过户"、企业"一证办电"。电子证照的应用，也减轻了现场服务人员收集客户证件信息的工作负担。

（2）真人识别"本人办理"，规范报装业务受理。采用电子证照共享提交办电申请，必须由客户本人进行"人脸"识别，通过身份认证后，方可推送电子证照。从流程上规避了业务人员在客户不知情的情况下代办的漏洞，同时还通过"人脸"识别应用电子签章，在客户同意的情况下，经身份认证后，线上签署供用电合同，规范业务办理流程和文件签署，大大减少法律风险，有效遏制业务办理体外循环。

（三）全量应用营销移动作业 App

（1）移动终端同步系统流程，作业信息现场记录。实现业扩报装系统工单现场勘查、装表接电环节 PC端"封键盘"，业扩报装现场勘查、装表接电环节全量应用营销移动作业 App，勘查、装拆信息现场录入，确保系统工单流转与实际工作时间一致，从流程上规避"不走流程""不入系统"的问题，有效避免工单时间记录不真实、不符合逻辑的情况。

（2）业务表单电子化应用，推行无纸化办公。移动作业 App 集成业务受理申请表、现场服务情况表、计量装拆作业表单和装拆表单、业务回访登记表等表单，现场服务所需表单全部电子化应用、签署，无需打印签署纸质资料，便于客户经理上门服务，真正实现客户办电"一次都不跑"。

（四）推行低压业扩配套项目可视化

按照"操作最简、流程透明"的原则，开发低压业扩配套可视化平台，打通供电所和施工单位线上交互的壁垒。供电所完成现场勘查后，通过可视化平台将低压业扩报装信息、配套项目施工方案等内容及时传递给施工单位，由施工单位开展配套施工，配套完工后，施工单位及时通过系统反馈完工信息到供电所，由供电所完成装表接电。通过可视化平台，实现了低压业扩报装现场勘查、配套项目施工、装表接电全过程在线监控，压实各方责任，提高业扩环节交接效率和工作开展及时性，加快业扩报装接电（见图 2）。

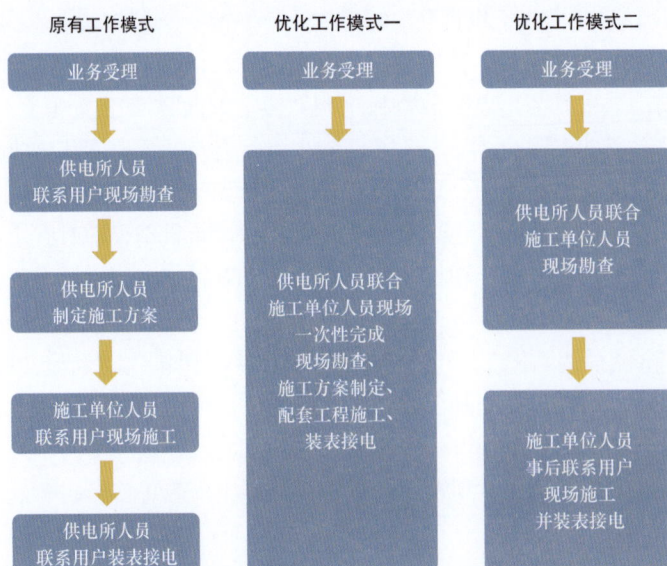

图 2　低压业扩流程模式对比图

实时监控各单位业扩工单用时情况：通过广东电网数据云平台，实现在营销运营监控平台对业扩报装在途工单和归档工单的用时情况进行监控展示，包括工单全流程用时和业务环节用时，让各个单位能直观掌握各自的工单用时情况，督促各单位提升业扩报装效率，缩短办电时间。

（五）工单用时管控自动化

自动对超时预警和已超时工单进行催办：后台每日自动统计工单用时，并通过 RPA 机器人自动向即将超时和已超时工单的工单主人发送提示消息，分超时前、即将超时、已超时三个阶段向工单的一级和二级主任发送催办信息，通过数字化手段，实现对业扩工单逐单用时管控，降低工单超时率。

（六）试点"供电所＋施工单位"一站式服务模式

2022 年 6 月，湛江供电局印发试点工作方案，针对不同组织结构和业务特点选取 1 个区局、3 个县局共 5 个供电所分类开展试点工作。协同施工单位，派出 7 个施工小组、27 名施工人员长期驻点试点单位，建立施工力量动态调整机制。根据供电所业务量的实际情况，优化项目实施模式，差异化开展"供电所＋施工单位"一站式服务、"供电所＋施工单位"联合现场勘查两种模式试运转。

在试点区域，根据实际情况通过"供电所＋施工单位"一站式服务模式开展低压业扩报装全流程服务，由勘查人员、装表人员与施工单位组成"联合服务队"。勘查人员在现场服务过程中负责报装资料收集审核、接入方案制订、表单及合同签订等。施工单位负责业扩配套项目施工，装表人员负责装表接电。除需立杆工程外，所有"简易工程"勘查和施工同步进行，当天完工后当场装表接电。

三、项目效益

在营商环境评价方面，2022 年广东省营商环境评价中，湛江市"获得电力"指标业扩报装部分（办电环节、用时、成本、便利度 4 个二级指标）评分获得满分。

在客户满意度方面，截至 2022 年，湛江供电局已连续第 12 年位居湛江 39 项政府公共服务满意度第一。

在专业领域创新方面，推动用电报装物权证明"线上审批"后，审批时长较传统审批表模式相比大幅下降，彻底解决了群众办电"来回跑"的难题，办电便利度大大提高，群众用电获得感明显提升。2022 年 7 月 8 日，广东省发展改革委将湛江用电报装物权证明"线上审批"纳入广东营商环境改革经验系列，并在省发展改革委官方渠道进行专题报道，全省已有多个地市借鉴推广。

在办电效率提升方面，高、低压客户平均接电时间分别压缩至平均 37.8、4.0 天，达到国内先进水平。其中城月供电所自启动低压业扩配套施工单位驻点供电所试点工作以来，已完成 230 宗低压业扩工单，其中居民 186 宗，全流程平均用时 1.63 个工作日；非居民 44 宗，全流程平均用时 2.57 个工作日。申请报装当天完成装表接电的有 23 宗，业扩报装整体效率提升明显，有效解决城月区域低压业扩报装体外循环、工单用时长的问题。

四、经验启示

（一）基于问题创新思路

为提升用电报装体验，团队站在用户角度积极梳理，将用电报装全过程分为资料准备、业务申请、现场服务三个阶段。根据常见的客户诉求，分析用电服务在三个阶段主要存在以下不足：

（1）在资料准备环节，手续流程烦琐不透明。湛江乡村地区自建房大部分没有办理不动产权登记，行政部门出于管控违建的需要，要求无物权证明的客户办理用电报装需提供政府相关部门盖章确认的用电地址物权证明审批表。审批表一般需要村委会、镇规划办、镇政府等 3 ~ 5 个部门审批盖章，群众办理要多次往返，给群众带来极大不便。

（2）在报装受理环节，业务规范执行有差距。湛江不少客户仍习惯于通过线下实体营业厅或客户经理办理用电报装，可能会存在业务办理人员为了方便自身工作或获取不正当利益，没有及时在系统发起工单流程的情况，流程缺乏线上管控，导致权力寻租、报装用时超长等现象屡禁不止。

（3）在业扩服务环节，工作效率提升空间大。一方面，配套项目实施尚未纳入系统流程，实施效率低，低压用户报装用时长。另一方面，系统功能不完善，未能自动对工单用时进行统计，更没法向工单主人和环节办理人员发出用时提醒，业务办理人员用时直观感差，导致工单跟进不到位、工单超时。

后两个阶段，供电企业内部通过优化流程，可达到显著提升服务质量的效果。于是团队通过创新数字化流程机制，弥补系统的不足，实现全流程系统支撑，有迹可循。通过数字化手段对业务办理情况进行全量验证，完备系统的闭环监督机制；在施工方案交接环节，通过线上平台及时传递配套工程方案及反馈施工情况，提升工作交接效率；在工单用时管控，由机器代替人工实时进行监控提醒，管控更及时到位。

提升供电服务除了做好供电企业自身的服务之外，还应考虑用电报装相关的外部因素，主动加强政企联动，整体提升客户的用电获得感。为解决乡村地区客户办理用电报装物权证明审批手续的不便和困扰，破除用电报装"来回跑"难题，湛江供电局主动向湛江市委市政府汇报，提出推行用电报装物权证明"线上审批"的建议，并得到肯定。为推动"线上审批"落地实施，湛江供电局主动促成湛江市政数局组织各县（市、区）政数局召开工作座谈会，研讨实施方案，作为"获得电力"一件事主题服务进行办理，通过政企合作、跨层级审批、数据共享、实时监管等综合手段提高用电报装办事效率，实现小切口解决大问题。用电报装物权证明"线上审批"推出后，物权审批用时压缩至 7 个工作日以内，较线下 1～2 个月的审批时长大幅下降，群众不用在多个部门之间"来回跑"，群众的整体用电获得感明显提升。

（二）存在问题与改进建议

（1）湛江农村自建房屋一般无法办理不动产权证或办理时间比较长，需要村委或镇街政府部门出具其产权归属证明，用于用电报装，但由于政府部门往往同时将可供电条件作为控制违章建筑或生产污染等违规行为的手段，因此，农村自建房屋的用电报装物权证明出具流程演变成了一个审批流程。虽然供电部门已对用电报装申请实行免审批制，大力推行办电"一次都不跑"，但群众在用电报装前获取用电报装所需的物权证明时还是要经过层层审批，导致用户产生办电难的错觉。建议有关政府部门不将房屋是否违建作为用电报装的前置条件，采用事后监管的方式，第一时间满足群众的用电需求。

（2）随着社会经济的发展，新建供电线路走廊受阻或缺乏管线通道的现象越来越频发，部分客户用电报装配套线路走廊长时间无法协调解决，导致报装接电时间长或接入受限，办电体验差。建议有关部门在进行土地规划的过程中，一并考虑供电、供水、供网等管线走廊的规划，配套预留管线通道，便于电网建设，加快客户报装接电。

五、创新团队

湛江用电服务的"236"特色模式，由广东电网有限责任公司湛江供电局蔡延华、杨震晖、陈文杰、严浚侨、何明捷、梁展博、许强、李彪、王睿奇、黄子琪、张紫淇、叶杨芳等组成的创新团队完成并推进实践应用。

湛江供电局是广东电网有限责任公司直属大 I 型供电企业，设有职能部门 15 个、挂靠机构 2 个、直属机构 9 个，下辖遂溪、徐闻、廉江、吴川、雷州、坡头、赤坎、霞山、麻章、东海 10 个县区局、87 个供电所。供电客户 285 万户，营业点 98 个。湛江电网通过 4 回 500kV 线路、4 回 220kV 线路以及 1 回 110kV 线路与广东电网相联，通过 2 回 500kV 线路与海南电网联网。湛江电网现有 35kV 及以上变电站 121 座（不含用户站），输电线路 5474.932km，其中 500kV 变电站 4 座、220kV 变电站 18 座、110kV 变电站 88 座、35kV 变电站 11 座。配电变压器 52069 台，其中公用配电变压器 24723 台，容量 666.8 万 kVA；专用配电变压器 27283 台，容量 906.3 万 kVA。

"穗碳"：绿色低碳服务的供电创新

广东电网有限责任公司广州供电局

引言

加强产融合作推动工业绿色发展，是贯彻国家关于金融服务实体经济系列重要指示精神的重要举措，也是把国家双碳战略落到实处的具体体现。如何建立商业可持续的产融合作推动工业绿色发展路径，引导金融资源为工业绿色发展提供精准支撑，推动中国工业绿色发展？广东电网有限责任公司广州供电局联合广州市工信局通过线上线下途径，广泛开展市场调研，摸查市场主体意愿，征询百余家城乡企业意见，针对企业痛点，洞察用户关键需求，构建"穗碳"绿色低碳服务平台，创新建立"以碳账户为基础，以碳信用为纽带，以碳治理为导向，以碳金融为动力"的低碳服务体系，为推动广州绿色低碳发展作出了积极而有效的探索。

一、创新成果介绍

"穗碳"绿色低碳服务平台（见图1）及其"以碳账户为基础，以碳信用为纽带，以碳治理为导向，以碳金融为动力"的低碳服务体系，其核心内涵在于两个方面：一是首创"碳账户+碳信用"体系；二是聚合政企产融"碳生态"。首创"碳账户+碳信用"体系，助力广州市碳排管理与核算体系走在全国前列，支撑广州在全国绿色金融改革示范区连续四年排名第一，见证广州市经济社会发展与碳排放实现脱钩；聚合政企产融"碳生态"，链接互联能源产业上下游技术与市场，夯实能源绿色低碳转型基础，并在"穗碳"平台的培训推广应用中为各界培养一批"懂算碳，能知碳，要降碳，会用碳"的人才队伍，厚植低碳产业发展土壤，有效主导整合绿色低碳服务价值链，支撑经济社会低碳转型。

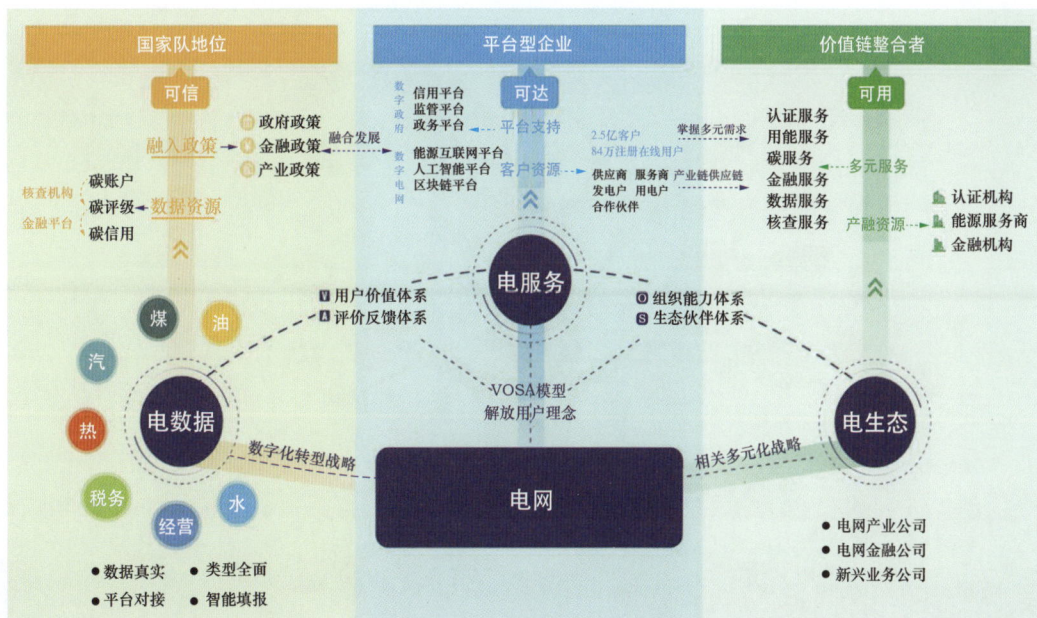

图1 以电为枢纽的平台构建

"穗碳"平台深度互联政、企、产、融各领域主体的低碳需求与供给能力,创新技术手段与管理机制,实现多元丰富场景的深度应用,赢得各领域认可,先后成为广州市企业碳账户官方认证平台、广州市工业绿色金融平台、广州市产业园区信息化服务平台、广州市"四化"赋能重点平台(见图2、图3)。

图2 以碳为核心的落地应用

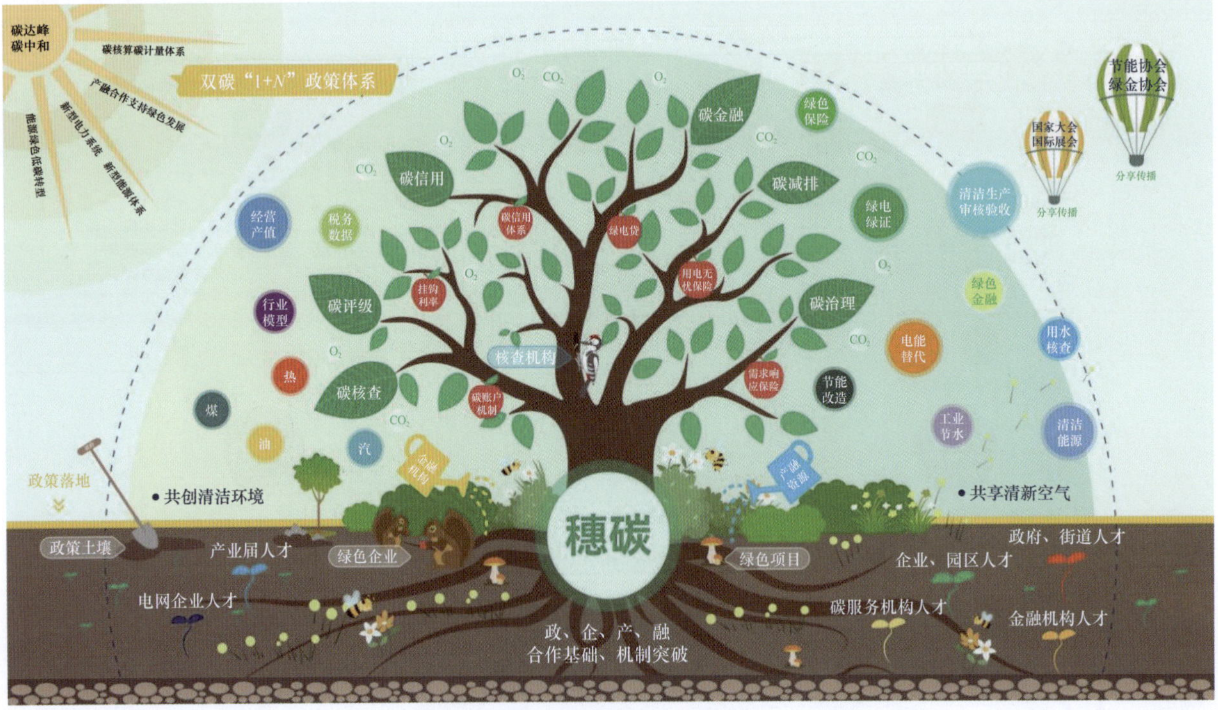

图3 平台聚合的碳生态

二、创新实施过程

（一）打造"双碳"服务平台

（1）安全可信的全流程线上服务。革新碳排管理模式，通过平台对接与智能填报实现煤、汽、油、热、水、碳减排、经营、管理数据全上线，通过政务平台与线下数据授权全面掌握政企数据，基于国密算法的区块链技术，在全国率先实现"碳排放计算监测管理＋第三方碳排放核查＋企业碳效率评级＋绿色金融＋产业园区"全流程线上服务，制订政企产融广泛认可的碳评级标准，实现将碳评级纳入企业信用体系，全国首发碳信用报告，落地全国首笔碳信用融资贷款。

创新数据获取模式：通过"平台对接＋汇集导入＋票据识别＋自主填报"全面获取企业电力、热力、油品、煤炭、天然气等能源消耗量、绿电绿证等碳减排数据、经营数据信息，引入第三方核查机构保障数据真实可信。基于国家和地区二氧化碳排放核算指南，核算出企业在一定时期内碳排放量和碳排放强度，并应用区块链技术实现可信数据管理。

创建碳账户体系：以企业统一信用代码作为企业碳账户的识别标识，建立承载企业行业信息、经济数据、能源数据、碳排放数据和评价结果数据等的碳账户标准，建立数据格式和规范。通过电网客户档案系统，全面掌握用户信息（户号、行业、标识），有序全面推广企业碳账户，将高排放行业企业、绿色企业作为优先推广对象。通过电网客户经理网格化、客户服务微信群等多种机制，触达服务用户，开展培训宣贯、推广答疑、需求收集，保障用能数据录入。对高压新装企业，在企业项目招商环节即通过绿色用能主动服务平台工作机制向其推广企业碳账户、降碳服务和绿色金融等产品，投产送电后协助开通碳账户。对有绿色金融服务潜在需求的企业用户，促进信息触达和业务落地（见图4）。

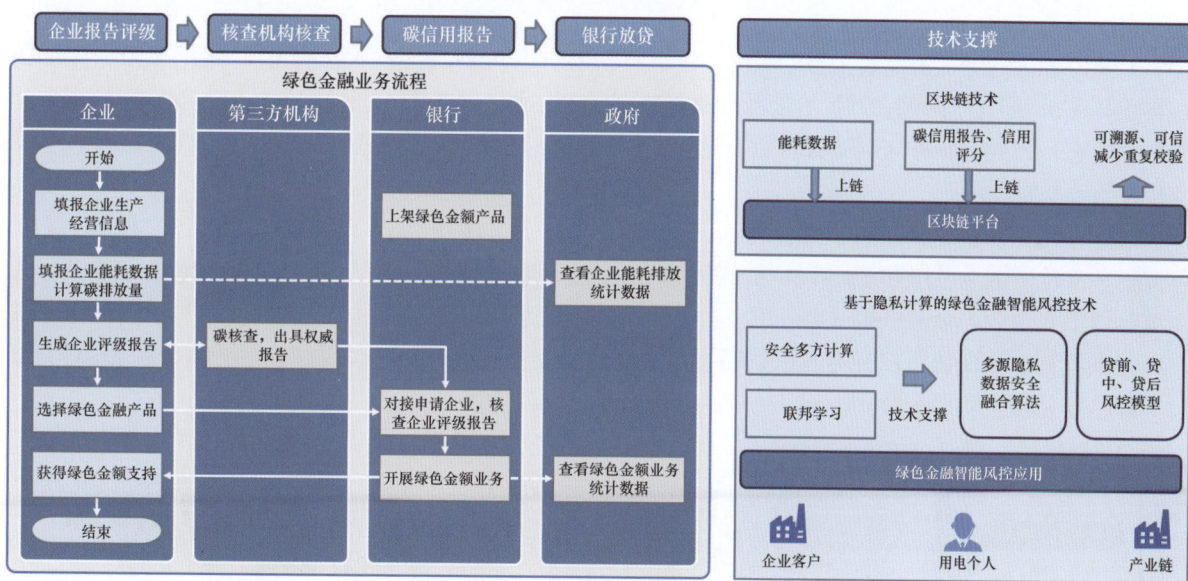

图4　碳信用与碳金融全流程线上

构建碳评级体系：基于各行业碳排模型、经营数据、碳排水平，建立了政企产融广泛认可的企业碳评级方法，构建碳评级体系。联合中国人民银行广州分行，将碳评级结果纳入企业信用体系，破解银企之间信息不对称难题，实现全国首发碳信用报告，并将碳信用报告与碳金融贷款利率直接挂钩，实现电碳赋能碳信用，极大激发企业碳减排动力。

出具碳信用报告：碳信用报告依托企业征信机构建立报告标准和规范格式，按照标准化、可校验、可溯源原则出具，并纳入企业产品碳标签及其他绿色低碳评价信息。报告通过挖掘企业碳排放信息价值，引入金融行业内部评价体系，创造性地将标准化碳信用报告结果与授信审批、贷款定价有机结合，给予差异化融资服务。首批受益企业广州市恒利体育材料有限公司碳评级为"浅绿"，得到下调融资利率35BP，成功落地全国首笔碳信用报告融资贷款。

（2）多元可用的全旅程低碳应用。构建"1+4+N"的全旅程低碳服务体系，即一个平台，四个步骤（算碳、知碳、治碳、用碳），N项创新碳应用。聚焦用户需求，创新孵化全国首款并打通落地全国首单绿电贷、需求响应保险、用电无忧保险等创新应用（见图5）。

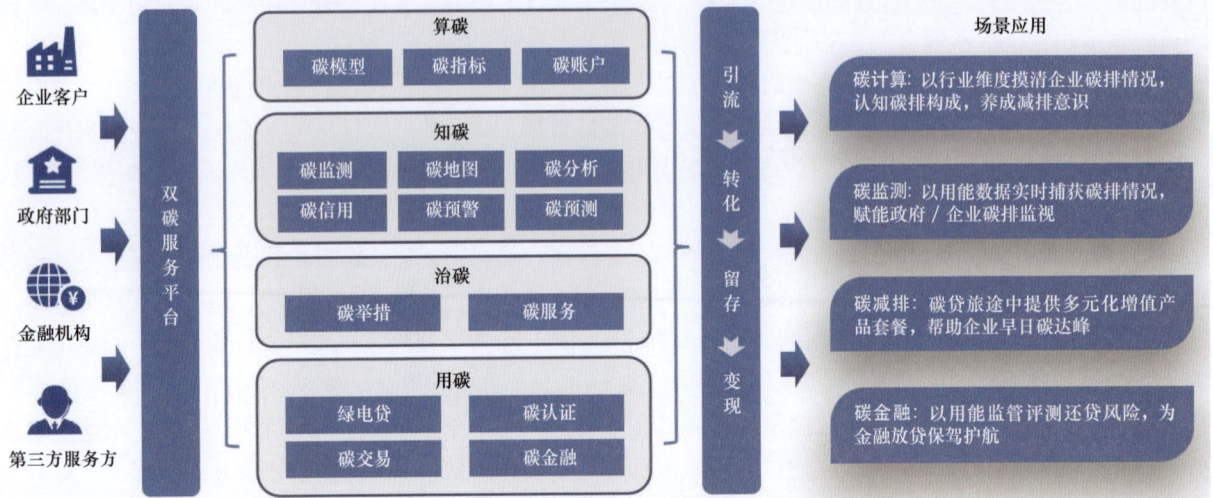

图5　低碳服务四步骤

（3）繁盛可达的全链条电碳生态。深化应用"解放用户"VOSA模型（用户价值–组织能力–生态伙伴–评价体系），通过"南网在线"等能源产业互联网平台打通能源生态、通过"粤信融"等融资信用平台互联金融生态，完成电服务向碳服务转变，充分发挥能源企业优势，推动电生态与碳生态深度融合，赋能经济社会低碳发展。

平台率先在乡镇企业聚集的城郊区试点应用，2022年1月，广州市工信局印发《广州市"穗碳"工业绿色金融平台建设试点工作方案》，以"穗碳计算器"为基础，建设"穗碳"广州市工业绿色金融平台。选取乡镇典型工业企业、金融机构试点应用。由于应用效果良好，2022年9月，广州市工信局、广州市金融局、广州供电局、人民银行广州分行联合印发《关于金融支持企业碳账户体系建设的指导意见》，对"穗碳"平台进行全面推广（见图6）。

图6　平台聚合电碳生态

（二）打造产融结合全流程线上服务样板

通过上线"绿色金融专区"，打造"穗碳"工业绿色金融平台，实现企业碳排放等级挂钩贷款优惠，为企业提供碳核查全流程，支持线上生成评级报告。政企联合，聚合区科工信局、镇街经济办、各村委、园区管理单位、行业协会、电网企业、金融机构对服务进行全渠道推广。在全国率先实现"碳排放计算监测管理＋第三方碳排放核查＋企业碳效率评级＋绿色金融"全流程线上服务，建成南网范围内数据来源最全、政企融合程度最高的双碳服务平台（见图7）。

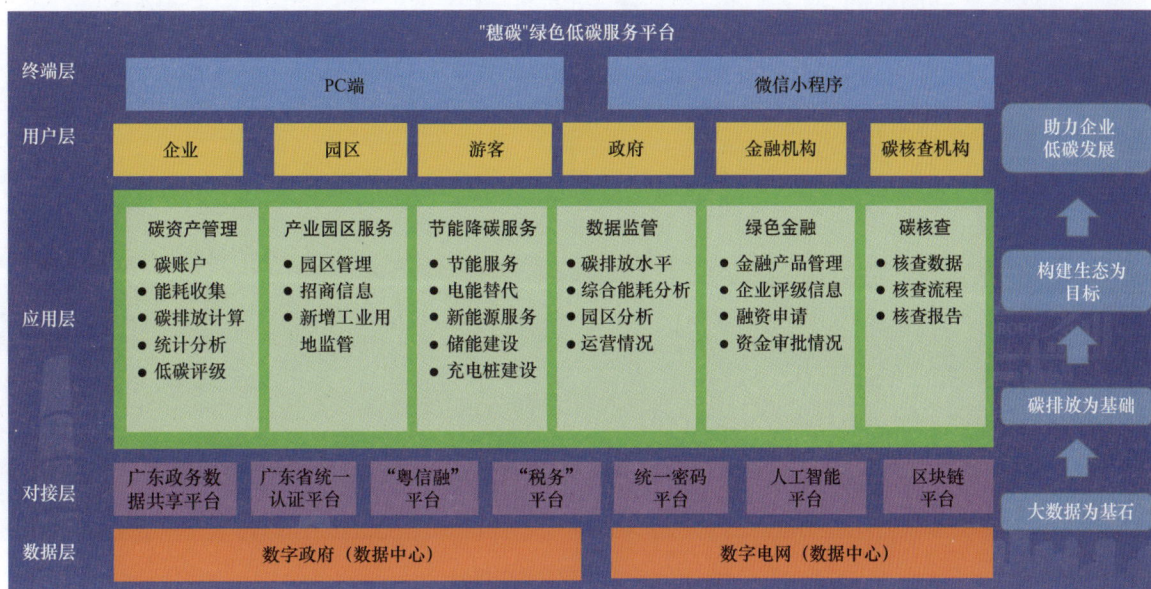

图7 "穗碳"平台架构

（三）政企产融联合，协同引导节能降碳

深化产融合作，鼓励乡镇中小企业新能源建设。依托"粤信融"（广东省中小微企业信用信息和融资对接平台）连接广、用户多、信息全的优势，结合企业碳信用报告和企业资信情况，联合金融机构推出贷款利率与碳排放强度挂钩的专属金融产品，组织能源单位与金融单位形成"用电用能＋绿色金融"套餐合作模式，打造"绿色金融"生态圈。

花都区三华村的三华科技公司、炭步镇的恒利体育材料公司、泰伦化妆品包装公司是第一批受益的乡镇企业。2022年6月，广州供电局联合市工信、市金融、人民银行、花都区政府主办广州市企业碳账户上线暨碳信用报告首发活动，正式上线企业碳账户，发布国内首份标准化碳信用报告。企业碳账户对企业碳排放情况进行全面记录，包含数据采集、核算、评价贴标、产融对接等环节。有效破解了银企之间碳信用信息不对称问题，促进绿色金融与转型金融的有序有效衔接。现场根据企业碳信用报告，建设银行花都分行、交通银行花都分行分别与拓璞电器、三华科技、泰伦化妆品包装、恒利体育材料等企业现场签订了贷款意向协议，授信绿色贷款金额15亿元，最高优惠35BP。

（四）提早介入跟踪服务，促进节能降碳项目落地

平台与"南网在线"App深度融合，快速响应客户的碳服务需求，50家能源服务商上架"节能服务""电能替代""分布式光伏""储能项目解决方案"等27个能源服务产品供广大电力客户自主选择，推动519个电能替代项目落地实施，成交2327单节能降碳增值服务，合同交易额达10.45亿元。

为推广企业碳账户，推进节能降碳服务落地，在市、区两层，联合政府建立用电营商环境联席办公室，通过联席办的实体化运作，对接政府"四个平台"，及时获取政府招商、土地出让、规划许可、建设审批、施工许可等政务信息，在前期地块招商环节提前获取客户类型、产品和主要生产工艺流程，在客户筹建阶

段服务用户开展用能规划，组织相关服务商，结合实际案例，从技术、经济、环保等角度为客户讲解降碳服务，极力实现低碳服务推广提早介入。在建设过程中做好跟踪服务，确保降碳项目尽早尽快投产送电。通过超前服务和提前介入，推动广汽埃安电窑炉、香港科技大学水蓄冷项目等节能降碳项目实施，同时联合发改、工信等部门，组织符合条件的用户参与绿证和绿电交易（见图8）。

图8 "穗碳"碳排监测后台

为解决企业有绿电购买需求企业的资金支持需要，了解到黄埔东基工业区的吉百利糖果公司有购买绿电需求后，第一时间组织代理售电公司对接发电企业购买绿色电力，广州供电局与交通银行广东省分行，向广州环投福山环保能源有限公司提供 2000 万元贷款，用于支持福山环保生产运营所需绿色电力，实现全省首笔绿色电力交易融资落地。本次绿电交易贷款从融资端为用户节约了财务成本，融资成本降低 30BP；从需求端促进了可再生能源消纳，认购绿电 2218.28MW·h，为构建电力系统的低成本战略提供了新路径。

三、项目效益

平台全方位支撑广州"坚持产业第一，制造业立市"的战略部署和广州绿色金融改革创新试验区的建设。碳信用体系得到市工信局、市金融局、人民银行充分认可，与广州供电局联合发文全面推广，深度应用于政府工作、金融服务业务流程。

大力推广"穗碳"成果，开展万余人次培训，为企业提供碳计算、碳核查、碳跟踪、碳金融、碳减排等服务；应用于政府开展工业绿色诊断改造、产业园区提质增效、清洁生产审核验收、工业节水与用水核查、公共建筑能耗限额等多种业务场景中；应用于金融机构识别绿色项目和绿色企业建设上，为金融机构提供绿色金融引流和增信服务。对实现双碳服务产业链整合，打造绿色金融生态链，为全国提供了可复制、可推广的碳服务经验。

政府领域，受邀将本平台作为主体成果在国家工信部主办的 2023 绿色工业发展大会高峰论坛、中国国际中小企业博览会面向国际分享实践案例，得到主办方充分肯定与高度评价，认为"很有示范意义，极具推广价值"，被评为省环厅授牌广东省减污降碳突出贡献企业；金融领域，被授予粤港澳大湾区绿金联盟年度最高奖项、中国广州国际金交会十大授牌案例、入选人民银行首批《绿色金融改革创新案例汇编》，为全国提供可复制推广经验。

经济效益上，通过算碳服务板块，实现了双碳服务产业链整合，生成企业报告 389 份，按照服务费用 1 万元 / 次计算，获得 389 万元收益；通过治碳服务板块，促成 2327 单节能降碳增值服务成交，合同额 10.45 亿元；通过用碳服务板块，实现电碳数据增值变现的尝试和探索，促成金融服务赢单，为企业提供 15.2 亿元绿色金融服务，节省企业融资成本 532 万元。

四、经验启示

在充分考虑政府及管理部门能源管理、企业提效降耗等各方面核心需求的基础上，打造"1+4+N"的双碳服务框架（见图 9），即一个平台、四个步骤（算碳、知碳、治碳、用碳）、N 项碳应用服务，建成形成以客户引流、客户转化、客户留存、业务服务的运营模式，全面支撑碳应用的全场景服务，引导用户节能降碳。

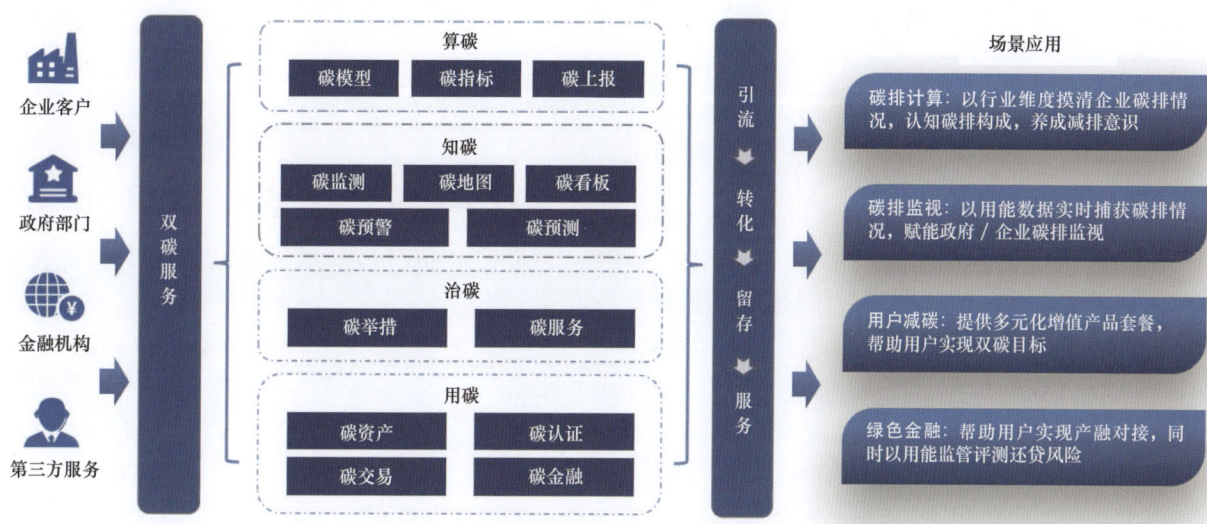

图 9 "1+4+N"的双碳服务框架

（1）通过算碳服务，提供统一算碳模型指标库、提供线下碳数据录入通道等，为用能企业与产业园区提供碳"数字化"手段，提供能耗计算分析和管理服务，减轻企业管理人员对本企业碳排放的计算及管理工作量。

（2）通过知碳服务，为政府以及企业提供高效碳管理服务，提供多模式下的算碳结果分析。通过所接入政府数据和所获取园区企业产值数据，为企业提供碳评级、碳贴标服务，并基于企业用能现状，评估碳排效率，预测碳达峰碳中和时间，为用能企业、产业园区、供电公司、政府机构后续治碳举措提供决策依据。

（3）通过治碳服务，在企业双碳实施进程管理中，提供治碳减排行动路径，提供专业指引，让碳得到有效治理。基于企业现状结合碳排预测结论，提出企业减碳行动计划，辅助企业开展减碳治理，为用能企业、产业园区提供减碳路径下的专业产品服务。引导社会企业开展节能改造、绿电交易、新能源项目建设，服务行业、产业绿色低碳转型。

（4）通过用碳服务，帮助企业盘点碳资产，撮合碳资产交易，实现碳资产价值最大化，让客户在"用碳"上得到实惠。"用碳"体系围绕碳资产从配额分配到配合履约的全生命链条进行管理，从而实现碳资产的量化和溯源。对接碳交易平台，提供碳交易市场的辅助决策。结合政府评测规定与政策规范，向社会主体颁发认证凭证。根据企业碳信用报告，推荐相应的贷款和保险业务，实现产融对接。根据节能改造后的碳排放结果，后评价企业对绿色金融贷款是否专款专用，根据企业生产用能数据的变化，评估企业还贷风险（见图 10）。

图 10　平台业务架构

五、创新团队

"穗碳"绿色能源服务平台，以及"以碳账户为基础、以碳信用为纽带、以碳治理为导向、以碳金融为动力"的低碳服务体系，由广东电网有限责任公司广州供电局苏志鹏、龙云、曾宪毅、周亮、吴琼、王嘉延、伍衡、姚煜、江迪、何嘉兴、张佳祺、徐凌寒、劳卫伦、陆慧、陆宏治、李俊、骆嘉莹、陈桓、胡如乐、李雪梅、易智华、马力、刘琦颖、梁东贵、喻芸、林赐良、王泽昊、高慧、梁子彪、张畅、张经诚等组成的创新团队完成并推进实践应用。

广东电网有限责任公司广州供电局主要从事广州电网的投资、建设与运营，负责广州市 11 个区的电力供应与服务，主营业务为电力、热力生产和供应业。截至 2023 年 3 月底，广州供电局供电客户数 645 万户，供电面积 7434km²，拥有 110kV 及以上变电站 403 座（其中 500kV10 座、220kV70 座、110kV323 座）、主变压器容量 10438 万 kVA，输电线路 8860km，配电变压器 11.68 万台，容量 8834.62 万 kVA，用户平均停电时间 0.33 小时 / 户，线损率 2.3%，客户满意度 88 分。2022 年广州电网供电量 1053.37 亿 kW·h、同比增长 0.36%；售电量 1029.17 亿 kW·h，同比增长 0.48%；广州全社会用电量 1118.76 亿 kW·h、同比下降 0.09%；电网最高负荷 2241.4 万 kW（7 月 25 日），户均用电量 17345kW·h/ 年，人均用电量 5947kW·h/ 年。广州供电局坚持以世界一流为目标，不断提高供电保障能力和客户服务水平，供电可靠性连续十四年在全国地市级供电企业排名前十，供电服务满意度在广东省和广州市公共服务调查中实现十四连冠和二十二连冠。

基于知识联动的"人民来电，通通点赞"精湛服务模式

广西电网公司客户服务中心

引言

随着人民追求美好生活的愿望日益增长，高品质生活对用电用能提出更高要求，为满足人民美好生活的用电用能服务挑战和压力前所未有。在"强国呼唤强企、呼唤一流"驱动下，建设强企，聚焦于服务、品牌、标准、质量、数字、科技、人才、生态、文化等关键竞争要素。2019 年广西新电力集团融合管理后，

各项服务指标数据显示新电力区域县级客户服务水平参差不齐，县级区域发展不平衡、不充分问题突出，存在供电服务标准、规范体系不够完整，员工服务水平及能力较弱等问题，难以适应现代供电服务体系的需要。亟须通过构建全新服务格局，深入践行"解放用户"理念，推动全区客户服务水平整体提升。树立"人民来电，通通点赞"的精湛服务目标和导向，统一全区客户服务标准和体验的需要，是满足人民高品质用电用能生活的需要，是支撑公司加快建成世界一流电网企业的需要。

为充分发挥好省级集中运营优势，快速提升整体服务水平，广西电网公司客户服务中心（以下简称广西电网客服中心）在"人民至上"理念引领下，创新提出"人民来电，通通点赞"服务目标，以"全业务知识联动共享"为路径，通过"转思想、搭平台、建机制、强队伍"举措赋能前台服务人员，快速补齐新电力融合短板，提升全员服务能力和意识，形成广西电网特色的"人民来电，通通点赞"精湛服务模式。该成果于2019年开始酝酿创意，2020年开始搭建全业务知识联动管理体系和探索联动共享技术路线，于2021年在广西电网公司范围内全面应用，也多在南方电网兄弟单位现场交流学习中获得肯定，至今已应用2年有余。

一、创新成果介绍

（一）成果内涵

广西电网客服中心坚持"人民至上"和"解放用户"理念，结合现代供电服务体系建设要求，致力于与客户建立相互依存、价值共创的坚实合作伙伴关系，打出"目标＋方法＋举措"精湛服务品质升级组合拳。以"通通点赞"目标为引领，以"全业务知识联动共享"方法为路径，通过转变传统思想、搭建平台矩阵、建立保障机制、强化培养历练等举措，全面赋能前台服务人员，推动广西电网整体服务水平提升，形成独具广西电网特色的"人民来电，通通点赞"精湛服务模式，增强服务强全业务企能力，助力高质量发展（见图1）。

图1 "人民来电，通通点赞"精湛服务模式思路图

（二）创新点

1.创新提出"人民来电，通通点赞"精湛服务目标

深化"人民至上"和"解放用户"理念内涵的理解，量化"五个到位"精湛服务标准，明确指引全员

"转思想、增本领、优服务",全面提升精湛服务能力和水平。

2.全新构建全业务知识联动管理体系

建立"客户问、专业答"的全业务知识联动采集流程和反馈机制,搭建"资料库、文档库、问答库"三库融合模型,以数字化技术支撑全业务知识联动管理。

3.率先开展多渠道知识服务技术和大规模知识库构建技术研究

将 AI 技术应用于客户服务领域,攻克了知识多渠道联动共享的技术难题,实现知识搜索、维护、全景展示等全过程智能支撑,成功打造一套"知识搜索智能化、渠道服务多元化、知识管理便捷化、应用功能实用化"的知识共享平台。

在建设"全业务知识联动"管理体系和开展多渠道知识服务技术、大规模知识库构建技术研究过程中,广西电网客服中心团队积极深挖技术和管理创新点,近三年形成发明专利 5 项、软件著作权 5 项、公共论文发表 4 篇。

二、创新实施过程

广西电网坚持"人民至上"和"解放用户"理念,以"通通点赞"目标为引领,以"全业务知识联动共享"方法为路径,实施了四个方面的重点举措:①强化思想引领,明确日常执行标准,创新提出"人民来电,通通点赞"精湛服务模式,并量化"五个到位"精湛服务标准,树立全新服务理念,让全员"动起来";②科学设计系统框架,构建全业务知识联动管理体系,建立全渠道联动机制,实现知识数字化管理和智能化共享,让知识"跑起来";③规范知识采编和维护管理,构建"三级"知识维护体系和省地快速联动机制,建立"三维"评价反馈体系,提高知识质量,支撑各渠道精湛服务客户,让服务"优起来";④健全激励考核机制,开展专项推广活动,搭建"比晾晒"平台和机制,丰富赋能载体,实现全员主动应用知识库解决客户问题,实现客户服务"四统一",让队伍"强起来"。

(一)转变传统思想,树立全新理念,让全员"动起来"

1.强化思想引领,量化精湛服务标准

量化"五个到位"精湛服务标准(即服务认识到位、及时沟通到位、规范执行到位、跟踪处理到位、关系维护到位),实现服务全过程、各环节均有可执行、可量化的服务标准,明确指引全员"转思想、增本领、优服务",全面提升精湛服务能力和水平。

2.强化日常执行,营造"通通点赞"氛围

(1)丰富活动载体,全面融入日常业务管理。发布"人民来电,通通点赞"服务提升专项方案,通过开展质量标准优化、优秀案例评比、服务技能竞赛及温度"技"分享等 12 项工作举措,将服务新思想、新要求贯穿业务全过程管理,形成常态工作机制。

(2)丰富宣传载体,持续深化理解与执行。规范"人民来电,通通点赞"外宣要求,统一制作宣传标识、文档和 PPT 模板等,创意"人民来电,通通点赞"系列文创周边产品,包括表情包、笔记本、台卡、伴手礼等,通过形式多样的宣传载体将新标准渗透到全系统员工和客户心中,统一对新标准的理解与认识,进一步督促全员执行。

(二)搭建平台矩阵,实现智能共享,让知识"跑起来"

1.科学设计系统框架,实现知识"数字化管理"

(1)全新构建全业务知识联动管理体系。以客户需求为导向,充分发挥省级中台指挥协调作用,建立"客户问、专业答"的全业务知识联动采集流程和反馈机制;同时搭建"资料库、文档库、问答库"三库融合模型,通过知识树、知识地图(见图 2)等方式,分专业、分场景梳理全业务知识,以数字化技术支撑全业务知识联动管理。目前智能知识库系统共收录全业务近 570 份标准文件、1800 余项知识条目及近万条标准问答(见图 3)。

图 2　全业务知识管理地图

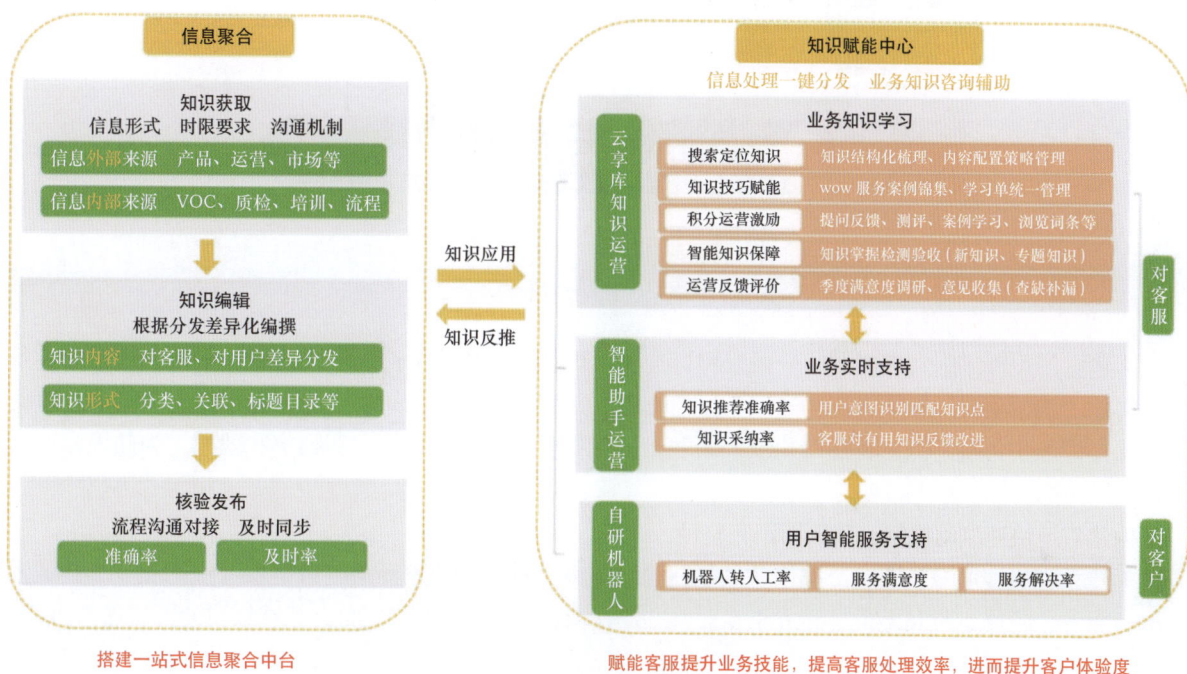

图 3　知识智能联动共享示意图

（2）探索知识共享平台矩阵技术路线。在南方电网内率先将 AI 技术应用于客户服务领域，首创提出多渠道知识服务技术和大规模知识库构建技术方法，攻克了知识多渠道联动共享的技术难题，实现知识搜索、维护、全景展示等全过程智能支撑，成功打造一套"知识搜索智能化、渠道服务多元化、知识管理便捷化、应用功能实用化"的知识共享平台。

2.建立全渠道联动机制，实现知识"智能化共享"

（1）搭建一站式信息聚合中台。通过信息聚合技术，统一各渠道知识源头，统一知识获取、编辑、核验发布流程，实现内外部信息快速采集，全渠道知识快速联动共享。

（2）建设"一键分发"知识赋能中心。基于知识聚合平台，建立应用端的知识赋能中心，创新利用多渠道知识服务技术和大规模知识库构建技术方法，实现知识"一键分发"多渠道、多对象应用；同时构建基于规则模板、实例库的机器深度学习和意图识别模型，满足用户自然表达就能获取准确信息，大幅提升客户与机器人的交互体验。

广西电网南网在线、95598热线等全渠道知识目前已实现同源管理和智能共享，并以智能知识库为底层，实现智能在线客服、客服知识网站、移动应用终端等多渠道应用，助力广西电网近八成客户诉求直接在省级客服中心解决，客户服务向"更智能、更高效、更多元"发展。

（三）建立保障机制，提高知识质量，让服务"优起来"

1.规范知识采编和维护管理，确保知识准确性

（1）构建三级知识维护体系（见图4）。组建"省—地—县"三级知识维护团队194人，涵盖九个专业知识支撑团队，编制知识管理业务指导书及流程，基于PDCA循环，明确省级客服中心负责统一采集、审核、入库、建库，各地市作为知识应用主体，不定期进行知识更新、应用反馈，实现全链条闭环管理，保障知识信息传递及时、准确。

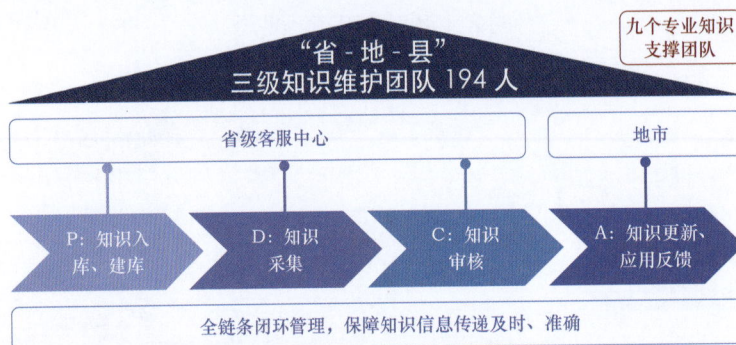

图4　三级知识维护体系

（2）建立知识库采编管理机制。全面应用标准化管理和业务流程再造的相关理论，编制知识采编业务指引，构建"知识采集、知识加工、知识审核与发布、知识应用反馈、知识更新、知识注销"闭环管理流程，明确知识维护关键节点、各部门知识采编职责及工作要求，提升知识更新频率和效率，为知识库高质量运转提供支撑。

2.构建省地快速联动机制，确保知识完整性

（1）建立省级客服专家团队。挑选各供电网区业务专家骨干，组建涵盖电价电费、业扩业务、计量业务、渠道服务、抢修运维及电网建设6个专业共36人的客服专家团队，全面支撑省级快速解决客户难点、热点问题。

（2）规范问题收集和反馈机制。根据紧急程度，差异化设计日常问题处理、紧急业务处理及专项提升工作三类问题传递流程，明确响应、处理及审核录入客服知识库的时间。累计收集问题均100%答复反馈，省地联动解决政策对外服务口径不统一、服务策略临时调整、新业务和新产品推行等问题35项，有效推动前、中、后台高效协同，统一全区服务标准和口径，进一步提升客户服务体验。

3.建立"三维"评价反馈体系，确保知识有效性

充分利用客户调查和顾客满意度管理两个管理工具，多维度开展知识应用调查。一是定期开展知识应用问卷调查：持续三年按季开展知识库满意度调查，广泛收集员工应用问题及建议，调查员工应用满意率。累计调查员工2270人次，收集问题及建议189项，为知识库持续更新完善提供有力支撑。二是定期开展知识年度评价审核：每年组织系统内各专业专家对全业务知识进行复盘审核，全面审视知识有效性、完整性及适用性，审核发现问题均100%整改完成。三是创新打造"体验官.COM"评价模型：通过"体验官.COM"活动收集客户对各渠道电力知识反馈和服务应答的满意度，活动吸引数十万用户关注参与，为公共行业以知识赋能服务提升提供"电网"样本。

（四）强化培养历练，丰富赋能载体，让队伍"强起来"

1.健全激励考核机制，增强员工重视程度

（1）将知识库应用融入员工考核体系。将95598座席对知识的应用纳入全业务受理流程和质检考核体系，将网格经理日常处理客户问题质量与知识库应用关联起来，对于知识库已有知识点未能有效服务到位的进行考核和通报，推动95598及各供电局从"要我用"向"我要用"转变。

（2）建立多样化激励机制。借鉴报酬激励管理内核，定期开展知识优化合理化建议收集和激励，积极鼓励员工主动贡献新知识和反馈应用问题，对得以采纳的新知识，直接署名给予业绩支撑，充分调动全员应用积极性。

2.开展专项推广活动，提高全员应用能力

（1）建立知识库培训宣讲团队。从应用较好的单位中选拔业务骨干组成培训宣讲团队，以营销客服人员"全员会用"为目标，按照"三个百分百"（100%培训覆盖、100%测试通过、100%浏览应用）原则，分层、分级对全员开展知识应用培训，快速提升全员知识应用能力和服务水平。

（2）搭建"比晾晒"平台和机制。组织95598座席和网格经理开展知识库应用竞赛，以赛促学鼓励员工主动学习业务知识和提升业务技能。收集知识库应用优秀案例，不定期利用公司调度例会、全方位服务委员会、专题营销会等通报表扬各单位应用优秀案例，为"全员想用"知识库营造良好氛围。

三、项目效益

（一）社会效益方面

（1）增强"为民"服务形象。通过"转思想、搭平台、建机制、强队伍"举措，全面扭转传统"以我为主"的管理思维，快速适应现代供电服务体系建设和"服务强企"要求。在南方电网范围内开创"以人民为中心"的"人民来电、通通点赞"精湛服务模式，进一步加强人民群众对"万家灯火，南网情深"服务品牌形象的认同感。

（2）提供"精湛"服务样本。成果以"通通点赞"目标为引领，以"全业务知识联动共享"方法为路径，打出"目标＋方法＋举措"精湛服务品质升级组合拳，实践取得显著效果。2021年获得国家能源局南方监管局现场检查组称赞："电网公司100%响应客户诉求，实现超80%的客户问题由客服中心直接解决，评价满意度达99%，服务水平行业领先。"成果具有普适性，可为电网及呼叫行业服务品质升级提供"广西样本"。

（二）管理效益方面

（1）显著提升精湛服务能力。通过"通通点赞"目标引领，开创"全业务知识联动共享"的精湛服务模式，持续赋能全员树立高标准、高要求服务意识和行为自觉，推动公司向"精湛"服务水平迈进。95598全渠道获得客户点赞"满意"达99%以上，助力广西电网连续10年获得公共行业满意度测评第一名。

（2）有效提升智能服务水平。依托数字化、智能化技术推动全业务知识联动共享，建成智能知识共享平台、智能在线客服、智能座席助手和智能实时质检等智能服务平台，为客户提供智能化、多元化、多渠道"互联网＋客户服务"，实现在线客服秒级响应、实时沟通，服务质量全量筛查，有效避免服务缺陷，全面升级现代供电服务品质，实现多渠道服务标准和客户体验统一，进一步增强客户电力获得感及对电力服务的认可度，持续改善客户服务体验、提高客户满意度。

四、经验启示

通过"转思想、搭平台、建机制、强队伍"举措，广西电网客服中心充分赋能前台服务人员，快速补齐新电力融合短板，提升全员服务能力和意识，形成广西电网特色的"人民来电，通通点赞"精湛服务模式。本项成果已于2021年面向广西电网所有用电客户及所属各供电局推广应用，有效推动前台服务意识和能力显著提升，推动企业向"精湛"服务水平迈进，进一步增强企业"为民"服务形象，为行业打造"精湛"服务提供电网样本。

下一步，客服中心将继续坚持"以人民为中心"的发展思想，聚焦人民群众关切的用电问题，进一步强化"解放用户"理念和"服务强企"意识引导，加快升级智能客服技术支撑体系，探索研究多渠道知识高效联动的大模型技术应用，建立服务全过程数字化跟踪和智能管控，为基层人员客户服务提供智能支撑，持续深化"人民来电，通通点赞"精湛服务模式。

五、创新团队

基于知识联动的"人民来电，通通点赞"精湛服务模式，由广西电网公司黄冬生、韦国惠、杜若榕、杨倩、王缉芬、王圣竹、王利超、李金灿、洪莹、农惠清、李娟娟、黄绪荣、吴婷、黄蔚、江洁等创新团队成员完成并实践应用。广西电网公司客户服务中心成立于2016年，主要负责广西电网95598供电服务热线运营、互联网远程渠道客户服务、电费省级集中核算等业务。广西电网公司客户服务中心深入贯彻落实国家战略、服务地方经济社会发展，坚持"人民电业为人民"的企业宗旨，2022年10月，挂牌成立省级"现代供电服务共享运营中心"，围绕"三个中心"（客户需求研判中心、客户问题解决中心、客户价值共创中心）定位，服务广西约23万平km² 5600万人口，全力打造广西电网"我为群众办实事"服务新窗口，着力提升供电服务满意度。

2019年广西电网实现与地方电网央地融合，从根本上破解了长期以来广西供电管理体制造成的电网发展不平衡、不充分问题。广西电网客服中心深入贯彻落实国家战略、服务地方经济社会发展，2020年率先实现广西新电力区域966022供电服务热线融合，2022年实现广西新电力区域互联网服务渠道融合，全力推动全区14个地市供电局、新电力区域40家县级企业客户服务水平提升，推进全区服务同质，实现全区服务标准、客户体验、业务管控、后台支撑"四统一"。

广西电网95598热线坚持24小时不间断为客户提供服务，年平均人工接通率达98%以上，客户诉求处理及时率及回访满意率均达99%以上。客服中心以95598热线为载体，以精湛服务实现"人民来电，通通点赞"，真情回答人民之需，用心守护八桂大地万家灯火，生动绘就"建设壮美广西，共圆复兴梦想"的壮美画卷，有力支撑彰显南方电网的央企责任担当和品牌形象。

基于整县光伏开发需求的供电服务体系

南方电网广西电网有限责任公司来宾供电局

引言

随着"双碳"行动方案的实施和"整县开发试点"工作的推进，户用光伏正呈现出"突飞猛进"的发展势头。来宾市武宣县是全国第一批"整县光伏推进"676个试点县之一，也是来宾市唯一入选的区县，截至目前，武宣县已建设完成32.2MW分布式光伏。但随着分布式光伏装机不断增加，其对电网运行的影响呈现"局部向全局发展、配电网向主网延伸"的趋势，给电网电力平衡、无功调节、电能质量控制等提出了更高要求，给配电网调度运行带来了新的挑战。因此，加快构建现代供电服务体系，持续提升"获得电力"水平，确保分布式光伏与负荷、电网的协调发展，来宾供电局按照"优化服务流程—摸清屋顶数据—分析消纳能力—明确规划目标—制订接网方案"的思路服务区域分布式光伏建设，主动完善并网服务机制，率先开展分布式光伏发展潜力空间测算，研究配电网对分布式电源承载力，明确各区域可新增装机规模及预警等级，在规划上引导分布式光伏合理布局，让用户光伏发电项目顺利并网发电，实现户用光伏应并尽并。

一、创新成果介绍

（一）提供"一站式"服务，助力分布式光伏发展

依据南方电网广西电网公司光伏并网管理相关制度要求，以优化营商环境为主线，不断优化完善分布式光伏发电项目业务并网流程，从前期查勘、项目备案、设计施工到并网验收、送电运行等各个环节，提供"一站式"全流程服务，确保分布式光伏项目便捷、及时、高效并网发电。同时，组织党员服务队深入走访辖区内各个分布式光伏发电设备安装用户，对用户安装分布式光伏发电设备提供全过程技术咨询和支持，广泛开展绿色清洁能源推广宣传，耐心讲解分布式光伏发电工作原理、设备日常操作管理等知识，介绍分布式光伏发电有关政策，并对光伏线路、计量装置、光伏发电系统进行隐患排查，对排查过程中发现的问题及安全隐患及时予以解决处理，做深做实支撑分布式光伏高质量发展工作（见图1）。

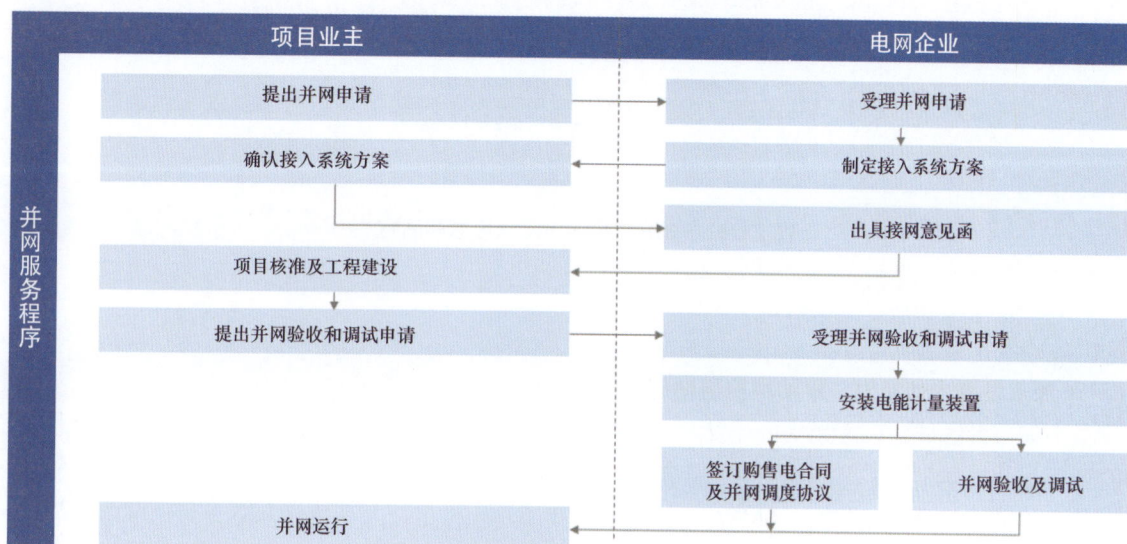

图1　分布式光伏发电并网流程

（二）发掘光伏资源潜力，提前预判装机规模

通过建立资源侧的屋顶分布式光伏可开发潜力的评估方法，运用国家地理信息公共服务平台——"天地图"地图数据，估算来宾市建筑屋顶面积，收集整理光伏系统数据、太阳能资源禀赋等信息，并结合地方政策、经济、电网等因素，采用情景分析法，对来宾市6个区域（兴宾区、合山市、武宣县、忻城县、象州县、金秀县）的屋顶分布式光伏可安装容量进行测算评估，初步掌握各区、县屋顶分布式光伏的可开发潜力，首次科学评估来宾区域屋顶分布式光伏资源开发潜力，为用户投资建设屋顶分布式光伏提供参考依据，提升并网管理服务水平，让分布式光伏项目惠及更多用户（见图2）。

（三）优化并网管理模式，实现并网服务提速

基于《分布式电源接入电网承载力评估导则》（DL/T 2041—2019），充分考虑分布式光伏大规模接入的需求，开展分布式光伏接入电网承载力评估工作，建立分布式光伏接入电网承载力评估方法，确定评估流程，筛选评估样本，开展分布式光伏承载力测算实践工作，明确各区域可新增装机规模及预警等级，充分考虑既定电网的接纳能力，在规划上实现引导分布式光伏有序、合理的接入，并为后续分布式光伏有序开发、配电网规划方案优化等方面工作提供了依据和支撑，有效提升分布式光伏并网管理能力，切实保障来宾电网安全稳定运行和分布式光伏全额消纳。

（四）创新数字化场景应用，增强光伏并网运营监控

创新构建分布式光伏并网可视化管控场景。通过BI应用的方式，对分布式光伏电站实际运维方基本信息、关键设备厂家、规格型号、主要参数、继电保护功能及整定、防"孤岛"保护装置安装等情况进行资

料提取，整理统计相关数据，形成来宾供电局分布式光伏接入并网可视化数据看板，实现"一图"动态展现来宾各区域分布式光伏并网项目数量、负责运维厂家等信息；同时，通过计算装机总规模与变压器／线路容量限值之比，直观呈现接网预警等级（蓝、红、黄、绿），便于相关业务人员快速判断该台区、10kV线路是否还有可开放容量，便于市局、县公司两级单位动态了解区域分布式光伏发展情况，为基层班组受理分布式光伏报装提供接入依据。

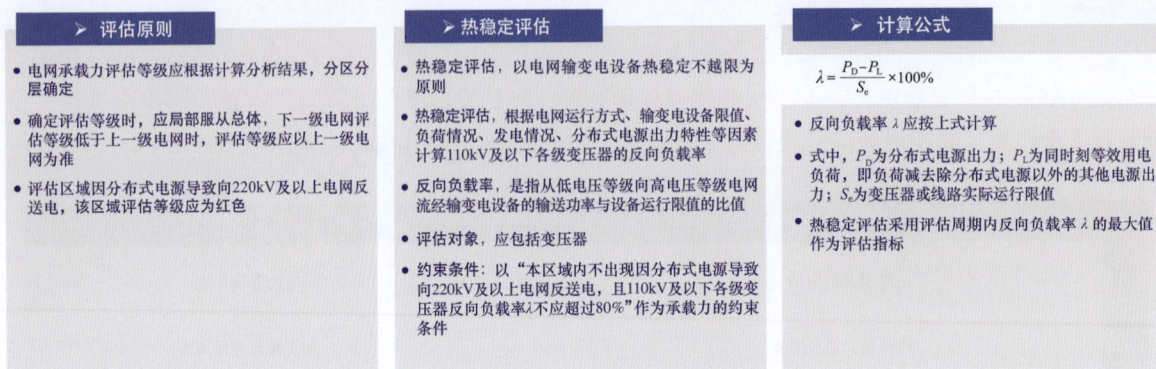

➤ 评估原则	➤ 热稳定评估	➤ 计算公式
• 电网承载力评估等级应根据计算分析结果，分区分层确定 • 确定评估等级时，应局部服从总体，下一级电网评估等级低于上一级电网时，评估等级应以上一级电网为准 • 评估区域分布式电源导致220kV及以上电网反送电，该区域评估等级应为红色	• 热稳定评估，以电网输变电设备热稳定不越限为原则 • 热稳定评估，根据电网运行方式、输变电设备限值、负荷情况、发电情况、分布式电源出力特性等因素计算110kV及以下各级变压器的反向负载率 • 反向负载率，是指从低电压等级向高电压等级电网流经输变电设备的输送功率与设备运行限值的比值 • 评估对象，应包括变压器 • 约束条件：以"本区域内不出现因分布式电源导致向220kV及以上电网反送电，且110kV及以下各级变压器反向负载率λ不应超过80%"作为承载力的约束条件	$$\lambda = \frac{P_D - P_L}{S_e} \times 100\%$$ • 反向负载率λ应按上式计算 • 式中，P_D为分布式电源出力；P_L为同时刻等效用电负荷，即负荷减去除分布式电源以外的其他电源出力；S_e为变压器或线路实际运行限值 • 热稳定评估采用评估周期内反向负载率λ的最大值作为评估指标

图2　分布式光伏接入电网承载力评估方法

二、效益分析

（一）深入发掘光伏潜力，推动项目落地建设

根据来宾市各区域分布式光伏可开发潜力评估结果，南方电网广西来宾供电局积极向来宾市及兴宾区政府沟通汇报，推动引进了国电投安徽生态能源有限公司，将来宾市兴宾区作为自治区首个户用分布式光伏项目试点地区，建设总容量约300MW，总投资约12亿元人民币，为加快兴宾区乡村能源改革步伐，助力乡村振兴提供了充沛动能。同时，服务和支撑了中国航空工业新能源投资有限公司投资建设的中航象州风光储一体化项目落地，该项目计划总投资约30亿元，分三期建设，项目全容量并网后，每年可实现发电6亿kW·h，减少二氧化碳排放量150万~160万t，每年为来宾市政府增加税收3000万元。

（二）主动服务光伏并网，助力用户持续增收

依托屋顶光伏资源潜力预测结果、区域光伏接入电网承载力评估情况、分布式光伏运营监控看板（见图3），编制了新能源发展规划报告，梳理新能源现状、中期和远期规模，分析网架发展与新能源发展的适应性，总结新能源发展存在的问题并给出解决建议，实现了"应并尽并、能并快并"。截至2023年8月底，已累计为来宾区域3676余户分布式光伏用户提供并网服务，装机规模达141.9MW，累计为用户增加6784万元的收入。

（三）保障并网促进消纳，服务清洁能源发展

通过分布式光伏承载力测算实践，明确各区域可新增装机规模及预警等级，充分考虑既定电网的接纳能力，在规划上实现引导分布式光伏有序、合理的接入，并为后续分布式光伏有序开发、配电网规划方案优化等方面工作提供了依据和支撑，有效提升分布式光伏并网管理能力，切实保障来宾电网安全稳定运行和分布式光伏全额消纳。同时，依托数据可视化看板，支撑基层班组做好业务报装、并网检验、线路巡维等工作，实现了分布式光伏用户"发电无忧、并网无忧"。

（四）高效落实政策要求，彰显央企责任担当

分布式光伏是削减电力尖峰负荷、引导居民绿色能源消费的核心手段，是实现"碳达峰、碳中和"及乡村振兴两大国家战略的重要举措，通过成果应用，高效贯彻落实了国家和自治区、南方电网公司级相关政策文件，切实为区域分布式光伏发展保驾护航，助力"碳达峰、碳中和"及乡村振兴战略目标的实现。

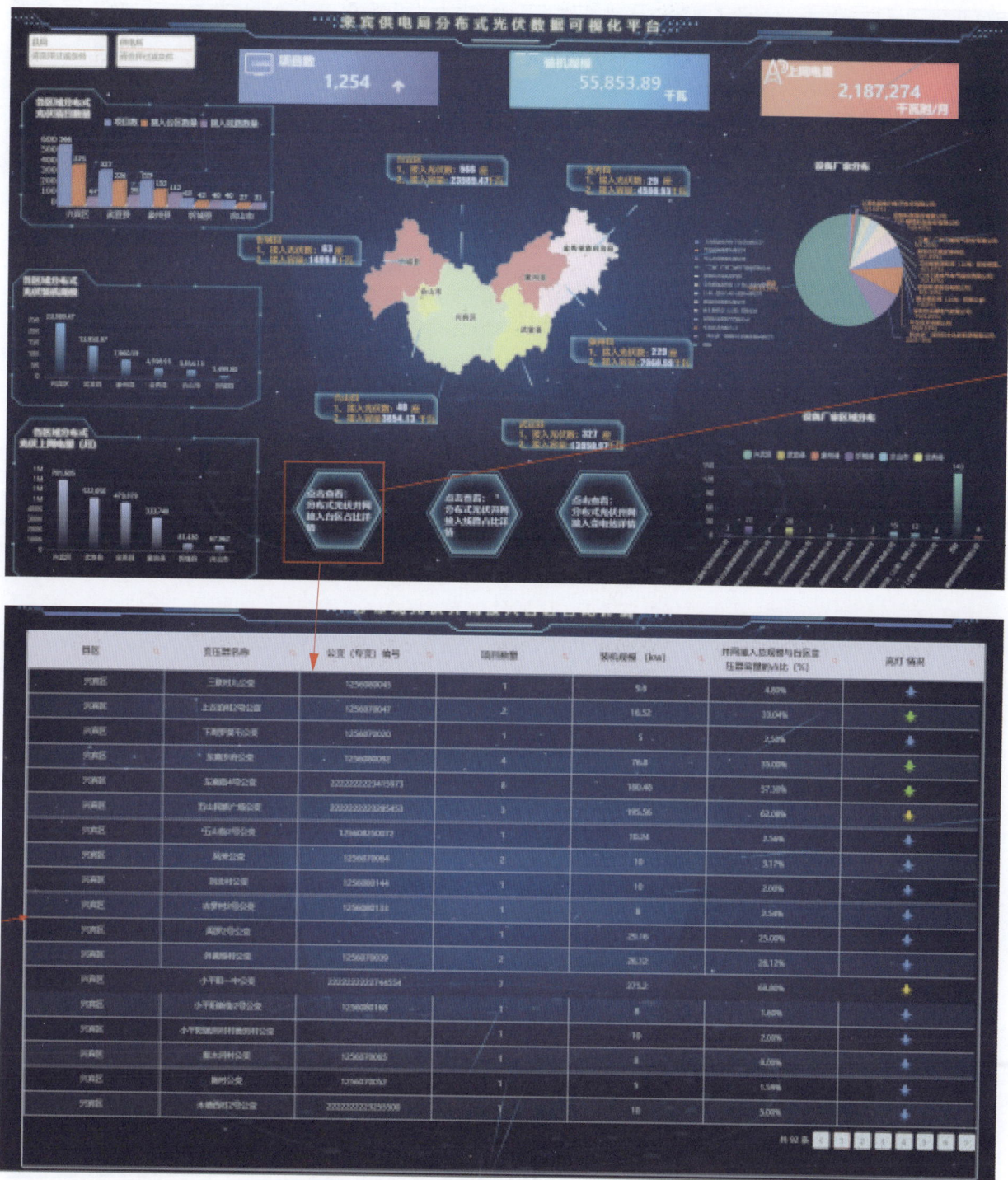

图 3　来宾供电局分布式光伏数据可视化看板

三、经验启示

（一）聚焦电网建设，助力区域光伏开发

结合地方政府光伏发展政策导向，针对分布式光伏项目建设带来的变压器容量小、线路线径细等问题，要深入调研，主动谋划，创新管理手段，充分摸排区域屋顶、荒地、水域等资源，评估光伏发展潜力，并

将结果应用于编制电网改造储备计划，通过基建、技改等项目对电网接入能力进行补强提升，超前统筹布局配电网再提升建设，充分满足光伏接网消纳需求，助力整县光伏开发。

（二）聚焦并网接入，促进清洁能源消纳

光伏作为间歇性非调峰电源，通过开展光伏发电量就地消纳的调查，评估就地（电力客户侧）、就近（配电台区内）、转移（跨台区）消纳（电量）能力范围，划定相应的等级，并根据变电站负荷情况，按照就地和就近消纳、尽可能减少向上一级电网倒送的原则，确定辖区新能源发展规划，可划分为高速发展、中度发展、限制发展等级别，从源头上引导新能源有序接入。

（三）聚焦增值服务，实现为客户创造价值

目前分布式光伏在报装办理、并网接入、费用结算、发票开具等环节上，已向用户提供了优质的供电服务，但用户光伏并网后，一些增值服务仍有巨大潜力待发掘；后续可还可利用区域分布式光伏项目发电大数据，通过区域平均发电小时数对比分析，对分布式光伏项目发电水平分级评价，及时提醒客户开展光伏运维工作。同时，推动建设统一的光伏运维服务平台，为光伏项目业主和光伏运维企业搭建沟通桥梁，提供专业咨询、交易撮合等服务。

四、创新团队

该案例由南方电网广西来宾供电局陈恭宇、莫翔、张席华、曾银、黄冠华、廖玲芳、范江霞、袁德斌完成。

南方电网广西来宾供电局主要负责来宾市一区四县一市（兴宾区、武宣县、象州县、忻城县、金秀县、合山市）的电网运行和电力供应，营业面积 1.34 万 km²，服务人口 270 多万，服务用电户数为 102.5073 万户，客户报装总容量 1434.82 万 kVA。2022 年售电量 101.73 亿 kW·h。来宾行政区域的电源比较集中，全市水电、火电、新能源总装机容量 486.59 万 kW，是重要能源基地，有五大电源点，火电装机容量 265 万 kW，水电装机容量 108 万 kW，小水电 14.48 万 kW，新能源装机容量 99.11 万 kW，占中调及以上统调装机容量 11.4%，是南方电网"西电东送"通道的重要枢纽和广西电网电源重要支撑点。近年来，来宾供电局先后荣获全国文明单位、全国工人先锋号、全国模范职工之家、全国五一劳动奖状、中国金牌最美供电所等荣誉称号、南方电网公司 2022 年度本质安全型企业建设进步单位、南方电网公司优秀治理示范企业、公司推进本质安全型企业工作先进集体一等奖。

打造现代化农村电网样板赋能毛纳村高质量发展

南方电网公司海南电网五指山供电局

引言

2022 年 4 月，习近平总书记到毛纳村考察调研时对生态文明和乡村振兴做出重要指示："扶贫和振兴要衔接上，这边是巩固扶贫成果，这边是迈出振兴第一步。乡村振兴要在产业生态化和生态产业化上下功夫，毛纳村下一步要发展生态旅游。"本案例立足于习近平总书记的重要指示和国家关于"生态文明试验区"及"乡村振兴"工作等战略要求，依托五指山市毛纳村优质旅游资源和生态禀赋，以打造环境友好现代化农村电网为主要抓手，从提升电网智能化水平及供电可靠性、强化电网设施与村容村貌融合、落实绿色环保的可持续发展理念等三大方面，促进现代化农村电网建设与乡村振兴战略相融合，助力毛纳村生态文明建设与乡村振兴高质量发展。

一、创新成果介绍

依据《五指山市全域旅游发展规划（2019—2030）》，毛纳村为五指山市规划的10个乡村旅游示范点中唯一"5椰级"（最高级）乡村旅游点，打造毛纳咕嘎缘风情村。现代农村电网是海南毛纳村进一步打造生态文明与乡村振兴的重要基础设施之一，五指山供电局坚决贯彻国南方电网公司有关"乡村振兴"相关战略部署，成立了毛纳村现代化农村电网建设项目工作专班，充分发挥能源资源优化配置的中枢核心优势，紧紧围绕乡村振兴"产业兴旺、生态宜居、乡风文明、治理有效、生活富裕"总要求和省电力公司领导到毛纳村调研时提出的相关工作要求，认真分析毛纳村供电可靠性低、电力设施与景区发展不协调、电网智能化水平与区域定位不匹配等电网现状，组织修编了《毛纳村生态文明建设与乡村振兴示范区建设实施方案》，从电源、配电网、负荷等三方面进行重新规划设计和项目落地，为全面实施毛纳村生态文明建设和乡村振兴战略提供坚实的电力保障（见图1）。

（一）现代农村电网网架优化升级

以安全可靠供电为底线，解决毛纳村停电频发问题，推进电网建设改造。优化毛纳村电网网架结构，提高农村电网对负荷增长的适应能力。35kV水满站2号主变压器的1020间隔新出一回主线FYZA-YJV22-8.7/15kV-3×120mm² 至毛纳村，联点为环网柜与原毛纳支线形成联络，新增10kV毛纳村线路为第一电源，原毛纳支线为备用电源，满足电源线"N-1"。

（二）配电网装备提升

按照南方电网智能配电V3.0智能化升级改造技术路线，开展智能化改造，实现配电网可观可测。一是实施毛纳村公用变压器台区智能化改造：毛纳村公用变压器箱式变电站加装智能网关、低压回路测控终端等。二是配备低压备用电源接入箱：满足保供电任务需要，停电后备用电源的快速接入，恢复对重要客户的供电。

图1 毛纳村规划顶层架构设计图示

（三）促进村域生态与电网深度融合

针对电力设施与村域生态发展不协调等情况，加快推进架空线路"入地"，提高电力设备与村域生态融合水平。一是实施中压线路迁改工程（毛纳支线 #6-#15 架空改入地），解决中压线路与环境不协调的问题，避免影响后续毛纳村生态旅游产业发展规划项目建设。二是实施低压线路迁改美化工程，通过低压入地解决低压线路与环境不协调的问题。三是提高电力设备与毛纳旅游生态的融合水平，对电力设备（环网柜、配电变压器、分接箱等）外观进行彩绘融合美化，使电力设备设施与周边环境融为一体。

（四）持续满足毛纳村负荷增长需求

针对后续毛纳村旅游示范村规划项目，提升毛纳村供电容量，满足毛纳村负荷增长需求。一是利用旅游中心前广场建设生态停车场，设置 30 个停车位（暂按 10 个 60kW 快充 +20 个 7kW 慢充配置），200kW 光伏配置，同时配置 1 座 V2G 充电桩，并进一步研究 V2G 应急保供电方案的可行性。二是密切跟踪政府旅游示范村规划项目落地需要，视政府规划推进进度，同步实施毛纳村旅游示范村规划项目配套用电工程。

（五）打造智慧用电综合样板

依托毛纳村旅游示范村规划项目，重点打造智能民宿、智能民居等智慧用电场景，通过对边缘感知层终端设备进行升级改造或增量建设，打造智慧用电综合样板。一是到 2023 年底通过在低压台区安装智能量测终端、模组化感知终端及 HPLC（微电流）等智能化硬件，从全量数据采集、台区拓扑梳理、台区线损治理、疑似窃电稽查、计量误差诊断、供电可靠性提升及用电安全监测等角度开展相应示范工作，实现新型电力系统与新一代量测体系现场实践有效落地。二是远期还将基于用户画像，探索为客户创造价值的增值服务商业模式用电策略推送。

（六）展示毛纳村电力变迁史

未来政府打造的村史馆是毛纳村重要的乡村文化展示空间，通过挖掘村史、电力发展史，以文字、图片、实物、实景等方式展示毛纳村的电力变迁历程和未来发展展望、有机融合整个毛纳村村史馆内，是电力助力"乡村振兴""两山理论"的实践成果展示窗口。

二、创新实施过程

（一）现状分析

基于现代农村电网和零碳乡村概念，对毛纳村配电网现状进行摸排，查找差距。一是毛纳村供电可靠性低，同时由于保供电资源缺乏，停电跳闸后等待恢复送电时间长，居民及旅客的用电获得感不高。二是电力设施妨碍景区发展，不满足景观建设要求。三是电网智能化水平与区域定位不匹配，智慧用电应用能力有待提高，毛纳村旅游规划定位级别高，尚未形成现代供电服务模式，继续为毛纳村低压用户提供用能服务智能新体验。

（二）明确规划思路及目标

一是立足国家关于"乡村振兴""生态文明试验区"工作及"双碳"目标等战略要求，依托五指山市毛纳村优质旅游资源和生态禀赋，以提升毛纳村电网可靠性为主要抓手，加快推进中低压配电网改造，补充毛纳村保供电资源，进一步推进高可靠性现代农村电网建设，推动打造毛纳村高可靠性乡村零碳示范村。二是通过电网改造、景观融合等技术应用，增强毛纳村电网供电水平，构建安全、可靠、绿色、高效、智能的现代化农村电网。到 2023 年，毛纳村生态文明建设与乡村振兴示范区基本建成。毛纳村供电可靠性得到提升，配电网装备得到升级，村域生态与电网深度融合，促进毛纳村乡村旅游发展。到 2025 年，毛纳村生态文明建设与乡村振兴示范区完全建成。现代化农村电网满足毛纳村负荷增长需求，服务巩固脱贫攻坚，为全面实施乡村振兴战略提供坚实的基础保障。

（三）编制重点任务并按期落实

一是基于前期规划及建设目标，制订了 6 项重点任务，明确具体工作内容和完成期限。二是为实现重点任务目标，组织编制了 2023—2025 年毛纳村生态文明建设与乡村振兴示范村项目投资计划并按期推进。

三、效益分析

从提升电网智能化水平及供电可靠性、强化电网设施与村容村貌融合、落实绿色环保的可持续发展理念等三大方面，全面提高毛纳村农村电网供电服务水平。通过 35kV 水满乡变电站 10kV 毛纳村线路新建工程，满足电源线 "N-1"；通过配电网装备智能化改造，实现配电变压器状态可观可测；配备低压备用电源接入箱，满足保供电任务需要，通过中低压架空线路入地改造，服务景区生态发展，同时减少线路故障率；通过用电工程实施，持续满足毛纳村负荷增长和电动汽车充电需求。通过打造智慧用电综合样板，提升农村用户用电服务水平。通过上述项目落地，可极大提升毛纳村用电可靠性和供电服务水平，有效支撑毛纳村生态文明建设与乡村振兴，同时也为今后助力全面推进生态文明建设与乡村振兴提供可复制可推广的现代化农村电网建设样板。

四、经验启示

（一）提高政治站位，强化理论指导，落实电力赋能五指山市生态文明建设和乡村振兴等方面相关政策

加强"五真"作风建设，将巩固拓展脱贫攻坚成果、助力乡村振兴工作纳入全局年度重点工作范围，推动各项工作规范运作、合法合规，以实际行动努力为群众办实事，为服务五指山市高质量发展作出央企应有贡献。

（二）加强政企联动，助推乡村振兴电力服务新模式

在毛纳村电网规划建设过程中，五指山供电局进一步加强与属地政府相关部门的沟通联系，结合政府对毛纳村总体规划建设蓝图，将电网规划纳入其中，多次征求政府方面的建议意见，做到不违背政府规划建设蓝图的原则下，充分发挥电网企业能源资源优化配置的中枢核心优势组织做好电网规划，并通过电网改造升级、景观融合以及智能配电 V3.0 技术等应用，增强农村电网供电水平，协调景区与电网发展，分步推进，持续提升毛纳村用户用电获得感，支撑乡村旅游，服务乡村振兴，构建安全、可靠、绿色、高效、智能的现代化农村电网；同时以此次毛纳村规划建设为契机，政企双方建立了常态化工作机制，共同推动现代化农村电网项目建设，为下一步服务全域乡村振兴奠定牢固的基础。

五、创新团队

该案例由海南电网有限责任公司五指山供电局陈长基、孙运武、陈伟、吴天锦、孙云海、符史坚、许环湖、陈传明、丁士凯完成。

海南电网有限责任公司五指山供电局成立于 1976 年，是海南电网有限责任公司的分支机构，负责五指山市的电网建设、电网运行和电力供应工作。截至 2022 年 12 月底，管辖区域内有 4 个供电营业厅，供用电户数 4.6 万户；五指山地区有 110kV 变电站 2 座，主变压器 4 台，容量共 12 万 kVA；35kV 变电站 4 座，主变压器共 8 台，容量共 6.32 万 kVA；4 座 10kV 开关站，配电变压器 1217 台（专用变压器 593 台，公用变压器 590 台），总容量 30.7147 万 kVA。全年最高负荷 4.078 万 kW，同比下降 3.7%；全年售电量 2.01 亿 kW·h；综合线损率 3.92%，创历史新低；电费回收率 100%，实现连续 16 年"双结零"。

网格化金牌服务机制的构建与实践

国网重庆市电力公司合川供电分公司

引言

随着国家乡村振兴战略的全面推进，高质量的供电服务为乡村振兴提供了重要保障。近几年，经济建设持续发展，营业厅传统的被动式服务已远不能适应新形势下的客户需求，供电企业亟须根据不同的客户打造更细化的差异化服务，变被动为主动，开辟优质供电服务新领域。在此背景下，国网重庆合川供电分公司坚持以党的二十大精神为指引，笃定全面提升供电服务质量目标，以"网格化创新"为引领，不断优

化服务管理、创新服务手段、提升服务质量，积极探索客户导向型服务模式，满足客户多样性、差异化的用电需求，满足经济发展和社会需要、落实服务乡村振兴重要责任。

一、创新成果介绍

为贯彻落实党的二十大报告精神，合川供电分公司以党委主导、支部主责、党员主动的党建引领"三个主字"为总思路，以"一所一网、一村一格"为总原则，秉持"你用电、我用心"的服务理念，按"人在网中转、事在格中办"的工作模式，遵循"供好电、收好费、服好务"9字工作要求，开展"网格化"建设，并以"定格、定人、定责、定效"的"四定法"推进并构建"网格化金牌服务"机制，实现服务渠道更畅通、服务手段更先进、服务评价更优良的供电服务新模式。

二、创新实施过程

（一）定格

合川供电分公司构建以供电业务部为"网"、镇村为"格"的网格化包干管理体系，制订网格长、网格员竞聘（选聘）方案，建立"360+365"的网格服务体系。网格的划分以行政的镇（街道）为参考范围，以村网共建、客户至上为前提来划分，着力营造"业务当家务、客人当家人"的供电服务新氛围。

各供电业务部以业务部为"网"、以镇（街道）为"格"、以村为"小格"的方式绘制本业务部服务"网格图"。服务网格的设置充分考虑镇、村面积、地缘地貌、线路长度（10kV、0.4kV）、台区数量、客户数（2000～4000户）、专用变压器数量等核心要素；对于新进人员、人岗不匹配及未聘为网格员的人员，可根据实际情况设为网格助理。

三庙镇是整个重庆市首个整镇推进高标准农田建设的农业镇，该镇安塘村建设中的移民创业园将重点扶持智能蔬菜大棚、稻虾养殖、种植名优农产品"凤山大米"、开展农产品及饲料加工等，实现"一、二、三"产业串联式发展。根据网格制订的总思路，合川供电分公司与合川区三庙镇人民政府签署乡村振兴战略合作协议，并在该镇安塘村建成合川区首个政企合署办公、网格互融的电力便民服务站，实现了电力网格经理与政务人员"政策共推、诉求共解、业务共办"的办公新模式，以实际行动架起党群连心桥，让客户足不出村就能实现用电咨询、业务办理、电费交纳等业务。合川供电分公司主动对接镇政府、通过网格长跟踪动态信息，组织专业人员实地勘测，根据项目规划科学制订供电方案，助力高标准农田项目建设、移民村民创业增收。截至目前，已为该镇新增4个农排站、8户小微企业提供电能支持方案。

（二）定人

为进一步深化"三项制度"改革，充分调动广大员工对岗位竞争积极性，依据《国家电网公司岗位竞聘管理规定》（国家电网企管〔2017〕124号）相关规定，开展网格长的竞聘及网格员选聘。其中网格长的选定由分公司组织公开竞聘，网格员由各业务部自行组织网格员（含网格助理）选聘，选聘结果经供电业务部主任签字后交分公司备案。

（三）定责

网格长是"镇格"内"保供第一责任人"，负责包干落实辖区内安全生产、运行维护、树障清理、线损管理、检修抢修等工作；履行"镇格"内"服务第一人责任"，负责用电客户进行走访、停电信息告知、意见建议收集、电费回收、客户诉求处理等工作；履行所在"村格"网格员职责；负责镇格内村级网格员的日常管理工作，并负责提供镇格内网格员绩效考评依据及相关建议。网格员是"村格"内"保供第一责任人"，负责包干落实辖区内安全生产、运行维护、树障清理、线损管理、检修抢修等工作；履行"村格"内"服务第一人责任"，负责用电客户进行走访、停电信息告知、意见建议收集、电费回收、客户诉求处理等工作。网格助理是协助网格长、网格员开展辖区内安全生产、运行维护、树障清理、线损管理、检修抢修等保供工作；协助网格长、网格员开展用电客户进行走访、停电信息告知、意见建议收集、电费回收、客户诉求处理等供电服务工作。

通过责任的层层落实，涌现出了优秀网格员的榜样。合川区清平镇拥有"全国日用玻璃之都"的美誉，是全国三大玻璃产业基地之一，下辖两个社区，7个行政村，其中横担村为该镇乡村振兴重点打造对象。合川供电分公司广汇一支部主动与该村党支部开展结对共建，着力发挥党委主导、支部主抓、党员主动的积极作用，促进党建工作引领供电服务，双方就深化网格化建设、服务，助力乡村振兴等开展了一系列除隐患、办实事活动。在该村办点设立了电力网格员办事窗口，并将电力网格员纳入了村社网格同步推进，拓展了为群众服务的多样性、实用性。服务该村的电力网格员坚持落实网格员在电力保供及客户服务的"属地第一责任"，畅通所网、镇格、客户的联动机制，全程、全时段护航"玻璃熔炉"，安抚群众"玻璃心"，电靓了"电力网格员"这张为民服务的新名片。

（四）定效

落实"人在网中转·事在格中办"工作要求，推行"网格化金牌"服务，对"绩优绩佳"进行激励，对"绩劣绩差"进行考核，进一步营造"思进位·干出彩"和"争先·恐后"的工作氛围，切实提升供电服务水平。

1."金牌"标准

每季度开展"金牌网格员"和"金牌网格长"的考评，经审核后，以总经理奖或专项绩效奖的方式进行奖励。

（1）"金牌网格员"标准。

1）电费"零陈欠"（截至每月26日，鼓励24日结清）。

2）工单"零件次"（不含业务工单）。

3）线路"零跳断"（因树障、运维等引起10kV及以下线路跳闸断线）。

4）客户"零距离"（微信群客户入群率高于20%，并季度递增5%）。

5）诉求"零出格"（季解决客户诉求10件以上）。

（2）"金牌网格长"标准。

网格长管辖的所有网格员（含网格长本人）达到金牌网格员"五零"标准，经审核后，即认定为金牌网格长。

2.奖励

（1）力挺"绩优"。对达到金牌服务"五零"标准，并评定为金牌网格员、金牌网格长的，进行表彰、通报，分别按照1000元/位、3000元/位进行奖励。

（2）关心"先进"。对获得金牌称号的，优先推荐为评先评优预备人选。同时，作为选拔任用及"A级员工""加分"的重要业绩依据。

（3）鼓励"积极"。季度"金牌网格员"人数达5人及以上的业务部奖励3000元/季，达10人及以上的奖励5000元/季。对"五零标准"单项排名第一的业务部各奖励2000元/季。网格员实现微信群村社、台区全覆盖且客户入群率高于50%（季度提升5%）的奖励500元/季，对满足上述标准网格员数量超过30%的业务部奖励2000元/季。

为进一步深化"网格化金牌服务"服务机制、学习先进经验，合川供电分公司邀请原合川区旅游宣传营销中心主任、合川区网格化服务中心主任、合川区社会治安综合治理中心（大数据局）沈刚主任为分公司网格长、网格员进行"党建引领促发展 网格管理谱新篇"的主题党课宣讲。沈刚对供电服务网格化工作进行了系统性、全方位的分析、讲解，让各供电服务工作者受益匪浅。他对"合川供电网格化金牌服务实施方案"给予高度肯定和认同，并就下一步如何加强机制共建、信息资源共享、政企网格共融等与各网格员进行深入探讨，进一步加深了大家对网格化认识，理清了服务思路，找到了措施办法。

3.考核

（1）力督"绩差"。对每季度距离金牌标准"最远"的"绩差"网格员（3名）和网格长（1名），进行工作"提醒""通报"，并分别考核绩效 300 元／位、600 元／位。

（2）关注"后进"。对远离、连续远离"金牌"标准的员工，优先推荐为"C、D 级"人选，并作为年度绩效考评"扣分"的重要业绩依据。

（3）鼓敲"消极"。对季度"五零标准"单项排名第 10 位的业务部考核 1000 元／季；对出现"服务态度"投诉及 12398 工单的业务部取消奖励；网格员出现微信群村社、台区未全覆盖或客户入群率低于 10% 的考核 200 元／位，对类似网格员超过 30% 的业务部考核 1000 元／季（标准均按季度 5% 次第提升，截至50%）。

2023 年一季度，合川供电分公司通过积极营造"思进位·干出彩"和"争先·恐后"的工作氛围，在 32 个网格中评选出金牌网格长 3 人，金牌网格员 7 人，成为"网格化金牌服务"第一批"领航员"。

4. 其他

（1）网格员年度连续 4 个季度工作"绩差"，年度员工等级评价直接为 D 级或定为辅助工，连续 3 个季度工作"绩差"的直接评为 C 级。

（2）全年无工单的网格员直接评价为 A 或 A+（有安全、廉政否决的除外）。不满意工单 4 张／年、12398 工单 2 张／年、年度工单量绝对值最多的网格员直接评价为 C 级。

（3）年度考核中，网格员出现微信群村社、台区未全覆盖或客户入群率低于 10% 的，直接评价为 C 级。

（4）党员干部要落实好"三管三加"党建工作要求，带头示范、带头承诺"目标＋高""质量＋优"，主动担责、承诺"考核＋重"。

三、项目效益

合川供电分公司通过制订"网格化金牌服务"机制，明确执行过程中不同责任主体的管理责任，优化管理流程，提升管理效率，保障该机制的有效落实到位。各网格做到了清晰地掌握情况、及时地发现隐患、迅速处置诉求、有效解决问题；打通客户服务"最后一百米"，贴心服务实现"零距离"、用心服务搭建"连心桥"、真心服务做到"全天候"，大幅提升客户服务感知度、黏合度、美誉度。

业务部积极组织、认真开展"网格化金牌服务"，根据镇、村所辖区域进行整体划分，将网格化服务工作与政府、街道、社区、村社工作建立联系机制，公司 10 个所网、32 个镇（街道）格、197 个村格得到全区 30 个镇街合计 606 个村、居委会的大力支持。业务部内部网格加强协作，发挥联动。充分发挥营配合一的优势，对于故障抢修、投诉、客户诉求等业务上下、内外联动，及时、高效地为客户解决问题。各网格每月处理客户报修、诉求类问题 70 余起，畅通了客户报修渠道，居民们纷纷为这样的机制点赞。

网格宣传作用进一步得到加强。网格员通过网格微信客户群积极宣传电力相关政策、停送电信息、安全用电知识，为客户提供贴心化服务，拉近了与客户的距离。现已建立网格微信群 285 个，拥有客户 4.56 万户，推送各类消息 176 项、5360 余条，收集安全隐患 112 条·次，客户投诉率下降 85%，客户满意率提升至 99.8%。

四、经验启示

"网格化金牌服务"机制的建立与实施，建成一网多格、一格多点、一点多元的供电服务新模式，各网格形成营配合一的全科网格，落实一岗双责，做到属事属地，以规定动作加创新示范的实施，提升了整体服务水平。

网格开展特殊客户差异化定制服务。通过详细收集客户用电需求，建立客户走访台账，按差异化服务理念，细分客户群。针对吸氧、养鱼、电热等电力需求依赖性较大的客户，服务做到信息畅通到位，点到点、面对面，提升客户感知。

随着人们对电力需求的逐渐增加，台区管理资源也日益紧张。合川供电分公司网格员从 2023 年开始进入退休减员高峰期，近 3 年网格员退休 25 人，占比 17%，一线缺员将进一步加剧。新进员工招聘需在原人员退休后才能进行，并且执行"退二增一"模式。然而网格员是一个营配合一综合性较强的岗位，需要一定时间培训专业技能，积累工作经验，新员工短期内不能完全胜任网格员职责。

合川供电分公司也将进一步深化"三项制度"改革，盘活人力资源，满足一线供电服务用工需求。但面对日趋紧张的管理资源，提出以下建议；①优化招聘条件：综合考虑网格员的工作环境，在制订招聘条件时优先考虑退伍军人，退伍军人经过部队的严格锻炼，具备较强的组织纪律性、坚韧不拔的意志、吃苦耐劳的品格、团结协作的意识，这些素质短时很难培养，但也是基层服务工作必备的基础素质要求；②注重属地化招聘：网格员要做好、做实网格服务工作，需要沉心、静气深入院坝，走到田间，了解客户需求，进行客户服务，属地化的网格员有更好的群众基础，熟悉当地风土人情，能更快地融入网格服务。

五、创新团队

网格化金牌服务机制的构建与实践，由合川供电分公司周孔均、蒋伟、陈波、唐洲、董萍、周建华、邹莹、吴秋平、赵法等创新团队成员完成并实践应用。

合川供电分公司供电面积 2294km²，供电人口 123.4 万，供电客户 72.55 万户，2022 年营业电量 33.81 亿 kW·h，户均用电量 4660.23kW·h，人均用电量 2239.87kW·h。拥有 220kV 变电站 2 座，110kV 变电站 15 座，35kV 变电站 16 座，10kV 线路 266 条，线路长度共计 4184.63km，线路绝缘化率 21.43%。公用变压器 7559 台，合计容量 171.69 万 kVA，台区线路绝缘化率 18.94%。专用配电变压器 1854 台，合计容量 524.77 万 kVA。

"红细胞·好邻居"为乡村振兴赋能添力

国网四川省电力公司资阳供电公司

引言

国网四川省电力公司资阳供电公司（以下简称国网资阳供电公司）管辖客户 135.5 万，其中农村客户约 97.7 万户，占比高达 72.1%。农村用电客户在用电基础设施、服务网点设立、服务人员素质等方面存在与城市的差距。在全面关停乡镇供电所营业厅以后，自 2021 年 3 月开始，国网四川省电力公司资阳供电公司以挂联各村社"红细胞·好邻居"供电服务志愿者作为客户诉求响应最前端，延伸供电服务触角，构建村社、群众、供电公司、企事业单位联合共建的民生信息交互生态服务圈，打造美好乡村命运共同体，为乡村振兴赋能添力。

一、创新成果介绍

（一）延伸服务触角

招募"红细胞·好邻居"供电服务志愿者，在村社设立"红细胞·好邻居"流动服务站，把供电服务触角延伸到每个村社，打造农村供电服务 30min 服务圈，实现客户用电诉求在村社内响应，用电问题在村社内解决，极大方便了农村用电客户，尤其是留守家中不会用手机办电的老年人。目前，国网资阳供电公司"红细胞·好邻居"供电服务志愿者覆盖 1112 个村社，占总村社数量的 80.89%。驻扎"红细胞·好邻居"供电服务志愿者的村社业务办理、故障报修、电费缴纳服务效率较之前分别提升 50%、30%、20%。

（二）搭建生态服务圈

"红细胞·好邻居"供电服务志愿者不仅为广大农村客户提供高效便捷的用电服务，还联合医院、学校、通信、银行、邮政等127家关系民生的公共服务机构和单位，强化民生领域的跨部门、跨单位高效协同与互联互通，提高公共服务资源共享水平，为老百姓就医、就学、贷款、邮递、通信等日常生活需求提供一站式打包服务，让老百姓只找一个人，办成几件事，切实提升农村地区民生服务质效，搭建起多方参与、高度整合的生态服务圈。

（三）助力乡村振兴发展

吸纳村社干部参与"红细胞·好邻居"，整合生态服务圈资源，大力开展农产品直播带货、发展特色养殖、推广乡村旅游、种植经济作物等，为发展乡村经济出谋划策，打造产、供、销一体化供应链，让老百姓经济效益最大化。"红细胞·好邻居"自成立以来，累计实现乡村消费帮扶180万元，推动乡村产业收入上千万元，助力乡村振兴发展。

二、创新实施过程

（一）延伸信息链，争做群众身边"好邻居"

以资阳市"红细胞"志愿服务联盟成员单位的志愿者为主体，广泛招募"红细胞·好邻居"志愿者，将"红细胞·好邻居"按村社分片挂联，主动对接乡村产业和群众用电需求，为挂联村社提供用电咨询、业扩报装、故障报修及便民服务等"一站式"服务，不断为乡村振兴注入强劲动能。携手村社干部、群众、公用事业单位等利益相关方构建"红细胞·好邻居"生态服务圈，整合各方资源优势，紧紧围绕乡村发展、乡村建设、乡村治理重点工作开展多方合作，定期召开座谈会，研究解决电力供应、通信保障、消费帮扶、便民服务等问题。自2021年来，"红细胞·好邻居"通过挂联村社和走村入户摸排到农村地区供电可靠性低、低电压问题突出，在一定程度上制约了乡村经济发展。"红细胞·好邻居"志愿者主动作为，积极汇报，多措并举，通过农网升级改造及大修技改，大力整治农村高跳线路12条、低电压及漏保频跳台区4340个，为当地农村经济发展提供坚强的电力保障。国网资阳供电公司投资1121万元，完成雁江高洞村、乐至方广村、安岳隆恩村电力示范村建设，让乡村电力发展与乡村振兴"同频共振"。国网资阳供电公司投资24万元，实施完成乐至"秋千梦幻岛"、临空经济区"仁里农旅融合示范村"乡村电气化示范项目建设，"红细胞·好邻居"推广70余台用电设备，年电量增加185万kW·h，带动就业100余人、受益人口4000余人，实现农村电气化水平显著提升。2022年夏天，在四川经历最高温度、最少水电、最大负荷、最长时间"四最"叠加的不利条件下，"红细胞·好邻居"充分发挥宣传引导作用，引导广大电力客户节约用电、错峰用电，做到工业让电于民，保障迎峰度夏期间农村电力供应有序，农业生产未受到根本影响。

（二）锻造"主心骨"，唱响乡村振兴主旋律

国网资阳供电公司深入推进支部包联、党员带头、员工参与、委员包保，打通"红细胞·好邻居"赋能乡村振兴"最后一米"，从发挥党员先锋模范作用入手，有力推进"红细胞·好邻居"落到实处。依托党群活动服务站建设电力爱心超市1个，为304户村民兑换1.1万元活动礼品。建立"红细胞·好邻居"便民服务站2个，开设"红细胞·好邻居"流动服务站180个。同时，"红细胞·好邻居"大力开展安全用电宣传、弱势群体帮扶、农业种植科普、安全隐患排查等志愿行动300余次，解决供电质量、用电安全、"黑楼道"、信息通信等疑难问题500余件。开设乡村用电办理绿色通道，利用"红细胞·好邻居"流动服务站，推动群众用电需求现场办、马上办。将"红细胞·好邻居"生态服务圈延伸至文旅项目、小微养殖企业、乡村工业园区，与乡村振兴农产品助销、乡村旅游推广、企业用能诊断等精准融合。2022年以来，对资阳市36家农业生产企业开展全覆盖走访，出具能效报告36份，帮助12家农业生产企业降低用能成本58万元。

（三）赋能强前端，提升民生服务精准度数字化。

"红细胞·好邻居"将科技支撑作为创新民生服务方式的重要内容，加快推动互联网、大数据、人工智能现代信息技术的运用，促进网格化服务升级提档和基层社会治理提质增效。归集12345市民热线、95598、12398等数据信息，实现双向派单和分层分级响应（见图1）。群众通过"红细胞·好邻居"发起诉求后，"红细胞·好邻居"能处理的立即闭环处理，不能处理的转送村社或供电公司，以工单形式分派到相关部门、基层班组受理，督促闭环处理，确保村民诉求统一调度、精准到人，件件有回复，事事能落地。每周发布"红细胞·好邻居"服务指数，实现村民诉求提前感知，信息交互闭环管理。"红细胞·好邻居"联动SG186营销业务系统和供电服务指挥平台，整合移动短信平台、智信大数据，在春节、端午节、清明节、中秋节等重要节假日向广大村民主动推送安全用电常识、农业种植注意事项、公共行业网格服务渠道等信息。"红细胞·好邻居"为空巢、孤寡老人和外出务工人员建立电力数据档案，与村社协作联动，主动加入村社微信群，高效快捷为群众办实事。利用"电眼看资阳"等大数据技术分析日常用电情况，一旦出现异常波动，"红细胞·好邻居"及时上门了解，帮助群众解决疑难问题。

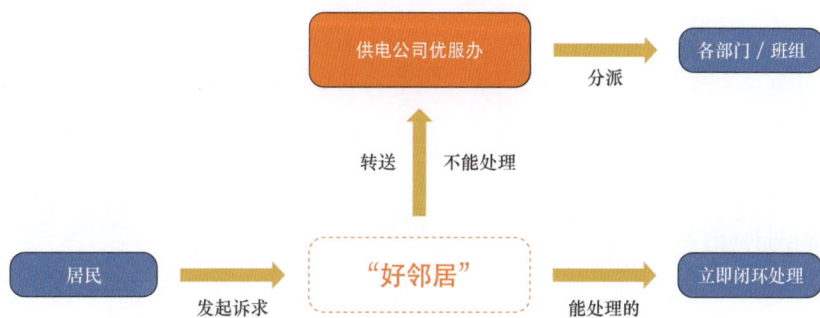

图1 "红细胞·好邻居"分级协同派单机制

（四）扩大朋友圈，构建"一站打包"生态服务共同体

"红细胞·好邻居"推动社区、村社党组织、企事业单位协调联动，建立跨专业、紧密型、常态化的民生生态服务圈。充分利用资源禀赋，不断丰富可持续性生活方式和节能低碳宣传教育方式，与通信、邮政、燃气、水务等营业厅联动创建首批20个"红细胞·好邻居"便民角，投放节能低碳宣传物料。围绕"有爱资阳、守护未来"这一主题，持续以"绿色+"模式，面向社会公众开展各具特色的宣教活动，充分发挥社会教育效益。共享公共服务便利，联合家电销售等产业链上下游利益相关方举办安全用电课堂，联合移动公司、燃气公司开展赋能智慧生活和新年健康包等行动。唱响"有爱资阳"合奏曲，建立水电气网、法律援助、医疗健康、文化文艺、应急消防等10支专业化"红细胞·好邻居"便民服务队，成员达2000余人。各行业"红细胞·好邻居"活跃在同一个挂联村社微信群，联动接受群众反映问题诉求，及时收集解决群众遇到的各类问题，有效提升服务质量和效能，使"好邻居"越来越多，"朋友圈"越来越大，好声音越传越远。

三、效益分析

（一）用电获得感不断增强

通过在村社全覆盖构建"红细胞·好邻居"生态服务圈，缩短了村社、企事业单位与群众的交互距离，基层治理和供电服务管理更扁平、更精准，资源利用更高效、更集约。"红细胞·好邻居"全面入驻82个乡镇便民服务中心、1112个村社党群活动中心，推动电力服务融入地方治理，实现"线上+线下"服务全覆盖，客户用电体验不断优化，增强了人民群众用电获得感、幸福感、安全感。2022年国网资阳供电公司收到乡镇村社感谢信6封，锦旗5面，公司投诉量同比下降69.33%，客户满意率同比提升2%。

（二）供电能力显著提升

通过与村社联动，"红细胞·好邻居"将制约乡村经济发展的供电瓶颈问题精准反馈，并积极协调解决局部低电压、卡脖子、供电能力不足等问题，推动电网设备与现代化乡村发展相融合。在"红细胞·好邻居"的不懈努力下，2022年公司投资8900万元，升级改造农村电网，改造后户均容量提升了0.8kVA，农村地区供电可靠率和电压合格率分别提升0.02和0.01个百分点；投资1145万元，实施乡村电气化项目两个，建设电力助力乡村振兴示范村3个、电力爱心超市1个，推动示范村农业生产现代化、产业转型升级、生活品质提升，助力国家乡村振兴战略的全面实施。

（三）价值创造多方多元

"红细胞·好邻居"以温馨的亲情守望、便捷的邻里互助、专业的一站服务，持续收集民生诉求，用心用情做实做细民生实事。在供电公司的倡导和各方志愿者的参与下，形成点、线、面和睦相处的"红细胞·好邻居"关系，为资阳市农村群众提供便捷办电、安全用电、特困帮扶、消费扶贫、电助农业、信息告知等助力乡村振兴的各项便民服务。自活动开展以来，为257个行政村提供一站式流动服务，联合社区、村社开展服务2993次，服务对象102300人，入选中国能源产业"品牌发展成果"典型案例、2023年度全国企业党建创新优秀案例、国家电网公司社会责任根植项目库。登上国家电网报、中国电业杂志、中国电力企业管理杂志、亮报、国网手机报、"电网头条"微信公众号等多个媒体，为服务乡村振兴提供了清晰的策略、路径和方法。

四、经验启示

（一）不断倾听和吸纳群众的声音

单方面的信息传递已经不能适应乡村振兴需求，更重要的是要有群众参与、监督和获得感。要持续以透明为前提，吸纳群众尤其是村社干部参与"红细胞·好邻居"，整合多方资源，为乡村振兴发展出谋划策，让公众成为影响乡村治理和生态服务的重要力量，才能实现乡村可持续高质量发展。

（二）搭建新型和谐用电环境

通过多方参与，高度整合相关社会资源，形成了乡镇、村社、电力三方联动，电力员工和村社干部广泛参与的新型和谐用电环境。

（三）构建生态服务共同体

推动乡镇、村社、企事业单位协调联动，建立跨专业、跨区域、紧密型、常态化民生服务生态圈，整合服务资源，缩减服务链条，实现老百姓就近办事、便捷办事。

五、创新团队

该案例由国网资阳供电公司丁玥、李威、罗娅、刘璞、林锐、吴昌贵、龙彪、杨智勇、郑嘉晨、刘松鹤完成。

国网四川省电力公司资阳供电公司是国网四川省电力公司全资分公司，主要承担一区两县5757km²的供电任务，用电户数136.69万户，供电人口约350万。资阳电网是连接川南、川北、成都电网的重要枢纽，属典型的受端电网，现有500kV变电站1座、35kV及以上变电站49座，变电容量534万kVA。2022年国网资阳供电公司售电量36.08亿kW·h，同比增长12.99%。国网资阳供电公司以"为美好生活充电，为美丽中国赋能"为使命，先后荣获全国文明单位、全国学雷锋活动示范点、全国模范职工之家、国家电网公司"社会责任示范基地"等多项荣誉称号，2022年被认定为中国"向善企业"。

供电服务"三入驻"

国网四川省电力公司遂宁供电公司

引言

实施乡村振兴战略，是决胜全面建成小康社会、全面建设社会主义现代化国家的重大历史任务，同时也是新时代"三农"工作的总抓手。为全面贯彻党中央乡村振兴战略决策，国网四川省电力公司遂宁供电公司（以下简称国网遂宁供电公司）提出强化乡村供电服务能力建设，实施供电服务"三入驻"行动，将营业厅功能延伸并入驻县级政务服务中心及乡镇、村社三级政务服务组织，以服务促振兴，有效诠释了国网农电服务为民的文化理念。

一、创新成果介绍

国网遂宁供电公司供电服务"三入驻"行动，即将营业厅服务功能延伸到县级政务服务中心，优化政务服务中心常态化驻点服务模式；建立乡镇、村社驻点服务机制，积极推进供电服务入驻乡镇便民服务中心、入驻村（社区）党群服务中心。"三入驻"的核心要义在于，政企联建，要素共享，完善政电网格对接，健全服务流程机制，从而更好地服务于全省乡镇行政区划和村级建制调整改革，更快地响应人民群众用电服务需求，更有力地推动国家乡村振兴战略遂宁落地和地方经济社会持续发展。

二、创新实施过程

（一）细化职责，健全组织机构

（1）落实责任分工。成立以总经理、党委书记任组长的供电服务"三入驻"行动领导小组，统筹落实网省公司有关工作部署，建立完善"三入驻"评价考核机制，研究解决"三入驻"行动过程中的重大问题及事项。为保证项目落地，营销部党支部牵头日常工作，及时出台活动方案常态开展工作（见图1）。

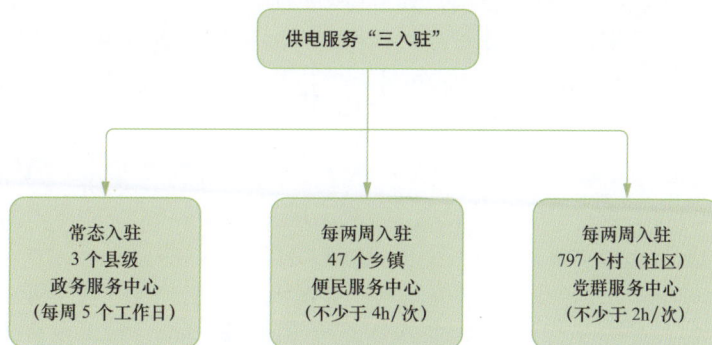

图 1　定期入驻频次

（2）做实专业化管理。各部门按专业职责划分和对乡镇供电所专业化管理要求，有序开展对供电服务"三入驻"行动的部署、检查、指导、评价、考核。活动开展以来，累计开展专项检查和现场评价 62 人次，发现并闭环处理存在的问题 12 个，开展"四不两直"明察暗访 48 人次，确保工作顺利推进。

（二）创新服务，落实工作任务

（1）优化建立便民驻点服务体系。以优化服务为抓手，突出利民导向，探索乡村服务新模式，完善供电服务"三入驻"方案，明确项目实施目标。优化完善县城驻点服务，做优乡镇、村社驻点便民服务，做细镇村驻点服务举措，提升电力客户的获得感和满意度。

（2）管控目标任务落地。做好与属地政府职能部门的沟通衔接、工作汇报，取得各级政府、村社的支持。将政电协同、驻点服务整合与日常工作有机结合，完善流程机制，做优服务品质。历时半年，最终实现供电服务"3个政务中心常驻、47个乡镇有人、699个村及99个社区有点"，有效解决并畅通服务群众"最后一公里"。

（三）网格匹配，优化政电服务

（1）完成政企网格对接。按各县乡镇行政区划和村级建制调整改革"后半篇"文章专项工作领导小组的统一部署，落实政电网格有机匹配，做实台区经理网格化管理机制，进一步调整完善台区经理网格，实现台区经理网格对村（社区）党群服务中心网格"一对一、一对多"的精准对接原则，311名台区经理全面覆盖三县798个村（社区）网格，实现台区经理网格与政务网格的无缝衔接，确保前端沟通直接高效。

（2）做细政电信息沟通。各台区经理与乡镇、村社政务网格员建立常态联络机制，及时掌握网格区域内的产业发展计划、招商引资、人员流动等政务数据，主动作为，服务乡村产业发展。各台区经理在搞好乡镇、村社驻点服务的同时，每月走访驻点联系村（社区）干部至少1次，走访乡村企业客户10户，了解用电需求，提供用电技术支撑，强化政电、企电双方信息沟通。

（3）完善供电服务支撑。推进台区经理首问负责制，做到后端业务"内转外不转"，实现简单业务末端支撑、即时响应，复杂业务由供电所或县公司后台支撑、快速响应。13个供电所党支部同步开展客户走访工作，及时收集更新客户信息，准确了解掌握台区经理、客户经理履职尽责情况。

（4）强化信息安全管控。利用台区经理技能培训、采集计量专业培训、优质服务专题培训，同步开展240余人次的廉政法治、形势任务及信息安全教育，提升员工思想素质。加强台区经理、客户经理信息安全教育，强化收集掌握的政府涉敏信息、企业涉商密信息、客户敏感信息等信息安全管控，严格落实信息安全管理、保密管理相关规定，杜绝泄密事件发生。

（四）内生动力，完善驻点举措

（1）优化供电服务进驻县级政务服务中心。引导鼓励3名优秀员工到县级政务服务中心电力服务窗口锻炼成长。开展入驻人员业务培训4期，规范入驻人员考勤考核及动态管理，树立好国家电网便民为民形象。落实入驻工作人员"政电双重考核"机制，做到奖惩分明、管控到位。将居民用户从报装申请到装表接电的全过程平均办电时间压减至两个工作日以内；将实行"三零"服务的低压非居民用户全过程办电时间压减至8个工作日以内。市县营销党支部开展政务中心驻点优质服务明察暗访16次，动态收集整改存在问题，建强入驻工作人员队伍。

（2）规范供电服务进驻乡镇便民服务中心。各乡镇供电所党支部加强与属地乡镇党委政府的沟通协调，及时在47个乡镇便民服务中心设立供电服务驻点，每周安排1人次开展不少于半天的驻点服务。统一制作"您用电、我用心"供电服务上墙牌匾，规范公示驻点客户经理信息、报修电话、办电政策、业务流程、电价表等信息。42名客户经理驻点便民中心累计开展线上业务推广3600余笔、线上业务受理164笔、收集客户诉求532笔、办电政策宣传7500余人次，进一步延伸营业厅服务功能，推进服务前沿化，确保营业厅关停后用电业务办理更便捷、更高效。

规范供电服务进驻村社党群服务中心。各乡镇供电所6月全面启动699个村级党群服务中心和99个社区党群服务中心驻点服务，311名客户经理到责任区域内的村（社区）党群服务中心每两周开展一次不少于2h的驻点服务。在各党群服务中心设置明显的供电服务标识和供电服务上墙牌匾，规范公告办电政策、业务流程、台区经理信息、服务渠道等便民服务信息。台区经理驻点服务涵盖政策咨询、答疑、业务受理和收集客户诉求等内容，并常态化开展线上业务推广、电力设施保护、用电安全宣传等工作，进一步提升供电服务品质。

三、项目效益

"三入驻"行动开展以来，活动以优化供电服务、政电服务为抓手，在专业管理、供电服务、供电质量、营销管理四个方面取得显著成效。一是专业管理全面落地：一年来，领导班子 57 人次到各乡镇供电所调研问诊，各专业累计例巡供电所 614 人次，夯实了管理基础。二是供电服务赢得民心：42 名专属客户经理进 47 个乡镇、311 名台区客户经理进 798 个村社，开展线上业务推广、安全用电宣传、电力故障"巡诊"，与广大人民群众直接面对面沟通交流，实现企业与用电客户间的"零距离服务"，客户回访满意率达 99.4%，万户投诉量 0.2536，投诉压降同比达 66%。三是供电质量全面提升：通过第一时间掌握乡镇产业发展规划和乡村客户用电需求，科学制订农网规划建设方案，推动项目及时落地，持续提升农网供电能力，农村电网质量及供电可靠性大幅提升。

四、经验启示

（一）构建政企联动协作新体系

通过"三入驻"行动，构建政企联动协作三级体系，夯实乡村供电服务基础。一是建立市县政府与公司的常态化战略合作机制，发挥国家电网在技术、信息、服务等方面的优势，共同致力乡村振兴建设，促进地区经济社会健康、可持续发展。二是落实村社党支部与乡镇供电所支部的结对共建，4 支涉及乡村振兴驻村工作的结对共建党支部以主题党日活动形式，共建"亲清"村网关系，努力形成政企合作、共商共建、资源共享、共谋发展的基层党建工作新格局。三是网协员与台区经理结对协作，形成常态化网格联络机制，做到信息互通、互为支撑，共同为农村群众服好务，进一步织细织密为民服务网格。

（二）做细业扩办电管理新任务

以优化服务为推手，细化业扩办电管理措施，进一步验证办电承诺标准的可行性，助推乡村产业发展。一是明确管控用电报装业务办理时限，通过加强内部管控，创新技术手段，将居民用户从报装申请到装表接电的全过程平均办电时间压减至两个工作日以内；将实行"三零"服务的低压非居民用户全过程办电时间压减至 8 个工作日以内。二是优化线上用电报装业务，落实高压用户客户经理预约上门服务，全面推广用电报装全流程线上办理，高压用户线上办电率达 96%、低压用户线上办电率达 98%。三是推进代理购电服务，开展代理工商业用户市场化购电有关政策宣传，认真做好用电业务办理和用电信息获取方式优化调整。四是助力绿色用能服务，利用进村入户契机，收集乡村绿色用电需求，支持乡村振兴示范村等具备条件的村社结合乡村振兴规划，深化绿色用能应用，开展村社分布式光伏电站建设两个、全电民宿建设 1 个，引领乡村绿色用能新风尚。

（三）创新服务乡村振兴新举措

领办项目以优化供电服务为出发点，狠抓一线服务"接地气"，以服务行动助力乡村振兴。一是建立政务联动机制，初步实现政务中心"水电气"一表申请、联动报装，让群众办事"只进一扇门""最多跑一次"。二是规范协同办电信息政企共享，加强行政审批部门与供电企业对用户营业执照、房屋土地权属证明等数据共享共用，实现低压居民用户凭身份信息、企业用户凭营业执照"一证办电"。三是推进专属客户经理制，为每个台区配备台区经理，形成以"台区经理制"为基础的农村供电服务新机制。四是完善政企网格匹配，实现台区经理网格对村（社区）党群服务中心网格"一对一、一对多"的精准对接，及时掌握网格区域内的产业发展计划、招商引资、人员流动等政务数据，主动作为，服务乡村振兴。

五、创新团队

供电服务"三入驻"行动模式，由国网四川省电力公司遂宁供电公司王智民、胡科华、黄瑞军、罗应国、罗松、佘辉、陈纪、张先、钟波、刘小龙、税俊松、彭建荣、吴琪等组成的创新团队完成并推进实践应用。

国网四川省电力公司遂宁供电公司成立于 2005 年 8 月，本部设有 11 个职能部门、8 个业务支撑和实施机构，管理 3 个县级公司（其中大英、蓬溪为分公司，射洪为全资子公司）及输变电运行高压分公司、产业单位（江源公司、三新公司、设计公司、监理公司）。全口径用工总量 3175 人，先后荣获全国文明单位、全国五一劳动奖状、全国模范职工之家、全国五四红旗团委、全国安康杯竞赛活动优胜单位、四川省电力安全生产先进集体、省公司安全生产先进单位等荣誉称号。

绵阳供电的"村网共建"

国网四川省电力公司绵阳供电公司

引言

农业强国是社会主义现代化强国的根基。全面建设社会主义现代化强国，最艰巨最繁重的任务仍然在农村。满足人民美好生活需要、实现高质量发展、夯实国家安全基础，都离不开农业发展。坚持农业农村优先发展，坚持城乡融合发展，畅通城乡要素流动，是乡村振兴战略的新要求。国有企业必须在助推乡村振兴战略落地中走前列、作表率。国网四川省电力公司绵阳供电公司（以下简称国网绵阳供电公司）深度研判要素保障和公共服务在乡村治理中存在的问题，按照"政府牵头、企业参与、村社实施、要素融合、共建共享"思路，创造性提出乡镇村社与电网等要素保障企业合作的"村网共建"服务新模式，推动电、水、气、银、信、邮等公共保障职能在乡村落地，共同密织乡村民生服务网，切实提升服务保障水平，巩固基层治理能力。"村网共建"模式试点实施，实现了政企多方优势互补、资源共享，实现了良好的综合价值，探索走出一条具有电网企业特色的乡村振兴之路。

一、创新成果介绍

全面贯彻落实乡村振兴战略，适应农村发展新形势和客户用电新需求，延伸乡村供电服务渠道，实施"村网共建"。其创新内涵是："村"代表乡镇政府、村社，"网"代表公共要素服务企业，聚合党委政府在乡村治理体系、治理能力方面的优势和企业在技术、信息、服务方面的优势，因地制宜培育属地产业链条，构建乡镇级要素保障服务体系。引入村级要素保障协同单元，健全运营模式、评价机制，运用数字化技术手段，通过电力试点逐步辐射，形成政企合作、多网融合、共建共治的可持续发展模式，将群众需求、政府要求和企业追求有机融合，实现服务、反馈、管理三个"一体化运行"。绵阳供电公司结合当前镇村政权组织体系和农电管理实际情况，坚持问题导向和价值导向，紧密围绕"服务升级、效益提升、资源互补、发展融合"四协同目标，着力解决"保障与管理主体缺位、政企协作不畅、服务资源分散、服务能力较弱"四类问题，融入可持续管理理念和工具方法，广泛开展内外部讨论和试点验证，最终确立解决方案：以切实提高乡村民生公共要素保障服务能力为核心，按"政府牵头、企业参与、村社实施、要素融合、共建共享"原则，创新"村网共建"服务模式。国网绵阳供电公司通过与县（区）、镇、村分级分类合作，构建"村网共建"总体合作框架，推动形成完备制度保障。融合要素、政权体系基层网格，引入村社"网协员"服务单元，最大程度释放不同服务角色工作效能，形成运转流畅、高效的服务链路。依托企业成熟的系统建设基础，为"村网共建"模式下的新型服务模式搭建信息化、智能化互动共享平台，以科技赋能数字乡村建设。通过电网试点带动，推动政府整合"水、电、气、邮、信、路、银"等公共要素资源，提高"村网共建"价值创造能力，带动人才"就地创业"，汇聚本地"第一资源"，精准支撑乡村振兴战略落地。

二、创新实施过程

（一）电力先行，首创四级贯通要素保障服务体系

按"市级统筹、区县管控、镇村落实"原则，创新构建市县乡村四级贯通的公共要素服务保障体系，由电网试点逐步辐射至公共服务企业，形成政府牵头、企业支撑的基层共建格局。搭建政企合作平台：绵阳市、县供电公司与7个区县、35个乡镇两级政府签订"村网共建"合作协议（见图1），分级分类结对共建。充分发挥各自优势，明确从规划制订、执法授权、联管服务、考核约束等方面进行合作，疏通乡镇行政执法梗阻，下沉管电职能和供电服务，提升乡村公共安全、公共管理、公共服务保障水平。推动多网资源聚合：通过电网倡导，"村网共建"已被四川省纳入乡镇行政区划和村级建制调整改革"后半篇"文章加以推广，整合电、水、气、银行、通信、邮政、交通、辅警等公共资源，优化资源配置、打通协作渠道，推进公共基础设施一体化建设，共同织密、织好乡村民生服务保障网，实现企业三大责任在基层的有机统一。建立基层党组织：坚持党建引领，电网等企业乡镇服务机构与地方村社党组织结对共建，实施"共亮身份、共提素质、共量质效、共促廉洁、共帮弱小"的"5＋"行动。开展共产党员服务队进乡村，划分"红色责任田"，实现服务保障网格全域覆盖，助推乡村治理效能提升。建立政企服务协作机制：全面实施镇村便民（党群）服务中心驻点服务，推动营业厅服务功能前移至村社，大力推广业务线上办理。建立常态化"镇村—企业"定期联席会议机制，企业参与乡镇重要经济活动，定期研判、协调解决乡村产业发展、公共服务建设等保障事项。推动企业与政务服务平台信息接入，实现企业与政府信息"共通互享"；开展电力大数据精准画像乡村用能、测绘民生、辅助规划，推动公共服务与乡村经济发展有效衔接（见图2）。

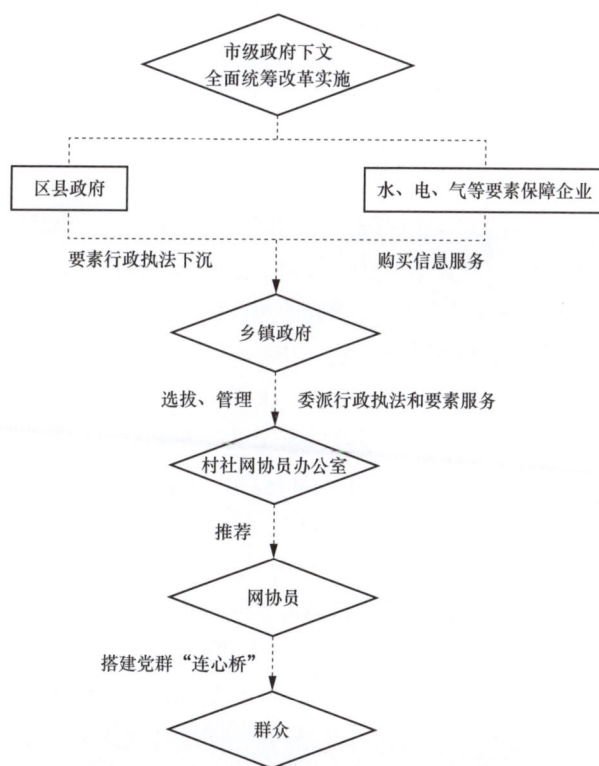

图1　精准支撑乡村振兴战略的村网共建服务管理框架图

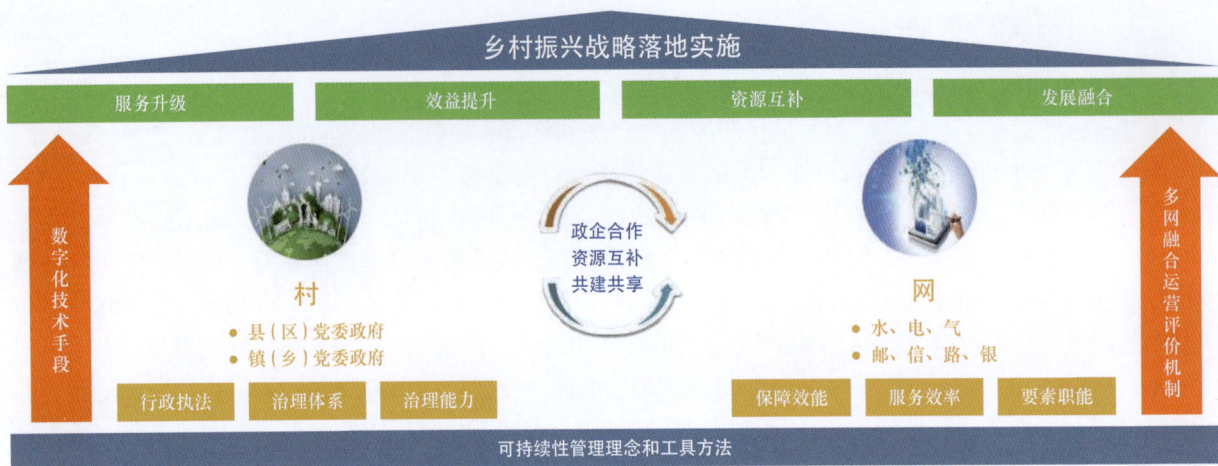

图 2 精准支撑乡村振兴战略的村网共建可持续模式框架

（二）村网共建，创新要素保障服务联动模式

有效整合各企业在区县、乡镇的管理、信息、服务资源，将要素保障职能和服务纳入基层服务体系，疏通镇村公共服务要素执法梗阻，探索"村""网"合作、融合共建可持续模式，推动基层事情基层办。"村"代表乡镇政府、村社：推动试点区（县）政府将电力设施保护、供用电秩序维护等 12 类行政执法权限下放至乡镇，在村社设立网协服务办公室，在村社干部、退役军人中择优选拔培训"网协员"，协助开展行政执法和供电服务类信息收集。明晰"网协员"工作标准和职责界面，建立"乡镇＋企业"履责效能共管机制。"网"代表公共要素服务企业：构建"行业管家＋网协员"服务互补，大力推行"一员复用"，快速响应群众服务需求。要素企业将安全风险小、技术门槛低的"信息类"服务业务，有偿委托给乡镇并由村社"网协员"负责。企业乡镇管理机构选派党员或业务骨干担任"行业管家"，负责安全风险高、专业性强的工作。通过"村网共建"模式，确保具体业务实施充分放权至要素保障企业，监管考核权限紧紧把握在镇、村两级政府，政企联动畅通乡村服务"最后一百 m"。"村网共建"联合培养机制：由试点区（县）政府牵头开展专业技能培训取证，要素保障企业提供师资、装备、场地等必要条件，辅助开展"师带徒""手把手"式培训。畅通"智力、技术、管理"下乡通道，确保每位"网协员"满足服务工作的技能、技术需求，以"村网共建"培育更多乡土人才，强化乡村振兴人才支撑。

（三）"亲"上加"清"，提升要素保障服务质效

激励约束并重，强化责任落实，着力构建新时代"三农"服务"亲清"关系，营造"村网共建"健康发展和可持续管理的良好氛围。架起"连心桥"：通过政府牵头，在镇村整合各类要素资源，建立"规划＋资源配置＋产业投入"三位一体发展模式，为乡村生态环保建设、集体经济发展提供有力支撑。从政治服务、抢修服务、营销服务、志愿服务、增值服务等方面拓展党员服务内涵，真正实现农村要素服务乡乡有人、村村有点、户户有应，群众安全感、获得感、幸福感显著提升。科学考核评价：政企联动建立健全考核评价机制，制订网协员岗位责任书，编制网协员《工作指南》《评价标准》，企业根据村社规模、工作量多少、考核评价结果等差异，按协议约定向乡镇政府支付信息购买服务费。乡镇政府综合考量群众反馈、企业意见等因素，按季度对"网协员"进行考核评价，实现报酬与履职质效精准挂钩，对累计两次评分低于 80 分或单次评分低于 60 分的"网协员"实行退出管理。加强风险管控，通过"网协员""行业管家"相互监督、相互制约，主动收集群众意见建议并及时跟踪处理，有效防控安全、廉政、服务、稳定等各类风险，避免私自谋利、违规收费等不法行为，杜绝漠视侵害群众利益等现象发生，助力提升乡村德治、法治水平（见图 3）。

（四）数字赋能，推动要素保障服务提档升级

立足行业特点和应用场景优势，大力夯实乡村信息基础设施数字底座，推进乡村管理服务数字化，着力打破政企之间、企业之间、层级之间信息壁垒，提升乡村公共管理和服务效能。共建共享乡村数字化平台：联合中国电信、西南科技大学等单位，在江油双石村试点数字乡村建设，推进"5G+物联网＋全千兆光纤"全覆盖，集成村务管理、综合治理、应急救援三类主要功能模块，实现社保、农户信息等在线查询，交通、电力等基础设施可视化监测，森林防火、山体滑坡、泥石流等灾害提前预警，探索一体化数字乡村要素保障服务解决方案。深化政企信息贯通应用：推动政企信息共享功能向乡村延伸，打破政企业务平台壁垒，逐步实现身份证、不动产权证、营业执照、项目立项批复等证照信息实时调用，解决基层调控难、签字难、监管难等问题。扩展政府涉电行政线上审批功能，深入推进"房电联动过户"功能应用，大力推广水电气"一证通办"，实现乡村小微企业办电"零出资"。联通城乡服务新场景。结合"网协员"服务内容，整合企业多个信息系统资源，建成全业务管理平台，定制移动端"川电网协助手"。以"PC端+App端"相结合的方式，"电管家""网协员"之间业务信息、服务过程、质效评价有效互动，减轻基层负担，实现"信息共享、统一调度、内外协同"，以数字化手段提升服务要素保障质量。

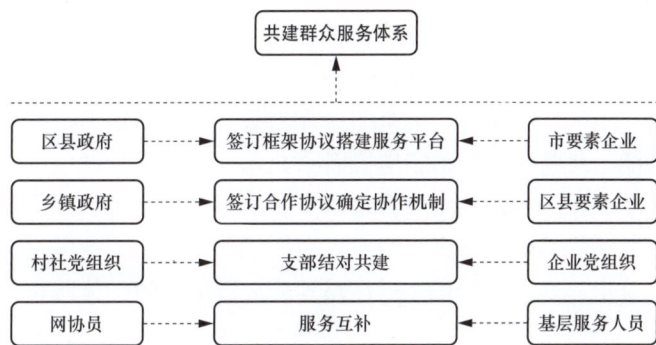

图 3　村网共建分级合作模式图

三、项目效益

（一）经济效益

依托"网协员"熟悉当地、熟悉群众的优势，走村入户常态化开展宣传教育，快速响应群众诉求，及时反馈并协助解决问题，构建起业务办理易、工作效率高、沟通协调畅的新服务体系，服务能力和响应速度全面提升。通过实施"村网共建"服务模式，进一步改善了经营指标，推动企业降本提质增效，全面提升乡村服务保障能力。

（二）社会效益

一是提升了乡村综合治理能力：自试点以来，依托"村网共建"质量管理体系平台，"网协员"累计解决群众各类用电问题上万次，其他类要素问题 2 万余次，乡村综合治理能力水平指数提升 20% 以上。二是提升了乡村供电服务质量：供电服务响应时间由 60min 缩减至 20min 左右，故障抢修平均恢复时间缩短 36%；平均缓解企业缺员压力 15%～20%；农网供电可靠率提升至 99.81%，报装接电"绿色通道"服务 5.23 万户，试点区域群众用电满意率 100%。三是缩减了城乡电网发展不平衡的差距：经过电网要素精准投资，试点区域户均配电变压器容量均达 2.25kVA 以上，10kV 及以下乡村电网供电能力有效提升。四是促进了要素建设与乡村环境的协调共生："村网共建"实施以来，推进绵阳境内电力设施隐患治理 800 余处、森林防火树障清理 6000 余棵，规模化实施乡村电气化项目、清洁能源替代等，预计 2022 年绵阳地区乡村碳排放减少 1500t，推动了电力建设与环境协调发展。

四、经验启示

（一）实施"村网共建"服务模式，有效落实了国家关于全面推进乡村振兴，加快农业农村现代化战略部署

创新乡村治理体系，走乡村善治之路，实现电网等公共服务行政执法权向镇、村一级政府延伸，解决

了行政执法主体"事实上缺位"问题。创新镇、村要素保障体系，提升保障能力和治理效能。从电力侧来看，供用电秩序维护、农网工程建设、线路通道清理、电力设施保护等工作的协调效率大幅提升，改善了农村要素保障整体环境，更好地服务新时代"三农"工作。

（二）实施"村网共建"服务模式，畅通乡村服务"最后一百米"

通过实施"村网共建"，将要素资源服务送到老百姓家门口，满足了人民群众日益增长的美好生活需要。实施"村网共建"，一方面进行资源整合，搭建共建共管共享治理平台，下沉前移保障和服务职能，织细织密农村公共要素民生服务网；另一方面，实施支撑乡村振兴的"三农"服务管理，通过电网升级、服务提升、能效转型，主动融入乡村数字化与基础设施建设进程。通过两端发力切实推动公共服务能力提升，为乡村振兴提供全方位的要素保障和公共服务体系，以"国网力量"助力实现农业更强、农村更美、农民更富。

（三）实施"村网共建"服务模式，是推动公司高质量发展，提升群众获得感的必由之路

国家电网公司全面落实党中央、国务院决策部署，持之以恒将服务好"三农"工作作为农电工作的宗旨和初心，严格遵照历年中央一号文件精神，全力助力乡村振兴重点工作任务，持续在科学规划建设农村电网、提升乡村电气化水平、增强农村供电服务能力等方面全面发力，深入推进乡村振兴工作。乡镇供电所是农村供电服务的一线窗口，是国家电网有限公司构建以新能源为主体的新型电力系统的重要基层载体之一。从电网企业侧看，通过网协员就地服务，缩短了客户服务响应时间，协助客户开展线上缴费办电，实施城乡公共服务均等化，减轻了乡镇供电所工作压力，一定程度缓解了农电缺员矛盾；从乡村公共服务侧看，汇聚了电、水、气、银、信、邮等公共服务保障主体服务合力，畅通了基层政府和企业之间、企业与企业之间的信息通道，乡村基础设施建设规划得到统一，避免了人财物等核心资源浪费。通过实施"村网共建"，进一步整合了公共服务资源，增强了乡镇供电所能力建设，做强了基层电网和服务支撑，提升了城乡公共服务均等化水平，在促进企业高质量发展的同时，提升了人民群众获得感、幸福感、安全感。

五、创新团队

"村网共建"民生服务模式，由国网四川省电力公司绵阳供电公司柏松、高俊、刘海于、勾炳、雷雄忠、孟召磊、黎琳、万婉、仇行、李林蔚等组成的创新团队完成并推进实践应用。

绵阳供电公司成立于1975年，是国网四川省电力公司直属的特大一型企业，供电区域包括绵阳市涪城区、游仙区、安州区、江油市、梓潼县、北川县、盐亭县，与三台县、平武县有趸售关系，拥有电力客户210.35万户，是绵阳境内最主要的电网规划、建设、运营和电力供应企业。近年来，绵阳供电公司秉承"人民电业为人民"的企业宗旨，各项工作成绩显著，为绵阳经济社会发展和人民幸福生活作出了积极贡献，先后荣获全国五一劳动奖状、全国文明单位、四川省电力保供工作突出贡献集体、国家电网公司先进集体、国家电网公司红旗党委等省（部）级及以上荣誉称号140余项。

数字化赋能用电营商环境建设

四川省水电投资经营集团有限公司

引言

四川省水电投资经营集团有限公司（以下简称"四川省水电集团"）为贯彻落实国家发展改革委、国家能源局联合印发《关于全面提升"获得电力"服务水平持续优化用电营商环境的意见》（发改能源规〔2020〕1479号）有关要求，将优化用电营商环境作为公司重要工作来抓。通过创新打造"获得电力"全业务数字化管控平台，实现业务过程全管控、服务偏差早发现、指标展示可视化，有效提升了"获得电力"服务水平，持续改善了用电营商环境。平台以融合政策执行标准，构建创新业务场景为基础，通过政策指标信息化、政策执行统一化、管理标准集约化和管理质量精细化四大方面，最终实现以提升"获得电力"服务水平持续优化用电营商环境为核心，以内部业务管控为支撑的数字化管理体系。通过技术驱动服务提升，我们实现了智能化的管理和调控，掌握了所属供电企业政策落实情况，将数字化转型的创新应用与国家政策高度融合，以服务促经济，以保障惠民生。

一、创新成果介绍

（1）在由国务院国资委科创局主办，中央企业智能制造协同创新平台、中央汽车企业数字化转型协同创新平台、中央建筑企业数字化转型协同创新平台、中央企业电子商务协同创新平台、中央企业北斗产业协同发展平台、中央企业区块链合作创新平台、中央企业数字化发展研究院等 7 家央企数字协同平台联合承办的首届"国企数字场景创新专业赛"中，2007 家国有企业推荐参赛场景 3277 个，优化营商环境"获得电力"全业务管控平台经过初赛遴选晋级决赛，通过决赛专业评审答辩及大众评审后，参赛结果于 2023 年 4 月 27 日，在数字中国建设峰会论坛上公布，优化营商环境"获得电力"全业务管控平台荣获三等奖（见图 1）。

图 1　首届"国企数字场景创新专业赛"三等奖

（2）在由四川省委网信办、省委城乡基层治理委员会办公室、省人大社会建设委员会、省发展改革委共同指导，四川日报主办的第四届善治新力量天府论坛上，从全省电力、教育、交通、会展、出版等多个行业参与提交的百余件作品中脱颖而出，优化营商环境"获得电力"全业务管控平台荣获"2022 四川省数字化转型标杆案例"（见图 2）。

图 2　2022 四川省数字化转型标杆案例

二、创新实施过程

（一）技术融合政策执行，构建创新业务场景

调研发现多数供电企业采用以结果为导向的方法来发现"获得电力"服务中的短板和问题，事后再改进工作方式，导致用户"电力获得感"延迟，对造成的负面影响难以消除。如何通过信息化技术手段实现，达到既定目标，我们从以下四大方面入手：①政策指标信息化：将优化营商环境"获得电力"政策包括办电时间、办电便利度、办电成本、供电能力及供电可靠性、信息公开度五大类指标信息化，通过构建指标库的形式，划分监管的业务域、类型等，逐渐丰富监管的宽度与深度，实现业务监管的全覆盖；②政策执行统一化：根据优化营商环境"获得电力"政策的指导与规范，建立统一指标库，确保数据来源的统一、指标计算的统一、异动分析的统一、评价控制模型的统一，避免政策执行偏差，有效控制差异性，最大限度地使供电企业保持政策执行统一原则和标准；③管理标准集约化：从地方电网经营管理角度，通过对所属各供电企业的业务系统进行数据提取，业务考核指标进行梳理，业务运行情况了解所属各供电企业业务运行的真实情况，找出存在的问题和不足，提出优化整改建议；④管理质量精细化：各供电企业直接面向用电客户，通过对内工作进度与质量，对外服务规范与时效进行梳理和分析，实现以政策为导向、过程为依据、结果为考核的综合质量管理体系，贯穿"获得电力"服务指标数据全生命周期，精细化数据管理与监控，精准找出各环节存在的不足。最终实现以提升"获得电力"服务水平持续优化用电营商环境为核心，以内部业务管控为支撑，形成数字化管理体系（见图3）。

（二）技术驱动创新能力，实现智能管理调控

将"数字化转型"的创新应用与国家政策高度融合，以服务促经济，以保障惠民生。通过智能化异动监测，基于大数据、云计算、人工智能等技术的综合运用有效解决"获得电力"政策指标异动风险感知智能化不足的痛点，让安全风险发现更早、预防更早、应对更早，从被动应对向主动管理、从事后处理向事前预防、从静态孤立监管向动态连续防控转变。创新科学性评价模型，以优化营商环境"获得电力"政策为基础打造指标计算模型、评分控制模型、报告输出模型，形成了从指标监控到指标异动再到异动分析的闭环监管，定期生成运行分析报告，协助供电企业主动发现问题、分析问题以达到全面提升优化营商环境的目的。运用 AI 辅助决策分析，指标计算模型通过人工智能算法将办电业务数据进行线性回归、逻辑回

归、决策树、向量机算法等进行记录、处理、分析，获得洞察力，解决指标异动告警及动态预防策略，根据预测做出决策辅助管理者提高决策水平和决策质量。实现常态化服务监督，打造长期、稳固、有效的监管模式，通过平台常态化开展营商环境监管工作，找准服务过程中的薄弱环节，不断完善服务模式，提高服务水平，是持续优化营商环境落实"获得电力"政策落实的有力保障（见图4）。

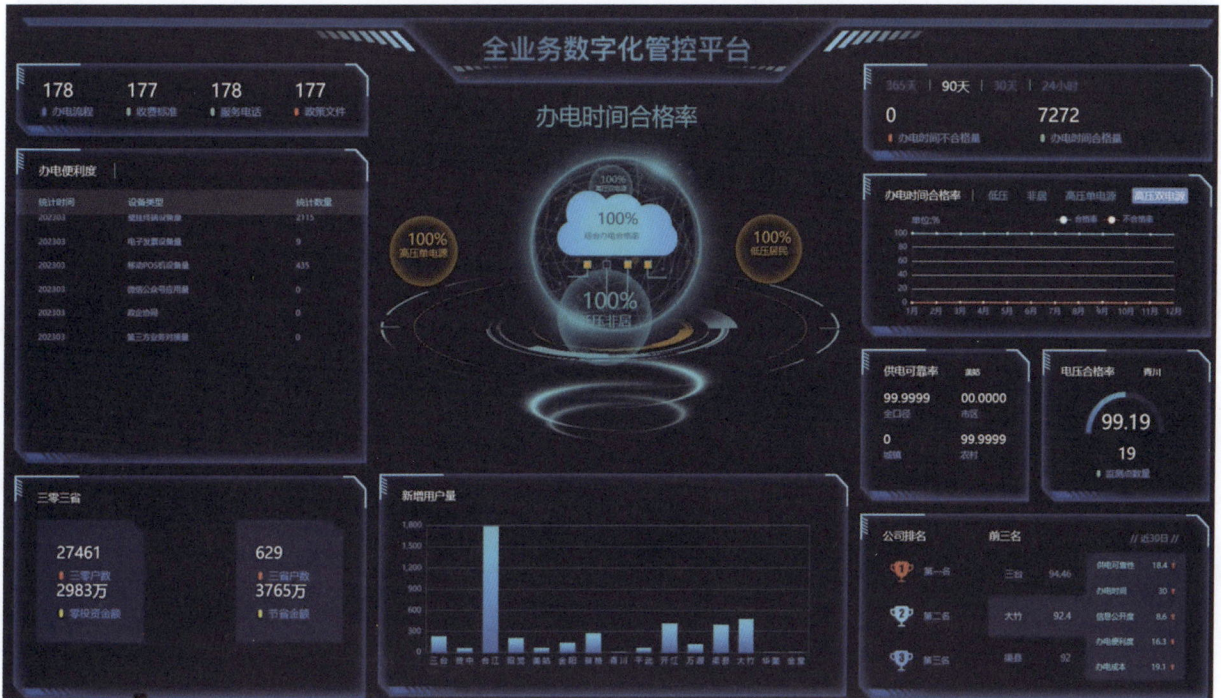

图3 "获得电力"全业务管控平台

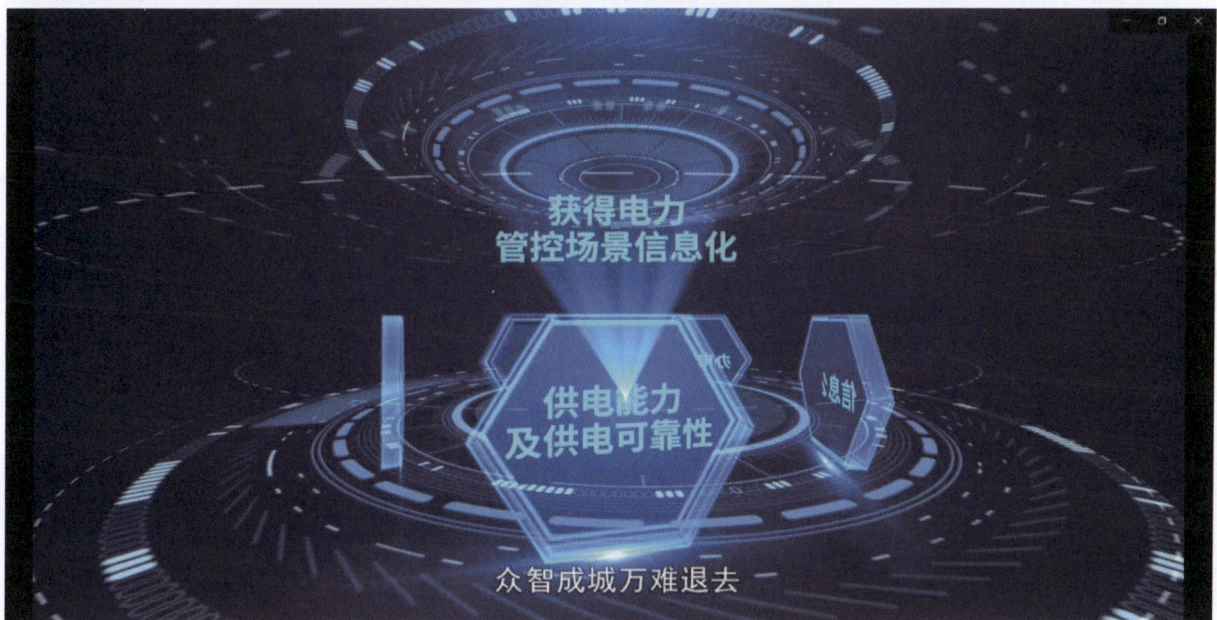

图4 指标分析模型

（三）数据助力基层服务，统一业务监管体系

在 480 万用电客户实时产生的数据中，将营销、生产、客服、建管、政企协同等业务数据进汇聚，横向贯穿各业务板块，纵向联通各业务环节，建立大数据库。数据处理依据源端业务数据的特性，制订数据获取的方式、传递形式、存储类型从源业务应用的数据。数据获取的方式包括主动推送、中间交互、直接抽取，数据传递形式包括文件形式、中间协议、网络流；存储类型包括结构化存储、非结构化存储。再运用 AI 数据智能分析，从数据中学习，并识别数据点之间的趋势、模式和关系，最终将政策和规则转换为"公式"，将服务质量转换为"指标"进行可视化展示（见图 5）。

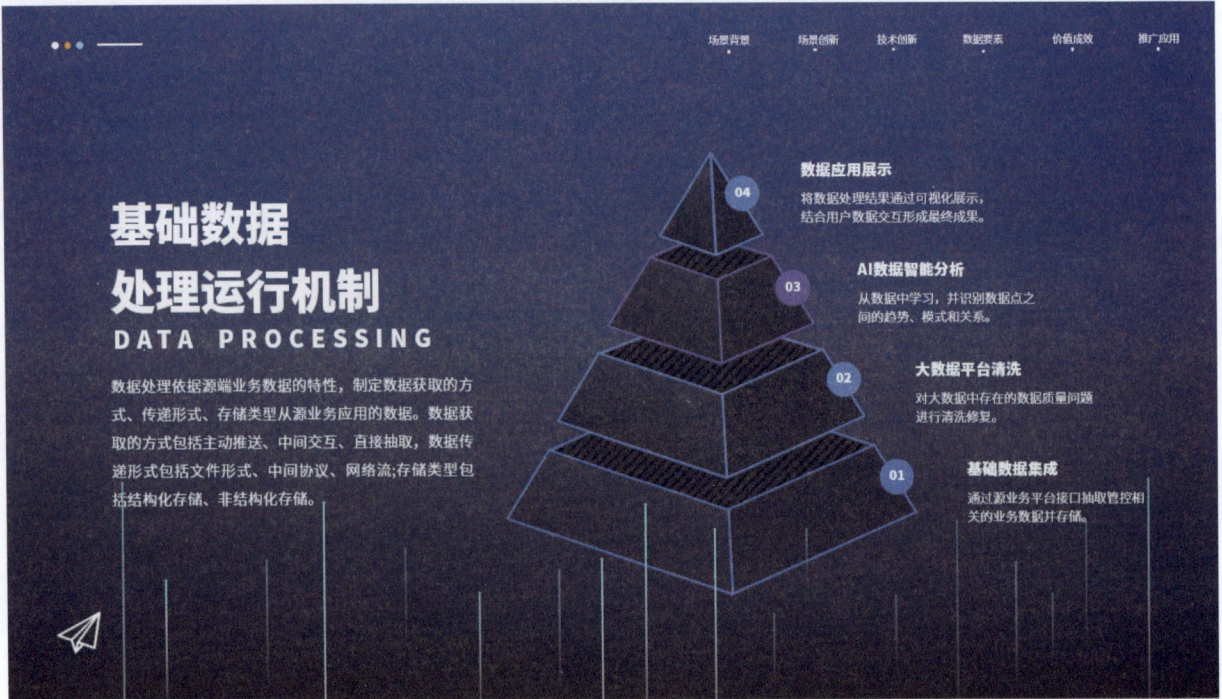

图 5 大数据处理

三、效益分析

平台投运以来，"获得电力"服务水平提升成效明显。压减办电时间方面，通过平台与管理的有效结合，用电报装合格率持续提升，综合合格率提升至 97.43%。降低办电成本方面，2020 年 1 月至 2022 年 12 月，已对 26362 户居民和小微企业用户推行"三零"服务，减少相关用户办电投入 2829.02 万元；全面推行高压"三省"，对 601 户高压用户因供电企业延伸投资界面，节约办电投资 3725.86 万元，有效辅助管控各电力公司政策执行情况。提升办电便利度方面，平台集成各公司硬件设备数据，精准分析各公司在 ATM 机、移动 POS 机、壁挂终端等硬件设备配比情况，对微信及 App 等移动渠道，按天统计用户绑定及注册量，掌握各公司的推广情况，线上使用率增长 57.8%，提升效果明显。提升供电能力及供电可靠性方面，两率管理系统数据集成管控，两率情况持续改善，达到国家要求标准。优化信息公开方面，对 149 个营业厅实现线上定期综合监控，规范营业场所信息公示。提升采集率方面，通过对采集数据的集成管控，清晰了解各电力公司采集率数据，结合管理手段，四川省水电集团综合采集覆盖率达 94.32%、终端上线率达 93.97%、抄表成功率达 96.54%、充值成功率达 97.78%，为采集率提升工作提供了有效的数据支撑。

四、经验启示

我们虽然在信息化发展方面与国网、南网相比起步较晚，但通过自身多年的信息化技术沉淀和对企业"数字化转型"的研究与理解，打破常规思维模式，率先将"数字化"理念和技术运用到"获得电力"提升工作中，打造了一个以数字化、智能化、自动化的"获得电力"管控全新业务应用。根据获得电力政策聚焦的办电时间、办电成本、办电便利度、供电能力及供电可靠性、信息公开五大政策场景，建设559项数字化管控指标，其中225项政策指标、203项业务流程指标、35项问卷调查指标、96项内部管控指标。通过实际服务场景，多维度掌握电网服务业务运行的真实情况，然后提出优化整改建议，实现以政策为导向、过程为依据、结果为考核的综合质量管理体系，贯穿"获得电力"服务指标数据全生命周期，达到管理质量精细化的目标。

五、创新团队

该案例由四川省水电投资经营集团有限公司黄双庆、张云伟、曾艳明、银樵、陈波、吴涛、王洪兴、伍剑、岳天龙、杜琦、张川完成。

（1）发展历程。四川省水电集团成立于2004年12月，是四川省委省政府为保障和促进农网建设与改造工作的顺利进行，做大做强地方电力事业，决定成立的国有独资大型一类企业，负责投资、经营、管理省级地方电力国有资产，是四川省地方电力系统农网、城网、缺电县、无电地区电力建设项目的总业主。

（2）供区情况。目前，四川省水电集团负责全省31个县区农网改造升级，对外统称为省属地方电网。供电面积6.42万km^2，约占全省总面积的13.23%，供电人口1800万人、560万户，约占全省总人口的22.16%。累计向全省投放农网改造升级及无电地区电力建设资金362.25亿元，其中31个县区投放资金为299.87亿元，其他县域投放的农网资金绝大部分因被国网四川省电力公司占用尚未确权。

（3）电网资产情况。截至2022年底，所属电网总变电容量为1056万kVA。现有220kV变电站4座、线路80km；110kV变电站113座、容量635.28万kVA，线路4079km；35kV变电站259座、容量264.81万kVA，线路5516km；10kV配电设备6.31万台，10kV配电网线路3.98万km，低压线路16.18万km。

（4）电源情况。截至2022年底，自有水电站110座，总装机容量46.29万kW，2022年实现上网电量18.49亿kW·h；并网水电站381座，总装机容量87.77万kW，2022年实现上网电量27.98亿kW·h；累计并网各类可再生能源项目252个，总装机容量1.52万kW，2022年上网电量1578万kW·h，其中扶贫光伏项目36个，总装机容量1.09万kW，生物质发电项目1个，装机容量500kW。

电力大数据应用赋能乡村振兴发展

国网四川省电力公司凉山供电公司

引言

"乡村振兴"是党的十九大作出的重大战略决策，是"三农"工作的总抓手。国网四川省电力公司凉山供电公司（以下简称"国网凉山供电公司"）按照乡村振兴发展的总基调，围绕国家电网公司、国网四川省电力公司战略部署，推动乡村振兴工作与脱贫攻坚成果有效衔接，2021年8月成立了"乡村振兴电力指数监测管理中心"（以下简称"指数中心"），指数中心以"大数据、微应用"的设计理念创新构建了"电力指数看乡村振兴平台"（以下简称"电力指数平台"），旨在挖掘电力数据价值、拓展数据深化应用场景。电力指数平台通过监测电力供、需形势和各类指数的变化，及时、全面、客观地分析地方经济发展水平，以电力数据为支撑,以分析决策为方法,以加强政企协同为方向,依托电力服务新思路、新举措、新突破为经济社会发展和乡村振兴工作开创新局面。

一、创新成果介绍

国网凉山供电公司电力指数平台设计了"用电指数""供电指数""市场指数""双碳指数""指数预警"和"指数分析"六大板块,研发12家县级单位"穿透式"展示,数据颗粒度深化至乡镇、街道,针对重点扶贫村"阿吼村"建立个性化展示,以"六大电力指数"实现"六项赋能提升"。

二、创新实施过程

(1)用电指数"五个精准",赋能经济社会发展。通过"用电指数"分析全州各个产业、居民和规上及重点企业用电量现状和趋势,反映全州经济社会发展整体环境,为提升发展效益提供数据支撑(见图1)。

图1 "用电指数"板块

一看电力综合走势,精准分析各产业的用电量,反映凉山州经济发展总体水平及趋势;二看企业用能发展,精准分析规上、重点企业的用电量,反映州内企业生产运营情况;三看乡村振兴发展,精准分析第一产业中农业、林业、渔业、畜牧业用电量,反映全州农业发展水平和乡村振兴工作开展情况;四看居民用电量变化趋势,精准分析居民户均用电量增长情况,反映居民电气化提升水平;五看数据颗粒深度,将数据精准细化到各县(市)、乡镇、街道,反映区域内用电量变化情况。

(2)供电指数"三个保障",赋能能源产业发展。通过"供电指数"分析全州清洁能源发展结构、各大供电主体保障情况、州内能源消纳与外送情况,反映全州电力行业发展现状,为保障全州用能提供数据支撑(见图2)。

图 2 "供电指数"板块

一看能源结构布局，做好水电、光伏、风电站并网数量和装机容量增量分析，保障清洁能源合理有序开发；二看能源要素保障，做好丰、枯水期与其他售电主体间的趸售分析，保障非国网供区乡村振兴能源供应；三看清洁能源供给，做好全州发电量、州内消耗电量和外送电量分析，保障清洁能源消纳与外送。

（3）市场指数"三大优势"，赋能绿色产业发展。通过"市场指数"分析全州企业参与市场化交易情况和公司市场拓展情况，提升企业经营效益（见图3）。

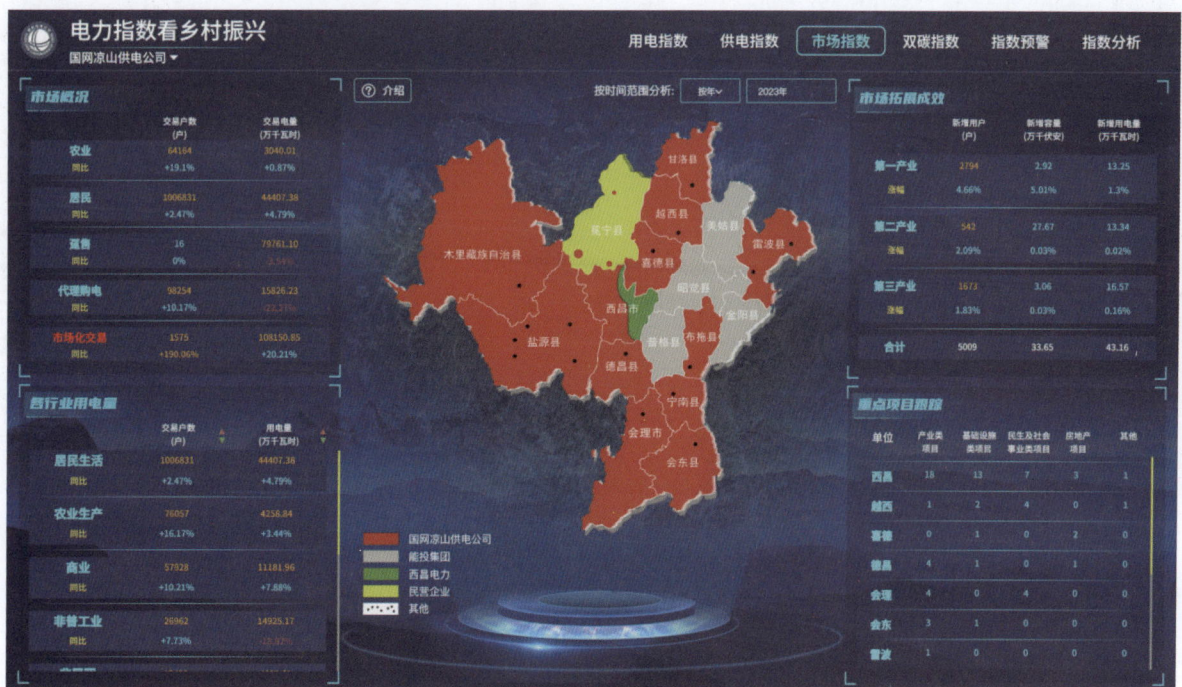

图 3 "市场指数"板块

一看市场交易品种，通过测算各类交易品种的均价，为政府招商引资提供决策参考，电价优惠优势一目了然；二看电量交易规模，通过分析市场化交易电量变化，反映优惠电费落实情况，展示为企业降本增效的优势；三看市场拓展成效，统计第一、二、三产业新增的客户数量、容量以及用电量的变化情况，展现公司经营效益提升的数据支撑优势。

（4）双碳指数"三个支撑"，赋能低碳清洁发展。从州内清洁能源消纳及送出、加快推进电能替代的各个方面出发，全力提升能源利用效益（见图4）。

一看电网建设支撑，通过统计电网建设投资情况，反映电网建设对清洁能源外送的支撑；二看清洁能源外送方式，通过统计500kV直流及±800kV交流送出电量情况，反映凉山州清洁能源对省网乃至国网的能源支撑；三看能源综合利用，统计分析全州电能替代项目，反映对减少碳排放的支撑。

（5）指数预警"三项监测"，赋能管理智能分析。"指数预警"板块主要通过监测前四个板块中指数变化趋势，综合考虑国家政策、市场、政府发展规划等因素，设定各项指数波动阈值，通过系统运算和对比，对超过阈值的指标进行预警（见图5）。

一看指数预警种类，通过系统运算，监测四个种类电力指数，实现"异常"指数预警全覆盖；二看指数预警等级，通过监测预警的不同等级，实现预警结果分类处置；三看管理工作机制，依托监测预警结果，对应形成州、县两级工作机制。

（6）指数分析"四个方面"，赋能政府科学决策。根据"指数预警"模块生成的预警指数，筛选有效预警，以问题为导向，开展问题溯源分析，总结提炼具有参考价值的关键要素，得出相关建议或结论（见图6）。

图4 "双碳指数"板块

主要是为政府在做"推动乡村振兴发展、服务'双碳'战略目标、打造清洁能源基地、发展绿色低碳产业"四个方面的科学决策时，提供精细、准确的电力指数分析结果。

（7）阿吼村"特色看板"，实现帮扶村在线监测。搭建公司对口帮扶村阿吼村"特色看板"，实时监测村内产业发展情况，重点监测居民、养殖、种植等关系民生的用电情况，为产业规划、居民电气化水平提升等提供坚强的数据支撑（见图 7）。

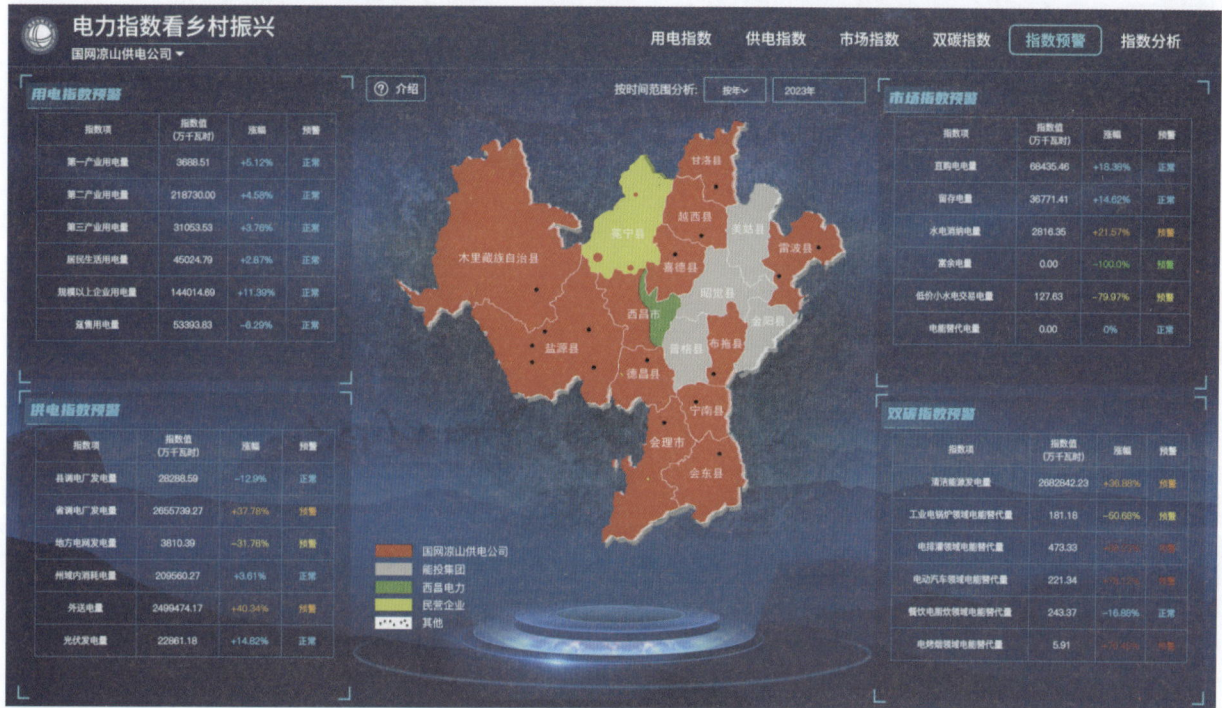

图 5 "指数预警"板块

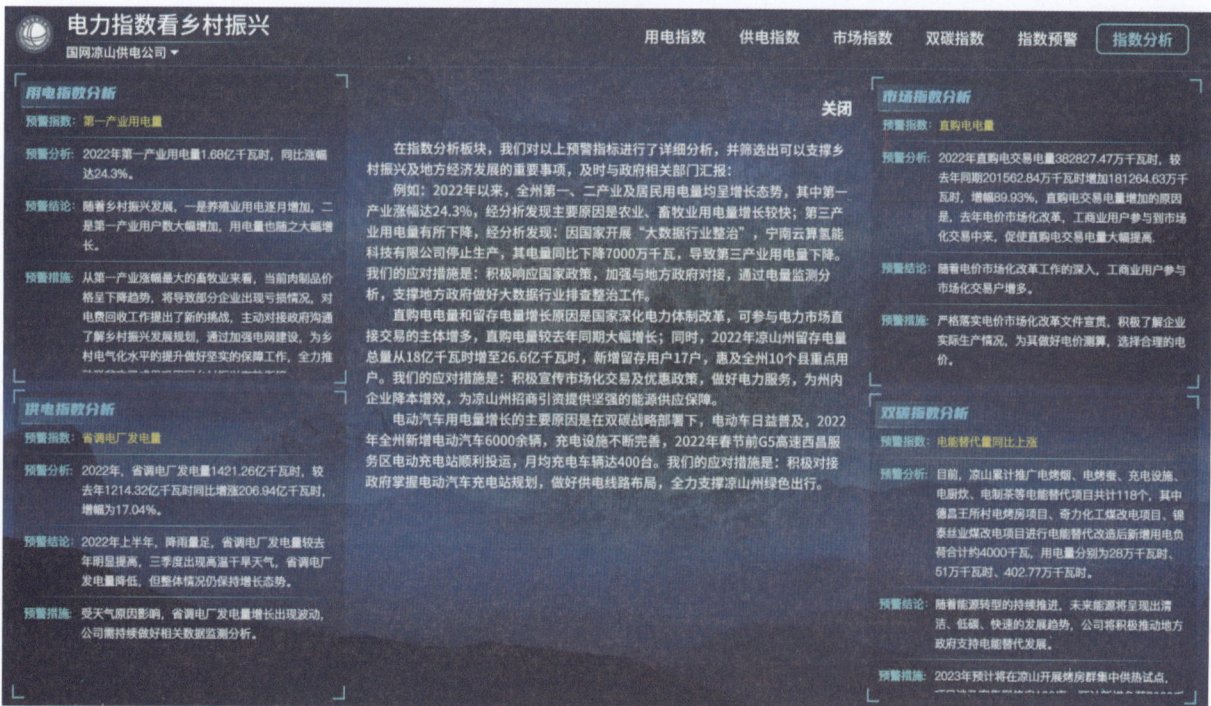

图 6 "指数分析"板块

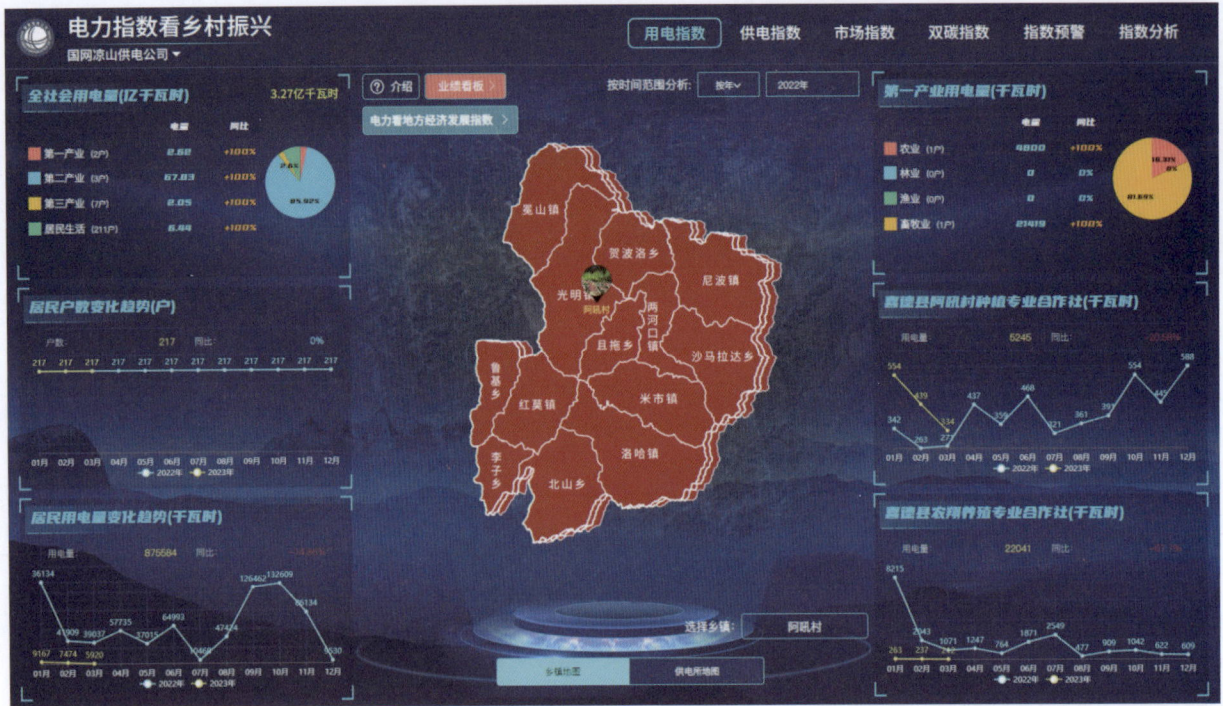

图 7 阿吼村"特色看板"

（8）乡村振兴重点特色产业看板，实现乡村振兴电力保障。结合各个县（市）乡村振兴发展产业特色，例如会理石榴之乡、宁南蚕丝之乡、会东烟叶之乡等，搭建乡村振兴重点特色产业看板，随时关注各个县市乡村振兴重点产业发展现状及趋势，做好电网建设支撑，确保供电可靠。同时，对州内大型集中安置点用电量进行实时监测，掌握安置点内居民生产生活情况，确保安置点居民安心用电（见图 8）。

图 8 会理石榴之乡看板

三、效益分析

（1）社会效益突出。指数中心紧密围绕助推乡村振兴工作，充分发挥电力数据的真实性、严谨性、实时性，依托"电力指数看乡村振兴平台"将看不见、摸不着的电力数据"活"用起来，与乡村振兴产业发展、居民生活用电全面融合，为乡村振兴产业发展规划、居民生活水平提升提供了精准的决策支撑。

（2）经济效益显著。电力数据是国民经济发展的晴雨表、风向标，是发展数字经济不可或缺的生产要素，电力数据中蕴藏着大量经济信息，依托"电力指数看乡村振兴平台"构建电力经济指数，客观反映经济运行情况，辅助预测经济发展趋势，为制订宏观经济调控政策提供参考。指数中心结合州内 528 亿元投资及 539 个重点项目开工，分析得出用电产业结构、规上企业、重点企业用能发展趋势，为精准判断经济发展形势、准确把握发展方向提供了坚强的指数支撑。

（3）示范效应明显。作为全国电力行业首个、四川省第一、凉山州唯一成立的乡村振兴电力指数监测管理中心（能源供给预警中心），先后接待省级、州级各界领导调研 30 余次，为电力大数据在服务乡村振兴及地方经济发展、提升公司经营效益提供了典型示范。

四、经验启示

依托电力大数据分析，在乡村振兴工作支撑中，实现了以下三个转变：

（1）从数据盲人变智管达人。利用"电力指数看乡村振兴平台"的数据可视化功能，将公司生产经营全过程的重要数据及分析结果以图表等形式进行直观展示，使工作人员找准工作薄弱点、提升各项指标更加方便、快捷。同时，建立州、县两级领导小组及会商汇报机制，通过对预警指数的分析、会商、决策，让各专业的横向协同更智能，使州、县两级的纵向管理更紧密。

（2）从系统忙人变应用能人。依托"电力指数看乡村振兴平台"的多系统兼容性和重要数据提取功能，将营销 SG186、全业务管控、客户经理云等多个系统的有用数据精挑细选集中在一个平台中，实现各项功能应用，减少多套系统同时使用的繁杂情况；同时，依托系统的自动预警、分析功能，让数据监测的效率更高，使值班人员的数据应用能力显著增强。

（3）从应试超人变高效强人。通过"电力指数看乡村振兴平台"及内置知识库的不断完善补充，国网凉山供电公司将原来"发现问题—处理问题"的被动防御模式顺利转变为"预测问题—消解问题"的主动攻取机制，及时预警各项指数、分析问题、会商处置，让公司人员、设备的管理效率更高，使电力大数据在公司生产、经营的各个环节应用效果更加明显。

五、创新团队

该案例由国网凉山供电公司王锐、杨科、汪道萍、鲜鑫、李云龙、尹伟、胡志刚、胡晓、樊晓倩完成。

国网凉山供电公司始建于 1974 年，是四川省电力公司直属的特一型供电企业。下设 14 个职能部门、6 个业务支撑和实施机构，管理 12 个县级供电企业（8 个分公司、1 个子公司、3 个控股公司）、1 家集体企业，全口径用工总量 3685 人。公司承担凉山 11 个县（市）及西昌市周边乡镇（含 2 个工业园区），冕宁县泸宁乡、里庄乡片区供电任务，供区面积 4.89 万 km²，供电人口 432 万人，用电客户数 118.27 万户。截至 2023 年 1 月，公司固定资产原值达 161.76 亿元。共有 220kV 变电站 17 座，变电容量 4650MVA，线路长度 2277.29km；110kV 变电站 41 座，变电容量 2874.5MVA，线路长度 2391.25km；35kV 变电站 110 座，变电容量 1037.25MVA，线路长度 2484.01km；10kV 配电变压器容量 1876.2MVA，线路长度 17375.89km。2022 年，售电量完成 123.72 亿 kW·h，营业收入 54.05 亿元。

从"心连心"服务到敏捷前台建设的创新实践

贵州电网有限责任公司都匀福泉供电局

引言

2019 年，贵州电网有限责任公司落实省发改委《关于取消供电系统对外常规作业服务收费有关事项的通知》（黔发改收费〔2019〕248 号），推出用电报装"三零"服务。福泉供电局在对"三零"服务进行宣传和推广过程中，发现供电所用电办理业务量激增，业务办理应接不暇易导致客户不满且部分客户不会使用网上办电渠道，客户服务风险较大。

2019 年 11 月，福泉供电局创新探索，与福泉市金山街道办事处所辖社区、村委联合设立 13 个"心连心"供电服务站试点，通过服务窗口前移，利用信息化手段为广大人民群众提供更加快捷、优质、高效的用电服务。由于试点运行得到党委、政府、群众的一致肯定。2020 年 10 月，"心连心"供电服务站正式在福泉市 2 办 5 镇 1 乡 87 个村、社区全面复制推广建立。

一、创新成果介绍

（一）课题研究背景

1. 大力"解放用户"，强化电力获得感

为进一步贯彻落实孟振平董事长在庆祝建党 99 周年主题党日党课中提出的"解放用户"和"关于建设现代供电服务体系"的相关要求和精神，大力"解放用户"，以用户为中心，全面满足用户对美好生活的能源电力需求，帮助用户充分释放潜能，为用户创造价值，不断满足用户多元化、个性化的用电需求，强化用户电力获得感。

2. 夯实"敏捷前台"，推进数字化服务

孟振平董事长在南方电网公司年初职代会上指出，要扩大数字化转型先发优势，推动业务变革，赋能高质量发展。贵州电网公司在"两图一表"中也明确要求，加快推进公司现代供电服务体系建设，构建贵州特色的"基础＋增值"用电用能产品体系，打造"敏捷前台—高效中台—坚强后台"。通过服务窗口前移，利用信息化手段不断夯实"敏捷前台"，为"高效中台"和"坚强后台"提供信息和数据支撑，助力基层供电企业数字化转型升级。

3. 借助"政企联动"，提升客户满意度

面对"三零"服务后时代的办电需求大量涌入，基层供电所业务受理应接不暇，极易造成客户不满且部分群众不会使用网上办电渠道、诉求无门，无法充分享受"三零"服务带来的红利等现状。福泉供电局以"问题大排查、解题大竞赛、破题大落实"为抓手，深入查找服务群众短板，强化政企联动，立足群众所需，直面问题和不足，拓宽服务渠道，创新服务模式，提升客户满意度。

（二）"心连心"供电服务站建设情况

2019 年，福泉供电局以"不忘初心、牢记使命"主题教育为契机，积极探寻"为民服务解难题"创新举措，以"初心连民心，福电亮万家"为目标，在福泉市金山办事处 13 个村委社区首批试点成立"心连心"供电服务站（以下简称"服务站"）。在试点运行过程中，福泉供电局秉承"为客户创造价值"的服务理念，将供电服务端口前移至社区、村委一级，得到政府和广大用户的一致好评。2020 年 9 月，福泉市政府发文，将服务站服务事项在全市进行复制与推广，同年 10 月，福泉供电局与福泉市"两办五镇一乡"联合成立 87 个服务站，实现全覆盖。

（三）创新成果内涵

本项目核心内涵是借助"心连心"供电服务站建设为载体，充分发挥基层党组织战斗堡垒作用和党员先锋模范作用，以"为客户创造价值"为目标，推动现代供电服务体系的落地实施。通过"两大核心"（构建大党建工作格局、深化大数据分析运用）夯实服务站基础。建立"四个机制"（职责分工机制、业务指引机制、业务流程机制、考核评价机制）推进服务站的长效有序运行。在运行过程中，塑造业扩报装、安全用电、乡村振兴、能源替代等精准服务典型案例。以典型案例为宣传手段，做好了成果推广、交流学习、深化应用，全面提升供电服务质量，切实保障民生用电，营造和谐安全用电环境，服务乡村振兴（见图1）。

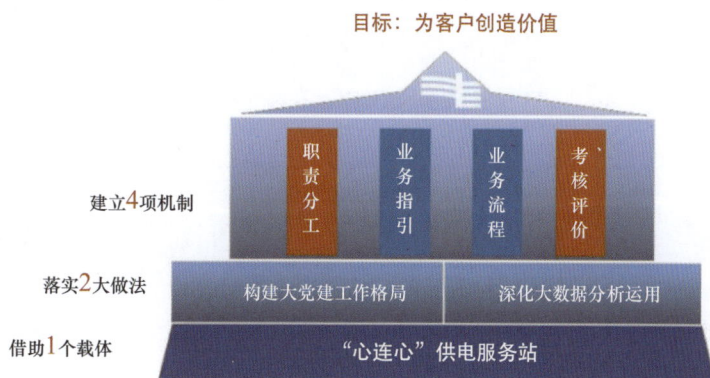

图1 以"心连心"服务模式为切入点的敏捷前台建设

二、创新实施过程

1.夯基础 构建两大核心推动现代供电服务体系建设

（1）构建大党建工作格局。构建大党建工作格局是国有企业党建工作的重大改革，其基本要求是有利于充分发挥基层党组织推动发展、服务群众、凝聚人心、促进和谐。建设服务站的本质是更好服务群众，政企联动是服务站得以长期、有序发展的基石。在此过程中，福泉供电局着力构建大党建工作格局，以"党建+"打造"融合式"支部特色联建。通过进一步整合供电局党组织与村寨社区党组织优势资源，在服务站的联创共建过程中实现政企联动，促进党建与业务工作经验交流，开创供电服务和政务服务群众满意的"双赢"局面。

（2）深化大数据分析应用。随着信息技术在电网中的运用，电网产生的数据数量和类型也急剧增加。供电企业从营销系统内知晓客户的联系方式，从而能将各类用电信息及时通知用户。通过大数据分析可及时了解用户用电状态，客户经理通过服务站及时反馈用户用电情况并赶往现场帮助用户解决用电问题，消除了客户对用电问题的不满情绪，提升了对客户服务工作的及时率，有效降低客户的工单量，实现"三零"服务。

2.建机制 建立四大机制促使"心连心"成为"手拉手"

（1）建立职责分工机制。为确保服务站的高效运作，成立三级工作群分别为：①福供"电亮磷都·福泉福电"服务群，主要功能是统筹、策划、协调、交流，成员主要为福泉供电局局领导班子成员、相关部门负责人及供电所所长、各乡镇主要负责人和分管负责人；②乡镇（街道）"心连心"供电服务群，主要功能是业务传递，协调监督，成员主要为福泉供电局党建联系点领导、乡镇主要领导及分管领导、市场营销部主任、服务班班长、供电所所长、村居委书记及主任、村居委供电联络员、片区客户经理；③村（组）"心连心"供电服务群，主要功能是信息发布、沟通交流，成员主要为辖区供电所所长、供电所营销管理员、供电所服务该辖区的片区经理、村组长、村民、小区业委会成员、小区业主。

（2）建立业务指引机制。为有效确保服务站工作有序推进，福泉供电局从业务说明、工作目标、组织机构、业务要点、业务运转、业务质量监督六个维度编制了《福泉供电局"心连心"供电服务站建设业务指引》。明确服务站在用电业务办理、停电处理、供用电安全、电压质量、服务渠道、精准扶贫及耕地复垦户表迁移等其他需要紧急处置服务的事项等方面的具体事项清单，不断深化了服务站的常态化机制建设（见图2～图5）。

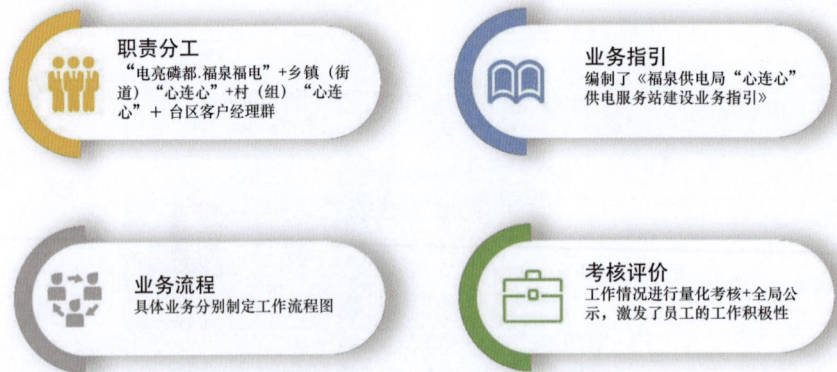

职责分工
"电亮磷都.福泉福电"+乡镇（街道）"心连心"+村（组）"心连心"+ 台区客户经理群

业务指引
编制了《福泉供电局"心连心"供电服务站建设业务指引》

业务流程
具体业务分别制定工作流程图

考核评价
工作情况进行量化考核+全局公示，激发了员工的工作积极性

图2 四项机制

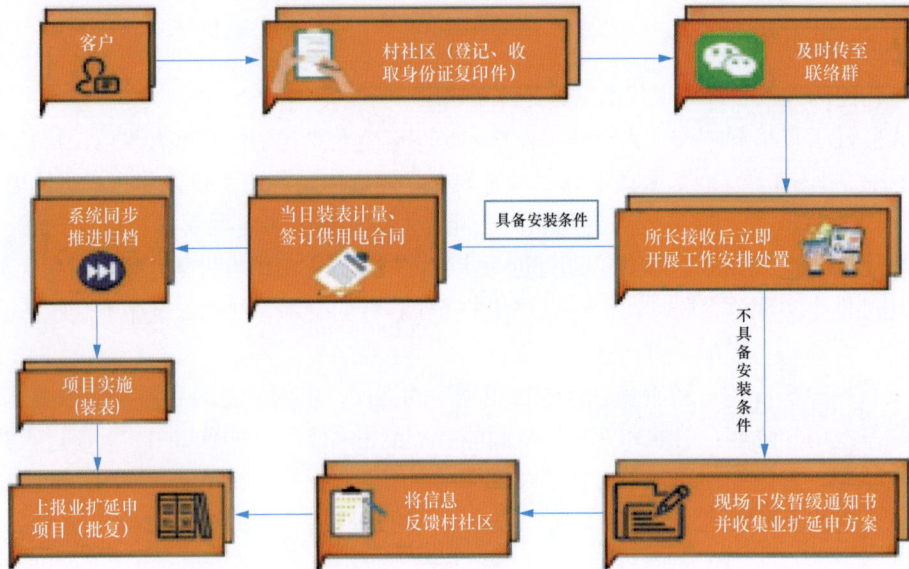

图3 福泉供电局"心连心"供电服务站业扩工作流程图

"心连心"供电服务站用电业务受理及问题收集

登记台账

序号	登记时间	业务类型	办理事项	联系电话	供电联络员签收
1	年 月 日 时 分				
	回访日期：_____年____月____日____时____分 回访存在的问题（相应□中打√）： （1）收费 □是，金额_____ □否； （2）服务态度 □好 □差，具体表现为_____； （3）其他问题，_____				
2	年 月 日 时 分				
	回访日期：_____年____月____日____时____分 回访存在的问题（相应□中打√）： （1）收费 □是，金额_____ □否； （2）服务态度 □好 □差，具体表现为_____； （3）其他问题，_____				
3	年 月 日 时 分				
	回访日期：_____年____月____日____时____分 回访存在的问题（相应□中打√）： （1）收费 □是，金额_____ □否； （2）服务态度 □好 □差，具体表现为_____； （3）其他问题，_____				

图4 "心连心"供电服务站业务受理及问题收集登记台账表

图5 信息工具实现精准快捷

（3）建立业务流程机制。针对用电业务办理、停电处理、供用电安全、电压质量、服务渠道、精准扶贫及耕地复垦户表迁移等其他需要紧急处置服务的事项等六个方面的具体业务分别制订工作流程图，特别是涉及乡村振兴政策的电力业务等，不断加强宣传力度，让群众足不出户就能快速办好相关业务，努力打造安全、稳定、和谐用电环境。

（4）建立考核评价机制。福泉供电局按照业务办理时限管控、服务态度回访评价、服务廉洁监督评价、服务质量随机抽访等四个方面，通过《业务办理登记台账本》、村委供电联建微信群评价、《"心连心"服务站业务办理简报》等形式，对各个服务站的工作情况进行量化考核并进行全局公示、兑现奖励考核，激发了服务站供电员工的工作积极性，促进了供电服务质量提升。

3.优服务借助信息工具实现精准快捷

福泉供电局依托村社区基层政务服务网格，将供电部门打造为政务服务的支撑，借助广大群众对政府组织的信任，将服务网格向基层村组渗透式覆盖。通过将数字化工具应用与服务站职能相融合，将村社区作为"南网在线"互联网服务代言人，帮助和指导群众通过互联网渠道远程办理业务，实现业务线上流转，真正解放用户，实现客户"零上门"。通过服务站对各级政府机构进行"赋职"，提升政府各级机构参与电网建设的主动性，提升基层村社区组织的服务能力和群众公信力，将政府、群众、供电企业紧密连接在一起，拓展政府各级机构在电力服务支撑中的触角效应。

（1）业扩报装精准。依托服务站，持续开展业扩报装、户表改迁等相关业务的诉求、登记和信息传递，实行管家式即时服务响应，提供上门服务和增值服务，实现客户业务"零上门"，让群众少跑路，切实为群众解决用电问题和难题，提升村级电力服务获得感，使客户享受到更优质、方便、快捷的供电服务。

（2）安全用电精准。利用服务站提供收费和业务办理同时，发现由于用电安全知识缺乏，对一些常见用电故障无法处理，既造成了用电安全隐患，供电服务人员上门处理也增加了企业成本。围绕这一问题，福泉供电局组织开展安全用电系列活动，将安全用电知识送进农村中小学校和农民家庭，使电力安全文化宣传普及成为企业承担社会责任的关注点，构筑起覆盖全区乡镇的"安全网"，降低社会人员触电伤亡风险。

（3）乡村振兴精准。福泉供电局通过搭建"企业＋村组＋用户"的新时代服务模式，将优质供电服务的触角延伸到村寨社区，着实解决村民生产生活安全用电问题，满足乡村发展电力需要，助力乡村振兴。

（4）电能替代精准。针对新能源汽车的逐步推广，福泉供电局拓展延伸服务站功能，与集中连片的村居社区进行沟通，推动充电桩及分布式光伏建设试点，科学有序推进新型电力系统建设，有力支撑"双碳"目标实现，目前已有 20 座充电站建设投运、其余项目也在陆续展开。

三、项目效益

（一）直接效益

1.减少客户交通和误工费用约 150 万元

根据贵州省统计局发布的数据，2022 年度福泉市城镇居民人均可支配收入 42387 元，福泉市城镇居民平均每小时收入 21.28 元。考虑用户往返供电营业厅办理业务误工费及交通费用，用电办理按照误工费及往返交通费用 250 元／户进行测算，成立以来累计为群众节约路费及误工费约 150 万元。

2.为企业增供电量 120 万 kW·h

通过服务站传递用电办理诉求，信息化的传递方式配合高效执行，让群众尽快用上电，按照户均容量 8kW 计算，服务站累计用电办理 6000 余件，按照每户节约平均接电时间 2 天计算，累计为企业增供电量 120 万 kW·h。

3.降低供电营业厅临柜率 90%

将供电企业内部服务单元向外延伸，转化为村社区服务广大群众的基础支撑，群众的用电办理、抄表收费、安全隐患等诉求仅通过服务站进行传递和办结，用户不需要亲自到供电营业厅办理，减少了供电营业厅的业务量约 90%，将基层有限的人力资源进行整合优化，更高效地进行内部管理运转。

（二）管理效益

1.切实解决客户问题，提升客户满意度

以用户为中心，不断满足用户多元化、个性化的用电需求。通过服务窗口前移，大力"解放用户"等举措，帮助用户充分释放潜能，为用户创造价值，强化了用户电力获得感，福泉供电局连续三年未发生 12398 投诉，95598 投诉同比减少 55%。

截至目前，福泉供电局 24 小时紧盯工单处置进度，建立客户用电难题协同解决机制，联动前台、中台、后台，精准制订措施、处理时限，确保问题得到闭环解决，客户满意度得到有效提升。

2.增强企业服务意识，提升客户用电获得感

服务站充分践行了"人民电业为人民"的企业宗旨，体现了央企的责任担当，进一步密切了党和人民

群众的血肉联系，增强了企业的服务意识，提高了企业的凝聚力和创造力，提升了群众的获得感和幸福感。南方电网公司党史学习简报、人民日报等高度评价服务站是深化拓展基层服务型党组织建设的重要典型，切实发挥了党员的模范带头作用，打通了服务群众的"最后一公里"，让农村群众足不出村就能得到各项贴心服务，充分彰显了央企积极响应党中央号召，助力乡村振兴战略的责任担当。

（三）社会效益

1. 极大提高和改善了农民的生产效率

服务站高效传递群众用电需求，通过群众及时发现供用电安全隐患，圆满解决 200 处用电隐患，为用电安全稳定带来不可估量的间接收益。用户通过服务站第一时间传递故障停电情况后，供电企业第一时间赶往现场处置，为用户尽快恢复供电节省时间，极大提高和改善了农民的生产效率。

2. 充分展示了供电企业良好的社会形象

服务站的建立得到了地方党委的高度认可，获得群众赠予锦旗 5 面。2021 年 3 月，福泉供电局"心连心"供电服务站被列为福泉市"十件民生实事"之一，结合党史学习教育开展"我为群众办实事"实践活动，持续巩固项目成果。

四、经验启示

（一）成果推广

由于福泉供电局"心连心"供电服务站的高效运转取得阶段性成果，开创了供电服务和政务服务群众满意的"双赢"局面，获得较好的社会反响，得到了上级部门、福泉市政府部门及人民群众的高度认可。2020 年 10 月，服务站金山街道办 13 个试点建设，正式推广至福泉市 2 办 5 镇 1 乡 87 个村、社区全覆盖，并被福泉市政府列入《福泉市关于规范推行村级组织为民服务责任清单》。2021 年 7 月，贵州电网有限责任公司将服务站推广应用列入贵州电网现代供电服务体系建设工作任务清单。2022 年在都匀供电局全面推广，截至目前，累计建成服务站 518 个。

（二）交流学习

2020 年 11 月 5 日，贵州电网有限责任公司 2020 年客户服务现场交流会在福泉举行，客户服务中心组织 10 家地区供电局的参会代表 60 余人，到金山街道城郊村服务站进行现场参观交流，了解服务站运转模式及政企联动为客户服务工作带来的益处。2021 年，贵州电网有限责任公司客户服务中心、都匀荔波供电局、贵定供电局等到福泉供电局就服务站运转进行工作交流，策划县局服务站推广建设全覆盖工作。

（三）深化应用

服务站作为党史学习教育"我为群众办实事"实践成果，在地方党委的大力支持下，福泉供电局党委通过服务站搭建沟通服务平台，实现了供电企业客户经理网格员与政府社区、村委服务网格员的全天候、无死角联动，辐射全市 1054 个网格，让"初心"连"民心"得到有效落地，破解了服务群众"最后一公里"难题。2022 年，福泉供电局党委将各"心连心"服务站供电企业客户经理网格员的联系方式制作成连心卡，直接张贴到每家每户，群众有远程报装、用电抢修等问题直接拨打连心卡上的电话就能一键搞定，真正实现用户"零上门"，为广大人民群众提供更加快捷、优质、高效的用电服务。

五、创新团队

以"心连心"服务模式为切入点的敏捷前台建设探索与实践，由都匀福泉供电局董孝波、王乙、周家兴、金德国、袁开华、姜长青、郝雪亚、胡孔杨、陈娄刚等创新团队成员完成并实践应用。

都匀福泉供电局成立于 1999 年，2009 年上划为贵州电网公司直管县级子公司，2017 年 10 月成为贵州电网有限责任公司全资县级分公司。福泉市境内有 500kV 变电站 1 座，220kV 变电站 2 座，110kV 变电站 4 座，35kV 变电站 8 座，35kV 线路 13 条，10kV 线路 75 条，客户专线 24 条，配电变压器 3485 台。供电面积 1688km^2，供电人口 34.21 万，用电客户 14.27 万户。

在组织架构方面，福泉供电局设置有 6 个职能部门、5 个直属机构、6 个供电所、大集体企业 1 家。在人员结构方面，现有在册员工 197 人，35 岁及以下 56 人，占 28.43%，50 岁以上 45 人，占 22.84%。硕士研究生 1 人，占 0.5%，大学本科 57 人，占 28.93%，大学专科 76 人、占 38.58%。党员 49 名，其中女党员 15 名。

荣获第六届"全国文明单位"，南方电网公司年度市场营销先进，省、州级工人先锋号，连续 5 年获得都匀供电局"双 A"评价。

构建"客户态势感知"管理模式的荔波实践

贵州电网有限责任公司荔波供电局

引言

现代供电服务体系建设工作要求以"解放用户"实践方法论为指导，最终解放用户。南网电网公司为推动企业管理体系优化升级，2022 年构建了具有南网特点、国际领先的管理模式和标准，制订了《南方电网公司全面质量管理工作总体方案》，促进了南网电网公司的高质量发展。

作为南方电网公司第一批全面质量管理试点县级单位，荔波供电局通过对自身进行诊断了解到用电客户对于电网提供的服务需求并不是一种恒定不变的"状态"，而是不断一种不断发展的"态势"。为更好地适应用电客户这种不断变化的"态势"，并做好对应的客户服务工作，经过各个部门之间不断探讨和摸索，我们基于客户信息的综合运用，构建了"客户态势感知"这一创新管理模式。

一、创新成果介绍

（一）实施背景

1. 贯彻落实党的二十大报告精神

国家乡村振兴战略全面推进，高质量的供电服务是乡村振兴的重要保障。服务乡村振兴是供电企业的重要责任，提供满足社会需要的优质供电服务是根本任务。电力企业应积极开展高质量供电服务体系的建设，为乡村振兴和创建良好的营商环境保驾护航。

2. 加快推进网、省公司现代供电服务体系建设

2020 年，南方电网公司战略规划中首次提出解放用户，加快推进现代供电服务体系建设，为用户提供可靠、便捷、高效、智慧的新型供电服务。文件要求以"解放用户"实践方法论为指导，构建前中后台业务架构，快速响应客户需求，建立市场化激励机制和协同共享机制，发挥企业平台优势，聚拢合作伙伴，构建智慧生态圈，为用户提供一揽子用电用能解决方案。

3. 构建"客户态势感知"管理模式的必要性

荔波供电局辖区内有大工业用户 57 户，非普工业用户 4098 户，占比 4.5319%；商业用户 7253 户，占比 8.0195%；居民用户 74726 户，是典型的乡村型供电企业。长期以来，其服务模式几乎都是基于 95598 服务热线和营业厅（网厅）的"被动"服务模式，实际上供电企业只能感知一小部分用电客户的服务需求，在管理上缺乏对绝大部分拥有迫切服务需求或不善于表达自身服务需求意愿的用电客户的主动动态感知。距离公司的高质量发展要求仍然存在一定的差距导致抱怨情绪不断积累，最终影响客户满意度，增加后续客户服务难度。因此，亟须系统构建"客户态势感知"的客服管理模式实现提升客户服务感知，解放用户，最终为用户创造价值。

（二）成果内涵

以现代供电服务体系为引领，借鉴"质量强企"卓越评价标准，以专用变压器客户为样本，通过多维度评估分析对用户进行客户画像，界定"客户态势感知"含义。结合现代供电服务体系前台、中台、后台

数据和当前的管理现状，创新设计"信息收集—数据分析—客户画像—态势感知—业务响应"思路。有效融入市场营销专业具体业务，打造具备动态迭代功能的态势感知全流程。规划"客户画像—分析态势—动态感知"的"客户态势感知"实施路径，构建闭环的持续改善模式，并选取 35kV 专用变压器用户作为试点领域，探索态势感知应用方法，有效提高解决用户需求被动感知的局限性，推动公司高质量发展。

（1）分析管理现状。组建创新团队，研究市场用户信息获取途径，系统分析用户侧传统模式存在的不足，评估用电用户画像，制订指标评分标准，结合信息系统前台、中台、后台数据从管理和技术两大层面把握现状。

（2）构建推进思路。基于荔波现状的分析结果，构建用户侧动态模式变革思路，整体按照"信息收集—数据分析—方法探索—试点推广"的思路实施推进。

（3）设计路径方法。基于用户需求态势，结合近些年一线走访经验，界定态势感知内涵，规划闭环实施路径，搭建动态感知初阶模式，并探索专用变压器用户动态评价的应用方法。

（4）开展试点推广。选取贵州五象实业有限公司、荔波县甲良镇新场村村民委员会和荔波县锦绣佳苑小区作为试点单位，率先开展"客户态势感知"模式的应用，在试点基础上将实践经验推广到其他用户，全面推动市场营销领域动态感知转型。

（5）总结与固化。总结 2022 年"客户态势感知"试点和推广经验，梳理存在的不足，固化动态感知理念、思路、方法、标准等，形成区县级供电企业"客户态势感知"的路径及方法成果。

二、创新实施过程

（一）以构建现代化供电服务体系为导向，打造线上＋线下客户信息收集渠道

1.创新建立"电伙计"便民服务站，形成线下客户沟通新渠道

依托社区（街道）资源优势，将"电伙计"便民服务站为客户沟通新渠道，通过政府网格＋片区经理网格双覆盖、"百名党员进百村"行动充分发挥基层党组织战斗堡垒作用和党员先锋模范作用，夯实"电伙计"便民服务站服务站基础，提升服务能力，打造敏捷前台，推动现代供电服务体系的落地实施（见图 1）。

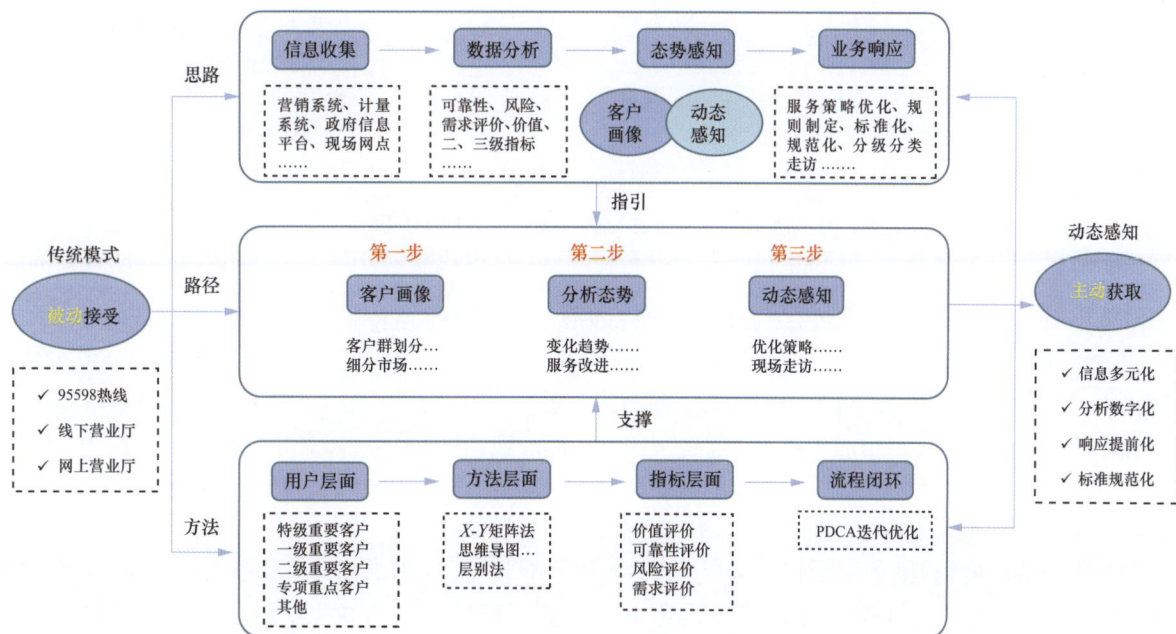

图 1 "态势感知"模型框架图

建立"电伙计"便民服务站运转机制（组织机构、业务运转机制、业务质量监督机制、考核评价机制），推进便民服务站的长效有序运行。在运行过程中，总结提炼用电办理、停电处置、供电安全、电压质量等方面优秀做法，并在全局进行推广应用，全面提升供电服务质量，提高获得电力便利度，不断优化营商环境，实现客户满意度提升。通过下沉将"电伙计"便民服务站客户信息联络机制由原先的供电所所长主导变更为以片区经理为主、所长为辅，彻底压实片区经理客户的服务主体责任，释放所长的服务压力。片区局经理必须主动承担起便民服务网点、95598意见单的沟通职责，通过现场走访、电话沟通、微信交流等方式汇总收集辖区客户用电需求诉求、电压质量诉求、停电情况诉求、安全隐患诉求及其他客户服务方面的诉求，供电所所长仅作为监督者及协调者，对片区经理工作质量进行监督及协调重大事项处置方式（见表1）。

2.客户走访融入日常工作，全业务、全方位完善线下沟通机制

常态化开展"三进、四走"客户走访工作。一是结合国家重要节假日，组织开展电力宣传进校园、进社区、进村组工作，通过座谈会、用电宣传等方式开展客户信息收集。二是结合春秋季安全大检查等专项重点工作，开展重要客户走访、工业客户走访、敏感客户走访、投诉客户走访工作，确保四类重点客户的客户信息获取渠道得到有效更新。走访与日常工作相互融合，提升客户信息收集效率。

表1　　　　　　　　　　　　　　用电需求统计表

客户信息联络机制		
角色	改善前	改善后
所长	便民服务站联络人 不定期开展便民服务站走访 汇总便民服务站服务需求 组织安排人员现场处置 答复需求处置情况 协调上级解决重大问题	审核现场工作计划 协调上级解决重大问题
片区经理	提供辖区用电信息 配合所长完成服务工作	便民服务站联络人 不定期开展便民服务站走访 汇总便民服务站服务需求 组织安排人员现场处置 答复需求处置情况 协调上级解决重大问题
由原先的供电所所长主导变更为以片区经理为主，所长为辅，彻底压实片区经理客户服务主体责任		

对低压用电客户的走访，充分与应急抢修、现场勘查、用电检查、催费等日常工作相结合，形成走访+日常的工作管理模式，在日常工作中开展客户信息的收集，保证客户信息动态更新。建立客户走访分级责任制，压实负责人责任意识，35kV及以上的工业客户、重要（重点）客户由局领导带队，市场营销部及其他专业部门配合开展走访；普通专用变压器客户由市场部经理、供电所所长带队，市场部专责、供电所班长配合开展走访；敏感客户及投诉客户由局领导、市场部负责人、供电所所长按照客户敏感度或抱怨度分类走访；"电伙计"便民服务站及低压客户由片区经理负责走访。

规范客户信息收集工作标准，提升客户信息完整性和有效性。一是在客户走访过程中，通过宣传供电企业在客户服务改善、供电质量提升、安全隐患整改等方面取得的进步和成果，让客户直观地感受到供电企业为提升客户用电体验所付出的努力，最大化提升客户对供电企业服务的感知，并对标标准化客户走访记录表，填写客户走访记录，对客户企业发展经营情况、供电质量需求、安全隐患、用电需求、电费缴纳

及增值服务需求等信息进行收集，实现客户的有效走访。二是营业大厅前台在受理客户业务过程中，同步收集并核查客户联系信息，并同步在营销系统中进行更新，确保营销系统客户信息的完整性及准确性。"电伙计"便民服务站对收集到的客户信息及客户需求进行收集形成台账，并通过"电伙计"便民服务站工作微信群实时传递信息，由片区经理进行实时更新，实现客户信息的线上流转，利用信息化手段，不断完善夯实"敏捷前台"作用。

3. 整合内部业务系统数据，构建客户用电特征基础信息

整合内部业务系统关键数据，每月10日从营销系统、计量系统批量导出专用变压器客户上一月电量、电费、缴费情况、欠费情况、95598投诉情况、停电情况、电压数据、电流等用电信息，将低压用户的用电特征数字化，然后将整个台区信息汇总到台区考核表户，通过分析台区考核表户的态势变化来确定这一整个台区的服务需求。构建客户用电特征基础表，以系统导出数据为基础，使用VBA编程语言，自动对系统导出的数据进行分类汇总分析，提炼关键指标数据，对客户的用电需求、供电质量、用电安全、服务需求、信用风险等五大类型数据进行统计归类，并依据《指标评分标准》对当月五大类型数据进行评分，最终形成包含用户当月用电特征的基础信息表（见表2、图2）。

4. 联动政府信息平台，实现政府平台信息共享

（1）打通政务不动产系统，实现房产过户同步办理。通过打通政府服务平台不动产系统，当用户到政务大厅办理不动产过户时，相关信息数据自动推送到营销系统，实现房产过户与电能表过户的同步办理，减少客户重复办理业务次数，提升客户信息的准确性与及时性。

（2）联动政府部门，实现信息共享。通过联动政府工商、发改、住建、民政等部门，获取第一手城市发展规划、招商引资计划、大型活动计划、残疾人信息变更情况等相关信息。

（二）以客户用电特征基础信息表为依托，构建客户精准画像

以客户用电特征基础信息表为依托，围绕解放用户，加快推进现代供电服务体系建设的核心思路，从用户重要性、用户价值、供电可靠性、需求、风险五个一级维度出发，精准分析用户用电特征变化趋势，为后续向用户提供可靠、便捷、高效、智慧的新型供电服务提供理论依据。

1. 引用规范性文件，明确客户画像标准

以《供电营业规则》《贵州电网有限责任公司客户关系管理实施细则》《10kV及以下业扩受电工程技术导则（2018版）》等国家政策文件与公司管理制度为依据，组织各部门专业人员商讨，按照"合规、合法""全面、直观"的原则，确定了"用户重要性、用户价值、供电可靠性、需求、风险"作为客户画像标准的五个一级维度。通过相关标准确定客户画像一级维度后，再结合实际管理工作需求将5个一级为细分为"用户分级、商业价值、供电质量、信用风险、违约窃电风险、安全风险、投诉风险、服务需求、用电需求"九个二级维度。组织各部门专业人员，将客户画像九个二级维度再次进行细分，最终拆分成为23项能直接体现用户用电特征信息的指标数据，让客户画像与用电指标数据之间构建强关联关系，使得指标结果能以最直观的方式反馈到客户画像结果上。

2. 制订评分标准，规范评分结果

（1）评分指标确定后，组织单位各项指标负责人开展研讨，明确各项指标的定义、评分标准、评价结果及数据来源，形成客户态势感知指标评分标准。每月10号在完成用户当月用电特征的基础信息表数据更新后，对用户23项指标进行评价，并按照评价结果，为用户打上符合当前用电特征的对应标签。

（2）以电压质量为例，某用户4月电压合格率为99.98%，得分为80分，参照《指标评分标准》，评价结果为"电压质量优秀"，为用户打上"电压质量优秀"的标签。

（3）以安全风险为例，某用户房屋与距离10kV线路之间的距离为6m，得分为50分，参照《指标评分标准》，评价结果为"高概率发生人触电事件风险"，为用户打上"高概率发生人触电事件风险"的标签。

（4）具体评分表标准可参照附件《指标评分标准》。

荔波县（市）"十四五"规划重大工业项目用电需求统计表

表2

序号	规划项目名称	企业名称	预计建成投产规模	规划项目落地园区	规划选址地址	企业所属行业	预计装机容量（kVA）	预计实际使用容量（kVA）	规划接入电压等级变电站名称	规划接入电压等级线路名称	预计"十四五"用电需求	园区联系人	园区联系电话
8	辣椒种植与加工项目	企业投资商	建设酸辣椒深加工系列产品生产线26条，辣椒种植和初加工酵存基地20个，项目达产年预计产值95840万元人民币	荔波工业园区	甲良特色农产品加工产业园片区	生态特色食品	500	500	新建110kV甲良变	35kV线路延伸	"十四五"规划新建110kV甲良变，目前因无用电负荷支撑，导致该项目未启动。如该项目确定实施，请提供用电负荷清单（因无法联系项目管理人，因此按照建设用电负荷预测）		
9	茶产业融合发展项目	企业投资商	一期投资3800万元，建设2个水生产基地（时产51000瓶现泡茶），1条瓶盖膜包生产线；二期投资8200万元（时产50000瓶），建设2条水生产线，2条瓶盖生产线，一条纸箱生产线。三期投资9000万元，建设一条茶叶生物萃取加工生产线，1000亩玫瑰花种植基地	荔波工业园区	播尧返乡创业乡村示范园片区（拉金）	生态特色食品	500	500	35kV播尧变	10kV线路延伸	35kV播尧变剩余容量满足企业生产用电（因无法联系项目管理人，因此按照建设用电负荷预测）		
10	荔波县年产20万t啤酒建设项目	企业投资商	新建年产20万t啤酒生产线项目	荔波工业园区	荔波（朝阳）易地扶贫搬迁正工产业园片区	特色轻工	500	500	110kV荔波变	10kV线路延伸	110kV荔波变剩余容量满足企业生产用电（因无法联系项目管理人，因此按照建设用电负荷预测）		
11	山桐子产业链建设项目	浙江安兴园林有限公司	一期建设山桐子油料基地2万亩，一年后视全县土地存量而定，若有土地存量将继续造山桐子种植面积，同时建设50亩育苗基地；二期建成100亩育苗基地，增加山桐子面积3万亩，三期建设山桐子精深加工及仓储基地一个（炼油厂）	荔波工业园区	待定	生态特色食品	500	500	待定	待定	待定（因无法联系项目管理人。因此按照建设用电负荷预测）		

序号	规划项目名称	企业名称	预计建成投产规模	规划项目落地园区	规划选址地址	企业所属行业	预计装机容量（KVA）	预计实际使用容量（KVA）	规划接入电压等级变电站名称	规划接入电压等级线路名称	预计"十四五"用电需求	园区联系人	园区联系电话
12	更班煤矿技改	贵州青利集团有限公司更班煤矿	技改建设为年产原煤60万t/矿井	不在园区	茂兰镇立化村	现代能源	14400	14400	110kV茂兰变	10kV线路延伸	110kV茂兰变剩余容量满足企业生产用电		
13	新寨煤矿技改	黔南荔波县水尧乡新寨煤矿	技改建设为年产原煤30万t/矿井	不在园区	玉屏街道水功村	现代能源	5000	5000	35kV水尧变	10kV线路延伸	35kV水尧变剩余容量满足企业生产用电		
14	巴合煤矿技改	荔波县巴合煤矿	技改建设为年产原煤45万t/矿井	不在园区	荔波县玉屏街道捞力村	现代能源	6000	6000	35kV水尧变	10kV线路延伸	35kV水尧变剩余容量满足企业生产用电		
15	荔波县新能源产业设备生产项目	荔波工业园区投资开发有限责任公司	建设4条生产线，建成年产值5亿元的新能源配套设备生产线。一期建设20000m²厂房、办公楼等相关配套设施、35kV开关柜，储能装置各两条生产线；二期建设20000m²厂房及相关配套设施、汽车充电桩和电力电缆生产线各两条生产线	荔波工业园区	荔波（朝阳）易地扶贫搬迁正工产业园片区	现代能源	500	500	110kV荔波变	35kV线路延伸	110kV荔波变剩余容量满足企业生产用电（因无法联系项目管理人，因此按照建设用电负荷预测）		
16	五凌风力发电项目	五凌风力发电有限公司	结合农业（或林业、牧业）风力发电项目。实际投产规模及规模和备案规模按照当地能源局备案规模和省电网公司接入批复规模进行投资建设	荔波工业园区	甲良特色农产品加工产业园片区梅桃村	现代能源	待批复	待批复	待批复	待批复	待批复		

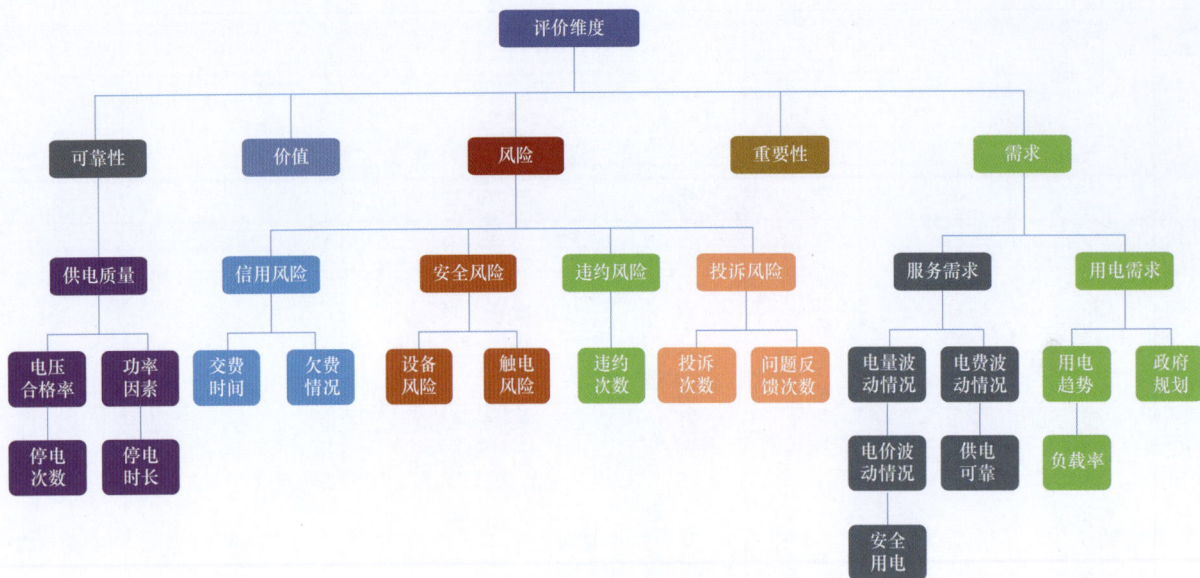

图 2　评价维度

3. 汇总评分结果，形成月度客户画像

在完成 23 项指标评价后，通过向上汇总的方式，获得一级维度评价结果，即为客户当月画像结果。具体计算公式为：一级维度得分 = 二级维度平均分；二级维度得分 = 对应 3 级指标平均分。通过每月评价一次的方式循环开展客户月度画像工作，最终将呈现一个动态的客户画像结果（见图 3）。

贵州五象实业有限公司客户感知评价结果					
客户编号：　0609096065506440					
	重要性评价	价值评价	可靠性评价	风险评价	需求评价
202301	80	70	82.12	86.98	69.50
202302	80	70	73.13	79.31	90.82
环比	0	0	▼ -9.00	▼ -7.66	▲ 21.32

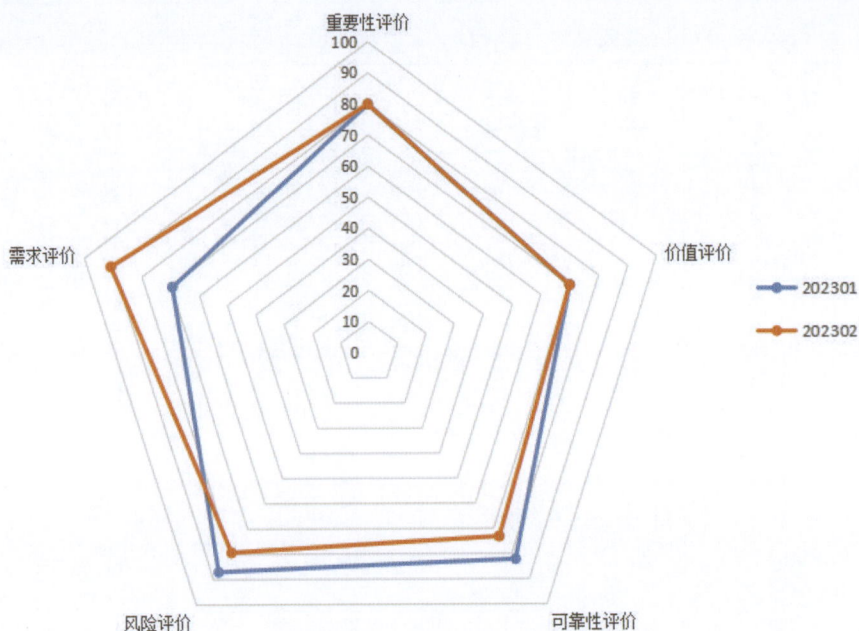

图 3　感知评价结果

（三）画像对标分析，多维度感知客户态势

1. 服务感知维度

客户画像评价结束后，依照评价结果，研判客户在供电可靠性、安全风险、服务方面存在的问题，并感知（预测）客户可能出现的服务需求；再结合客户重要性与价值，制订差异化的服务策略，推广南网增值业务，全面提升客户服务体验。

以"阶梯升挡客户"（年阶梯电量从第二挡升至第三挡用电客户）为例。荔波供电局通过营销系统识别年阶梯用电量即将超过第二挡或第三挡的用电客户，提前发送的短信告知客户当前用电情况，并提醒节约用电，从而达到规避后期因电费突增导致的投诉问题。

以"电费风险"为例。荔波供电局通过客户画像识别，发现某小微企业用户每月缴费时间逐步延后，电费风险从低风险提升为高风险。经现场走访调查，该企业近期产品供应量增加，但是资金未及时回笼，导致经营困难。在了解情况后，由市场部及所长上门推广"南网融E（贷款）"增值服务，助力企业贷款，解决资金链问题，降低电费回收风险。

2. 需求规划维度

根据客户画像结果，从电网建设方面，可为电网规划提供支撑依据，通过合理规划电网资源、调整负荷结构，优化电网运行方式提升供电可靠性。在风险管理方面，通过建立"共管账户"降低客户信用风险；通过制订应急响应措施规避供电可靠性风险；通过运用短信、走访、发放宣传手册等手段，有针对性地推送法律法规宣传内容降低客户窃电违约风险；通过开展定期安全知识宣传、培训、安全检查、联合安全演练等方式，降低客户设备或人员安全风险；通过分析客户用电需求、提前制订供电方案、建立物资需求清册等方式缩短内部流程时限，压缩业扩周期。

3. 循环改进维度

客户态势是客户用电特征不断变化并对服务需求不断发展的趋势，客户态势并不是一成不变的，要感知客户不断变化的态势，只能通过不断循环开展"客户态势感知"相关工作。在"客户态势感知"提出之初，荔波供电局就参照"PDCA循环"建立了"信息收集""客户画像""需求感知""业务响应"的四步法工作模式，以月为单位，不断循环开展"客户态势感知"工作，通过构建四步法的循环管理模式，形成基于客户信息的、动态的、有效的、全面的动态客户画像结果（见图4）。

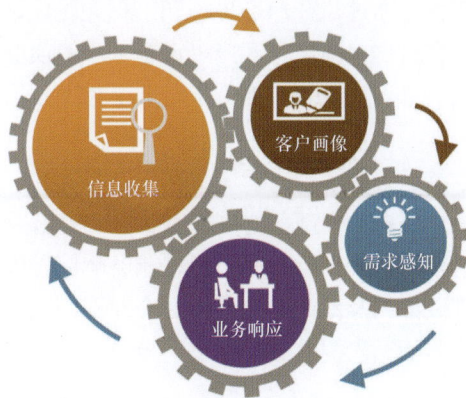

图4　循环管理闭环

（四）建立服务标准，个性化响应客户需求

根据客户画像评价感知结果，组织各专业部门，建立标准化兼具差异化特点的个性化服务措施表，要求各供电所、配电所按差异化服务措施表开展客户服务工作，确保客户需求得到有效响应。

1. 标准化和差异化

（1）标准化。一是参照上级部门规范性文件，确保各项差异化服务的方式与内容合规合法；二是固化不同客户画像评价分级结果的服务内容，形成全局性的统一服务标准；三是明确全局各部门、各岗位服务责任的划分标准，形成全方位的客户服务体系，共同提升客户服务感知。

（2）差异化。面对拥有同一服务需求的不同客户，根据其重要性、价值以及评价结果的不同，服务内容存在明显差异。以"投诉风险"客户为例，当用户属于高投诉风险客户时，要定期走访了解服务需求、定期通过短信向用户发送满意度调查、客户画像结果出现变化时立即电话回访了解用电状况。当用户属于极高投诉风险客户时，除了要按照高投诉风险客户的标准开展服务外，还要设立专属"意见反馈经理"，根据用户反馈意见，提供问题处置全过程跟踪及处置进度告知服务。

2. 外服务、内优化，双管齐下，共同提升

通过每月形成的客户画像结果可及时发现用户用电特征变化趋势，在感知（预测）到客户需求后及客户提出服务需求前，按照《客户服务差异化服务措施明细表》提前开展客户服务工作，实现"服务超前需求"。通过每月形成的客户画像结果形成全局指标数据，根据指标变化趋势，溯源追查影响该指标的决定性因素，为荔波供电局及时发现自身管理短板，优化全局整理管理水平提供支撑。

定期到试点部门开展讨论，利用头脑风暴模式，不断对客户态势感知的模型进行完善，形成一个全面并直观的客户感知模型；不断总结并分享客户态势感知对标评价方法，形成一套可复制的简易操作模板，缩短客户态势感知对标分析的过程和步骤，提升分析工作效率。《客户服务差异化服务措施明细表》作为差异化服务标准的对标文件，并非一成不变的。在不断客户态势感知过程中，不断发现差异化服务的不足之处，补充、修改、完善《客户服务差异化服务措施明细表》，逐步形成适用于当前政策、本地方、本单位的个性化《客户服务差异化服务措施明细表》，充分发挥本地化优势，开展客户差异化服务工作。

三、项目效益

荔波供电局作为首家提出"服务超前需求"的县级供电企业，通过"客户态势感知"相关工作，加快了现代化供电服务体系的建设进度，为实现"解放用户、为用户创造价值"的最终目标夯实基础。项目开展后的主要成效如下：

（一）管理效益

（1）提升了客户服务管理规范性。通过"客户态势感知"相关工作，运用客户画像结果，建立有显著差异特征的客户分群，规范客户分群管理；固化《客户走访记录表》模板内容，规范客户走访管理，形成完善的客户走访记录档案；形成客户差异化服务措施举措，明确各部门工作职责、工作内容和工作要求，规范客户服务过程中过程管理。

（2）打破了部门隔阂，提升了整体管理水平。运用"客户态势感知"形成差异化的服务举措，通过落实差异化服务举措中的职责及任务，引导各个部门之间相互合作，在客户信息收集过程中信息共享，客户画像过程中共同探讨，服务感知过程中共同分析指标短板，业务响应过程中共同完成差异化服务任务，逐步提升各部门之间的默契，逐渐打破部门及专业壁垒，畅通企业部门之间的横向沟通机制，提升了整体管理水平。

（二）社会效益

（1）提升了电网安全稳定运行水平。"客户态势感知"有利于提升电网安全稳定运行水平，通过提前感知客户需求及客户生产规划，为电网规划提供支撑依据，通过合理规划电网资源、调整负荷结构，优化电网运行方式提升电网安全稳定运行水平；通过感知客户供电质量及安全风险变化趋势，分析电网负荷结构变化趋势、电网运行风险隐患，提前制订风险管控措施和应对策略，进一步降低突发电网运行安全事件风险，提升电网安全稳定运行水平。

（2）互利共赢，实现了社会资源运用的最大化。运用"客户态势感知"提前分析确定客户用电需求，

提前开展电网规划，缩短客户业扩时限，压缩客户时间成本。从用户角度来看，用电需求得到及时满足，能及时提高产能效率，积极响应产品市场的变化趋势，快速实现投资与回报效益的最大化。从供电企业角度来看，缩短营商环境提获得电力时间成本，对企业增供扩销工作，起到辅助作用，缩短电网建设成本回收周期，提升企业投资有效性。"客户态势感知"在电网规划方面的运用，形成了企业与客户双赢局面，实现了社会资源运用的最大化。

（三）经济效益

（1）充分挖掘客户潜力，拓展增值业务。运用"客户态势感知"深入分析后，从供电质量、客户需求等方面充分发掘客户潜力，根据用户当前供电质量与客户需求趋势变化情况，聚焦用户多元化、个性化的需求，为用户提供有效可行的、丰富多元的产品。根据用户群体需求，结合实际向用户推广电力设备调试、配电系统年度体检、带电作业等增值业务，在满足客户需求、解决客户问题的同时，提高增值业务收入。

（2）激活员工主动服务意识，降低客户诉求处理成本。"客户态势感知"通过嵌流程、融日常的方式，将客户信息收集工作融入员工日常工作中，在逐步适应客户信息主动获取的工作模式后，将差异化服务举措融入常态工作中，充分激活员工主动服务意识，将客户抱怨及时处理在萌芽阶段，逐渐降低客户诉求量，减少因客户诉求所产生的经营成本。

四、经验启示

（一）转变服务理念，化被动为主动，服务先行一步

长期以来，供电企业服务模式几乎都是基于 95598 服务热线和营业厅（网厅）的"被动"服务，因服务模式趋于"被动"，使得供电企业对客户用电需求的转变、客户服务需求的转变、社会舆论对供电企业态度的转变感知较晚，难以实现解放用户，并为用户创造价值。运营客户态势感知管理模式逐步改变了"服务滞后于需求"现状，提前感知客户需求的变化与趋势，并制订服务策略与规划，在客户提出服务需求前开展服务工作，实现"服务超前需求"

（二）运行客户态势感知，逆向分析工作短板

客户态势感知主要是感知客户变化趋势，但是通过对区域用户的客户态势进行逆向分析，可反向感知供电企业在工作中存在的问题及短板。通过逆向运用客户态势感知，可及早发现日常管理工作的不良趋势和管理问题，及时开展自我整改。

五、创新团队

基于客户信息综合运用的"客户态势感知"管理模式，由荔波供电局连晨域、安丽娜、赵雍、覃柳、马凯、欧昌、陈业伟、蒙祥睿、吴邦耀、杨银波、王文涛、符诗勇等创新团队成员完成并实践应用。

荔波供电局是隶属贵州电网公司都匀供电局县级供电企业，担负着荔波县 1 个街道 5 镇 2 乡，94 个行政村，6 个居委会，18.33 万人的供电任务。辖区内拥有在建 220kV 变电站 1 座；110kV 变电站 4 座，主变压器 6 台，总容量 144MVA；35kV 变电站 7 座，主变压器 13 台，总容量 70MVA；35kV 及以上线路 11 条。

以老人需求为本的"1"键式供电服务

贵州电网有限责任公司兴义晴隆供电局

引言

随着互联网推广应用，供电服务已经实现了"线上"智能化服务，在城镇大街小巷，客户经理"名片"醒目地张贴在每家的门墙上，还有"便民用电微信群"随时提供帮助服务，这给很多青年群体用户带来很

多便利。但是在农村，却是另外的情况，由于年轻人大部分时间远离家乡，打工在外，在家上了年纪的老年人大多不识字、不会用智能手机，基本使用老年机，老人电话报修、线上缴费便成了大问题。为解决该类问题，贵州电网有限责任公司兴义晴隆供电局积极改进服务模式，创新服务手段，首创"1"键服务模式，较好地解决了他们打服务电话难的问题。

一、创新成果介绍

在现代供电服务中，南方电网公司积极推广"南网在线"App、微信、支付宝等线上服务，目的就是让用电客户感知供电企业方便快捷的体验服务，从而更好建立起客户与供电企业间良性互动。但在农村供电服务中，线上服务却成了不识字、不会使用智能手机的老年客户的"一堵墙"。晴隆供电局会同沙子供电所在现场服务过程中观察发现，使用老年机的特殊客户群体基本能认识数字"1"。于是，他们创新推出"1"键服务模式，即只要将客户经理的名字设为数字"1"编入老年机通信录，在拨打电话时只需按下"1"键，老人们就可以方便快捷地拨打客户经理的电话，从而享受到一心一意的"1键服务"。

二、创新实施过程

晴隆供电局积极与当地政府沟通对接，会同沙子供电所大胆创新，梳理老年客户明细，充分利用"院坝会"、现场走访服务、抢修维护的机会，客户经理将自己的名字和电话编入老年机通信录，并将客户经理的名字设为数字"1"，并及时提醒需要服务时直接拨打"1"键。现在，这项"1"（便捷数字）服务已经成为沙子供电所的常态化工作，出门运维遇见不识字的老人时，供电所员工就会现场帮老人录好电话号码。

三、项目效益

创新"1"键服务模式，通过该渠道，能及时收集解决客户"急难愁盼"。

2023年3月20日，腾龙岭街道腾龙社区96栋2单元302住户刘兰兮通过拨打手机里之前留存的"1"字键，联系到了腾龙岭街道片区客户经理陈涛，并反映从1～3月的电费都很高，对用电量存在疑问。接到电话后，客户经理韩锡刚和陈涛到客户表计处进行检查核实，发现电能表并无异常，并及时对客户家里进行检查，通过排查发现是客户家在2022年12月将热水器温度设置较高导致用电量上涨。"原来是因为这个原因，因为我们家每个月用电就是洗衣煮饭还有电视这些，当时过年那段时间天气冷就把热水器温度调高了一点，自己又给忘了，这才对家里面的用电量有疑惑，麻烦你们了，谢谢。"刘兰兮不好意思地对"1"键服务创新管理团队工作人员说。

2023年4月3日，腾龙岭街道温水井社区留守老人舒永正通过"1"键联系客户经理陈涛反映家里没电了，陈涛接到客户电话后立即组织人员到客户家里的开展检查，发现是客户家里的空气开关螺钉松动接触不良导致家里没电，就立即处理，当腾龙岭街道温水井社区留守老人舒永正家电灯又亮起来的时候，老人家也开心地笑了。"上次你们来我们这里做用电宣传，给我存的'1'字键还真的挺好用的，不用在电话簿找半天你们的电话，按"1"字键就能联系到你们，而且才挂电话没多久你们就来了，真的太感谢你们了"，老人家握着客户经理的手表示感谢。

"1"键服务，就是细致贴心的南网服务，让舒永正等老年客户看在眼里，暖在心间，就是通过用心、用情做好供电服务。晴隆供电局连续几年未发生有责任的12398投诉事件，提升客户优质服务体验感和获得感，彰显了南网情深。

四、经验启示

农村供电服务，会面对年龄、文化层次、缴费习惯等不同层次的客户群体，客户种类众多，需求差异显著，"众口难调"是供电服务首先面对的挑战。为践行"人民电业为人民"的宗旨，务必做好"客户画像"和"差异化服务"的答卷。

客户画像就是分析客户信息，根据抽象评价出其特征属性标签，从而刻画出客户全貌。客户画像反映了客户真实的需求，是客户体验供电服务的关键，供电企业作为公共服务企业，要认真分析研判。不同属性的客户对供电服务的期望度不同，要根据用户属性特点进行客户画像分类，并在面向各类客户的服务过程中注重差异性。"1"键服务，虽然只是简单的手机设置，但架起了电力企业关爱特殊群体的桥梁，让老人轻松获得南网方便快捷的服务，同时也可给老人生活上带来很多力所能及的帮助，拉近了供电企业和客户沟通的距离，进一步建立了良好的客户关系。

五、创新团队

以老人需求为本的"1"键服务模式，由贵州电网有限责任公司兴义晴隆供电局韩锡刚、黄先圣、陈涛、肖兴忠、岑敏、陈鲜艳、陆勇、卢官洪、白刚、岑翠、梅仕游、龙倩、钟品德等组成的创新团队完成并推进实践应用。

晴隆县电力公司成立于 1988 年，1997 年更名为晴隆县供电局，同年实行代管。1999 年，实行行业管理。2010 年 1 月起整体上划直管，更名为晴隆供电局。服务晴隆县 1310km²，15 个乡镇（街道）、106 个村（社区），总人口 34.551 万人，用电户 11 万户，其中，工业客户 2730 户，商业客户 4255 户，居民客户 98956 户，其他客户 5060 户。晴隆供电局现有职工 221 人，其中，党员 64 人。全局设置 19 个部门，其中，职能管理部门 6 个，业务支撑和实施部门 13 个（8 个供电所）。晴隆供电局认真贯彻落实网省公司的工作部署，秉承"人民电业为人民"的企业宗旨，践行"为客户创造价值"的服务理念，以客户问题为导向，全力提升客户满意度，进一步构建现代服务新体系，改善客户用电体验，全方位提升供电服务获得感，2022 年第三方客户满意度得分 85 分，满意度得分连续三年位列地区前列，2022 年获得黔西南州优化营商环境先进单位。

太阳能光伏提水泵站：金沙江绿色长廊的重要抓手

云南电网有限责任公司丽江供电局

引言

2020 年，丽江市拟打造金沙江绿色长廊，实现"4 个百"目标，即发展 100 万亩特色产业，实现 100 亿经济产值，完成 100 个特色村镇，建设 100 个光伏提升泵站。为落实市委、市政府的安排，充分发挥太阳能光伏提水泵站的作用，提升泵站的能源综合利用效能，真正实现"发展农村经济，巩固扶贫成效，保护生态，改善农村生产生活条件，造福人民群众"的目标，云南电网有限责任公司丽江供电局（以下简称丽江供电局）积极响应，立即组成专家组对玉龙县、永胜县部分已建成、在建的若干座太阳能光伏提水泵站进行了现场调研和资料查阅，总结光伏提水泵站的应用条件和优缺点。通过调研，专家组发现光伏提水泵站非常适合应用在玉龙县、永胜县金沙江沿线各乡镇。

乡村振兴，电力先行。丽江供电局把脱贫攻坚重点工程、重大项目与新能源生态圈相结合，以太阳能光伏提水泵站项目为抓手，打造金沙江绿色长廊，助力解决金沙江畔抽水用电难、用电成本高等问题，为客户提供更加科学合理、绿色环保的用电生活服务，形成开放共享、合作共赢的新能源生态圈，书写乡村振兴的新能源篇章。

一、创新成果介绍

以下三个方面可帮助我们把握该项目创新成果内涵：

（一）光伏提水泵站的运行方式

常规情况下，按太阳能光伏提水泵站与公共电网物理联系情况，分为离网运行模式与并网运行模式两种。

（1）离网运行模式。通过太阳能光伏发电形成独立的发供电系统，在无其他外来能源的情况下驱动泵站提水，达到农田灌溉、人畜饮水、水产养殖、发展庭院经济、美化园区用水等用途。离网运行模式适用于偏僻山区、无电区、海岛等区域。其优缺点分析如下：

优点：①利用太阳能，不消耗其他常规能源，对环境无污染；②太阳能资源几乎随处可取，可实现就近供电，布点灵活方便，避免长距离输送，对公共电网无依赖；③整个系统运行设备少，运行维护相对简单；④根据抽水负荷需求变化，可增加或减少太阳能方阵，满足负荷变化；⑤一次性投资建成，长期受益。

缺点：①与常规电能提水泵站比较，前期建设投资成本较高；②受地面太阳光热资源条件影响大，运行过程中有间歇性波动，供水保证率较低。甚至会出现需要用水的时候（夜间、天阴等），泵站无法提水的情况；③工程占地面积大；④能源综合利用效益未显现，具备相应光热发电条件而不需要抽水时，只能舍弃太阳能发电能量即"弃光"。

（2）并网运行模式。太阳能光伏电站以高压、低压方式接入公共电网形成"自发自用，余电上网"模式。该模式实现电能和光伏发电相互取长补短，互为备用，不受天气、光照影响，在光伏发电不足的情况下，泵站仍能正常提水，满足用水需求；同时在泵站不需提水或光伏发电在满足泵站提水仍有盈余的情况下，可上网送电，实现光伏泵站综合利用，提升光伏泵站效益。

离网运行模式与并网运行模式的差异：在光伏电站设备选择方面，两种模式主要的差异是逆变器的选择使用。光伏发电逆变器分为并网逆变器、离网逆变器与储能逆变器三种。由于投资大、运行环境苛刻，一般情况不建议使用储能逆变器模式。并网逆变器主要有最大功率追踪、"孤岛"效应检测及控制、电网检测及并网等功能，适用于并网运行模式；而光伏提升泵站选用的扬水逆变器属于特殊离网逆变器，扬水逆变器直接从太阳能板获得直流电源，转化成交流电供给水泵泵水，根据太阳光的强度，调整输出频率的实时性而得到最大功率点跟踪和最大限度地利用太阳能，相当于一个逆变器和变频器的组合体。采用扬水逆变器的光伏电站不具备并入电网运行的条件，适用于离网运行模式。

（二）光伏提水泵站现状

近几年随着移民扶持、扶贫工程、产业发展及水利建设工程的投入，丽江市光伏提升泵站建设项目逐步增加，截至2020年丽江市现有并网运行的分布式光伏电站183座（含67座扶贫光伏电站），其中并网运行模式提水泵站有5座。丽江市现有离网运行模式光伏提水泵站约有15座。离网运行模式光伏提水泵站发电装机容量较大的是永胜县涛源镇金移村光伏提水泵站，安装有太阳能光伏板740块，容量为192.4kW。有潜水泵两台（2×5.5kW），有主水泵两台（2×55kW）。其余光伏提水泵站的发电装机容量较小。

（三）太阳能光伏提水泵站经济分析

（1）太阳能光伏泵站发电量。光伏电站的最大理论发电量等于峰值日照小时数乘以光伏电站的装机容量。丽江年峰值日照小时数约为1900h，按目前规划的太阳能光伏提水泵站容量计算，玉龙县26座光伏泵站的年理论发电量为8233万kW·h，永胜县23座光伏泵站的年理论发电量为1245万kW·h。

（2）采用并网模式的太阳能光伏泵站经济分析。由于各个光伏泵站的抽水运行时间、水泵功率容量、太阳能光伏自然条件差异较大，其发电效益肯定有较大区别。根据对玉龙县一碗水光伏泵站调研掌握的数据举例：为解决玉龙县大具乡甲子村委会一碗水及大洋槽村民小组人畜饮水问题，2017年由玉龙县水务局投资建设了一碗水光伏泵站。一碗水光伏泵站按并网模式建设，外部由35kV玉龙山变电站10kV甲子线路甲子一碗水光伏泵站专用变压器（S11-M-160）供电；安装光伏发电装机容量为45kW，安装两台电动机（2×30kW），总投资731万元。2019年全年光伏太阳能发电量为52198kW·h，上网电量46188kW·h，上网电费收入21，275.67元（含税），发电补贴19402元，下网电量21633kW·h，下网支付电费10019.61

元。2019 年全年该光伏泵站用于抽水的电量为 27643kW·h，既满足了该范围人畜饮用水需求，同时因并网获得 30658.06 元的电费收入，平均每千瓦年获利 681.29 元。

通过调研综合分析，在充分评估泵站光伏太阳能光热条件、容量、地理位置、地形、生态环境、投资、交通、地质结构、公共电网等因素，在具备条件的地方，调研组建议尽量考虑采用并网模式建设太阳能光伏提水泵站。并网运行模式的光伏泵站，即使考虑将来取消太阳能发电补贴最极端情况，仍能实现：①依靠太阳能光伏发电实现"零电费"抽水用水；②靠光伏发电获得一定的电费收入，可解决今后泵站运行维护费用，实现良性循环，或作为当地村集体的稳定收入。

存在的问题：①太阳能光伏设计单位太多，设计能力、质量与服务水平差异大；②供货厂商太多，关键部件如太阳能发电电池、逆变器、配电并网设备、抽水电机、阀门、管件种类门类太多太杂，产品质量良莠不齐，不利于运行维护，并且会导致今后运行成本大幅上升。

建议：项目开展前优化选定 2~3 家设计单位、施工单位与供货商，选用高品质的主流产品，尽量使用成熟的新技术、新材料、新设备，优化投资规模，把钱真正用在"刀刃"上，实现一定程度的标准化，以利于今后运行维护；当地供电部门深度参与，从设计开始介入"并网"前期工作，为设计单位提供数据与建议，开通绿色服务通道，开展现场勘查，提供并网发电相关服务，保证提水泵站光伏太阳能及时接入公共电网，足额收购光伏提水泵站发电电量，按时足额支付上网电费，用实际行动推动光伏提水泵站建设。

二、创新实施过程

项目组将调研情况形成《丽江市太阳能光伏提水泵站综合利用调研报告》上报丽江市委，得到丽江市委办公室批复，要求各县区水务局主动与丽江供电局对接，要求丽江供电局从规划设计开始深度介入。其中，永胜县结合金沙江沿线各乡镇的光照条件充足、解决产业用水需求大、水利设施覆盖率低等区域特点，规划实施 48 座光伏泵站工程，分三期统筹推进。

光伏提水泵站工程一期已建设完成 30 座光伏泵站中，其中 21 座光伏泵站实施 10kV 并网工程，并网模式为"自发自用（抽水泵），余电上网"，建设地点分散且装机容量不大于 70.24kW，泵站抽水功率不大于 360kW，可就近分布接入 10kV 电网，光伏电站升压后送出 1 回 10kV 线路，通过新建接网线路就近 T 接在 10kV 公用线路。21 座光伏泵站并网容量为 6545.88kW，扣除损耗（预计 30%）。

光伏泵站二期工程计划实施 18 座光伏提水泵站，总计灌溉面积 14352 亩，水泵总装机 4279kW，输水管线总长 39792.69m，光伏组件装机总功率 6669.9kW，项目概算总投资为 12126.52 万元，2021 年 9 月 2 日至今已开工建设大安美地光伏泵站、松坪下喇嘛光伏泵站等 18 座光伏泵站。目前已完成合同工作量的 95%。灌溉水源主要为金沙江、水库及河道取水，水量充足。工程的主要任务为解决期纳镇、涛源镇、大安乡、三川镇、顺州镇、松坪乡、片角镇、鲁地拉镇、东山乡、仁和镇、六德乡等 11 个乡镇约 1.43 万亩土地灌溉用水严重短缺问题，保证当地群众的农田灌溉用水不受影响，为群众脱贫致富和生产收益提升创造有利条件。

永胜县金沙江绿色经济走廊水利项目光伏泵站三期工程主要任务为解决永胜县大安乡、松坪乡、顺州镇、光华乡、三川镇、片角镇、涛源镇、鲁地拉镇、东山乡、仁和镇、期纳镇等 11 个乡镇 2.96 万亩农田灌溉问题；工程主要建设内容为：新建 25 座光伏泵站，水泵总装机 11623kW，光伏总装机 19524.86kW；工程估算总投资为 48156.2 万元。平均年发电量为 2763.08kW·h（效率约 85%），年提水供水能力为 527.43 万 m³（并网后约 1200 万方），光伏运行模式为"自发自用、余电上网"。

三、项目效益

项目建成后，可有效缓解金沙江中游沿岸水资源制约，满足绿色产业发展需要，为打造金沙江绿色经济带、建设金沙江特色示范村、库区两岸高产优质农业发展起到积极作用。

（1）有效解决金沙江干热河谷区农业用水难问题。项目建成后有效解决了金沙江干热河谷区望江兴叹的用水难题，大幅提高项目区光照资源利用率；

（2）有效降低抽水成本。传统泵站每提1方水成本约0.45元，光伏提水可以把光伏板并网发电，每提1方水成本约0.34元，直接降低约30%。

（3）实现受益地区乡镇农业从普通农作物到高产经济作物的转型，带动农民增收。带动发展经济林果沃柑、芒果、软籽石榴、小芭蕉、花椒等经济作物的种植，受益区群众每亩增加产值至3万余元，彻底改变靠天吃饭的农业发展模式。

（4）增加生态效益。该项目建设占用林地、土地最小化，项目建成后，受益区大量种植果树，原本荒山缓坡有了水源的灌溉，有效缓解永胜县金沙江峡谷地带地表植被较差，土壤滞蓄水量较少，水土流失的现状。

以永胜县金沙江绿色经济走廊水利项目光伏泵站二期为例，18座光伏泵站全部进行10kV并网工程，并网模式为"自发自用（抽水泵抽水），余电上网"。并网容量为6669.9kW，预计年光伏发电量747万kW·h（效率约80%），年总发电收益约为251万元（年日照1600小时，每发电上网1kW·h受益0.3358元）。水泵总装机容量共计4279kW，预计光伏发电抽水部分年供水能力约500万m^3（并网后约1000万m^3），价格部门批准供水水价为0.6元/m^3，年总抽水效益600万元。

四、经验启示

金沙江中游沿岸农业长期受到水资源制约，难以满足绿色产业发展需要，农民望江兴叹。结合丽江市永胜县金沙江沿线各乡镇的光照条件充足、产业用水需求大、水利设施覆盖率低等区域特点，充分发挥太阳能光伏提水泵站的作用，项目的实施为打造金沙江绿色经济带、建设金沙江特色示范村、发展库区两岸高产优质农业起到积极作用。

五、创新团队

太阳能光伏提水泵站项目案例，由云南电网有限责任公司丽江供电局和立生、崔伟涛、刘云照、王兴、赵润英、周君、马菊花、田银莲等组成的创新团队完成并推进实践应用。

丽江供电局是云南电网有限责任公司的全资子公司，成立于2005年，供电营业区覆盖1区4县，下设办公室、规建部、党建部等13个职能部门，电力调度控制中心、输电管理所等14个直属机构，古城供电局、玉龙供电局2家直属分局，管理永胜、华坪、宁蒗3家县级分公司38个供电所，管辖用户46.34万余户。运行维护500kV变电站1座，220kV变电站4座，110kV变电站21座，35kV变电站51座，主变压器129台，总容量4741MVA；35kV及以上输电线路151条，共33693.474km，中压配电网线路共367条、公用变压器7835台。

普洱自愈配电网的"1161"可靠性思路

云南电网有限责任公司普洱供电局

引言

云南地处中国西南边陲，总面积39.4万km^2，是一个高原山区省份，特别是普洱，是云南国土面积最大的州市，相当于海南省的1.5倍。而且交通条件差，山地面积占比达98.3%，森林覆盖率超过74.6%，全年雷暴日达91天，速生树种多，设备运维战线长。境内10kV配电网线路全长2.41万km，架空导线占比98.5%，由于山高林密、供电面积大、网架薄弱、运行环境恶劣等因素，造成普洱乡村电网故障频发，2017

年配电网故障次数达 4103 次，2018 年 4810 次，2019 年 5627 次，而且人工巡线困难、故障排查难度大、停电时间长，配电网安全生产风险居高不下。如何探索出一条符合普洱乡村地域发展的电网改造技术路径，精准提高乡村电网可靠性，降低电网安全风险，助力地方经济社会发展，成为摆在云南电网有限责任公司面前的重大课题。

一、创新成果介绍

云南电网公司紧密结合普洱打造"两示范一胜地"（建设绿色经济示范区、兴边富民示范区、国际生态旅游胜地）的发展目标。牢牢抓住"供电可靠性"这一"总抓手"，创新开展配电网自动化建设；并以普洱为试验田，创新构建普洱配电网自愈模式。其创新成果内涵可以这样描述：聚焦普洱短板，发挥普洱优势，探索实践普洱"1161"可靠性管理思路，即从构建一个体系（可靠性管控体系）、打造一个特色优势专业（配电自动化特色优势专业）、强化六项重点工作（硬件精益投入，问题精准治理，综合停电精细管理，态势感知和辅助决策精确判断，客户精心服务，党建引领）入手，推进实现一个目标（以普洱配电网自愈模式为引领，推进云南电网高质量发展，助力实现乡村振兴）。

二、创新实施过程

（一）紧抓重点工作，打好高故障线路治理"歼灭战"，引领普洱自愈配电网新发展

普洱自愈配电网"1161"可靠性管理思路，具有系统性、整体性、协同性等特点。系统发力，组合出拳，"1、1、6、1"，一个都不能少。但是，配电网自愈落地见效，更在于"6"项重点工作的创新实施。云南电网有限责任公司会同普洱供电局实行多措并举，强化"6"项重点工作，深化运规合一，将中压问题以线路归集，低压问题以台区归集，聚焦主要矛盾和矛盾的主要方面，编制"一县一可研"，充分运用实践经验，开展大档距、绝缘子、避雷器等设备的主动预防性维护，以打"歼灭战"的决心和勇气，开展高故障线路治理，并写下"1161"可靠性思路重点篇章，引领普洱自愈配电网高质量发展。以下具体做法与措施值得关注：以年度停电计划为纲，编制"填空式"月度计划申报模板，确保"一项不漏、一停多用"。建立地县两级总经理分级主持的"预审 + 会审"双重停电计划平衡机制，统筹专业协同、优化作业资源，有效管控重复停电。围绕可靠性指标，发挥两级运监中心"问题发现中心""督促改进中心""数据策略中心"的功能，对指标、设备开展多维度穿透：建立周跟踪、月分析、季考核激励机制，通过"红黑板"方式压实各层级、各专业责任。线上分析、线下核查，形成"点上问题 + 面上规律"的"问题画像"，采用"挂号 + 销号"机制解决问题，驱动各专业、单位管理水平持续提升。两级运监人员深度介入故障研判，指挥抢修，监控快速复电"六个时间"，提高复电效率。建立客户诉求问题提级督办机制，让频繁停电、低电压、涉电安全等客户反映多、反映强烈的突出问题"传得出来、重视起来、处理得了"。建立网格经理联动村组负责人协同查找故障机制，想尽一切办法缩短故障排查时间。围绕边境立体化防控、三年攻坚行动、客户用电体验提升、基层员工"三感一力"增强等重点、难点工作，推动党建工作与业务工作深度融合。党有号召，我必应战。传承"共和国长子"的央企担当，想尽办法集中资源，成立党员突击队，高质量完成 196 个联防所配套用电设施建设和江城中越边境物防设施保供电任务。强根固魂，夯实业务。各党支部盯紧业务短板，勇挑大梁，在重点工作中发挥党组织和党员先锋模范作用，调度自动化组以"书记项目"破解业务难题，成功捍卫"五星班组"荣誉。争当先锋，凝心聚力。广大党员各司其职，在急难险重任务面前"豁得出来、顶得上去"，涌现出一大批先进典型，彰显普电人格魅力、汇集普电精神力量。

（二）聚焦配电网自愈技术，打造自愈配电网的"普洱样板"，创新探索电网建设新路径

面对供电范围大、线路设备运维战线长的特点，为降低配电网故障率，迅速隔离故障，快速恢复用户供电，服务好全省 4700 万群众的可靠供电，云南电网有限责任公司以普洱为试验田，因地制宜探索依托基于 4G 公网的配电自动化及自愈技术，大力开展配电网自动化建设，闯出一条提升供电可靠性的路径，促进

符合山区特点的数字配电网、智能配电网发展。着眼乡村配电网自愈,打造自愈配电网的"普洱样板",公司不断探索电网建设新路径:2019年,启动电网线路升级改造,在配电网线路中投入"自愈"功能研究,并实现普洱首台智能断路器"远程遥控";握紧配电自动化这一快速提升供电可靠性的"金钥匙",在上级单位指导下,优化智能断路器布点,优化设备选型,强化运维管理,终端在线率、故障定位准确率、遥控操作成功率等关键指标长期保持98.5%以上。2020年,配电网自愈闭环线路首次动作成功;2021年,配电网自愈系统实现故障点隔离全自动和用户恢复供电全自动,全过程无需人工操作,复电时间由原来的"小时级"缩短至"分钟级"……

三、项目效益

随着2022年4月30日云南省普洱市境内一区九县449条电网联络线路实现自愈100%覆盖,配电网线路故障处理时间由原来平均4小时下降至100秒,这意味着,南方电网云南电网公司建成了全国首个基于4G公网的市级乡村"自愈"配电网,极大提高了边疆乡村配电网供电可靠性,为更高效服务云南、助力乡村振兴提供了"普洱样板"。

对于整个云南电网来说,依托配电网自愈手段推进数字电网建设成效初步显现,目前又绘就了"十四五"配电自愈建设蓝图:2022年,完成3300条自愈线路投运;2023年,完成5000条自愈线路投运;2025年,全省实现环网线路自愈全部投运,非故障区域停电时间下降90%,故障停电时间下降50%。届时,数字电网将更高效地服务经济发展。

四、经验启示

"1161"可靠性思路是普洱自愈配电网建设的指南。通过自愈配电网建设,电网结构得到了进一步完善,解决了大部分配电网存在的供电安全性、供电质量不高和供电不经济等问题。采用新型节能设备和材料,淘汰更换老型号的配电设备,消除迂回供电现象,使综合线损率得到了进一步降低,为企业创造了直接经济效益。调度自动化主网、配电网系统协调受主站软件版本不同制约,未能实现变电站电源线路永久故障或主变压器故障跳闸后通过10kV线路自动转供10kV母线负荷的主配协同功能应用,因此,差异化制订全区域自愈建设思路,解决以环网柜、开关站为联络核心城区网自愈过程负荷平衡问题,打通以弱联络为主的乡村电网主配电网间协同问题,实现薄弱主网故障情况下能通过主配之间的自愈功能自动恢复配电网负荷。总之,"1161"可靠性思路指引下的自愈配电网,进一步提高了供电质量,提高了人们用电积极性,更是成为高质量人民生活、高质量经济发展的重要保证。

五、创新团队

乡村配电网建设的"普洱方案"——自愈配电网,由云南电网有限责任公司普洱供电局肖时龙、李理、沙莎、方皖新、李琛、何中阳、杨亚洲、普亚等组成的创新团队完成并推进实践应用。

云南电网有限责任公司普洱供电局成立于1996年,承担着普洱市九县一区的供电任务,同时承担着汇集云南德宏、临沧、普洱、西双版纳4个州市水电送出的重任,是云南西电东送的重要通道,向南通过4条线路与西双版纳相连;向东通过4条线路与红河相连;向北通过3条线路与玉溪相连;向西通过3条线路与临沧相连,与玉溪、红河、临沧、西双版纳形成互通互联的区域性电网,同时通过110、35、10kV通道对老挝、缅甸送电。近年来,结合国家对建设数字中国、发展数字经济作出的相关要求,积极谋划部署如何促进数字技术与实体经济深度融合,以"自愈"为导向,持续推进配电设备运维数字化,在普洱试点探索自愈建设应用过程中总结出了一系列行之有效且可全省推广的经验,为下一阶段全省自愈建设做出示范引领。

全能型供电所建设提升的"123"

国网青海省电力公司西宁供电公司

引言

供电所作为营销专业直面客户的第一线，是公司安全生产、经营管理、供电服务、建树品牌的一线阵地和窗口，承担着服务国家乡村振兴战略、密切联系乡镇政府和人民群众、稳住农业基本盘、做好"三农工作"，确保农业稳产增产、农民稳步增收、农村稳定安宁的重要职责。

国网青海省电力公司西宁供电公司（以下简称西宁供电公司）在国网青海省电力公司的坚强领导下，不断夯实乡镇供电所基础建设、提升供电服务能力、提高优质服务水平，乡镇供电所专业管理水平和工作质量得到长足进步。然而，随着广大用电客户服务需求的不断变化提升，供电所也暴露出以下问题：①供电所线损管理提升进入深水区，部分台区受制于低压线路被违建房屋包裹入内窃电隐蔽的原因，线损指标未满足公司管理要求；②供电所"业务协同运行、人员一专多能、服务一次到位"未下沉到底，部分台区经理未能做到"台区经理制"和"线损承包责任制"；③供电所服务能力转型不及时，"业务传导型、传统受理型、综合业务型"仍是供电所的常态。为了更好服务地方经济社会发展，西宁供电公司在借鉴武汉供电公司《以提升服务质效为导向的数字化供电所建设》的基础上，从"一改、两制、三转型"三个维度对全能型供电所建设作出探索。

一、创新成果介绍

（一）"一改"

"一改"是针对城郊结合地区低压线路被加盖房屋及其他违章建筑围入用户院内，敷设于用户屋顶，公网穿墙过房等制约工作人员无法正常开展用电检查，存在明显私拉乱接窃电隐患的重损台区，创造性引入技术改造降损措施，按照"户表集中前置，表后电缆直敷入户"的原则实施重损台区改造降损，彻底杜绝不法用户在台区低压出线延伸处私自挂接窃电导致台区高损的隐患。

（二）"两制"

"两制"是指台区经理制、线损承包责任制。通过外勤人员全面实行台区营销管理和客户服务于一体的"台区经理制"，实行"就近响应、协同跟进、现场对接、共同处置"，将管理末端转变为反应敏捷、响应快速、执行有力的服务前端，切实发挥台区经理在客户供电服务中牵头、协调、沟通、联系的纽带作用。将采集系统合格台区评价阈值同步至发展专业一体化合格区间，按月开展跨系统指标差异台区分析，将一体化与采集跨系统指标差异台区占比及压降数量纳入2022年台区线损专业对标评价，横向开展采集与一体化台区线损对标管理，纵向指标评价下沉到底，贯穿"市、县、所、班、人"，同步实现"采集优"及"线损优"，同步做到"控结果"及"控过程"，线损承包到人。

（三）"三转型"

"三转型"即为推动供电所服务由传导型向客户需求型转变，试点推动客户分星、分级评价和信用评级，借助资源归集调度职能，构建以客户体验为中心的评价体系，逐步提升现场报抢修等服务行为类业务的客户满意度；推动窗口业务由传统受理型向智能互动型转变，实现"三型一化"智能营业厅全覆盖，从客户数量、服务半径、业务流量、可替代性等维度开展营业厅效能评价，按照"网格化、线上化、城乡网点自助化"的原则，整合优化城乡营业厅；充分利用线上、线下服务平台，构建客户基础信息更新、完善和研判的长效机制，大力推动台区经理由被动服务向主动服务转型；推动供电所管理由综合业务型向服务全能型转变。完善乡镇供电所综合评价指标体系，开展4星级以上供电所创建和复评，确保供电所的发展与公司管理同步；搭建全新的供电所和外包业务绩效评价体系，建立以工作积分制为主，台区承包、关键指标评价为辅的绩效考核机制，激发员工工作积极性。

二、创新实施过程

项目聚焦"全能型"供电所短板指标，强化组织领导，深挖管理措施；创造性实施"户表集中前置，表后电缆直敷入户"的重损台区改造；实行"就近响应、协同跟进、现场对接、共同处置"的台区经理制、线损承包责任制；推动供电所服务由传导型向客户需求型转变、窗口业务由传统受理型向智能互动型转变、供电所管理由综合业务型向服务全能型转变的三转型，综合助力"全能型"供电所短板补齐。

（一）查询短板指标，明确提升思路

1.强化组织领导，成立工作专班

成立由西宁供电公司分管营销副总为组长、各专业负责人为核心成员的"一改、两制、三转型的全能型供电所建设"营销部管理小组，充分发挥统筹领导和组织协调作用，并对"全能型供电所建设"重点项目工作中涉及的重大问题进行决策和部署，强化横向协同纵向衔接，充分调动公司各方资源，形成"全能型供电建设"重点项目合力推进的良好格局。

下设课题研究领导小组，负责审定《基于一改两制三转型的全能型供电所建设提升的探索与实践》项目实施方案；强化工作过程中的监控和协调工作；审核项目内容的合理性、科学性与实用性。

项目工作小组负责组建项目研究小组，召集项目组成员召开项目研讨会；负责制订《基于一改两制三转型的全能型供电所建设提升的探索与实践》项目实施方案；负责对项目研究的进程、研究方法、研究成果等做出科学合理的规划和设计；负责有计划、有步骤地落实项目研究和具体实践；负责组织编制项目研究报告，并提交项目负责人审核；负责提供目前以及项目在具体实践中公司层面存在的问题、困难、推广办法。

2.查找短板指标，明确提升方向

分三阶段查找短板指标。第一阶段全面调研、自我诊断阶段，按照线损管理、服务管理和农电管理三个专业，组织各基层单位梳理制约因素，明确指标滞后成因。

第二阶段为专项提升、试点实施阶段，根据排查成因，制订整改提升方案，开展技术降损典型台区选取及改造技术路线、改造项目立项储备评审协调相关工作；查找供电所服务客户手段创新点，加快"三型一化"营业厅升级改造，提升供电所综合协调机制。

第三阶段为总结评价、推广阶段，整理管理提升工作内容，提炼分析工作成效，形成长期项目成效评估及跟踪。

3.强化组织管控，提升建设效率

一是建立项目例会制度，每周召开领导小组例会，每月不定期召开协调会，及时掌握项目进展情况，把握项目时间节点，协调有关问题，做好现场调研。二是建立项目协调监控机制，针对于系统建设过程中可能出现的各类问题，都设立相关的责任人，负责协调、沟通，监控项目的整体进度按计划进行。三是建立风险预控机制，在项目建设过程中，对于重大事件，均设置安全措施、建立与健全项目风险预控管理机制。

（二）试点"一改"，全面提升台区技术降损

1.选取试点改造台区

针对城郊结合地区低压线路被加盖房屋及其他违章建筑围入用户院内，低压电缆敷设于用户屋顶，公网线路穿墙过房等制约工作人员无法正常开展用电检查且存在明显私拉乱接窃电隐患的重损台区，西宁供电公司创造性引入技术改造降损措施，按照"户表集中前置，表后电缆直敷入户"的原则实施重损台区改造降损，彻底杜绝不法用户在台区低压出线延伸处私自挂接窃电导致台区高损的隐患。选取新庄003号公用变压器及马坊008号公用变压器作为试点台区。

2. 制订台区技术改造典型方案

按照表箱集中安装在变压器近侧，表箱一进三出的方式分相低压电缆下户至客户处的方式改造，形成典型经验及成效如图1～图4所示。

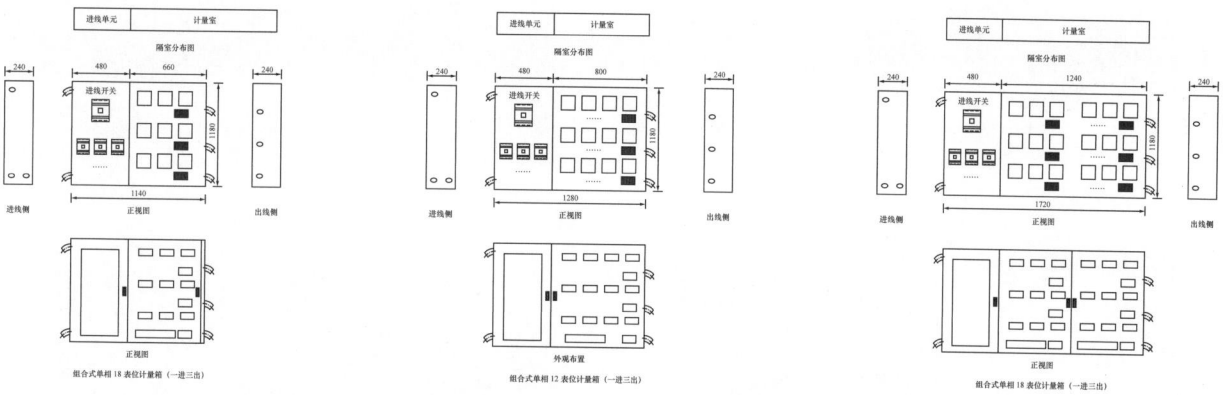

图1 重损台区技术降损典型设计集中表箱、低压电缆分支箱集成设计

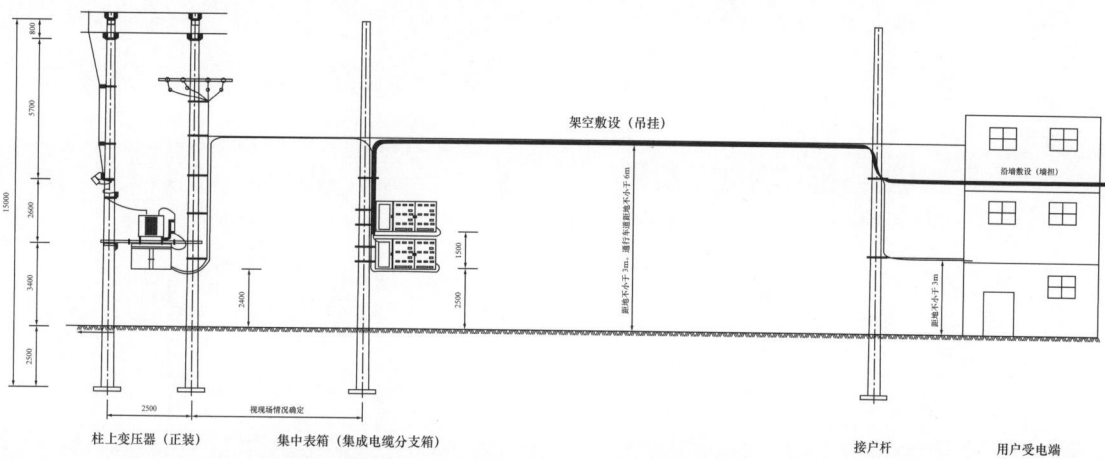

图2 重损台区技术降损典型设计台区户表整体集中布置示意图

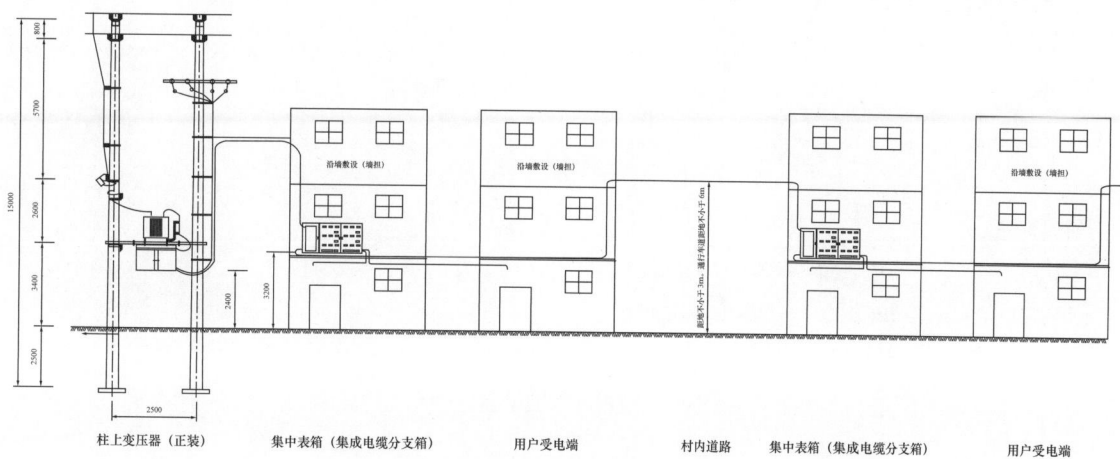

图3 重损台区技术降损典型设计台区户表分片集中布置示意图

改造前低压主线穿墙过房　　　　　　　　　改造后主线电缆直接进入分支箱

改造前表箱置于屋顶甚至围入用户家中　　　　改造后表计集中前置，布设于房前屋后

改造前主线敷设于屋顶，下户纵横交错　　　　改造后低压主线不进村，下户整齐有序

改造前表箱破烂不堪　　　　　　　　　　　　改造后表箱、出线整齐规范

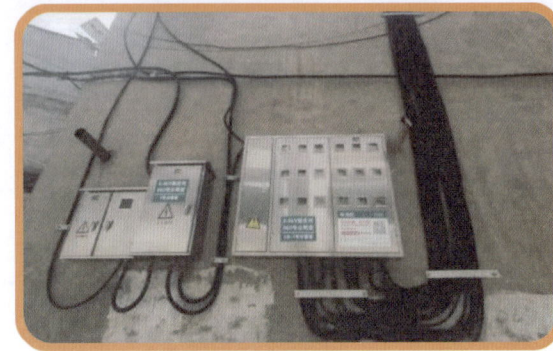

图 4　重损台区技术降损典型台区前后对比图

3. 强化试点过程管控

一是强化改造前台区信息调研：对 153 台重损台区重新"建档立卡"，对现场公用变压器关口计量、变台环境参照物详细拍照记录，对现场表计、表箱全面施封，对 GIS 系统中台区低压单线图结合现场走向及

"变户箱表"相对位置重新手绘存档。二是强化施工过程管控：按照"试点先行、经验推广"的思路，以台区技术降损改造为主要抓手，以"表箱集中前置、电缆直敷下户"改造为发力点，通过月下发任务、周管控、日进展汇报的方式，协同物资部、运检部加强施工进度管控。

（三）推行"两制"，全面提升台区管理降损

1.结合管办分离，全面推行台区经理制

（1）完善制度，健全机制。一是明确组织架构：围绕台区线损管理提升，西宁供电公司成立了以主管营销的副总经理为组长、各单位主要负责人为组员的领导小组，以相关专业线损专责为主的台区线损消缺工作小组，各小组职责分明，相辅相成，协同配合，为现场工作的高效开展奠定了坚实的基础。二是落实文件安排：结合历年台区线损治理不同侧重，西宁供电公司逐年出台《年度营销线损管理提升工作方案》，建立了公司周例会及基层单位"日工作日下达、日例会日闭环"的日例会制度。三是贯彻奖惩机制：为了有效调动全员参与反窃查违积极性，西宁供电公司于2018年起草印发了《国网青海西宁供电公司关于查处窃电及违约用电奖励实施方案》，累计已对1281人奖励135.17万元，为顽固窃电高损治理提供了有效的突破思路。

（2）压实责任，强化管控。一是结合网格化管理落实承包责任：以配电网业务网格化为抓手，构建网格管理员与台区经理联动评价体系，按照谁抄表谁负责的承包责任分配原则，持续跟踪动态承包关系，跨系统比对校验，确保承包责任落实到位。二是推行工作积分制：按照月度台区经理重点工作，分配相应工作积分。通过双周积分管控，指导工作完成相对滞后台区经理加强工作质效，营造"工资是挣出来的"的赶学比超氛围。

通过上述方法，建立7个网65个格培养465名台区经理，实现"网中有格，格中有人"的台区经理制。

2.依托网格化管理，全面推广线损承包责任制

（1）落实网格化管理，推行台区承包责任制。针对供电所员工岗位分工导致的工作效率问题，在对辖区设备及供电所人力资源进行全面排查和分析的基础上，西宁供电公司结合实际情况，对供电所结构进行了调整优化。如图5所示，供电所重新设置了综合业务班和供电服务班两类班组，实现由传统的配电班和营销班专业化运作向综合业务班和供电服务班内、外勤模式运行的转化，提升营配协同性，成立台区经理制。

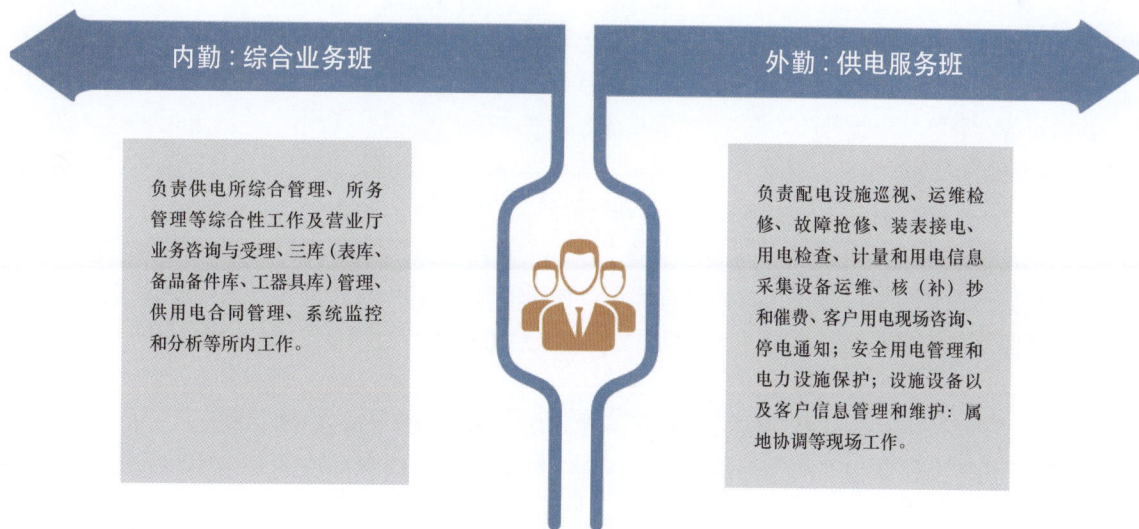

内勤：综合业务班

外勤：供电服务班

负责供电所综合管理、所务管理等综合性工作及营业厅业务咨询与受理、三库（表库、备品备件库、工器具库）管理、供用电合同管理、系统监控和分析等所内工作。

负责配电设施巡视、运维检修、故障抢修、装表接电、用电检查、计量和用电信息采集设备运维、核（补）抄和催费、客户用电现场咨询、停电通知；安全用电管理和电力设施保护；设施设备以及客户信息管理和维护；属地协调等现场工作。

图5　供电所班组结构调整优化

在供电所台区经理的设立基础上，西宁供电公司积极推行供电服务网格化建设。对每个供电所划分3个供电服务小组11位台区经理，以行政村（或台区）为服务单元，按照"不重不漏"的配置原则，为每个

台区经理合理均衡分配对应的服务客户的范围及维护设备的数量，确保每个用电客户均有一名为其服务的台区经理、每台设备均有一名对其负责的"主人"，各台区经理承包包括台区线损率、采集成功率在内的16项台区承包责任指标，全面推广线损承包责任制。

（2）创建柔性工作团队，提升台区综合管理能力。成立以线损专责为主的多专业联合消缺柔性工作团队，建立健全逐级递进的协同消缺机制，协同多专业开展台区经理技能培训，切实提高全专业消缺进度和效率。创新总结"三查三析，内外并举"工作方法，以"三查三析"为抓手，内外并举提升管理水平。"三查"指交叉查：组织中层领导分别带组开展重损台区背靠背式交叉互查；外部查：抽调技术骨干组建外部线损稽查小组直抵病灶；重点查：紧抓重点地区开展重点排查。"三析"指系统分析：充分利用各信息系统分析比对异损台区疑义用户，缩小核查范围；工具分析：高效利用"白猫"等辅助设备，对异常用电户点对点精准出击；试点分析：针对城乡地区房线矛盾突出且窃电高发台区，试点推行表箱集中及全电缆改造，在根治隐蔽窃电隐患同时分析试点典型经验并积极推广。

（四）推动"三转型"，全面提升供电服务水平

1.建立星级客户服务体系，推动供电所服务由传导型向客户需求型转变

以客户用电量、缴费方式、客户用电安全情况、支撑新型电力系统建设情况和企业发展经营情况五个维度为切入点，对西宁供电公司管辖大客户进行分级打分评价。基于评价体系对客户进行分星建档，充分调研电力客户各种特点和服务需求，确定不同星级客户的差异化服务内容，分别实施差异化服务方案。

2.加快"三型一化营业厅建设"，推动窗口业务由传统受理型向智能互动型转变

结合自身的市场环境和地域特色，致力于通过"三型一化"转型升级，挖潜居民客户的家庭用能需求，探索生态服务模式，建设绿色智慧的清洁能源型供电营业厅。

（1）一站便捷式业务办理服务。在基础用电服务上，打破传统单一的业务办理模式，以客户为中心，结合线上线下一体化，形成多元化的服务途径，为不同渠道偏好的客户提供便捷式自助服务、体验式线上服务、综合型柜台服务、优享型贵宾服务。

1）便捷式自助服务。以各类智能办理终端为客户提供自助查询缴费、自助业务受理、自助发票打印（领取）等简单便捷的业务服务。

2）体验式线上服务。通过"网上国网"App统一办电入口为客户提供查询、缴费、业务受理等服务；营业厅现场打造体验式的服务场景，客户可自由体验线上功能，在有需要时由服务人员提供一对一的操作指导。

3）综合型柜台服务。针对部分客户的办电习惯和复杂业务的专业处理需求，营业厅保留人工柜台提供收费、各类业务办理等综合服务。

4）优享型贵宾服务。创新打造客户洽谈区域，解决客户的疑难问题，处理各项复杂业务，为新型用能客户提供"一对一"的咨询洽谈和定制服务，提升高价值客户的优质服务水平。

（2）清洁能源型电力用能服务。在展示体验上，基于青海清洁能源发展的特点，从清洁能源的开发、配套设施建设、应用及价值衍生几大方面进行展示。在新型营销服务上，将居民客户作为用电增值服务以及家庭综合能源服务的主要挖潜对象，充分利用营业厅及各方资源，与网上国网的家电品牌开展跨界合作，延伸用能服务。

1）清洁能源展示体验区。将青海清洁能源开发及使用的建设过程及成效全面呈现。

2）新型营销服务区。由"网上国网"和新零售、智能家居等组合而成的智慧生活体验区进行整体呈现。

3）电力营销展示区。将通过不同的电力服务体验模块，全方位展示党建引领、用电营商环境和乡村振兴发展。

3.强化供电所综合协调机制，推动供电所管理由综合业务型向服务全能型转变

（1）开展供电所综合评价。以《供电所能效考评办法》为抓手，融合各专业指标，结合星级供电所创建，助力乡村振兴，全能型乡镇供电所建设等年度重点工作，从供好电、收好费、服好务、能效服务、提质增效等维度，建立供电所综合评价指标体系，逐年滚动修订。西宁供电公司按月发布核心指标完成情况并对标排名，对标排名与各供电所的组织绩效相挂钩，对连续两个月排名均靠后的供电所在公司月度例会上进行点评（见表1）。

表1　　　　　　　　　　　　　　　　　　　　供电所综合评价

序号	评价维度	评价标准
1	用电量评价	年用电量：电力客户上一年度的用电量，反映电力客户用电规模，是直观展现电力客户经济行为的重要依据。 客户年用电量达到10亿kW·h及以上，得10分；达到5亿kW·h及以上，得8分；达到2亿kW·h及以上，得7分；达到1亿kW·h及以上，得6分；达到0.5亿kW·h及以上，得5分。 用电量增长率：电力客户年用电量增长率，反映电力用户所处行业和自身发展潜能。 用电量增长率大于10%得5分；大于5%~10%得4分； 用电量增长率大于0~5%得3分；率小于0不得分。 用电波动系数：客户一年内各月用电量曲线，反映客户用电稳定性。 用电量曲线波动率低于5%或电量始终增长的得5分。 波动率大于5%得3分
2	缴费情况评价	缴费信用度：评价上一年度每月电费缴纳情况，反映电力客户缴费信用度。 按照供用电合同每月全额或分次预购当月电费得15分，评价期内未全额或分次预购的每月减1分，发生一次逾期的减5分。 承兑汇票比例：客户每月电费缴纳全额现金得15分，现金比例大于70%得10分，现金比例大于40%得5分，低于40%不得分。 公司新型业务开展情况：供电企业向电力客户推广的企业网银、电e票的注册及使用情况。 企业网银或电e票注册及使用情况：注册并通过平台缴费得5分，注册但未通过平台缴费得3分，未注册得0分
3	客户用电安全情况评价	隐患整改：客户隐患整改情况。 无用电安全隐患或全部整改完得10分。在10分基础上，每存在一条一般用电安全隐患减2分；若存在一条及以上重大安全隐患此项直接得0分。 安全措施：客户变电站相关安全措施、应急预案及自备应急电源配置情况。 客户变电站内专职电气运行人员、运行制度、应急预案、安全工器具、自备应急电源五项均配置齐全得10分，缺少一项减1分
4	支撑新型电力系统建设情况评价	负荷调控：实时掌握用户负荷变化情况。 积极配合参与得5分，否则不得分。 储能：用户自建储能设备。 直接实施建得5分，有计划有投资得3分，无进展得0分。 综合能源：企业节能减排建设情况。 直接实施建得5分，有计划有投资得3分，无进展得0分
5	企业发展经营情况	企业风险信息及发展前景：企业发展前景及能耗。 以政府公布的征信情况、能耗情况为准，进行评价

（2）规范供电所日常管理。按照专业职责分工，对照各专业工作标准，督促指导供电所日常工作常态化执行到位。对日常工作有新的要求和规定时，专业部门要及时培训宣贯到位，并督促检查供电所规范执行，营销部每年收集更新发布，推进供电所"日常工作规范化，规范工作日程化"。

（3）加强供电所基础设施建设。供电所基础设施建设项目主要包括办公环境整治、营业厅建设（服务设施、标识建设）、星级供电所创建、办公用品配置、企业文化建设等内容，每月开展项目储备，由各区县供电公司和城区供电公司编制项目建议书，向西宁供电公司综合服务中心进行项目申报并配合完成项目评审与可研批复、实施与验收工作；小型基建项目储备向公司营销部进行报备。供电所建设与修缮资金要专款专用，规范做好供电所建设项目资金预算申请，按计划推进。

（4）加强供电所企业文化建设。供电所文化建设，上墙资料制作版式应风格统一，上墙内容应符合国网星级供电所建设、企业文化建设及各专业管理要求。制作上墙部门要履行各自上墙资料后续管理责任，对有损坏的要及时修复，对内容过时或不符合最新要求的要及时更换，上墙版面拆除后应对墙面进行修复。

（5）重视供电所环境卫生管理。定期对供电所环境卫生状况开展评价，各供电所要加强所内环境卫生的管理，供电所所长是供电所卫生环境管理的第一责任人，要组织全所人员定期开展供电所卫生大扫除，时刻保持办公、营业场所和宿舍的整洁卫生。

三、项目效益

"一改"：全面压降高损台区。通过"一改"西宁供电公司台区线损管理取得历史性突破，2021年年内实施技术改造台区96台，线损率合格89台。截至2022年8月，西宁供电公司完成合格台区占比97.47%，环比年初提升2.35%；低压线损率2.88%，同比降低3.92%，形成典型设计方案一篇和论文一篇。

"二制"：全面提升台区管理水平。压实"二制"建立7个网65个格培养465名台区经理，实现"网中有格，格中有人"的台区经理制，年内开展217次"电亮夏都"共产党员服务队入社区活动，推广网上国网App46.1万户，电费发行后5个工作日清费，采集成功率99.31%环比提升1.87个百分点。

"三转型"：全面提升客户服务满意度。完成62家星级客户137次差异化服务，其中用电义诊137次，完成售电量369.43亿kW·h，承兑汇票收取比例65.85%，环比压降10个百分点，完成107个异常用电缺陷消缺，建立52万可调节资源池；建成"三型一化"营业厅7座，建成老年人服务柜台35个，优质服务满意度完成99.27%环比提升3.14个百分点；召开星级供电所综合协调会2次，解决供电所创建9类14项问题，建成"全电景区"1处，建成四星级供电所6个、五星级供电所3个。有效推动全能型供电所在基层单位建设成果。

四、经验启示

（一）着眼国家战略需要，提升"全能型"供电所指标是服务乡村振兴的必备条件

着眼国家重大战略需要，扎实有序推动乡村振兴取得新进展、农业农村现代化迈出新步伐。就供电企业服务乡村振兴而言，电力行业作为社会公共基础行业，是我国经济发展的急先锋，是搭建党同人民群众连心桥的重要组成。乡镇供电所的发展更事关农村经济社会发展，事关能源消费革命。随着"全能型"供电所建设的纵深推进，供电所管理台区线损管理水平参差不齐、服务客户手段欠缺，如何提升"全能型"供电所基础管理能力、探索管理提升方法、转变服务方式方法成为完善"全能型"供电所是服务乡村振兴的必备条件。

（二）增加"全能型"供电所建设措施是落实省电力公司供电所建设的重要抓手

国网青海省电力公司聚焦基层、基础、基本功，强化乡镇供电所管理综合协调，供电所评价机制作用发挥，持续深化乡镇供电所建设，推动供电所管理质量和效率提升，主动服务农业农村现代化，助力国家乡村振兴战略实施的具体要求。结合西宁供电公司实际，以"逐级晋升、动态考核"为原则，以"巩固、提升、创新"为主线，强化各专业融合协同，深入落实专业管理职责，建立定期专业指导帮扶、短板分析诊断和常态管控机制，逐一落实问题整改销号，是落实国网青海省电力公司供电所建设的重要抓手。

（三）完善"全能型"供电所建设内容是建设新型电力系统的必经之路

线损指标作为国家考核电网企业的重要技术指标，是电网企业管理水平高低的综合体现，线损管理是降低企业运营成本，增加企业效益的重要环节；台区经理作为公司服务用户的第一线，是公司进一步完善线损管理体系，规范线损工作流程，夯实线损管理基础，常态化开展"四分"线损管理分析、专项治理、降损项目储备的基础单元。线损承包责任制是实现台区线损精益管理的重要抓手；营业窗口作为公司联系广大客户的第一线，不仅承担着业务传导、受理、综合治理等功能，更在主动挖掘客户需求、全面互动转

型、服务转型方面起着重要作用。

变革供电所的发展方式、管理理念、服务模式，创新线损提升方法、压实"台区经理制"和"线损承包责任制"、推动服务窗口"三转型"，是推动公司向建设具有中国特色国际领先的能源互联网企业的战略目标的必经之路。

五、创新团队

基于"一改、两制、三转型"的全能型供电所建设提升范式，由国网青海省电力公司西宁供电公司李得峰、张戈、刘超、秦浦真、付志锦、马海燕、张哲璞、李辰蕊、檀姣、解安良、葛旭瑞等组成的创新团队完成并推进实践应用。

国网青海省电力公司西宁供电公司始建于 1958 年，是国家电网公司 34 家大型供电企业之一，主营业务为电网运营、电网建设、电力供应和供电服务，担负着西宁市 5 区 2 县的供电任务，经营电网覆盖面积达 7665 km²，辖区内 110 kV 变电站 51 座，35 kV 变电站 24 座，供电客户 60.65 万余户，供电人口 246 余万。2021 年度售电量 502.83 亿 kW·h，占全省的 63%，是西北首家、西部第二家售电量突破 500 亿 kW·h 大关的大型供电企业。

"1+5"一体化供电应急联动机制的创新实践

国网宁夏电力有限公司固原市三营供电公司

引言

国网宁夏电力有限公司固原市三营供电公司（以下简称三营供电公司）接收固原市原州区内所有乡镇的供电管理任务，打破了有史以来单一的农电区域特征，出现营业辖区面积剧增的局面。固原市原州区经济高速发展，客观上对三营供电公司提升供电服务整体水平提出了新的要求。与此同时，三营供电公司也看到，由此承担的建设、运营和发展责任日趋艰巨且管理短板突出，制约着经济发展速度。为提升事故应急处置能力，实现紧急情况下抢修及时响应和协同控制，发挥"一站式"故障抢修职能，三营供电公司创造性成立了以共产党员为核心的，集"应急指挥、故障抢修、带电作业、设备巡视、运维监控、在线座席和调控值班"为一体的农电应急抢修中心，承担"急、难、险、重"的为民服务任务，构建了全过程、全方位、全覆盖的高效集约化"1+5"一体化，优化了人员组合，缩短了抢修时限，实现了故障信息与快速抢修的无缝对接，适应实际工作需要，极大地彰显了供电公司服务社会的新形象。

一、创新成果介绍

三营供电公司为彻底解决供电所在突发故障抢修时人资力量单薄的困难，缩短应急抢修时限，降低用户投诉事件，最大限度适应服务延伸需求。通过优化人员组合，释放创新活力，建成了以共产党员服务成员为核心的"1+5"一体化应急联动保障体系，即"1"：应急抢修中心；"5"：应急抢修、设备巡视、运维监控、带电作业、在线座席和调控值班。在"非常态"时，业务板块"合五为一"，高效联动，全方位实施为民服务中"急、难、险、重"任务，做实快报装、快响应、快抢修"三快"抢修服务；在"常态"时，参与线路设备巡视、隐患排查治理、异常监控督办、农网业扩集中受理，参与农网工程验收、营业厅窗口监控等 6 大业务板块的扁平化集中管控。这样，无论是常态还是非常态，都能做到雷厉风行，应急联动，既保证了三营供电公司运检、营销专业的横向协同，又纵贯协助农电二级故障响应，为固原市供电公司农电一级故障响应提供坚实的后备力量，同时垂直发挥农电三级故障应急响应和四级故障联动抢修功能。"1+5"一体化应急管理的"主动"探索，其全过程、全方位、全覆盖的高效集约化应急保障体系，在国网系统具有先进性与创新性意义。

二、创新实施过程

（一）梳理三营供电公司供电服务管理现状

三营供电公司营业区域地处固原市中心地带，是固原农电第一服务窗口。其建制历史很长，几经发展变迁，不断积淀的电力企业文化成为推动固原地区经济中心发展的动力源泉。信息化建设发展颠覆了人们传统的思维模式，电力客户用电需求越来越呈现多样化、个性化特征，电力服务诉求与日俱增，维权意识不断增强，因此对电力营销服务工作提出新的更高的要求。

三年前，三营供电公司配电网架构薄弱，10kV 线路绝缘化率低，单向互联局限、互供程度不高，存在重载线路、过载配电变压器、低电压线路等问题，其中有 4 个 35kV 变电站共 9 条 10kV 配电线路处于重浮冰区运行，导致线路设备非停事件频发，日常抢修工作量日趋加大、要求更高，备受社会关注。辖区内客户多数地处山区、供电面积大、服务路途较远、交通状况差，供电所人员结构性缺员和老龄化加剧，负责运行维护的供电所站人力及资源极其单薄。因此，应对突发故障能力不足，甚至鞭长莫及，顾此失彼，导致抢修时间延误，配电网异常抢修工作造成用户投诉不断加剧。顺应新农村、新电力、新服务的大趋势，三营供电公司不断拓展服务"三农"前沿，彻底解决供电所在突发故障时抢修的困难，降低用户投诉事件，努力适应服务延伸，建立健全农网故障应急响应机制，维护人民利益，共建和谐画卷。

（二）创新实施"1+5"一体化应急联动保障体系

1. 构建应急体系

"1+5"一体化应急管理体系，确立了"专业化抢修、集约化运行、精益化管理"的可靠组织平台，持续完善机制，实现一套机制，多业务融合。

第一阶段（2018 年 3 月至 2020 年 8 月）："1+4"阶段，即"1"：应急抢修中心；"4"：应急抢修、设备巡视、运维监控、在线座席和调控值班共四大业务板块。

第二阶段（2020 年 8 月至今）："1+5"阶段，在原业务板块中增加了带电作业，共五大业务板块。

2. 优化机构组成

主要体现在：以共产党员服务成员为核心，抽调基层供电所技术经验丰富、熟悉线路设备状况，并具有独立完成复杂作业能力的农电员工；对营销系统及运维采集技术相当熟练的营销人员，组建成农电应急抢修中心，下设应急抢修班、设备巡视班、运维监控班、带电作业班、在线座席和调控值班组五个班组，即"1+5"一体化应急管理体系。

3. 强化工作职能

应急抢修管理采用运检分离、高度集约化管理。抢修（带电作业）、巡视、监控"一揽子联动共同构成了以农电应急抢修中心为平台、以应急抢修服务为核心、抢修与巡视融合、在线座席协同抢修值班联动、运维监控高度集约管控"的"1+5"农网应急保障联动机制。

4. 释放创新活力

（1）在"常态"期间。应急抢修与设备巡视合二为一，开展对各供电所监察性巡视，全面掌控辖区内线路设备舆情动态。参与农网建设工程的前期设计、安全施工、工程质量监督及竣工验收工作；同时设立值班座席员和调控值班员，负责接收 95598 指令、供电所营业窗口 31666 服务信息、供电服务群服务信息、供电所报修电话。在线监控、抄录运行中线路设备参数，及时策应异动报告，监督执行 95598 反馈工单，并配合运维监控实时监控供电所窗口工作动态。运维监控以问题为导向，完全摒弃供电所条块分割的单一管理方式，通过每日督办单元任务的收发，完成供电所用电信息采集业务难度作业的流水处理，实现用电信息采集业务集约化闭环管理。

（2）在"非常态"期间。应急抢修中心作为固原市电网应急抢修的后备力量，参与固原市区电网的应急抢修工作。按照农网故障级别，下达抢修指令并组织队员集结，按照事故处理预案开展抢修工作。参与各供电所站对配电线路及设备重大与危急缺陷的消除；完成各类重大保电任务；履行对政府的基础建设、扶贫开发、新农村建设等需要的应急电源的接入工作；负责辖区所有配电设备、线路的倒杆、断线、设备烧毁、电缆故障等非停事件的及时处理；在防汛期间组织各供电所进行线路、设备特巡，做好汛期故障抢修指挥并直接参与抢修工作。

（3）在日常管理期间。一是强化应急联动，抢修中心超前谋划、精心组织，建立健全县供电公司、供电所分级响应联动机构，与原州区防汛抗旱指挥部建立应急响应联防网，确保险情来临快速反应，值守和信息报送畅通，责任到位。二是修订完善了农网应急预案、抢修工作方案、抢修工作标准。明确了四类级别的农电故障应急处置流程：四级故障（供电所组织进行抢修）：由供电所所长（副所长）指挥，自行处理，故障处理起始，负责对县供电公司故障应急抢修中心告知；三级故障（由县公司组织进行抢修）：由供电所所长向县供电公司应急抢修中心汇报，由其进行抢修；二级故障（由农电公司组织进行抢修）：由供电所所长向县供电公司农电应急抢修中心汇报故障情况，结合 95598 等信息进行综合分析、判断，超出农电三级故障范围，为保障尽快恢复供电，县供电公司向农电公司汇报，由农电公司组织进行抢修；一级故障（由市公司组织进行抢修）：由于自然灾害引起大面积农网停电，经农电公司、县供电公司全力配合无法快速恢复供电，需市供电公司协调全公司力量抢修。

5. 实现功能发挥

在强化标准化快速抢修业务培训、规范标准化快速抢修现场作业行为、提高故障抢修质量和效率的同时，实现应急抢修扁平化管理，达到"组织精干敏捷，管控集中有力，信息沟通顺畅、响应快，决策管理效率高"等要求，整合多功能岗位，缩短工作流程，提升业务融合协同效应。

（1）应急组织有序。近几年来，组织开展了 10 次应急启动演练；快速处理了 56 起倒杆断线、69 起电缆故障、21 起变台倾倒事故；高效应对了 5 次山区线路覆冰灾害大面积外力破坏停电抢修的快速反应，高质量完成了固原市原州区辖区内的重大保电任务。

（2）摸清营配家底。投入应急抢修与设备巡视两个小组所有人力，对辖区 10kV 线路和运行环境进行特巡。建立线路设备影像档案资料，掌控配电网现状，熟悉各馈线运行方式，完善故障快速查找手册，确保故障发生时抢修工作高效快捷推进，提高故障抢修质量和效率，建立真实可靠的第一手农网资产基础数据信息，深层推进营配调数据贯通工作，为优化辖区配电网"十三五"规划和农网工程项目储备，实现"规划一张网、建设一盘棋"建设理念奠定坚实基础。

（3）隐患排查治理。通过监察性督查巡视、配合局放测试、特巡等方式，持续常态化开展隐患排查治理。在近 4 年内累计排查出潜在的风险和隐患 3560 余处，建立了"一患一档"，逐级分解，根据实情分阶段进行了整治，保证当年隐患不跨年；同时针对专线专变隐患下发隐患通知书 156 份、致函 26 份，所查隐患全部备案原州区安监局。

6. 保障信息联动

加强在线监控供电所窗口工作状态，及时提醒不规范行为；通过营销服务工作常态化跟踪、执行、反馈、报送与供电所专业间的无缝对接、业扩报装高度集中管制，实现用电信息采集以问题为导向的集约化闭环管理；为抢修指挥平台完全掌握辖区配电网现状和各种可预控事故建立了可靠数据库；强化抢修中心座席和值班联动，做到应急抢修进度和计划送电时间及时反馈给 95598、及时发布故障、停电公告；拓宽告知渠道，建立政府大型公益活动、节假日保电需求台账；畅通各级抢修指挥的通信联络，贯通配电网抢修平台与生产管理系统、营销业务应用系统的实时信息共享。

7. 推广带电作业

大力推广不停电作业，常态化组织开展一二类架空带电作业检修，稳妥推进复杂不停电作业，按照县调一体协作方式，有序推进县域电网不停电作业。综合运用推广"网格化"抢修，规范抢修服务，实现配电网"五个一"（一个报修、一张工单、一支队伍、一次到达现场、一次复电）工作目标。

8.加强效能评估

抢修班组成员从专业角度剖析每次故障的成因，对处置的效能进行评估形成经验成果，为后续发生险情应急工作积累宝贵经验。以实际应用为出发点，深入分析以往成功处置的应急事件，对辖区内配电网潜在风险点开展事前评估，建立易发生险情的地理信息库，从实用性和指导性方面编制故障应急抢修典型案例库，并制订应对策略，便于快速反应。通过网络收集配电网抢修工器具和施工装备科学配置信息，为提高抢修装备水平拓宽视野，以备特殊状态时期启用。

三、项目效益

（一）社会效益

"1+5"一体化应急管理机制的建立与实践，充分发挥了共产党员先锋模范带头作用，展示了共产党员崇高的人格力量。坚持"人民电业为人民"的宗旨，积极践行"以客户为中心、专业专注、持续改善"的核心价值观，正确把握"优质服务是国家电网公司生命线"的深刻内涵，深化"你用电，我用心"服务理念，塑造良好的国家电网品牌形象，在全社会产生广泛而深刻的影响。

（二）服务效益

（1）供电服务投诉逐年下降。投诉高峰期的总数从2018年月均16次降至2022年0次；人员责任投诉从2018年的15件，到2022年实现零投诉。

（2）工单数呈下降趋势。95598故障报修工单数从2018年月均450条降至2022年月均160条。

（3）业扩报装数屡创新高。三营供电公司营业总户数从2018年的8.3万户达到2022年至今的12.4万户。

（4）稳步推进营配调数据贯通工作。到目前为止，交互失败率趋于0，公用变压器营配对应一致率100%，高低压一致率、地址维护率100%，营配调贯通指标稳步提升。

（5）各类异动有效治理。充分发挥"1+5"一体化应急管理在"常态"期间的作用。仅在2018年内调整线路分段开关定值55台次，调整用户分界开关31台次，调整熔丝186组，消除专用变压器存量缺陷363处。三营供电公司配电网跳闸大幅下降，2018年发生运维责任配电网跳闸32次，下降至2021年发生运维责任配电网跳闸18次，2022发生运维责任配电网跳闸11次，配电网运行水平稳步提升。

四、经验启示

（一）树立了"主动式"应急理念

"1+5"一体化应急抢修扎实推进应急组织、预案、制度、培训演练和协同建设，着力提升应急队伍、综合应急保障、舆论引导、恢复重建能力，不断完善预警监测系统和互联互通的应急指挥系统，形成了具有国家电网公司特色的"统一指挥、结构合理、功能齐全、反应灵敏、运转高效、资源共享、保障有力"的应急体系。

（二）加快实现集约化管理步伐

辖区供电整体水平提升与薄弱的配电网之间的矛盾持续改善。逐步缩小高效的服务流程、透明的服务信息、优质的服务态度、有效的服务结果与人力资源整体考量差距的矛盾，解决了服务难题，破解了管理困局，聚发展能量，释创新活力，惠民生发展。

（三）建立协调对接联动机制

有效处置电网突发事件，建立与政府应急机构、各级政府专业机构以及公司内部间的应急协调、对接、联动机制，到目前，与政府防汛、消防、水利、林业、交通、地震局等相关部门建立了相应对接机制，建立故障应急抢修典型案例库15例，收集新型抢修装备信息8件。农网四、三级故障应急处置闭环机制逐步形成。主动参加自然灾害的应急救援，抢险救灾保供电工作，得到了社会各界高度赞誉。

五、创新团队

"1+5"一体化应急抢修联动保障体系，由国网宁夏电力有限公司固原市三营供电公司王辉、辛余、虎凡、康向周、赵小兵等组成的创新团队完成并推进实践应用。

国网宁夏电力有限公司固原市三营供电公司属国有供电企业，主要从事固原市原州区境内电网的建设、运行、管理和经营，为固原市原州区经济社会发展和人民生活提供电力供应和服务，下设13个乡镇供电所，担负着固原市原州区及七镇四乡26.22万人的用电保障工作，年售电量3.48亿kW·h。辖区内有110kV变电站3座，主变压器容量193MVA，35kV变电站7座，主变压器容量87.1MVA，运行管理10kV配电线路1824.39km，0.4kV及以下线路4650km，配电变压器3785台（其中公用变压器1816台，专用变压器1969台），共有各类用户124960户，其中居民用户83843户，其他用户41117户。

乡村清洁能源建设中的数智服务

国网宁夏银川供电公司

引言

为全面落实国家乡村振兴与能源安全战略，服务宁夏"高质量发展先行区"建设，国网宁夏银川供电公司以乡村能源转型发展、数智服务为出发点，以绿色低碳为战略主阵地，立足资源禀赋、结合产业结构特点，以安全、绿色、经济为约束条件，通过能源电力技术创新拓展新业态、新模式，实现不同发展阶段下能源和资源的最优配置，创新供电服务模式，推动能源电力高质量发展。

一、创新成果介绍

（1）助推能源供给侧多级服务，提升资源高效配置能力。优化新能源客户并网接入服务模式，强化质量管控，激活"绿电"并网消纳服务潜能。转型升级，探索数字感知动态调控新业态，利用先进数字技术，提升发电质量实时动态感知能力，拓展数据宏观分析潜力，落地实践智能调控新模式。

（2）搭建能源需求侧数智服务，深挖协同转型响应能力。智慧用能，重塑客户个性化定制服务模式，增强客户用能感知，延伸拓展客户个性化服务能力。能效提升，科学精准有序用电管理，常态化推进用能增值服务，精益化实施负荷预测管理，持续提升社会能效服务能力。

（3）汇聚平台多流互融服务，提升智能友好互动能力。广泛互联，优化平台全态管控应用评价体系，多方联动，发挥平台数字资源智能调控优势。总结经验，完善平台运营服务价值再造机制。多元互动，提升具象化全景数据服务效能，动态跟踪，全面分析展示应用服务成效，兼容并包，积极拓展多方联动参与主体。

二、创新实施过程

（一）依托物联网大数据技术，激活"绿电"并网服务潜能

1.优化新能源客户并网一站式服务模式

通过进一步整合服务资源，压缩管理层级，精简业务流程，对线上系统业扩报装流程环节服务时限与服务质量进行严格约束。全程提供技术咨询及支持服务，形成"服务理念更新、服务质量优化、服务举措全面、服务方式灵活、服务手段多样"的服务新模式。强化服务质量数字化管控。通过建立线上系统业扩报装时限考核机制，系统流程从业务受理、接入方案评审、设计文件审查、现场勘查、竣工报验、并网验收与调试等环节，对发电客户服务质量进行严格把控与监督，有效畅通绿色通道，加快分布式电源项目并

网速度，提高新电源项目服务水平。

2.构建新能源大数据感知调控新业态

利用大数据全量分析诊断技术，首次应用大数据挖掘与机器学习算法，能源供需侧发用电客户数据分析，诊断监测调控智能化。通过构建客户发用电异常模型、构建 LM 神经网络模型、构建 CART 决策树模型、完成模型评价，智能输出预警模型。实现新能源客户发用电状态全感知、设备全连接、数据全融合，打造精准反映、状态及时、全域计算、协同联动的电网数字化平台，在数字技术集成与业务融合过程中实现对新能源的"可观测、可描述、可控制"。自动识别分布式光伏孤岛运行，设备自动切断并网，保护电网安全，防止电网停电时光伏反送电危及运维人员安全。实现新能源设备设施的分层分级管理、参数可调可控、在线协同运行。

（二）构建高效闭环智能管理模式，提升客户应急处理能力

1.自动推送异常工单移动作业

建立全闭环管理机制，工单下发流转、现场勘查、审核处理、归档上报等环节，做到定位精准、响应及时、归档有效。由采集闭环管理系统针对发用电异常在线监测平台中，发用电异常模型所生成的异常事件，每日定时将前一日疑似发用电异常客户明细主动推送至闭环系统，生成并派发疑似发用电异常工单，工作人员现场开展核实、审核、处理，实现闭环管理。

2.建立全过程智能闭环管控链条

通过从过程运维、深化应用分离的管理模式过渡到全过程、全方位、多维度的全生命周期可追溯的管理模式，开展质量评价，实现发用电异常处理业务层级的数据、过程、资源的统一有效管控。从指标达标率，业务合格率，异常处理闭环率，派工合格率，异常工单抽检合格率，电费追补达标率 6 个维度分层级、分单位、分专业开展质量评价，实行"日提醒、周管控、月评价"，对指标落后单位进行预警约谈。整个环节使管理人员可以直观的掌握发用电异常客户处理进展与处理达标情况，减轻了发用电异常处理工作人员负担，提高发用电异常处理效率。

（三）应用非介入物联感知识别技术，定制客户用能服务新体验

用电负荷物联智能感知技术是一种通过对电力用户负荷入口处的电压、电流等信息进行测量、计算、分析，实现对用户所属环境内部主要用电设备各自的电能消耗进行分类统计的一种全新的负荷检测与计量的技术。

1.开展客户用能精准辨识分析

基于非介入式用电负荷物联智能感知技术，对电力用户负荷入口处的电压、电流等信息进行测量、计算、分析，实现对用户所属环境内部主要用电设备各自的电能消耗进行分类统计。引入物联网电能表及终端，通过用电信息采集系统拓展客户分项用能数据协议及采集，实现客户用能情况的诊断分析，掌握客户用电行为（见图 1）。

通过对采集的负荷数据进行高效处理，基于机器学习算法，特征生成、选择、转换，采用分布式阶段性聚类算法，利用 K-means 算法对用户进行聚类分析，同时将用电曲线作为样本再次进行层次聚类。采用 t-SNE 及子空间聚类的用电群体细分方法，集成最终计算出后端负载类型及各类型的用电模式，实现分项设备的用电状态监测与显示、分类用电情况分类统计、用电行为习惯实时监测预测等。

2.线上实现客户用能交互应用

通过掌上电力 App 或微信公众号服务渠道，实现了数据共享、业务引流、平台运营、价值共创等综合服务，更好地满足客户需求，为客户提供用能建议。主站抄读回来的非侵入检测电能表的相关数据可以通过定义好的接口推送到手机 App 端，并能够在 App 上对应查询相应的数据并进行形象、直观的展示。提供客户"用能状态"查询、节能建议推送、表内余额查询、个性化用电展示等功能。

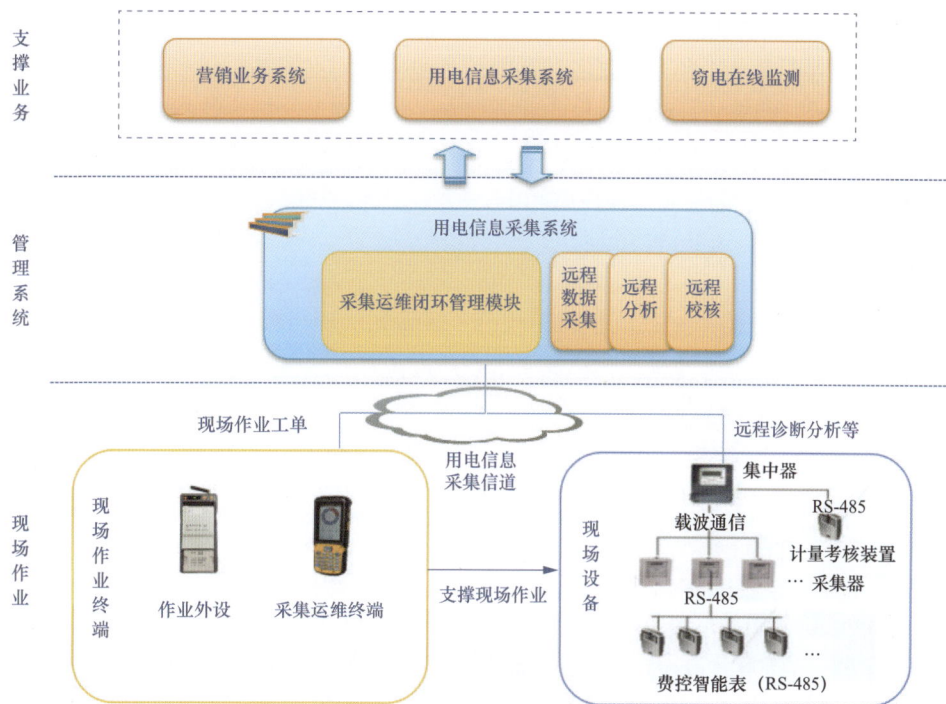

图1 异常闭环管理流程图

（四）实现多维可视化展示追踪，多系统互联互通互动化

1. 多维数据可视化全景展示服务

该展示平台支持高性能数据接入、转换、萃取、同步分析展示，支持营销、采集、线损系统多维数据接入。全景展示页面可实现下钻，通过大数据可视化相关技术，多维度综合展示相关发用电异常客户的发用电异常行为特征。运用BI多元化图形组件对关键指标数据实现可视化展示，实现趋势、占比、分布等分析。直观的表达出海量数据所体现的业务发展动态与数据之间的关系，为决策层、管理层提供技术支持（见图2）。

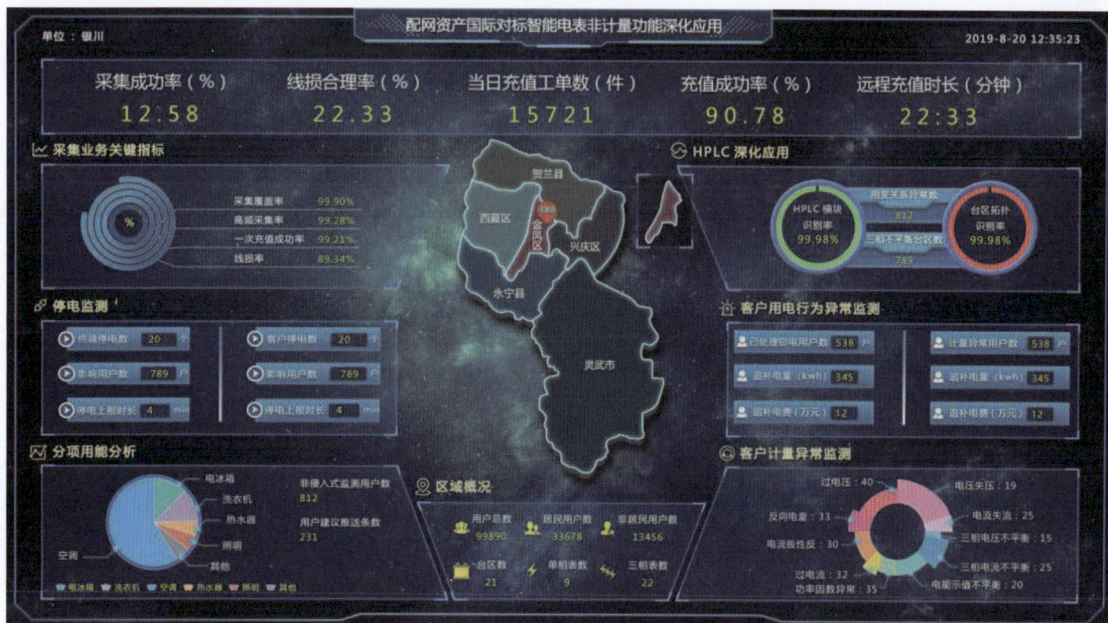

图2 多业务融合可视化分析展示平台

2.多业务融合发挥互联互动优势

通过智能云诊断的管理展示平台，建立信息互联、互通机制，支撑多系统多业务协同、联动指挥，实现自响应启动、过程管控、结束闭环整个过程的业务协同。与已实现的指标管控有机融合，可实时接入用电台区采集质量、远程电费充值、HPLC 深化应用、停上电事件报送、户变关系诊断、相位识别等 8 大项关键指标，形成对用电台区客户的全方位体检监测。

三、效益分析

（1）贯彻国家乡村振兴战略与扶贫攻坚惠民政策。保障光伏项目顺利并网，服务乡村振兴，让困难群众在光伏扶贫中获得最大收益。光伏扶贫惠及 4 千余户近 2 万人脱贫，每年可分配百余万元，年收益在 15%~20% 以上，当地 2 千余人实现再就业。

（2）提升新能源并网安全运行与接入服务能力。未出现影响电网并网安全运行事件和设备超限事件，提前发现发电异常 35 起，挽回发电损失 10 万余度。并网接入效率提升 50%，压缩时长 60%，有效提高客户获得感。客户用电故障处理总计 1065 起，24 小时内即可发现异常，处理时长压减 48 小时，直接降低人财物成本总计 200 余万元。

（3）持续强化企业降本增效服务质效。提供需求侧科学用电管理，实现企业降本增效，年节约成本 853.2 万元，累计节约成本 1500 余万元，实现社会服务精准化、公共服务高效化。

四、经验启示

（1）有效落地，巩固国家乡村振兴战略与脱贫攻坚成果。目前西北地区已成为国家重要的新能源基地，也是构建新型电力系统的主战场，这将为乡村全面振兴、落实国家"双碳"目标注入强劲动能。推广清洁能源为乡村振兴注入"绿色"动能，从服务"脱贫攻坚"到助力"乡村振兴"，从"脱贫"到"增收"，蹚出一条"新能源 + 扶贫"的新路子。作为新能源发展的趋势，光伏发电作为一种绿色清洁能源，既能保护农村地区生态环境，守护绿水青山，更推动了经济效益与生态效益实现"双丰收"。

（2）科学用能，打造电力服务绿色低碳发展新样板。智慧用能，实现全方位的科学有序用电，有效节约能源，保证能源持续供应。有效调节控制高能耗、高排放、高污染企业其电力能耗，指导社会科学合理的用电。在生活领域，最大限度方便用户，实现用户能源管理，综合信息服务，远程诊断控制等，全面提高生产生活智能化水平。

（3）互惠共赢，推动新时代绿色能源美丽乡村建设。乡村清洁能源发展是实现"碳达峰、碳中和"目标的重要实践，是全面实施乡村振兴战略的重要动力，也是美丽乡村、美丽中国建设的重要支撑。电网企业坚定不移推进乡村电网建设，当好乡村能源绿色发展的引领者、能源协调发展的推动者、能源创新发展的先行者，努力为乡村能源清洁发展做出贡献，为建设"绿色、宜居、和谐、宜业"美丽乡村注入新动能。

五、创新团队

该案例由银川供电公司乔立春、吴彦宝、杜鹏、陈楠、左航、钱龙完成。

公司始建于 1973 年，是国家电网公司所属 31 家大型重点供电企业之一，变电容量 1058.68 万 kVA，电网结构坚强，供电平稳可靠。供电营业区面积 9025km²，承担着银川四区两县一市 185.17 万户客户的供电服务。公司先后荣获"全国文明"单位、"全国模范劳动关系和谐企业"、银川"获得电力"连续两年荣膺全国标杆称号。